AF830244

UNIVERSITÄTSTAGE 1964

VERÖFFENTLICHUNG
DER FREIEN UNIVERSITÄT BERLIN

GESELLSCHAFTLICHE WIRKLICHKEIT IM 20. JAHRHUNDERT UND STRAFRECHTSREFORM

WALTER DE GRUYTER & CO. / BERLIN
VORMALS G. J. GÖSCHEN'SCHE VERLAGSHANDLUNG · J. GUTTENTAG. VERLAGS-
BUCHHANDLUNG · GEORG REIMER · KARL J. TRÜBNER · VEIT & COMP.

1964

Archiv-Nr. 3601641

Alle Rechte, insbesondere das der Übersetzung in fremde Sprachen, vorbehalten.
Ohne ausdrückliche Genehmigung des Verlages ist es auch nicht gestattet, dieses Buch oder Teile daraus auf photomechanischem Wege (Photokopie, Mikrokopie) zu vervielfältigen.

INHALTSVERZEICHNIS

MENSCHENBILD UND STRAFRECHTSREFORM

Von Werner Maihofer, Saarbrücken

„Nichts ist so entscheidend für den Stil eines Rechtszeitalters", sagt Gustav Radbruch in seiner berühmten Heidelberger Antrittsvorlesung über das Thema: „Der Mensch im Recht", wie „die Auffassung vom Menschen, an der es sich orientiert", denn nichts anderes als „der Wechsel des vorschwebenden Bildes vom Menschen ist es, der in der Geschichte des Rechts ‚Epoche macht'"[1]. Dabei kann das Recht einer Zeit niemals abstellen auf die „wirklichen einzelnen Menschen", auf das „ganze Herbarium wunderlicher Pflanzen, das wir Menschheit nennen", sondern muß gedacht und gemacht werden mit Rücksicht und im Hinblick auf einen Typus Mensch, den es als Träger der von ihm verliehenen Rechte, als Empfänger der von ihm auferlegten Pflichten voraussetzt.

So ist es kein Zufall, daß auch in den Diskussionen um die Reform unseres Strafrechts, wie sie seit der Vorlage des Entwurfs eines neuen Strafgesetzbuches 1962 immer bewegter aufleben, der Streit im letzten Grunde um nichts anderes als um das „Bild des Menschen" geht, das seine Verfasser voraussetzen.

I.

„Der Entwurf bekennt sich zum *Schuldstrafrecht.*" Das bedeutet, wie es in der amtlichen Begründung heißt, „daß die Strafe, die ein sittliches Unwerturteil über menschliches Verhalten enthält . . ., nur dann und grundsätzlich nur insoweit verhängt werden darf, als dem Täter sein Handeln sittlich zum Vorwurf gemacht werden kann"[2]. Ein solcher „Schuldvorwurf" setzt, wie die Begründung selbst bemerkt, „allerdings voraus, daß es menschliche Schuld gibt, daß sie festgestellt und gewogen werden kann". Man würde wohl erwarten, daß der Entwurf sich zu den Bedingungen der Möglichkeit der hiermit geforderten Erkenntnis menschlicher Schuld äußerte, steht und fällt damit doch die ganze strafrechtsdogmatische und kriminalpolitische Konzeption seines „Schuldstrafrechts". Statt dessen fährt die amtliche Begründung schlicht mit dem Bekenntnis fort: „Der Entwurf bekennt sich zu diesen Voraussetzungen", daß es menschliche Schuld gibt und daß sie festgestellt und gewogen werden kann.

Diese vom Entwurf als Grund für alle Strafe vorausgesetzte Schuld gründet ihrerseits in einer letzten anthropologischen Voraussetzung: dem Bild des Menschen als *„freie sittliche Persönlichkeit"*. Mit einem aus dem

„intelligiblen Charakter“ der Person abgeleiteten (sittlichen) *Postulat* fordert schon der Bundesgerichtshof vom Menschen: „Der Mensch ist, weil er auf freie sittliche Selbstbestimmung angelegt ist, auch jederzeit in die verantwortliche Entscheidung gerufen, sich als Teilhaber der Rechtsgemeinschaft rechtmäßig zu verhalten und das Unrecht zu vermeiden“. Aus diesem Postulat folgert der Bundesgerichtshof für den „empirischen Charakter“ des Menschen das (natürliche) *Faktum:* „Er kann sein Verhalten nach den Geboten der Rechtsordnung ausrichten und das rechtlich Verbotene unterlassen, sobald er die sittliche Reife erlangt hat und solange seine Fähigkeit zur freien Selbstbestimmung nicht durch krankhafte Vorgänge vorübergehend aufgehoben oder für immer zerstört worden ist.“[3]

Die hiermit stillschweigend vorausgesetzte Freiheit des Menschen, sich jederzeit und überall „in sittlicher Selbstbestimmung“ zwischen Recht und Unrecht entscheiden zu können, gilt auch dem Entwurf, nicht wie noch Kant als ein *Postulat* der praktischen Vernunft, das etwas über die *sittliche Berufung* und *Bestimmung* des Menschen aussagt, sondern ganz einfach als ein *Faktum:* als eine *natürliche Befähigung* und *Fertigkeit* des Menschen, für die er, wie schon der Bundesgerichtshof, nur gewisse natürliche Grenzen als gegeben anerkennt.

Dieses Bekenntnis auch des Entwurfs zur *freien sittlichen Selbstbestimmung* des Menschen muß uns als Grundlage eines künftigen Strafrechts nicht nur darum heute als fragwürdig erscheinen, weil hier auf eine ebenso unwissenschaftliche wie unphilosophische Weise *Postulat* und *Faktum* gleichgesetzt werden (Du kannst, denn Du sollst!), sondern weil man sich hier zwar ausdrücklich zur *sittlichen Freiheit* der Person bekennt, ohne aber ebenso aufrichtig auch ihre nicht nur *natürliche,* sondern *gesellschaftliche Unfreiheit* anzuerkennen: die *Abhängigkeit* ihrer *„Freiheit“* des *Erkennens* und *Handelns* jeweils nicht nur von der „Normalität“ ihrer *„natürlichen Anlage“*, sondern ebenso auch von der „Normalität“ ihrer *gesellschaftlichen Umwelt.*

Leider vermittelt die Begründung des Entwurfs nicht nur den Eindruck, daß dieses Gesetzgebungswerk von „transzendentalen Überzeugungen“ ausgeht, die so selbst in der Philosophie von Heute nirgendwo mehr zu finden sind[4], sondern daß der Entwurf die „sittliche Schuld“ des Menschen einfach als eine Art „staatsnotwendige Fiktion“ behandelt. Beantwortet er doch die *Seinsfrage, ob* es „Schuld *gibt*“, mit dem einfachen Hinweis: „Der Begriff Schuld ist im Volke lebendig. Ohne ihn gibt es kein Leben nach sittlichen Vorstellungen. Ohne sittliche Vorstellungen ist menschliches Leben aber nicht möglich.“ Nicht anders beantwortet er auch die *Erkenntnisfrage, wie* Schuld *„festgestellt* und *gewogen* werden“ soll, mit der schlichten Behauptung: „Die Schuld kann auch festgestellt und gewogen werden, wenn auch nur im Rahmen menschlicher

Erkenntnismöglichkeiten. Es handelt sich dabei nicht um eine kausalwissenschaftliche Feststellung, sondern um einen sittlichen Wertungsvorgang innerhalb der Rechtsgemeinschaft, der gerade das eigentümliche Wesen des Richterspruches ausmacht."[5] Es ficht die Verfasser der amtlichen Begründung dabei nicht weiter an, daß Kant selbst, auf dessen anthropologischer Konzeption des Menschen als *„intelligibler Charakter"* der Entwurf gründet, schon zu seiner Zeit jede *Erkenntnis sittlicher Schuld* für schlechthin ausgeschlossen erklärt hat, wenn er sagt: „Die eigentliche Moralität der Handlungen (Verdienst und Schuld) bleibt uns ..., selbst die unseres eigenen Verhaltens, gänzlich verborgen. Unsere Zurechnungen können nur auf den *empirischen Charakter* bezogen werden. Wie viel aber davon reine Wirkung der Freiheit, wie viel der bloßen Natur oder dem unverschuldeten Fehler des Temperaments oder dessen glücklicher Beschaffenheit ... zuzuschreiben sei, kann niemand ergründen ..."[6].

Es kann uns darum nicht verwundern, wenn dieses unserer Strafrechtsreform zugrunde liegende „Bild des Menschen", unter Berufung auf Kant selbst, von den Gegnern des Entwurfs als eine „im Schafspelz der Wissenschaft betriebene schlechte Metaphysik" bezeichnet wird und Fritz Bauer Worte wie „freie Selbstbestimmung" und „Selbstverantwortung" als ein Hohn auf den wirklichen Menschen in seiner alltäglichen Welt erscheinen; müssen wir doch aus den Kriminalstatistiken der ganzen Welt zu der Einsicht von einer offenbaren Abhängigkeit der „sittlichen Freiheit" der Person nicht nur von ihrer natürlichen Anlage, sondern ebenso auch von ihrer *gesellschaftlichen Umwelt* gelangen, wenn wir etwa feststellen: daß „uneheliche, früh ganz oder teilweise verwaiste Kinder, Stiefkinder, Kinder aus geschiedenen oder getrennten Ehen ..., einen überdurchschnittlich hohen Prozentsatz der Kriminellen stellen"[7].

Wenn darum von den Kritikern des Entwurfs heute gesagt wird: Das Menschenbild der Strafrechtskommission enthalte keine wissenschaftliche Erkenntnis, sondern sei ein „neukantianisches Bekenntnis", — bei welchem *„empirischen Charakter"* des Menschen müssen wir, mit dem Kant der Kritik der reinen Vernunft, gegen diesen ganz und gar „unkritischen" Neukantianismus von Heute ansetzen?

Kant selbst hat den Menschen nach seinem *„empirischen Charakter"* als ein zugleich *emotional* von seinen „Neigungen" und „Begehrungen" bestimmtes und *rational* nach „Klugheit" und „Nützlichkeit" von seinem Gesichtspunkt von Vorteil und Nachteil sich bestimmendes *Subjekt* aufgefaßt. Eben als ein solches *Sinnenwesen* und *Verstandessubjekt* ist der Mensch in jenen berühmten Worten Kants über das „Bild des Menschen" vorausgesetzt, auf das hin jedes *Gesetz* gedacht und gemacht werden muß, soll es seinen Sinn und Zweck einer wirksamen „Bestimmung und Sicherung der Grenzen der Freiheit" in einer *Ordnung* größtmöglicher und gleichberechtigter *Freiheit* eines Jeden[8] erreichen; ganz pragmatisch heißt es da über den „empirischen Charakter" des Menschen, an den das Gesetz sich als seinen potentiellen Adressaten zu richten hat: „Das Gesetz muß auch für ein Volk von Teufeln passen, sofern sie nur Verstand haben".

Unbezweifelbar liegt in dieser Bestimmung des „empirischen Charakters" des Menschen als Sinnenwesen und Verstandessubjekt, wie sie allem liberalen: freiheitlich rechtsstaatlichen Strafrecht zugrundeliegt, eine Wahrheit über den Menschen. Aber können wir den empirischen Menschen, so „passend" seine Voraussetzung als *emotionales* und *rationales Subjekt* auch für das Verständnis des *Wesens* des *Unrechts* als *„Rechtsgutsverletzung"* und der *Aufgabe* der *Gesetze* als „Magna Charta Libertatum" der Bürger sein mag, auch im Blick auf die Phänomene der Schuld und der Strafe als *„abstraktes Subjekt"* für sich, als *„isoliertes Individuum"* an sich voraussetzen? Vermögen wir von diesem „Bild des Menschen" aus überhaupt ein angemessenes Verständnis vom *Wesen* der *Schuld* und von der *Aufgabe* der *Strafe* zu gewinnen? Oder bedarf es, um diese beiden auch unserem heutigen Schuld-Strafrecht zugrunde liegenden Wirklichkeiten zu erfassen, eines ganz anderen als dieses *„klassischen Bildes"* vom Menschen als ein „Subjekt" und „Individuum"? Welches *„moderne Bild"* vom Menschen aber haben wir dem überhaupt entgegenzusetzen?

II.

Eben dieses hier vorausgesetzte *„Bild des Menschen"* als *„abstraktes Subjekt"* und *„isoliertes Individuum"* ist es, das in beiden von der Konzeption des Idealismus sich absetzenden Denkbewegungen des 19. Jahrhunderts zutiefst fragwürdig wird, deren Widerspiel und Zusammenspiel das geistige Antlitz unserer Gegenwart bestimmt: dem *Materialismus,* wie er in Auseinandersetzung mit Hegel bei Ludwig Feuerbach sich entwickelt und bei Marx zum Menschenbild des Dialektischen und Historischen Materialismus führt; und dem *Existenzialismus,* wie er in Auseinandersetzung vor allem mit Kant bei Friedrich Nietzsche sich entfaltet und schließlich bei Heidegger und Jaspers zu dem wird, was wir die Existenzphilosophie der Gegenwart nennen. Welches „Bild" geben uns diese Konzeptionen vom Menschen?[9]

Entgegen einem verbreiteten Vorurteil ist die Grundkonzeption dieser beiden Richtungen des Denkens der Gegenwart in Hinblick auf das „Bild des Menschen" die eine und selbe. In beiden Konzeptionen wird der Mensch nicht mehr *abstrakt* als zoon politikon (Aristoteles) oder homo noumenon und phaenomenon (Kant) *definiert,* sondern *konkret expliziert* als das „Ensemble der gesellschaftlichen Verhältnisse" (Marx), als die „Summe der Beziehungen, in denen er lebt" (Sartre). Ebenso für

Feuerbach wie später für Nietzsche gibt es in bezug auf den wirklichen Menschen wie auf alles Wirkliche das überhaupt nicht, was man ein *Subjekt* im Unterschied zum *Objekt* zu nennen pflegt. Alles Wirkliche ereignet sich in den „Komplexen des Geschehens" *zwischen Subjekt* und *Objekt*, oder wie es später bei Jaspers zum Begriff der menschlichen Existenz heißt: in der „Bewegung der Auflösung der Subjektivität zur Objektivität und der Objektivität zur Subjektivität". Nicht anders als im Existenzialismus gibt es auch im Materialismus nicht mehr so etwas wie Subjekte und Objekte „für sich" oder „an sich" nach dem Denkschema der traditionellen Bewußtseinsphilosophie. So kann auch Ludwig Feuerbach in einer seiner späten Schriften sagen: daß „das schlechthin so genannte *Objekt* ebenso gut *Objekt-Subjekt*, als das schlechthin so genannte *Subjekt* wesentlich und unabsonderlich *Subekt-Objekt*, d. h. das Ich Du-Ich, der Mensch *Welt-* oder *Natur*-Mensch, gleichwie die Katze wesentlich Maus-Katze, die Raupe, die von der Wolfsmilchstaude lebt, Wolfsmilchsraupe, die Laus, die von den Blättern der Pflanzen lebt, Blattlaus ist und heißt".

Auch der Mensch ist so nicht zunächst einmal *Mensch an sich* in einer *Welt für sich*, sondern nach seinem konkreten Sein als wirklicher Mensch in seiner alltäglichen Welt schon immer unablösbar und unaufhebbar *Subjekt-Objekt: Welt-Mensch* in einer zweifachen für sein Sein in der Welt grundlegenden Hinsicht: in bezug auf das ihm in der Welt begegnende außermenschliche Seiende: *die Natur*, sowie in bezug auf das ihm in der Welt begegnende daseinsmäßige Seiende: *den Menschen*. Er ist so als *Person* in der Welt schon immer *konkret* in diese beiden sein In-der-Welt-sein gründenden *Relationen* gefügt als *Natur-Mensch* und *Menschen-Mensch* (: Mit-Mensch).

Darum ist der Mensch, wie er wirklich in der alltäglichen Welt lebt, niemals definierbar als abstrakter Jemand: als zoon politikon oder homo noumenon überhaupt; wirklich ist der Mensch im alltäglichen Dasein, wie später Heidegger sagt: das, was er „betreibt" (und was mit ihm getrieben wird!), d. h. das, als was dieser bestimmte *Mensch* sich in der Welt *objektiviert*, und als was diese bestimmte *Welt* in ihm sich *subjektiviert*. Das aber heißt: das *wirkliche:* das *konkrete Sein* und *Bewußtsein* des Menschen ist je verschieden danach, als was der *Mensch* in der *Welt* in seinem *Sein* sich *vollbringt* und umgekehrt die *Welt* in seinem *Bewußtsein* sich *niederschlägt*, sei es in bezug zur Natur, sei es in bezug zum Menschen. So ist es schon für Feuerbach kein Zufall, daß wir die Menschen auch alltäglich ganz konkret, vom Objekt ihrer Tätigkeit, vom Gegenstand ihres Treibens in der Welt her bestimmen; wonach: „Wer den Boden bebaut, ... ein Bauer, wer die Jagd zum Objekt seiner Tätigkeit hat, ... ein Jäger, wer Fische fängt, ein Fischer" ist und heißt. Nicht anders in bezug auf jene unendlich vielfältigen Weisen konkreten Seins des Menschen im Bezug zum (Mit)Menschen: als Mann und Frau, als Arzt und Patient, als Richter und Angeklagter, als Käufer und Mieter, als Kraftfahrer und Fahrgast, als Wirt und Kellner, welche wir das *Alssein* des Menschen: seine Sozialität nennen[10].

Dabei sind wir — jeder von uns — in unserer eigenen Person in eine „Summe" solcher Beziehungen zu anderen verfügt: solche, die uns nach unserer *Konstitution* zufallen ohne jede *„Wahl"* und die wir nur mit unserem Menschsein überhaupt ablegen können: wie Mann oder Frau; und solche, die wir alltäglich bald annehmen, bald ablegen, je nach der *Situation,* in der wir als *Person* stehen: wie Käufer oder Fahrgast.

Alle diese Weisen konkreten Seins des Menschen, die sein alltägliches Dasein in der häuslichen und öffentlichen Welt von Grund auf bestimmen, sind nun nicht mehr einfach als Beschaffenheiten eines für sich gesetzten Subjektes zu verstehen. Ganz anders als das Rot-sein der Rose, das als Akzidenz einer Substanz begriffen werden kann, ist das Vatersein eines Menschen niemals mehr etwas, was diesem Subjekt für sich genommen zukommt, sondern ein Sein, das sich erst aus dem ergibt, in dem sich „ereignet", was *zwischen* diesem Menschen und einem anderen Menschen ist: in dem von Martin Buber so genannten *Zwischenmenschlichen*[11]. Heißt Vater-sein doch schon immer Subjekt-sein für ein bestimmtes zugehöriges Objekt: den Sohn, wie zugleich Objekt-sein für eben diesen als ein Subjekt; ebenso umgekehrt Sohn-sein.

Das Vater-sein hat im Unterschied zum Rot-sein der Rose so seinen Grund nicht mehr in der *Beschaffenheit* einer bestimmten *Substanz,* sondern — wie wir heute sagen — in der *Bewandtnis* einer bestimmten *Existenz*[12]: des Vaters, der nicht für sich oder an sich, sondern für den Sohn existiert als Vater; wie umgekehrt der Sohn für ihn als dieser bestimmte entsprechende Andere, ohne den er eben das nicht wäre, was er ist: Vater. So ist auch ein Lehrer ohne Schüler, ein Verkäufer ohne Käufer, ein Arzt ohne Patienten, ein Anwalt ohne Klienten als solcher ebenso denkunmöglich wie lebensunwirklich.

Offenkundig ist so jeweils jeder Einzelne *als Solcher* nicht der ganze Mensch, er ist eben *dieser Bestimmte* nicht ohne den entsprechenden Anderen, der erst mit ihm zusammen das kon-stituiert und kon-statiert, was er hier und jetzt als ein „gesellschaftliches Wesen" ist.

Das Bild für diese neue Konzeption vom Menschen ist schon für Ludwig Feuerbach, den geistigen Ahnherrn dieser über die Einseitigkeiten des Materialismus und Existenzialismus gleicherweise hinausweisenden Philosophie, die wir heute *Personalismus* nennen, das Verhältnis von *Mann und Frau.* Ist doch in bezug auf seine Geschlechtlichkeit ganz offenkundig schon von Natur der *einzelne* Mensch niemals der *ganze* Mensch. Erst Mann und Frau *zusammen,* insoweit als Subjekt-Objekt und Objekt-Subjekt wechselseitig aufeinander angewiesen und angelegt, machen von der *natürlichen* wie der zugehörigen *geistigen* Seite her gesehen geschlechtlich *den* Menschen aus, im *Sein* wie im *Bewußtsein.*

Ganz sinnfällig wird hier sichtbar, wie der Mensch in geschlechtlicher Hinsicht konkret als *gegen-ständliches Gattungswesen* (im wörtlichsten Sinne) existiert; so daß, was „der Mensch" ist in dieser Hinsicht, niemals am *einzelnen* Menschen, sondern erst *zwischen* diesen sich entsprechenden Weisen des Menschlichen, als ein partiell aufeinander verwiesenes: angewiesenes und angelegtes Geschlechtswesen sich herausstellt und darstellt. Erst der *entsprechende Andere* kon-stituiert: kon-statiert so *mich Selbst* in dem, was ich *als Solcher* bin in bestimmter Hinsicht. A priori bin ich in dieser, aber auch in vielfältiger anderer Hinsicht so „ein mich auf ein anderes Wesen außer mir beziehendes Wesen, bin Nichts ohne diese Beziehung".

Was ich *als Solcher* in all jenen unendlich vielfältigen *Verhältnissen des Zwischenmenschlichen* bin, bin ich so nur in Beziehung (Relation) zu dem mir *gegenständlich entsprechenden Wesen* eines Anderen: des Mannes zur Frau, des Vaters zum Sohn, des Lehrers zum Schüler, des Käufers zum Verkäufer ... Alles, was ich als Solcher bin, bin ich nur *zusammen* mit dem entsprechenden Anderen, ereignet sich immer nur *zwischen* mir und dem Anderen als Solchem. Das gilt für mein soziales Sein wie Bewußtsein: sowohl in der *häuslichen Welt* eines jeden Einzelnen, wie sie in der Familie auf den Menschen als *geschlechtliches* Wesen gegründet ist; als auch in der *öffentlichen Welt,* wie sie in den Berufen auf jene unendlich vielfältigen Vergegenständlichungen des Menschen als *arbeitendes* Wesen gegründet wird. Danach ist als ein in allen diesen Hinsichten „gesellschaftliches Wesen" jeder Einzelne als *wirklicher Mensch* in seiner *alltäglichen Welt* in der Tat eben dieses „Ensemble der gesellschaftlichen Verhältnisse", diese „Summe der Beziehungen, in denen er lebt". So wie der Fisch im Wasser ist und wir von diesem Im-Wasser-sein nicht noch (wie Feuerbach sagt:) irgend ein „Wesen" des Fisches „abtrennen" können, weil eben diese Weise dieses seines Im-Wasser-seins sein gegenständliches, sein wirkliches Wesen ist, so ist der Mensch in der Welt, und sein wirkliches Wesen eben dieses sein gegenständliches Wesen in der Welt als *Natur-Mensch* und *Menschen-Mensch* (: „Gemeinmensch", wie es bei Feuerbach heißt), in all jenen unüberschaubar vielgestaltigen Hinsichten, wonach jeder auf seine Weise in vielem gleichartig wie andere Seinesgleichen, in vielem eigenartig, ja einzigartig wie Niemand sonst vor und nach ihm, sein *Wesen in der Welt treibt.*

Sieht man das Wesen des Menschen nach einem solchen nicht mehr substanziellen, sondern existenziellen Begriff von „Wesen" als *gegenständliches Wesen in der Welt,* dann kann es niemals wie in der alten Wesensphilosophie und Gattungsmetaphysik ein für alle Menschen Allgemeines und Gleiches (Menschheit in jedermanns Person), sondern nur ein je nach dem „individuellen Treiben" eines jeden verschiedenes bald mehr oder weniger gleichartiges, bald mehr oder weniger einzigartiges Wesen geben. Denn dann ist das *allgemeine Wesen des Menschen* in all seiner unendlichen Fülle das Produkt eben dieses *individuellen Treibens* der Menschen: der Weise, wie Menschen je geschichtlich in dieser Welt ihr Wesen treiben, getrieben haben und treiben werden.

Damit aber gewinnt der *einzelne Mensch* eine gegenüber der traditionellen Gattungsmetaphysik von Grund auf andere Stellung und Bedeutung. Er ist nicht einfach mehr ein so oder so ausgefallenes *Exemplar der Gattung Menschheit* (: Individuation der Gattungsidee Menschheit in dieser seiner Person), sondern ein je neues *Exemplum des Menschen.*

Eben diesen neuen Typus des *„konkreten"*, des *„vergesellschafteten Menschen":* des Menschen als Mann oder Frau, als Arbeitgeber oder Arbeitnehmer, hat schon Gustav Radbruch im Auge, wenn er in seinem Vortrag über den Menschen im Recht mit einer für seine Zeit einzigartigen Hellsicht und Weitsicht sagt: „Das neue Bild vom Menschen ist im Verhältnis zu dem abstrakten Freiheits-, Eigennutz- und Klugheitsschema des liberalen Zeitalters ein viel lebensnäherer Typus. Der Mensch im Recht ist fortan nicht mehr Robinson oder Adam, nicht mehr das isolierte Individuum, sondern der Mensch in der Gesellschaft", der „Kollektivmensch" wie Radbruch im Anklang an Feuerbachs Wort vom „Gemeinmenschen" sagt[13].

Mit dieser „Annäherung des juristischen Menschentyps an die soziale Wirklichkeit spaltet sich", wie Radbruch feststellt: „das Rechtssubjekt notwendig in eine Mehrheit sozialer und jetzt auch rechtlich relevanter Typen auf". Dies wird besonders anschaulich „im Arbeitsrecht, das für das soziale Rechtszeitalter in demselben Sinne bahnweisend ist, wie es für das liberale Zeitalter das Handelsrecht war". Aber nicht weniger auch im Strafrecht, wo die neue Strafrechtslehre der *Modernen Schule,* die schon Radbruch mit Franz von Liszt eine *„soziologische Strafrechtslehre"* nennt, mit ihrer Lehre von den „gesellschaftlichen Faktoren der Kriminalität", vom Verbrechen als „sozialpathologische Erscheinung", von den Tattypen und den Tätertypen: der Gelegenheits- und Gewohnheitsverbrecher, der Besserungsfähigen und Unverbesserlichen, eine Fülle „bisher nur soziologischer Tatsachen zu rechtlicher Relevanz erhebt".

III.

Faßt man den Menschen auch im Strafrecht als ein „vergesellschaftetes Wesen" auf, also nicht als ein Subjekt für sich genommen, sondern als ein Wesen, das in allem was es ist und treibt, unaufhebbar und unauflösbar Subjekt-Objekt ist und somit in jeder Lebensrolle und -lage ebenso von der *Objektivität der Situation* wie von der *Subjektivität* der *Person* her konstituiert wird in seinem Sein wie in seinem Bewußtsein, dann ergeben sich daraus weitreichende Folgen für fast alle traditionellen Begriffe des Strafrechts, nicht zuletzt auch für die Grundbegriffe der Schuld und der Strafe, auf denen unser heutiges Schuldstrafrecht gründet.

Denn begreift man den wirklichen: den konkreten *Menschen* mit der heutigen Sozialphilosophie und Soziologie nicht als ein isoliertes Subjekt an sich in einer Welt für sich, sondern als das *Produkt* dessen, als was er als *Mensch* in *den äußeren Verhältnissen der Welt sich objektiviert* (: vergegenständlicht); zugleich innerlich als Produkt dessen, als was die *Welt* in der *inneren Verfassung dieses Menschen sich subjektiviert* (: niederschlägt), dann sind wir gezwungen, auch altvertraute Begriffe wie den der Schuld neu zu durchdenken.

Schuld wird nach dem heutigen juristischen: dem sogenannten „normativen Schuldbegriff" verstanden als „Vorwerfbarkeit"[14], d. h. als der Vorwurf, den wir gegen den Täter wegen seiner Tat erheben: „Du hättest nach deinen persönlichen Einsichten und Fähigkeiten anders handeln sollen und können!"[15] Damit wird bei jedem „Schuldvorwurf", den wir gegen jemanden erheben, abgestellt auf die *„individuelle"* oder *„persönliche"* Fähigkeit des *Andershandelnkönnens* des Täters zur Zeit der Tat. Wir bezeichnen solche *(Einzel)Tatschuld* darum als *Individualschuld* und *Aktualschuld*[16].

Nach der traditionellen Metaphysik (der Subjektivität) und ihrem Begriff eines *apriorischen Gewissens,* wie er uns zuletzt so eindrücklich in Kants Gerichtshofvorstellung des Gewissens begegnet, wird dabei bis heute stillschweigend vorausgesetzt, daß jeder Mensch in sich selbst, unabhängig von aller Erfahrung (a priori also) das Vermögen habe: Gut und Böse zu erkennen und zu unterscheiden; sei es, daß diese *Stimme des Gewissens,* die uns solches Urteil kündet: theologisch als die Stimme Gottes (des „Herzenskündigers", wie es selbst noch bei Kant heißt) oder philosophisch als die in jedem Menschensubjekt als Exemplar der Gattung vernünftiges Wesen „sprechende" praktische Vernunft selbst aufgefaßt wird[17]. Nach dieser metaphysischen Theorie des Gewissens müßten wir, soweit ein Mensch nicht von Natur geisteskrank oder geistesgestört ist, jedem Menschen das gleiche Vermögen zusprechen, das nach dem „moralischen Gesetz in uns" Rechte und Unrechte zu erkennen und zu unterscheiden, ohne Rücksicht auf die Lebenswelt, aus der er stammt, den Lebensweg, den er herkommt. Würden wir mit dieser für das Menschenbild der idealistischen Metaphysik bis zu Kant und Hegel noch fraglosen Vorstellung eines apriorischen Gewissens wirklich Ernst machen, dann müßten wir auch den Ganovenjungen, den seine Eltern von Jugend an zu Diebstahl und Betrug angehalten haben und der in seiner Lebenswelt, aus der er „her ist", nie etwas anderes gehört oder gesehen hat, als was die Eltern ihm als Maßstäbe für Gut und Böse, für vorteilhaft und nachteilig vorgestellt und vorgelebt haben, „schuldig" sprechen. Warum zögern wir? Weil wir heute längst erkannt haben, daß das *Gewissen* eines Menschen weitgehend das *Produkt* eben jenes Vorganges der *Subjektivierung* der den Menschen *nach seinen Lebensverhältnissen auf seinem Lebensweg umgebenden Objektivität*, d. h. all der Verhaltensmuster und Verhaltensnormen ist, die ihm in seiner Lebenswelt gegenwärtig, sei es theoretisch vorgestellt, sei es praktisch vorgelebt wurden. Die neuere Soziologie und (Sozial)Psychologie bezeichnet diesen Vorgang der „Vergesellschaftung" des Menschen, der nicht zuletzt in der Ausbildung des „sozialen Gewissens" eines Menschen besteht, als Prozeß der *Sozialisation* der Person durch *Internalisation* („Verinnerlichung") der „Verhaltenserwartungen" der Gesellschaft, genauer: der bestimmten Lebenswelt, in der diese Person auf ihrem Lebensgang heranwächst[18]. Ist es aber so, daß das Vermögen einer *Person*, sich in der jeweiligen *Situation* sozialadäquat zu verhalten, ihr weitgehend von der *Gesellschaft*, d. h. von den diesen Einzelnen umgebenden und erziehenden Anderen, vor allem von seinen „Nächsten" *vermittelt* wird, dann kann das sozialinadäquate Verhalten dieser Person nicht nur den Grund haben, daß diese selbst versagt hat, obwohl sie das Vermögen gehabt hätte, sich „richtig" (: adäquat) zu verhalten, sondern der Grund hierfür ebenso auch mehr oder weniger ausschließlich bei der Gesellschaft: „den Anderen" liegen.

Das aber bedeutet, daß es für die Schuldfeststellung auch im Strafrecht[19] weder genügen kann, wenn der Richter einfach seine eigene Person in die des Täters hineinprojiziert, sich mit anderen Worten *Selbst* in *seiner Individualität* in die Haut des Täters versetzt und als Dieser, der er ist, fragt: „Hättest *Du Selbst* die Fähigkeit gehabt anders zu handeln?" Mit einem solchen Verfahren würde er allenfalls *seine eigene Schuld* an der Stelle des Täters, aber niemals die Schuld des Täters feststellen können, der aus einer ganz anderen Lebenswelt herkommen mag, als er Selbst, einen ganz anderen Lebensgang gehabt haben mag, als er Selbst.

Nicht bloß untauglich, sondern theoretisch wie praktisch unmöglich ist aber auch das umgekehrte Verfahren: daß der Richter sich in das *Du* des Täters, in *dessen Individualität* zu versetzen trachtet, um die Möglichkeit des individuellen Andershandelnkönnens des Täters festzustellen[20], indem er (sich) fragt: „Hättest *Du Täter* die Fähigkeit gehabt anders zu handeln?" Es besteht in der Philosophie wie in der Psychologie der Gegenwart Einigkeit darüber, daß eine solche rationale Versetzung oder emotionale Einfühlung in das *Selbst des Täters zur Tatzeit* praktisch unmöglich ist [21]. Sie ist auch bei starker Einfühlungsgabe des Richters: wirklicher „Intuition" ein Glücks- und Ausnahmefall, auf den man nicht ein juristisches Urteil „schuldig" oder „unschuldig", mit der Konsequenz etwa: lebenslanges Zuchthaus oder Freispruch, begründen kann. Müssen wir damit aber nicht unser heutiges Schuldstrafrecht überhaupt aufgeben?

Nein, wir müssen uns nur bescheiden, hier das festzustellen, worum es allein gehen kann: ob der *Täter* nach seinem *persönlichen gesellschaftlichen Lebensweg* in der *Lebenswelt*, aus der er kommt, die Möglichkeit gehabt hat, diejenigen Vorstellungen von Gut und Böse, von sozialadäquat und sozialinadäquat in sich aufzunehmen, deren Fehlen zu dem Versagen dieser Person in bestimmter Situation geführt hat; aus der Einsicht, daß *Individualität* nicht fertig *vorgegebenes* Wesen: eingeborene *Natur*, sondern aus tausendfältigen Eindrücken und Entscheidungen *gewordenes* Wesen: geronnene *Geschichte* ist; eine Geschichte, die für den Menschen, als ein Wesen, das erst mit Menschen wahrhaft Mensch zu werden vermag, die *persönliche Geschichte seines gesellschaftlichen Lebens* ist.

Ganz ähnlich stellt neuerdings auch der Bundesgerichtshof bei der Feststellung der Schuld in Fällen eines möglichen Verbotsirrtums des Täters, d. h. eines Irrtums über das Unerlaubtsein der Tat, ausdrücklich nicht mehr auf irgend ein *individuelles* Einsehen-können dieses Täters zur Tatzeit nach seinem als innere Anlage verstandenen *persönlichen* Gewissen ab, sondern darauf, ob der Täter nach den Erfahrungen, die er in seinem jeweiligen *„Lebens- und Berufskreis"* machen konnte, bei gehöriger Vergewisserung (: zumutbarer „Anspannung des Gewissens", wie der Bundesgerichtshof nicht sehr glücklich sagt) „die Einsicht in das Unrechtmäßige seines Tuns ... gewinnen konnte"[22]. Damit stellen wir schon heute bei einem danach „vermeidbaren Verbotsirrtum" den *Schuldvorwurf* letztlich nicht mehr auf die *Aktualschuld* und *Individualschuld* dieses Täters zur Tatzeit ab, sondern auf die sogenannte *Dispositionsschuld*[23], die jemand nach seinen mit bestimmten Anderen vergleichbaren, von bestimmten Anderen dagegen nach dem persönlichen Lebensweg verschiedenen gesellschaftlichen Lebensumständen auf sich lädt dadurch, daß er das „Unerlaubte seiner Tat" nicht erkennt, obwohl er dies nach seiner *sozialen Disposition* „eigentlich" hätte erkennen können[24]. Wir stellen so mit anderen Worten fest die Gesellschaftsschuld : *die Sozialschuld*, am Maßstabe der Schuldfähigkeit, die wir bei diesem Menschen „voraussetzen" dürfen nach dem *Prozeß der Sozialisation:* der Vergesellschaftung, die er auf seinem Lebensweg in seinem Lebenskreis „erfahren" hat[25].

Aus dieser Auffassung der Schuld als Gesellschaftsschuld folgt für die *Rechtsprechung* die nüchterne Beschränkung, nur da einen solchen kriminellen Schuldvorwurf zu erheben, wo ein solches *stellvertretendes Gewissensurteil:* „schuldig", tatsächlich ohne pharisäische Überhebung möglich ist[26], der jenes mahnende Wort gilt: „Richtet nicht, auf daß ihr nicht gerichtet werdet!"

Aus dieser Einsicht in den notwendig gesellschaftlichen Charakter aller Schuld ergibt sich aber auch für die *Gesetzgebung* die unbedingte Forderung, den Bereich des kriminell Strafbaren auf den Grundbestand der alltäglich gelebten und geübten *„einfachen Sittlichkeit"* zu beschränken, den wir als das „ethische Minimum" zu umschreiben pflegen[27]. Geht der Gesetzgeber, wie dies auch im Entwurf zu einem künftigen Strafgesetzbuch vielfältig geschehen ist, über diesen Kernbereich der einfachen Sittlichkeit hinaus, indem er moralisch so umstrittene Phänomene wie künstliche Insemination, freiwillige Sterilisation, Gotteslästerung, ethisch indizierte Schwangerschaftsunterbrechung zu kriminell strafbarem Verhalten erklärt, dann zwingt er den Richter durch einen solchen mit unserer Auffassung von freiheitlicher: nonkonformistischer und damit pluralistischer Gesellschaft unvereinbaren ethischen Rigorismus, auch in Fällen ein „schuldig" zu sprechen, wo „stellvertretende Gewissensurteile" gar nicht mehr möglich sind; der Richter entweder selbst damit zum Heuchler werden muß oder zumindest doch alle konfessionell oder politisch Andersdenkenden und Andersgläubigen einen solchen Schuldspruch nach ihrem Gewissensurteil nicht mehr nachvollziehen können.

IV.

Nicht nur für die Schuld, sondern ebenso für die *Strafe* ergeben sich aus unserem Bild vom Menschen als ein „vergesellschaftetes Wesen" weitreichende Folgerungen. Erkennen wir nämlich, daß der Mensch nicht als ein Subjekt für sich, sondern daß der „Mensch mit Menschen" als Subjekt-Objekt existiert und sich so in dem, was er als Mensch eigentlich ist, weder zu entfalten noch erhalten vermag ohne die „entsprechenden Anderen", dann muß uns die Entgesellschaftung, die durch die *Freiheitsstrafe* eintritt, ja, die Versetzung in eine Gegengesellschaft außerhalb der Gesellschaft, wie sie praktisch in unserem heutigen Strafvollzug erfolgt, zutiefst fragwürdig werden.

Sowohl die *Einzelhaft,* welche die totale *Entgesellschaftung* des Gefangenen bewirkt und ihn in seiner Zelle zu klösterlicher Einkehr zwingt, um ihn „mit seinem Gewissen" („mit seinem Gott") allein zu lassen, muß uns heute von unserem Bild des Menschen als ein „vergesellschaftetes Wesen" als ein theoretischer Irrtum und praktischer Irrweg erscheinen. Benimmt solche Einsperrung doch dem Menschen eben das, was ihn recht eigentlich erst zum Menschen macht: den „entsprechenden Anderen", mit dem er zusammen erst, im Guten wie im Bösen, Mensch zu werden vermag. Aber auch die *Gemeinschaftshaft,* welche den Gefangenen, so wie die Dinge bei uns heute liegen und in der Atmosphäre unserer Zuchthäuser und Gefängnisse auch gar nicht anders liegen können, in eine *Gegengesellschaft* versetzt, in deren „Welt" ihm von denen, die ihm als „Nächste" Eindruck machen: seinen Mitgefangenen, nicht soziale, sondern asoziale und antisoziale Verhaltensmuster alltäglich vorgelebt und eingeimpft werden, ist uns heute nicht minder fragwürdig geworden. Ist der Mensch ein *soziales:* ein „vergesellschaftetes Wesen", dann muß auf diese Weise jeder Versuch einer *Resozialisierung:* der „Vergesellschaftung" in solchem Milieu einer Gegengesellschaft nicht am Unvermöges Personals, sondern an der Unmöglichkeit der Verhältnisse notwendig scheitern. Es kann darum nicht überraschen, wenn die asoziale oder gar antisoziale Indoktrination, die im Gefängnis oder Zuchthaus selbst unter den günstigsten Umständen stattfindet, regelmäßig nicht nur die bestgemeinten Bemühungen einer Resozialisierung scheitern läßt, sondern, wie die erschreckend hohe Rückfallquote unter den Gefangenen zeigt, häufig überhaupt erst zur *Asozialisierung* oder gar, aus dem Erlebnis des Strafübels als *Aggression* der Gesellschaft, zum Bedürfnis nach *Gegenaggression,* damit zur *Antisozialisierung* der solcher Behandlung Unterworfenen führt, weshalb schon Franz von Liszt zu der bitteren Feststellung gelangen konnte: „Wenn ein Jugendlicher oder auch ein Erwachsener ein Verbrechen begeht und wir lassen ihn laufen, so ist die Wahrscheinlichkeit, daß er wieder ein Verbrechen begeht, geringer, als wenn wir ihn bestrafen"[28].

Aber nicht nur im Blick auf den Täter selbst, der regelmäßig mit Schulden für Prozeßkosten und Unterhaltskosten überhäuft, die in die Tausende gehen, aus der Haftanstalt entlassen wird, wo er durch Gefangenenarbeit auch bei größter Anstrengung an einem ganzen Tag häufig noch nicht einmal einen einzigen Stundenlohn eines Hilfsarbeiters verdienen kann, sondern auch im Blick auf seine Angehörigen muß uns die Freiheitsstrafe nach unserer Auffassung des Menschen als ein „vergesellschaftetes" Wesen unsinnig, ja geradezu widersinnig erscheinen.

Trifft doch regelmäßig die Strafe nicht den Täter als ein Subjekt für sich genommen, sondern als ein Subjekt-Objekt, das in den verschiedensten Verhältnissen: Lebensbeziehungen und Lebensgebilden existiert. So muß es notwendig geschehen, daß die eigentlich Leidtragenden, die das Übel der Strafe trifft, sobald der Täter nicht „allein steht", seine Angehörigen sind: seine Frau und Kinder, die der Fürsorge überliefert werden, weil sie durch den Freiheitsentzug ihren Ernährer verlieren, die Eltern, denen der Täter Unterhalt schuldet; aber auch die Gläubiger, mit denen er Verpflichtungen einging, der Verletzte, den er geschädigt hat.

Von der Auffassung des Menschen als ein „vergesellschaftetes Wesen" aus ergibt sich darum eine grundsätzlich andere Einstellung zur Freiheitsstrafe überhaupt. Sie kann nur dann als sinnvoll und zweckmäßig anerkannt werden, wenn diese Wirkungen der Asozialisierung und Antisozialisierung in Anbetracht der „Gefährlichkeit" des Täters in Kauf genommen werden müssen, oder in Hinblick auf seine „Unverbesserlichkeit“ nicht mehr ins Gewicht fallen; mit anderen Worten: eine Resozialisierung anders als auf dem Wege des Freiheitsentzuges nicht durchführbar ist, oder aber eine Resozialisierung des Täters nicht mehr möglich ist.

Auch uns ist die *Strafe,* wie Franz von Liszt sagt, ein *„Mittel zum Zweck“:* zum Zwecke, die Mitglieder unserer Gesellschaft durch die *Androhung* von Strafe für bestimmte unerträgliche Rechtsgüterverletzungen von asozialem und antisozialem Verhalten abzuhalten, und, falls sie dennoch im „Verbrechen“ die Grenzen dieses Rechtsgüterschutzes durchbrechen, sie durch *Verhängung* von Strafe zu einem künftigen sozialen Verhalten anzuhalten[29]. Jede Strafe, die das Gegenteil davon bewirkt, die wie die reine „vergeltende Gerechtigkeit“ des: Übel für Übel „das Verbrechen fördert“ statt mindert, die einen an sich sozialen Menschen zum Asozialen und Antisozialen: zum Kriminellen macht, ist für uns ein durch nichts zu rechtfertigender Widerspruch gegen den Sinn und Zweck menschlichen Strafens[30].

Darum ist die *Vollstreckung* von Freiheitsstrafen, die regelmäßig zur *Zerstörung* der *sozialen Existenz des Täters* führt, zur Aufhebung der Beziehungen und Zerschlagung der Bindungen, die den Menschen als „gesellschaftliches Wesen“ (als „Ensemble der gesellschaftlichen Verhältnisse“, als „Summe“ seiner Beziehungen und Bindungen) überhaupt ausmachen, auf jene äußersten Grenzfälle zu beschränken, in denen uns im Interesse eines wirksamen Rechtsgüterschutzes kein anderer Weg bleibt. Mit Franz von Liszt fordern wir gegenüber der heutigen bedenkenlosen Vielstraferei, die der neue Entwurf eines Strafgesetzbuches mit seinen Dutzenden von neuen Tatbestandsalternativen allenfalls noch vermehren würde, die äußerste Sparsamkeit in der Verwendung der Strafe. Ist sie doch stets ein „zweischneidiges Schwert: Rechtsgüter*schutz* durch Rechtsgüter*verletzung*“[31], was solche schweren Eingriffe in die *soziale Existenz* des *Einzelnen* und zugleich in die *soziale Struktur* der *Gesellschaft* rechtfertigen kann immer nur da, wo der *Rechtsgüterschutz* dadurch wirklich *erhöht* und nicht im Gegenteil noch weiter *gemindert* wird.

Zweck der Strafe in einem *Rechtsstaat* ist allein die *Sicherung des Rechtsgüterschutzes*[32]. Er bedient sich zu der damit geforderten Bekämpfung und Verhütung von Verbrechen als *Sozialstaat* vor allem anderen der Mittel der Sozialpolitik. Nur da, wo diese versagen, greift er zur Strafe als der *ultima ratio der Sozialpolitik*[33].

In diesem Sinne mahnt und warnt schon Franz von Liszt unablässig zu seiner Zeit: „Es läßt sich eine schwerere Versündigung gegen den Zweckgedanken gar nicht denken als verschwenderische Verwendung der Strafe, als die Vernichtung der körperlichen, ethischen, nationalökonomischen Existenz eines Mitbürgers, wo diese nicht unabweislich durch die Bedürfnisse der Rechtsordnung gefordert wird[34].“

V.

Aus dieser *rechts- und sozialstaatlichen Auffassung der Strafe*[35] ergeben sich für die *vier Typen von Tätern*[36]: die *sühnebereiten* und *nicht sühnebereiten Gelegenheitstäter*, die *besserungsfähigen* und *nicht besserungsfähigen Zustandstäter*, für die *„Strafe"* einen *jeweils ganz anderen Sinn und Zweck* hat und haben muß, die folgenden *kriminalpolitischen Konsequenzen*.

1. Bei *sühnebereiten Gelegenheitstätern* muß die Strafe als Möglichkeit der *Sühne:* als *Aufruf zum Guten* aufgefaßt und gestaltet werden[37]. Dazu muß dem Täter mit der „Strafe" die *Chance zu positiver Leistung* gegenüber den durch seine Tat betroffenen Anderen gegeben werden: zur Wiedergutmachung des Unrechts, zur Abtragung der Schuld gegenüber den Anderen. Darum bin ich der Auffassung, daß selbst bei fahrlässiger Tötung, sofern Wiederholungsgefahr ausgeschlossen und der Täter sühnewillig ist, in keinem Falle eine Freiheitsstrafe eintreten darf, die dem Täter solche Möglichkeit zur Sühne durch *Vergeltung zum Guten* hin schlechterdings benimmt. Deshalb belegen wir mit Recht schon heute immer häufiger selbst in solchen Fällen den Täter unter *Strafaussetzung* mit Bewährungsauflagen, die ihm Verhaltensziele für bestimmte soziale Leistungen stecken, mit deren Erfüllung er sich nicht nur bewähren, sondern auch der Gesellschaft: den Anderen gegenüber wieder frei werden kann durch echte Sühne, von dem, was er getan hat. Klar gesagt: Ich halte es für sinnvoller, wenn jemand, der eine fahrlässige Tötung im Verkehr begangen hat, entsprechende Zeit sonntägliche Rettungswache oder andere soziale Hilfsdienste leistet, statt Monate sinnlos im Gefängnis zu sitzen und nichts „Rechtes" zu tun; ja auch beim besten Willen nichts „Gutes" tun zu können. In anderen Fällen mag es genügen, dem Täter bestimmte *Bußen* aufzuerlegen, die er aus seinem Verdienst für allgemeine Zwecke aufzuwenden hat.

Auf diese Weise würden gegenüber *sühnebereiten Gelegenheitstätern* nicht nur jene fragwürdigen „kurzfristigen Freiheitsstrafen" ausgeschlossen, wie Franz von Liszt dies gefordert hat, sondern praktisch *jede Freiheitsstrafe überhaupt*[38]. Ein einziger Federstrich des Gesetzgebers, die bloße Änderung einer einzigen Zahl in unserem geltenden Recht, mit der die heutige Höchstgrenze der Freiheitstsrafe, die zur Bewährung ausgesetzt werden darf, von derzeit neun Monaten auf zwei Jahre heraufgesetzt würde, wie in Schweden und anderen in ihrer Sozialstaatsentwicklung schon weiter fortgeschrittenen Ländern, würde hier mit einem Schlage praktisch eine größere Reform unseres derzeitigen Strafrechts herbeiführen als die ganze jetzt geplante sogenannte Große Strafrechtsreform, die weitgehend leider in einer bloßen Modifizierung und (Über)-Perfektionierung des bereits bestehenden, längst unbefriedigenden Rechtszustandes sich festgefahren hat.

2. Bei *nicht sühnebereiten Gelegenheitstätern* dagegen muß die Strafe ihren Charakter als Aufruf zum Guten: zur Sühne der antisozialen Tat durch soziale Leistung verlieren; sie muß zur reinen *Abschreckungsstrafe:* durch Zufügung von Übel für Übel werden, sowohl im Blick auf den Täter selbst (Spezialprävention), wie im Blick auf andere mögliche Täter (Generalprävention). Auch in diesen Fällen, in denen der Täter zu einer *positiven Sühne durch Gutes* nicht bereit ist und so im Interesse der Aufrechterhaltung der Wirksamkeit der Strafdrohung als Mittel des vorbeugenden Rechtsgüterschutzes kein anderer Weg bleibt als der einer *negativen Vergeltung durch Übel* zum Zwecke der *Abschreckung*, muß die Freiheitsstrafe als Strafübel nach unseren heutigen Erfahrungen grundsätzlich ausscheiden; wird durch sie doch allzu leicht aus dem sozial eingewurzelten und angepaßten normalen Bürger, der sich durch eine versucherische Gelegenheit zur Tat hinreißen ließ, durch die regelmäßig mit der Freiheitsstrafe eintretende äußere und innere Störung oder gar Zerstörung der bisherigen sozialen Existenz ein potentieller Asozialer oder gar Antisozialer: Krimineller. Darum darf in allen Fällen, in denen Wiederholungsgefahr nicht gegeben ist, auch hier das Strafübel nicht in einem *unmittelbaren Entzug* der *Freiheit* durch *Freiheitsstrafe* bestehen, sondern in jenem *mittelbaren Entzug* von *Freiheit*, wie er durch *Geldstrafe* und *Arbeitsstrafe* erreicht werden kann. Ist die Geldstrafe doch in einer Gesellschaft wie der unseren, in der das Geld eine der entscheidenden Bedingungen der Betätigung der Freiheit darstellt, vor allem wenn sie in der Form von *Tagesbußen* verhängt wird, die den Täter empfindlich in seiner „Bewegungsfreiheit" einschränken, eine Art Freiheitsentzug „in Freiheit", weshalb Jürgen Baumann in ihr mit Recht das entscheidende Mittel nicht nur zur „Zurückdrängung" der kriminalpolitisch verhängnisvollen „kurzfristigen Freiheitsstrafe", sondern der *Freiheitsstrafe gegenüber Gelegenheitstätern überhaupt* sieht[39].

Diese Gestaltung und Handhabung der Geldstrafe als mittelbare Freiheitsstrafe findet da ihre Grenze, wo der Täter zu solchen einmaligen oder regelmäßigen *Geldleistungen* nicht imstande ist. Sie bedarf darum der Ergänzung durch die sogenannte „*Arbeitsstrafe*", bei der der Täter zu regelmäßiger *Arbeitsleistung* „in Freiheit" angehalten wird, deren Ertrag bis auf das Existenzminimum an die Gesellschaft verfällt, wie sie vor allem Eberhard Schmidt als Ersatz für die bisherige Freiheitsstrafe vorgeschlagen hat[40]. Mit beiden Strafen vermögen wir empfindliche mittelbare Einschränkungen der Freiheit in Freiheit zu erreichen, die vollauf für die gegenüber solchen Tätern geforderte *Abschreckung* durch Zufügung eines Nachteils (Übels) für den mit ihrer Tat erstrebten Vorteil ausreichen und die dennoch, im Unterschied zur (unmittelbaren) Freiheitsstrafe gegenüber Gelegenheitstätern, zwar deren positive, nicht aber deren unvermeidliche negative: asozialisierende und antisozialisierende Wirkungen im Hinblick auf den Täter haben. Diese Forderung nach *Ersatz* der *Freiheitsstrafe* auch gegenüber *nicht sühnebereiten Gelegenheitstätern,* wozu der bisherige Strafrechtsentwurf leider nur unzulängliche Handhaben bietet, ist die Konsequenz der Einsichten jener neueren Reformbewegung vor allem im Ausland, deren Ausgangspunkt Max Grünhut mit den Worten umschreibt: „Nach mehr als 150 Jahren Gefängnisreform ist der hervorstechende Zug der heutigen Bewegung ihre Skepsis gegenüber dem Freiheitsentzug überhaupt und ihre Suche nach neuen und angemesseneren Methoden einer Behandlung außerhalb der Gefängnismauern“[41].

3. Demgegenüber muß bei *besserungsfähigen Zustandstätern* ein Freiheitsentzug, aber nicht eine Freiheitsstrafe im bisherigen Sinne, darum eintreten, weil nur auf diese Weise das Ziel der Resozialisierung solcher Täter zu verwirklichen ist. Solange die Besserung des Täters möglich erscheint, muß dabei die Strafe als reine *Erziehungsstrafe* gestaltet werden; das bedeutet: Aussschluß aller entgesellschaftenden, aber auch aller entehrenden Wirkungen der heutigen Gefängnis- und Zuchthausstrafe, die durch eine einheitliche *Einschließungsstrafe* (als Einheitsstrafe) zu ersetzen ist[42]. Keinesfalls kann die Freiheitsstrafe weiterhin in der bisherigen Weise gehandhabt werden: daß man den Täter entweder „sich Selbst“ überläßt, oder ihn einfach „den Andern“ überläßt, die in der „Gesellschaft“ des Gefängnisses mit ihm zusammenleben. Man kann nicht einen „schlechten Menschen“ zu einem „guten“ dadurch erziehen, daß man ihn in „schlechte Gesellschaft“ versetzt, der schlechtesten, in der er sich vielleicht jemals in seinem Leben befunden hat. Allgemeiner ausgedrückt: man kann den Menschen *für* die Gesellschaft nicht dadurch erziehen, daß man ihn in einen Zustand der Entgesellschaftung verstößt (in Einzelhaft), noch weniger dadurch, daß man ihn (in Gemeinschaftshaft) in eine Gegengesellschaft außerhalb der Gesellschaft mit ihren ins genaue Gegenteil verkehrten Verhaltensmustern für Erlaubt und Unerlaubt und Wertmaßstäben für Gut und Böse versetzt.

Vor allem beim körperlich oder seelisch Anfälligen oder Kranken bedarf es hier ganz anderer Möglichkeiten pädagogischer und notfalls therapeutischer Einwirkung als der heute bestehenden, um das zu erstrebende Ziel einer wirklichen Besserung, d. h. Resozialisierung des Täters zu erreichen. Ich kann nicht sehen, wie in dem heute geübten Verfahren, etwa einen senilen Sittlichkeitstäter auf ein oder zwei Jahre einzusperren und ihn sich selber zu überlassen, d. h. ihn noch weiter vertieren zu lassen, der Mensch — wie die Metaphysiker der Vergeltungsstrafe sagen —: „als ein Vernünftiges geehrt“ wird. Der ergraute Gefängniswachtmeister wird noch bei der Entlassung dieses Täters am Gefängnistor eine Wette eingehen wollen, ob der eben Freigelassene erst in acht oder schon in sechs Wochen wiederkommt; und er wird regelmäßig recht behalten. So kann man sehenden Auges mit Menschen nicht verfahren, weder im Blick auf den Täter, noch im Blick auf die neuen Opfer. Solange eine Besserung möglich ist, haben wir in einem Staate, der sich als Sozialstaat bekennt, alle Mittel einzusetzen und Wege zu suchen, um einen solchen Täter wieder *als einen Menschen* in die Freiheit zu entlassen.

4. Bei *nicht besserungsfähigen Zustandstätern* dagegen muß die Strafe ihren Sinn als Erziehungsstrafe verlieren; sie muß zur reinen *Sicherungsstrafe* werden. Das bedeutet auch hier: Ausschluß aller entehrenden und entwürdigenden Züge der heutigen Freiheitsstrafe. Dies müssen wir schon darum fordern, weil in Fällen, in denen wir zur Sicherungsverwahrung kommen müssen, regelmäßig von einer eigentlichen *„Schuld" des Täters* nicht mehr die Rede sein kann. Die Strafe muß hier zur reinen *sozialen Verteidigung* werden. Erkennen wir doch in den meisten dieser Fälle, sobald wir uns nicht mit oberflächlichen Eindrücken begnügen, daß hier das endgültige Versagen des Täters oft mehr Schicksal als Schuld ist; zumindest in solchen Fällen fast immer die *„Schuld" der Gesellschaft* ebenso groß ist wie die des einzelnen Täters. Ich halte es darum für die hier einzig mögliche humane Einstellung, daß wir nicht mit hohem moralischen Pathos uns überheben, über die Schuld eines solchen Täters zu urteilen; das einzig überzeugende Pathos des Strafens gegenüber Gewohnheits- und Triebverbrechern, echten Zustandstätern überhaupt, ist ihnen klar zu machen, daß die Gesellschaft sich mit allen Mitteln gegen sie, so wie sie sich verhalten haben und nach der zu stellenden Prognose wieder verhalten werden, verteidigt. Das wird erfahrungsgemäß selbst ein solcher Täter „verstehen", oder zumindest „gelten" lassen[43].

Nun, dies ist nur ein erster vorläufiger Umriß der *strafrechtsdogmatischen Folgerungen* beim Begriffe der *Schuld* und der *kriminalpolitischen Folgerungen* beim Begriffe der *Strafe,* die sich aus einem solchen Modernen Bilde des Menschen als „vergesellschaftetes Wesen" ergeben, wenn wir damit beginnen, die bisher von der Jurisprudenz theoretisch kaum beachteten, wenn auch von der Justiz oft längst praktisch gewürdigten „soziologischen Tatsachen", die das Sein und Bewußtsein des wirklichen Menschen in der alltäglichen Welt bestimmen, „zu rechtlicher Relevanz zu erheben".

Wir stehen heute erst am Anfang dieser neuen, von einem neuen Menschenbilde auch im Recht bestimmten Epoche. Die Veränderungen und Umwälzungen: die Reformen unserer Rechtsordnung und Rechtsauffassung, die von ihm ausgehen werden, sind heute noch nicht abzusehen. Im Gegenteil, es hat in unserer restaurativen Gegenwart den Anschein, als ob alles mehr denn je beim Alten und „Bewährten", beim Gewohnten und Altvertrauten bliebe. Es ist an der Zeit, daß wir uns eines anderen besinnen. Ist doch heute zur drängenden Gewißheit geworden, was sich in Radbruchs Worten erstmals ankündigt: „Eine neue Auffassung vom Menschen im Recht ist im Anzuge, eine juristische Zeitwende bereitet sich vor, ein neues Zeitalter bricht an: das „soziale Rechtszeitalter" des „vergesellschafteten Menschen"[43], in dem die *Strafe* als *Zufügung von Übel für Übel* nicht „absterben" wird, aber in dem sie *soweit irgend möglich* zum *Aufruf* und *Anstoß* für eine *Ausgleichung von Übel durch Gutes* werden wird, worin allein nach unserem heutigen Verständnis eine *Gerechtigkeit* auf Erden geübt werden kann, die diese nicht in eine *schlechtere,* sondern in eine *bessere Welt* verwandelt.

Anmerkungen:

[1] Gustav Radbruch, Der Mensch im Recht, 1957, S. 9.

[2] Entwurf eines Strafgesetzbuches (StGB), E 1962, mit Begründung, Bundestagsvorlage (Drucksache IV/650), 1962, S. 96.

[3] Entscheidungen des Bundesgerichtshofs in Strafsachen (BGHSt), Bd. 2, S. 201; und Bd. 10, S. 262.

[4] Überaus aufschlußreich hierzu die jüngste Darstellung von Jescheck: Die weltanschaulichen und politischen Grundlagen des Entwurfs eines Strafgesetzbuches (E 1962), in: Probleme der Strafrechtsreform, 1963, S. 30 ff. In dieser Offenlegung der „unausgesprochenen Grundlage der ganzen Strafrechtsreform" verbindet sich das neukantianische „Bekenntnis zur Würde der menschlichen Person" mit der „transzendentalen Überzeugung", daß „alle Menschen letztlich zum Gleichen berufen sind", die „mit der Würde der Person zutiefst zusammenhängen" soll (a.a.O., S. 42). Von diesen „weltanschaulichen Grundlagen", die keine anderen sind als die der Gattungsmetaphysik der traditionellen Wesensphilosophie, kommt der Entwurf, wie Jescheck, einer seiner maßgebenden Mitverfasser, ausführt, zu Vorstellungen wie der von einer „primären Pflicht des einzelnen ..., der Gemeinschaft als Glied des Ganzen zu dienen" oder gar der „Vorstellung von einem Staate", der „auf die *Einsatzbereitschaft seiner Bürger* für öffentliche Aufgaben zählen kann" (a.a.O., S. 38).

[5] a.a.O.; Die einzige Bezugnahme des Entwurfs bei seiner Begründung des Schuldstrafrechts auf „wissenschaftliche Erkenntnis" ist bezeichnenderweise negativer Art, wenn die Verfasser an dieser Stelle abwehrend fortfahren: „Auch die Wissenschaft vermag nicht der Überzeugung die Grundlage zu entziehen, daß es Schuld im Handeln des Menschen gibt. Neuere Forschungen geben dem Raum." Das kann man eine wissenschaftliche „Begründung" dieser entscheidenden „Grundsätze des Entwurfs" wohl nicht nennen.

[6] Kant, Kritik der reinen Vernunft, Ausgabe Schmidt (Meiner), 1930, S. 536 Anm.; Hervorhebung von mir.

[7] Fritz Bauer, Das Menschenbild im Strafrecht, in: Die neue Gesellschaft, Jg. 3 (1956), S. 338; und: Das Verbrechen und die Gesellschaft, 1957, S. 168 ff.

[8] Zum Ordnungsgedanken Kants und die ihm zugrunde liegende Auffassung des Menschen als „ungesellige Geselligkeit": Maihofer, Vom Sinn menschlicher Ordnung, 1956, S. 13 ff.

[9] Zum folgenden: Maihofer, Konkrete Existenz, in: Festschrift für Erik Wolf, 1962, S. 264 ff.; und jetzt: Recht und Existenz, in: Vom Recht (Hannoversche Beiträge zur Politischen Bildung, Bd. 3), 1963, S. 161 ff.

[10] Im Unterschied zum *Selbstsein (Individualität)* und zum *Menschsein* überhaupt *(Humanität)*; vgl. zum Alssein des Menschen im einzelnen: Maihofer, Recht und Sein, 1954, S. 114 ff.; und zur dreifachen „Bestimmung" der *Personalität* der *Person* in ihrer *Sozialität, Individualität* und *Humanität* jetzt: Recht und Existenz, a.a.O, S. 185 ff.

[11] Zu dieser Grundkategorie der heutigen Sozialphilosophie: Martin Buber, Die Schriften über das dialogische Prinzip, 1954, S. 257 ff.; und: Das Problem des Menschen, 1954, S. 159 ff.

[12] Dazu Maihofer, Ordnung und Gesellschaft, in: Das Problem der Ordnung, herausgegeben von H. Kuhn und F. Wiedemann, 1962, S. 315 ff.

[13] Gustav Radbruch, Der Mensch im Recht, a.a.O.; vgl. auch: Vom individualistischen zum sozialen Recht, a.a.O., S. 35 ff.

[14] Dieser „normative Schuldbegriff" geht zurück auf die bahnbrechende Untersuchung von Reinhard Frank, Über den Aufbau des Schuldbegriffes, 1907; dazu im einzelnen: Maurach, Deutsches Strafrecht, Allgemeiner Teil. 2. Aufl. 1958, S. 282 f.

[15] „*Du Selbst* hättest hier anders handeln sollen und können!", im Unterschied zum Unrechtsvorwurf: „*Man* hätte hier anders handeln sollen und können!"; vgl. zu dieser grundlegenden Unterscheidung des personalen Kerns von Unrecht und Schuld: Maihofer, Der Unrechtsvorwurf, in: Festschrift für Theodor Rittler, 1957, S. 141 ff., insbes. S. 159 ff.

[16] Zur heutigen Auffassung der Schuld als „Einzeltatschuld": Maurach, a.a.O., S. 326 ff.; und jetzt Arthur Kaufmann, Das Schuldprinzip, 1961, S. 187 ff., insbes. S. 193.

[17] Kant, Metaphysik der Sitten, Ausgabe Vorländer, S. 290 ff.; dazu: Maihofer, Vom Sinn menschlicher Ordnung, S. 18 ff., und Arthur Kaufmann, Schuldprinzip, S. 118 ff.

[18] Vgl. etwa für die Soziologie die grundlegende Schrift von Dahrendorf, Homo Sociologicus, 1959, insbes. S. 38 ff.; für die Sozialpsychologie die umfassende Darstellung von Newcomb, Sozialpsychologie, 1959, insbes. S. 263 ff., die den Prozeß der Ausbildung der „sozialen Einstellung" in den Mittelpunkt ihrer Psychologie der sozialen Person rückt.

[19] Zur grundsätzlichen Problematik der Schuldfeststellung des Richters über den Angeklagten, d. h. über ein „fremdes Innenleben", schon Radbruch, Grundzüge der Rechtsphilosophie, 1914, S. 64 ff.; zur Einnahme des „äußeren Standpunktes" bei der „Betrachtung der Willensvorgänge anderer Menschen" grundlegend auch Max Planck: Scheinprobleme der Wissenschaft, 1947, S. 20 ff., und: Die Physik im Kampf um die Weltanschauung, 1948, S. 24 ff.

[20] Darum erklärt auch Welzel zu dieser Feststellung der „konkreten Schuldfähigkeit" (: „daß *dieser* Mensch in der *konkreten* Situation sinngemäßer Selbstbestimmung wirklich fähig war"), daß diese überhaupt „kein Gegenstand der Wahrnehmung, vollends nicht der Fremdwahrnehmung" sein könne, und „sogar das *eigene* Bewußtsein, schuldfähig zu sein", kein „Kriterium für die Existenz der Schuldfähigkeit" sei, da häufig „zweifelsfrei schwer Geisteskranke verbissen ihre Zurechnungsfähigkeit verteidigen" (Das neue Bild des Strafrechtssystems, 4. Aufl. 1961, S. 52).

[21] So zieht auch Engisch aus seiner jüngsten Untersuchung über die Willensfreiheit am Ende das resignierte Fazit: „Wir erklären unser Nichtwissen in bezug auf die Frage, ob ein konkreter Mensch in einer konkreten Situation anders hätte handeln können als er tatsächlich gehandelt hat" (Die Lehre von der Willensfreiheit in der Strafrechtsphilosophischen Doktrin der Gegenwart, 1963, S. 65).

[22] BGHSt 2, 201. Hinter dieser heute in ständiger Rechtsprechung gehandhabten Formel von der dem Einzelnen zuzumutenden: „gehörigen Gewissensanspannung", nach der der Täter verpflichtet sein soll, „alle seine geistigen Erkenntniskräfte und sittlichen Wertvorstellungen einzusetzen" (BGHSt 4, 5), verbirgt sich nichts anderes, als die Einsicht in den *gesellschaftlichen Charakter des Gewissens* und der in Fällen „vermeidbaren Verbotsirrtums" vorliegenden Wissensschuld. Richtet sich doch nicht nur das *„Maß"* der zumutbaren „Gewissensanspannung" nach „dem Lebens- und Berufskreis des Einzelnen", wie der Bundesgerichtshof erklärt, sondern ebenso auch der *Inhalt* der dem Einzelnen im Wege solcher Vergewisserung zugänglichen *geistigen Erkenntnisse* und *sittlichen Wertvorstellungen* danach, was dieser auf seinem Lebensweg, in seinem Berufskreis, an solchen Erkenntnissen und Vorstellungen gewinnen konnte.

[23] Vgl. zum Begriff der *„Dispositionsschuld"*, im Unterschied zur „Charakterschuld" und zur „Lebensführungsschuld" schon: Selig, Die Schuld im Strafrecht (in Annales Universitatis Saraviensis, 1953, S. 1 ff., insbes. S. 24 ff.). Von Dispositionsschuld und nicht bloßem Dispositionsmangel können wir aber nur dann im strafrechtlichen Sinne sprechen, wenn die *„dispositionelle Beschaffenheit* der Persönlichkeit des Täters (im Zeitpunkt der Tat)", welche die *Ursache* für das kriminelle Versagen war, ihren *Grund* im Täter selbst hat und weder die „Schuld" seiner natürlichen Anlage noch seiner gesellschaftlichen Umwelt war.

[24] Ob diese dispositionelle *Fehl-Beschaffenheit* dabei sich zu einem *dauernden* „fehlerhaften" *Charakterzug* verfestigt hat, oder auf eine *dauernde* „verfehlte" *Lebensführung* zurückgeführt werden kann, ist gleichgültig: Dispositionsschuld kann ich auch durch ein einmaliges Verschulden bei der *Übernahme* einer „kritischen" *sozialen Rolle* (etwa als Kraftfahrer) auf mich laden, der ich nicht *gewachsen* bin, weil mir die *soziale Disposition* (etwa die Fahrausbildung) fehlt, sie sozialadäquat zu erfüllen; ebenso auch durch ein einmaliges Verschulden beim *Sichbegeben* in eine „kritische" *soziale Lage* (etwa beim Überqueren einer Straßenkreuzung), die ich nicht zu *meistern* vermag, weil mir die *soziale Disposition* fehlt (etwa durch Unaufmerksamkeit, auch nur für Bruchteile von Sekunden), in ihr sozialadäquat zu agieren und zu reagieren. Habe ich mich Selbst in diese Situation „gebracht", in der ich dann aufgrund meiner „Disposition" versage, dann werde ich auch dann „schuldig", wenn mir im Zeitpunkt der Tat die Fähigkeit: die Freiheit des „Anderskönnens" fehlte. Insoweit kommt es hier auf das *individuelle Andershandelnkönnen* des *Täters* zum *Zeitpunkt der Tat* nicht an.

[25] Wir stellen so den *Schuldvorwurf* weder ab auf das (praktisch nicht feststellbare) *individuelle* Andershandelnkönnen der konkreten Person in ihrer *persönlichen* Konstitution und Situation, noch einfach auf das *generelle* Andershandelnkönnen einer abstrakten (Durchschnitts)Person in ihrer *typischen* Konstitution und Situation (wie Mezger mit Kohlrausch dies tut, womit wir zum Unrechtsvorwurf, aber noch nicht zum Schuldvorwurf gegen den Täter gelangen; vgl. dazu im einzelnen Maihofer, Der Unrechtsvorwurf, a.a.O., S. 159 ff.), sondern auf das *individuelle* Andershandelnkönnen dieser konkreten Person in der konkreten Situation nach ihrer *sozialen Disposition,* die sie sich Selbst in ihrem, mit dem bestimmter Anderer vergleichbaren „Lebens- und Berufskreis", auf ihrem mit bestimmten Anderen vergleichbaren Lebens- und Berufsweg erwerben konnte. Es ist so die persönliche: *diesem Individuum* durch *seine Gesellschaft* „vermittelte": gesellschaftliche Befähigung, die wir mit diesem an den Täter von einem „äußeren Standpunkt" herangetragenen Schuldurteil als Maßstab für ein „schuldig" oder „unschuldig" anlegen. Wir können danach einen Menschen

weder schuldig sprechen, wenn ihm *von seiner Natur her* die Voraussetzungen fehlten, diese *soziale Disposition* zu erwerben oder zu bewahren (wie bei Geisteskranken), noch wenn ihm *von seiner Gesellschaft her* die Voraussetzungen fehlten, diese *soziale Disposition* überhaupt zu erwerben (wie bei allen jenen „Kaspar Hausers" am Rande der Gesellschaft) oder wirklich zu bewahren.

26 Wo also, wie im Bereich des „ethischen Minimums" oder der „einfachen Sittlichkeit" das Gewissen „gewissermaßen eine vertretbare Sache" ist, wie Arthur Kaufmann (Recht und Sittlichkeit, 1964, S. 45) dies jetzt formuliert. Man muß sich allerdings wohl mehr als bisher Rechenschaft darüber geben, daß solche „stellvertretenden Gewissensurteile" eine *Vertrautheit des Richters* mit dem *wirklichen Leben* in der *alltäglichen Welt* voraussetzen, aus der allein *soziale Einfühlungsgabe* in den „Lebens- und Berufskreis" des Angeklagten kommen kann. Wird doch sonst alle Justiz zu jenem Zerrbild und Schreckbild einer Standesjustiz oder gar Klassenjustiz, das uns Daumier so eindrucksvoll gezeichnet hat, wenn der Richter in aller Unbefangenheit einfach die gesellschaftlichen Bewußtseinsinhalte und Wertvorstellungen seines „Standes" oder gar seiner „Klasse" selbstverständlich auch für den Angeklagten als gegeben voraussetzt.

27 So mit Entschiedenheit auch Arthur Kaufmann, a.a.O., S. 45 f. und schon JZ 1963, S. 148.

28 Franz von Liszt, Die Kriminalität der Jugendlichen, in: Strafrechtliche Aufsätze und Vorträge, II. Bd., S. 339.

29 Dazu grundlegend Franz von Liszt, Der Zweckgedanke im Strafrecht, in: Strafrechtliche Aufsätze und Vortäge, I. Bd., 1905, S. 161 ff.; vgl. auch: Lehrbuch des Deutschen Strafrechts, 21. und 22. Aufl. 1919, S. 6 f.

30 Vgl. dazu schon Franz von Liszt, Kriminalpolitische Aufgaben, in: Strafrechtliche Aufsätze und Vorträge, I. Bd., S. 290 ff., insbes. S. 353.

31 Franz von Liszt, Der Zweckgedanke im Strafrecht, a.a.O., S. 161.

32 Zur Grundlegung der *liberalen:rechtsstaatlichen* Konzeption des „Strafrechts als Rechtsgüterschutz" : Franz von Liszt, Lehrbuch, S. 3 f.; und zu der daraus auch für den Rechtsgüterschutz des Täters folgenden Auffassung des Strafgesetzbuches als „magna charta des Verbrechers": Franz von Liszt, Über den Einfluß der soziologischen und anthropologischen Forschungen auf die Grundbegriffe des Strafrechts, Strafrechtliche Aufsätze und Vorträge, II. Bd., S. 75 ff., insbes. S. 80. Diese liberale Konzeption des Strafrechts geht zurück auf Anselm von Feuerbach (den Vater des Philosophen Ludwig Feuerbach), in dessen „Lehrbuch des gemeinen in Deutschland gültigen peinlichen Rechts" (9. Aufl. 1826, S. 16 ff.) sich auch die erste systematische Ableitung des Grundprinzips allen rechtsstaatlichen Strafrechts findet: des Grundsatzes „nulla poena sine lege", der heute in Art. 103 des Grundgesetzes zum Verfassungsprinzip unseres auf dieser liberalen Tradition gründenden freiheitlich demokratischen Rechtsstaates erhoben ist.

33 Zur Grundlegung der *sozialen: sozialstaatlichen* Konzeption des Strafrechts, welche die entscheidende Ursache der Kriminalität in den „gesellschaftlichen Verhältnissen" sieht und darum fordert, auch den „Kampf gegen das Verbrechen ... in erster Linie nicht durch die Strafe, sondern durch Einwirkung auf die *gesellschaftlichen* Verhältnisse, also auf *sozialpolitischem Gebiete*, zu führen": Franz von Liszt, Über den Einfluß der soziologischen und anthropologischen Forschung auf die Grundbegriffe des Strafrechts (II. Bd., S. 75 ff.), Die gesellschaftlichen Faktoren der Kriminalität (II. Bd., S. 433 ff.), Kriminalpolitische Aufgaben (I. Bd., S. 290 ff.).

34 Franz von Liszt, Der Zweckgedanke im Strafrecht, a.a.O., S. 161.

[35] Zu dieser erstmals bei Franz von Liszt vollzogenen *Verbindung* der *liberalen* und *sozialen:* einer entschieden *rechtsstaatlichen* mit einer ebenso entschieden *sozialstaatlichen Konzeption des Strafrechts*, die auf der einen Seite in der Auffassung des *Gesetzes* als *magna charta libertatum des Bürgers*, auf der anderen Seite in der Auffassung der *Strafe* als *ultima ratio der Sozialpolitik* gipfelt, grundlegend Gustav Radbruch, Autoritäres oder soziales Strafrecht?, in: Der Mensch im Recht, S. 63 ff., insbes. S. 67 f.

[36] Insoweit bedarf es einer Ergänzung der Unterscheidung von „drei Kategorien" von Tätern (wie sie Franz von Liszt vorgenommen hat) sowie der entsprechenden „drei Strafformen", um eine vierte: die *Sühne* für die „Kategorie" der *sühnebereiten Gelegenheitstäter;* vgl. dazu Franz von Liszt, Der Zweckgedanke im Strafrecht, a.a.O., S. 165 ff.

[37] Straft man, wie Peter Noll dies in seiner vom „Gedanken der Mitverantwortung" ausgehenden „ethischen Begründung der Strafe" fordert, „in erster Linie aus der Verantwortung für die Gemeinschaftsordnung", dann muß von dieser „kriminalpolitischen Grundentscheidung" aus die Strafe ihren von der traditionellen Metaphysik der Vergeltung behaupteten (apriorischen) Charakter als ein *„Übel für Übel"* verlieren. Auch dann ist zwar, wie Noll treffend sagt: *„Die Strafe ... ein notwendiges Übel, aber nicht auch notwendig ein Übel"* (Die ethische Begründung der Strafe, 1962, S. 17).

[38] Dies fordert in der Sache mit Entschiedenheit auch Jürgen Baumann (Was würde uns die Strafrechtsreform bringen?, in: Modelle für eine neue Welt, 1964, S. 371), der die *Ablösung* der bisherigen *Freiheitsstrafe* für Gelegenheitstäter allerdings vorwiegend über die *Geldstrafe* erreichen will, während wir diese Strafe, die überwiegend den negativen Charakter einer Zufügung von Übel hat, den Fällen vorbehalten würden, in denen der Täter zu einer Sühne durch positive Leistung nicht bereit ist.

[39] Dies ist der eigentliche Sinn der bedenkenswerten Vorschläge von Jürgen Baumann zur Ausgestaltung und Handhabung der Geldstrafe als „Laufzeitgeldstrafe"; dazu a.a.O. und: Von den Möglichkeiten einer Laufzeitgeldstrafe, JZ 1963, S. 733 ff., sowie die gesetzgeberischen Vorschläge zur Ausformung der Geldstrafe als „eine Art Grundstrafe", deren Einnahmen für eine „Verbesserung der Strafanstaltsverhältnisse und zur Entlassenenfürsorge verwendet werden" sollen: Entwurf eines Strafgesetzbuches, Allgemeiner Teil, 1963, S. 21 ff. und S. 45.

[40] Eberhard Schmidt, Probleme staatlichen Strafens in der Gegenwart, in: Justitia fundamentum regnorum, 1947, S. 51 ff., insbes. S. 66 f.

[41] Grünhut, Penal Reform, 1948, S. 449.

[42] Macht man mit dem Resozialisierungsgedanken gegenüber besserungsfähigen Zustandstätern wirklich Ernst, dann ist die schon im „Entwurf eines Allgemeinen Deutschen Strafgesetzbuches" von Gustav Radbruch (1922) vorgesehene Abschaffung der Zuchthausstrafe, nach unseren heutigen Erfahrungen mit dieser moralisch den Menschen für immer aus der Gesellschaft verbannenden entehrenden Strafe, unausweichlich. Aus der Mitverantwortlichkeit der Gesellschaft für den Einzelnen ergibt sich, wie schon Fritz Bauer (Das Verbrechen und die Gesellschaft, S. 231) betont, nicht einfach nur ein Recht, sondern eine Pflicht der Gesellschaft zur Resozialisierung, zu deren Erfüllung sie sich mit dem bisher gegenüber solchen Tätern gewählten Mittel der Zuchthausstrafe selbst außer Stande setzt.

[43] Auch diese hier geforderte Einstellung zum Sicherungsverwahrten ist Ausdruck unserer „Einstellung" zum „Verbrechen als einer Erscheinung des Gemeinschaftslebens" und zugleich des Gedankens der „Mitverantwortlich-

keit" der Gesellschaft: der Andern, auch für den straffällig gewordenen Einzelnen, die jetzt auch Eberhard Schmidhäuser zum Ausgangspunkt seiner Bestimmung von Sinn und Zweck der Strafe nimmt; vgl. Vom Sinn der Strafe, 1963, S. 30 ff., insbes. S. 60 ff.

44 Radbruch, Der Mensch im Recht, S. 16.

DAS WESEN DER STRAFE IN THEOLOGISCHER SICHT

Von Helmut Gollwitzer

Adolf Freudenberg, dem Juristen und Theologen, zum 70. Geburtstag

I

Strafen heißt: einem Menschen ein Übel antun zur Vergeltung für ein von ihm getanes Übel. Strafen ist also ein spezifisches Verhalten zwischen Menschen. Bei Tieren gibt es Vergeltung nur in Ansätzen, etwa den Klaps, den eine Raubtiermutter einem Jungen bei der Jagderziehung wegen undisziplinierten Verhaltens gibt, oder die Rache, die ein Elefant, wie man erzählt, für eine vor Jahren erlittene schlechte Behandlung nehmen kann. Das sind Vorformen dessen, was zwischen Menschen geschieht, gewandelt und zu ihrer Eigentlichkeit entfaltet durch deren geistiges Sein.

1. Der Mensch wird beim Strafen angesehen und behandelt als der *Täter*, als das Subjekt seiner Taten, nicht als Medium, durch das hindurch, oder als Instrument, vermittels dessen ein anderes — personales oder apersonales — Subjekt die betreffenden Handlungen hervorgebracht hat, und diese seine Taten werden als *Taten* angesehen, nicht als bloße Ereignisglieder in einer apersonalen Kausalkette. Strafen geschieht auf Grund von Verantwortlichmachen.

2. Strafen mißt die Tat an einem Sollen, das über dem Strafenden wie dem Bestraften steht, an dem sie beide teilhaben, vor dem sie beide sich verantworten, über das sie beide nicht willkürlich verfügen. Dem Strafen ist also die Frage nach der Gerechtigkeit wesentlich, deshalb auch die Frage nach dem Verhältnis des Täters zur Gerechtigkeit. Die Entwicklung des Strafrechts von einem reinen Tatstrafrecht früherer Zeiten, das nur die Tat als solche, ohne Frage nach ihrer Absichtlichkeit bestrafte, zum heutigen Täterstrafrecht, das absichtliche, fahrlässige und nicht anrechenbare Handlungen unterscheidet, das Motiv und Verbotsirrtum berücksichtigt, hat ihre Logik aus dem Wesen des Strafens als einer menschlichen Reaktion auf menschliches Tun; denn jenes frühere Tatstrafrecht vollzog Strafe noch als automatische Reaktion auf ein Vorkommnis, dessen Tatcharakter noch nicht gewürdigt worden war, weshalb in jener Zeit auch Strafen an Tieren vorgenommen wurden. Daß Täter und Strafender einer ihnen unverfügbaren Norm verantwortlich gegenüberstehen und sich gegenseitig, in Anklage und Verteidigung auf sie ansprechen, ist ein wesentliches, wenn auch (wie wir

noch sehen werden) noch nicht erschöpfendes Moment für die Unterscheidung von Strafe und Rache. Rache ist ebenfalls Vergeltung; in ihr reagiert ein Mensch aber so auf die Tat eines anderen, daß er nach deren Motiv und möglicher Verantwortbarkeit nicht fragt, sondern sie nur nach ihrer Nachteiligkeit für die eigenen Wünsche bewertet und auf sie nicht nach einer übergeordneten Norm, sondern nach der Norm seines Wünschens reagiert; in der Rache setzt sich der Mensch selbst an die Stelle der Ordnung, in deren Namen die Strafe zu erfolgen hat. Der Übergang des Rechtes zum Strafen von der geschädigten Person zum Staat, der Übergang von der Blutrache zum Strafrecht ist deshalb ein so großer Schritt in der Menschheitsgeschichte gewesen, weil nun geschieden wurde, was vorher verwechselbar ineinander lag: das Bedürfnis des Zurückzahlens empfangenen Übels und der Dienst an der für alle zu wahrenden Gerechtigkeit, das Vergelten im eigenen Namen und das Vergelten im Namen der für alle geltenden und allen dienenden Ordnung, das Vergelten als Rache und das Vergelten als Strafe.

3. Im Strafen wird Menschsein als identisches Sein in der Zeit angesehen und behandelt. Vorkommnisse übler Art, an denen wir beteiligt sind, versinken in der Vergangenheit; haben sie nachwirkende Folgen, so kommen wir nur noch in ihrer historischen Erzählung vor. Wenn durch das, was wir einen „unglücklichen Zufall" nennen, ein Kettenpolster eines fahrenden Bundeswehr-Panzers abspringt und ein Mädchen, das in einem der Panzerkolonne begegnenden Auto sitzt, tödlich trifft, dann wird dieses Vorkommnis nicht nur Trauer bei dem Vater des Kindes, sondern tiefe, lange nachwirkende Bedrückung bei allen Beteiligten auslösen; es gehört aber für sie, wenn sich keine Verantwortlichkeit feststellen ließ, der Vergangenheit an. Meine Taten dagegen sind Ereignisse, die mit mir gehen, auf die ich, mögen sie noch so weit zurückliegen, heute noch angesprochen werden kann, weil ich mit dem damaligen Täter identisch bin. Die Vergangenheit, soweit ich an ihr schuld bin, soweit sie meine schuldhafte Tat ist, verstellt mir meine Zukunft. Die Frage ist, ob, wie und wieweit ich meine Vergangenheit loswerden kann. Durch Wiedergutmachung? Sie kann sich nur auf den angerichteten Schaden richten, nicht auf die Tat selbst. Durch Reue? Sie richtet sich auf die Gesinnung, aus der die Tat entstand, macht aber die Tat nicht ungeschehen, sondern als geschehene gerade zum Problem. Durch Änderung, also Besserung meines Wesens? Sie stellt für die Zukunft in Aussicht, daß die Tat von mir nicht wiederholt werden wird, hebt aber meine Identität mit dem damaligen Täter nicht auf. Durch Vergebung? Sie ist tatsächlich, wenn sie von dem kommt, der zu ihr autorisiert ist, die entscheidende Eröffnung der Zukunft durch Befreiung von der Vergangenheit, sie hebt die aus der Verwerflichkeit der Tat resultierende Verwerfung der Person auf, aber sie läßt je nach

Art und Schwere des Falles die Frage offen, ob nicht der Realität der Tat, die ich tat, die Realität einer Tat, die mir angetan wird, korrespondieren müßte, wenn nicht Reue, Besserung und Vergebung zu Methoden des Billig-Davonkommens herabgewürdigt werden sollen. Verwerflich sind schon die Gedanken vor der verwerflichen Tat, — so sehr, daß die Bergpredigt schon das ehebrecherische Anschauen einer Frau einen Ehebruch „im Herzen" nennt (Matth. 5,28); aber das Umsetzen der Gedanken in die Sphäre der äußeren Realität ist noch einmal ein neuer Schritt. Wie wir dafür dankbar zu sein haben, daß es bei den meisten unserer verwerflichen Gedanken nicht zu dieser Umsetzung kommt (obwohl wir damit vor Gott, wie die Bergpredigt sagt, nicht schuldlos werden, da ja auch unsere Gedanken schon unsere Taten sind!), so müssen wir anerkennen, daß der Tat in der äußeren Realität ein Leiden in der äußeren Realität folgen muß. Ein *Vorkommnis* hat Folgen in der unpersönlichen Kausalkette; ein *Tun* hat Folgen in der Weise des persönlichen Behaftetwerdens, Identifiziertwerdens, Gebundenwerdens an die Vergangenheit, durch das die Befreiung der Zukunft von der Vergangenheit zur dringenden Frage wird. Straffreiheit auf Grund von Verjährung drückt die lindernde Kraft der Zeit für diese Frage aus, aber die Ausklammerung des Mordes aus der Verjährungsmöglichkeit zeigt an, wie begrenzt diese lindernde Kraft ist, und die biblische Ankündigung der Rechenschaft, die wir dereinst für alle unsere Taten, ja, wie Jesus sagt (Matth. 12,36) für jedes Wort aus unserem Munde ablegen müssen, zeigt an, daß die Anerkennung der verjährenden, also veraltenden Kraft der Zeit eine Weise der Selbstbescheidung der menschlichen Gerechtigkeit ist, nicht aber ein wirkliches Abnehmen der Identität zwischen uns und unseren Taten mit zunehmender Zeitdistanz[1].

Aus dieser einleitenden phänomenologischen Betrachtung des Strafens als eines zwischenmenschlichen Verhaltens ergeben sich zwei Fragen, denen eine theologische Überlegung sich heute zuwenden muß, und zwar deswegen, weil das Phänomen des Strafens in einen Komplex von Fragen hineinführt, die allesamt transjuristischer Art sind, deren Beantwortung die Jurisprudenz von außerhalb ihrer selbst beziehen muß, als da sind die Fragen nach dem Wesen und Grund jener übergeordneten Norm für Täter und Strafende, also nach der Gerechtigkeit, die Frage der Willensfreiheit und Verantwortlichkeit, die Frage nach der Autorisierung von Sündern zum Strafen, d. h. nach dem Verhältnis von Solidarität und Autorität zwischen Richter und Angeklagten, die Frage nach Strafe und Vergebung, nach menschlichem und göttlichem Gericht. Die zwei Fragen, auf die wir uns konzentrieren wollen, sind die soeben genannte nach dem Verhältnis von menschlichem und göttlichem Strafen und die damit zusammenhängende nach Vergeltungs- und Erziehungsstrafrecht.

II

Götter sind es, die in den Religionen der Völker über das Recht wachen, die den Rechtsbrecher verfolgen und mit ihrer Strafe auch dann, wenn er der menschlichen Strafe entgeht, erreichen, deren Strafe auch jenseits des Todes nicht endet, und die mit ihrer Autorität die menschlichen Rechtsinstanzen zum Verhängen und Vollziehen der Strafen autorisieren. Der Zusammenhang von Religion und Sittlichkeit ist gerade in den Anfängen des Strafrechts aufs engste geknüpft. Hier sind göttlicher Fluch und Segen als zwar nicht anrechenbare, aber immer wieder erfahrbare Faktoren des geschichtlichen Lebens erkannt, hier wird menschliches Recht als Frage nach und Dienst an dem göttlichen Recht verstanden und steht dadurch im Horizont einer höheren Norm als der von Nützlich und Schädlich und einer höheren, nicht nach menschlichem Gutdünken manipulierbaren Ordnung; hier wird erkannt, daß das Recht zum Strafen sich nicht von selbst versteht, sondern in einer verliehenen Vollmacht begründet sein muß.

In der Entmythisierung der Welt durch die biblische Botschaft findet diese Garantierung des Rechtes durch die Götter eine eigenartige Verwandlung: sie wird aufbewahrt, sie wird radikalisiert und sie wird kritisch verändert.

1. Sie wird aufbewahrt: Auch der Gott des biblischen Glaubens kümmert sich um das menschliche Recht, er gibt dem Menschen Recht zum Dasein, er gebietet die Respektierung dieses Rechtes, er wacht über seine Einhaltung und straft den Rechtsbrecher. Für den Gott der Bibel gilt dies sogar in gesteigertem Maße, sofern es hier keinen Zwiespalt zwischen Kult und Recht und keine Möglichkeit der bloß kultischen Gottesverehrung gibt, sondern von Anfang an der Kult mit dem Gottesrecht verbunden ist und in ihm seinen eigentlichen Kern hat. Dieses Gottesrecht, im Alten Testament in apodiktischen Sätzen formuliert, ist offenbarer Gotteswille, unter dem das Leben Israels steht und nach dem sich das kasuistische Recht zu richten hat.

2. Sie wird radikalisiert: Radikaler wird die Forderung Gottes, sofern sie das juridisch Faßbare weit übersteigt und den letzten Winkel des „Herzens", der Gedanken und Gesinnung einbezieht, wie es in der Bergpredigt geschieht; sie wird so radikal, daß sie nicht mehr in einzelnen Taten, sondern nur noch im Glauben, d. h. in der vertrauensvollen Hingabe des ganzen Menschen an Gott erfüllt werden kann, für die die einzelnen Taten dann Ausdruck sind. Radikaler wird das Gericht: es vergißt und übersieht nichts, es wertet das Geringfügigste als Kennzeichen des ganzen Menschen, es holt das Verborgenste ans Licht, es

erlaubt nicht mehr das Ausspielen eines Gottes gegen den anderen, es ist unentrinnbar, gegen sein Urteil gibt es keine Appellation an eine andere Instanz und seine Strafe ist nicht die Zufügung irgendeines Übels, sondern der Verschluß in der Gottesferne, in die der Mensch sich selbst schon durch seinen Widerspruch gegen den göttlichen Willen begeben hat. Spricht die Bibel in anthropomorpher Weise vom Richten und Strafen Gottes, so ist einerseits dieser Anthropomorphismus ernst zu nehmen: Gott als der „lebendige Gott" ist nicht ein abstraktes Prinzip, sondern steht dem Menschen als ein persönlich Regierender gegenüber, den Menschen auf sein Tätersein und seine Schuld ansprechend. Andererseits ist dieser Anthropomorphismus, weil es nun um den lebendigen Gott geht, alles Allzumenschlichen zu entkleiden: Gottes Zürnen und Strafen ist nicht die Wut eines durch Zuwiderhandeln beleidigten Menschen, sondern heiliges Gericht, dessen Heiligkeit, also dessen Gerechtigkeit und Wahrheit dem Menschen in seinem eigenen Gewissen bestätigt wird, so daß das Selbstgericht des vor Gott stehenden menschlichen Gewissens und das göttliche Gericht miteinander übereinstimmen. Mit dieser Radikalisierung wird göttliches Gericht weit über menschliches hinausgehoben, — eine Unterscheidung, die in Kants Unterscheidung zwischen dem Juridischen und dem Moralischen, der Legalität und der Moralität, nachwirkt. Juristische Rechtswahrung ist damit nach ihrer Entsprechung zur göttlichen Rechtswahrung gefragt, zugleich aber von der Aufgabe, Vollzug der göttlichen Rechtswahrung zu sein, entlastet. Dies ist das Wahrheitselement in der von manchen Rechtsphilosophen vorgenommenen Abhebung des Rechts von der Gerechtigkeit, im Sträuben der Rechtspositivisten gegen eine Verquickung der Frage nach dem geltenden Recht mit der Frage nach dem sittlichen Recht; es wird uns bei der Frage nach dem Sinne der Strafe wichtig werden. Ins Unrecht gesetzt wird dieses Wahrheitsmoment freilich, wo der Bezug des menschlichen Rechts zum Gottesrecht überhaupt durchschnitten und die Aufgabe einer menschlichen Entsprechung zu Gottes Rechtswahrung geleugnet wird. Da wir hier auf die vielerörterte Naturrechtsproblematik nicht eingehen können, möge diese programmatische Andeutung genügen. Für das Strafrecht ist, wie noch gezeigt werden wird, die Einsicht in die Distanz zwischen menschlichem und göttlichem Strafen grundlegend wichtig. Deshalb muß nun bedacht werden, wie

3. in der christlichen Botschaft der Gedanke der göttlichen Rechtswahrung, wie er in den Religionen gefaßt wurde, kritisch verändert worden ist. Es ist ja auffallend genug: im Mittelpunkt des christlichen Glaubens steht eine Strafe. Die Passionsgeschichte ist der Bericht von einem Strafprozeß. Jesus ist weder einer Krankheit noch einem Mord zum Opfer gefallen, sondern in einem offiziellen Verfahren von den religiösen und politischen Behörden zur Todesstrafe verurteilt worden,

— und eben *diese* Todesart ist im Neuen Testament wichtig für die Heilsbedeutung des Sterbens Jesu. In Jesus — Ecce homo! — steht vor uns der als strafwürdig angesehene, der gestrafte Mensch, — wenn auch, woran das Neue Testament keinen Zweifel läßt, unschuldig und zu Unrecht gestraft. Ein Justizmord also, — und das weist auf die Fragwürdigkeit menschlichen Strafens: Wer vermag Schuld und Unschuld wirklich zu unterscheiden? Wer ist der Gerechte, der wirklich strafen darf? Wer kann ein Urteil fällen, mit dem er nicht sich selbst das Urteil spricht? Dahinter aber stellt das Neue Testament noch eine andere Frage: Wer ist hier eigentlich der Strafende hinter dem Hohen Rat und dem römischen Statthalter? Gott selbst, sagt es. Und wer ist eigentlich der Gestrafte *in* diesem Menschen Jesus von Nazareth? Gott selbst, sagt es. Was wird hier eigentlich gestraft? Die Bosheit der Gerechten ebenso wie die Bosheit der Ungerechten, die Bosheit aller. Wie wird hier eigentlich gestraft? Nicht nur mit einem körperlichen Leiden und Sterben, sondern mit abgründiger Gottesverlassenheit, wie sie der Todesschrei Jesus im Markus- und Matthäusevangelium ausspricht. Alles verschlingt sich in einem Geflecht von Paradoxien, wie sie die Passionslieder des Gesangsbuches aussprechen: „Wie wunderbarlich ist doch diese Strafe: / der gute Hirte leidet für die Schafe; / die Schuld bezahlt der Herre, der Gerechte / für seine Knechte. / Der Fromme stirbt, der recht und richtig wandelt; / der Böse lebt, der wider Gott mißhandelt. / Der Mensch verwirkt den Tod und ist entgangen, / Gott liegt gefangen" (Joh. Heermann). Der Richter macht sich selbst zum Gerichteten, — auf diese kurze Formel hat K. Barth (Kirchliche Dogmatik, IV,1) das Geschehen gebracht, das gerade dem Juristen unerschöpflichen Stoff des Nachdenkens sein muß, da er die zentrale, anspruchvollste und anfechtungsreichste Tätigkeit seines Berufes, die richterliche, hier in den Mittelpunkt des Religiösen, des Gottesverhältnisses gerückt und zugleich so merkwürdig umgedreht sieht, daß alle Rollen, auf deren Unvertauschbarkeit es doch sonst gerade ankommt, vertauscht zu sein scheinen.

Wenn in diesem Geschehen, wie die christliche Botschaft behauptet, die letzte Wahrheit des Menschseins aufgedeckt und vollzogen wird, und zwar auf die rettende Weise, so daß also ein Strafgeschehen zum Heile der Menschheit wird, — was bedeutet das für Sinn und Möglichkeit menschlichen Strafens? Die Wahrheit über uns, die hier als letzte aufgedeckt wird, besagt: Wir sind alle strafwürdig; an dem Maßstab unserer Bestimmung gemessen, kann keiner bestehen; der Unterschied zwischen Gerechten und Ungerechten ist nur vorläufig und scheinbar, uns allen steht das Nein der Verwerfung bevor. Die Wahrheit über uns, die hier als letzte vollzogen wird, besagt: Wir alle sind freigesprochen von unserer für uns jetzt noch gegenwärtigen Vergangenheit, freigesprochen für ein neues Leben ohne Schuld und voll Sinn und Wahrheit; statt des Nein ist ein Ja über uns gesprochen, nicht aber dadurch, daß das Nein unausgesprochen blieb, — das wäre göttlich unmöglich, — sondern dadurch, daß der Richter selbst an unseren Platz trat und sich von dem uns geltenden Nein seiner Gerechtigkeit treffen ließ. Daraus folgt, daß ein menschliches Strafen, das der Art, wie Gott selbst sein Nein zur menschlichen Bosheit spricht und vollzieht, nicht widersprechen will, ausdrücken muß: 1. Es ist Handeln von Sündern an Sündern, nicht ein Handeln von Gerechten an Ungerechten. Damit hat Urteilen und Strafen alle Selbstverständlichkeit verloren und bedarf, wenn es legitim geschehen soll, besonderer Ermächtigung. Es kann nicht mehr auf Grund eigener Fehlerlosigkeit oder im Namen der Tugendhaften gegen die Bösen vollzogen werden, sondern nur noch als ein auftragsgemäßer Dienst an der allen dienenden Ordnung, und es muß gereinigt sein von der Verachtung, es darf die Menschenwürde des Rechtsbrechers als eines wie wir alle von Gott trotz unserer Unwürdigkeit Geliebten nicht verletzen, es muß die Solidarität der Angeklagten, zu denen wir alle gehören, bezeugen. Die Frage nach der Mitschuld der Gesellschaft, also unser aller, an dem Vergehen des Einzelnen wird infolgedessen nie ganz übergangen werden dürfen.

2. Das Kreuz Christi zeigt uns unsere Schuld zugleich als unsere Tat *und* als unsere Gebundenheit, als unsere Entscheidung *und* als unsere Krankheit. Auch beim menschlichen Strafen wird deshalb trotz Erkenntnis aller Determinationen biologischer, psychologischer und sozialer Art (wenn wir von den gänzlich pathologischen Grenzfällen absehen) dem Rechtsbrecher die Ehre angetan werden müssen, daß seine Tat als Tat seiner Selbstbestimmung betrachtet werden wird, *und* es wird zugleich die Einschränkung dieser Selbstbestimmung durch die mannigfachen Schwächungen und Abhängigkeiten, denen wir alle ständig unterliegen, verstanden und berücksichtigt werden müssen. Der Grundsatz des Schuldstrafrechtes ist also zu bejahen, so aber, daß immer bedacht wird, wie sich unser Tun vollzieht in der Mitte zwischen unserer Verantwortlichkeit und der Minderung unserer Verantwortlichkeit durch den pathologischen Zustand der Gesellschaft und des Einzellebens.

3. Das Urteil der Verwerfung der *Person* ist Gottes, nicht des Menschen Sache, und Gott hat es auf sich selbst genommen, um den Menschen davon zu befreien. Menschliches Urteil darf also nie letztes Urteil über die Person des Rechtsbrechers sein und Gottes Urteil vorwegnehmen oder exekutieren wollen. Es hat sich zu begrenzen auf ein Urteil über die begrenzte Einzeltat; es reflektiert auf die Person des Täters nur um der Beurteilung dieser Tat willen. Es verurteilt die Tat und nicht den Täter; es beschränkt sich deshalb auch auf die äußerlich vollzogene Tat und den äußerlich begonnenen Versuch zur Tat, es

straft nicht die Gesinnung und die bloße, innerlich gebliebene Absicht Ziel des Strafrechts kann nicht die Reinigung, sondern immer nur die Bewahrung der Gesellschaft sein, darum auch nicht die „gnadenlose Ausmerzung" des Verbrechens[2]. In diesem Sprachgebrauch der totalitären Systeme zeigt sich vielmehr ihre Anmaßung der Selbstgerechtigkeit und ihre Anmaßung, an Gottes Statt zu handeln, wie sie durch das ganz andere Strafhandeln Gottes am Kreuze gerade verworfen ist.

4. Gottes Strafhandeln am Kreuze ist die Eröffnung neuer Lebensmöglichkeit für den des Todes Schuldigen. Menschliches Strafen steht nur dann in Entsprechung zu Gottes Handeln und nicht im Widerspruch zu ihm, wenn es ebenfalls die Zukunft des Rechtsbrechers nicht verschließen, sondern eröffnen will, und zwar diese Zukunft als eine mitmenschliche, also als eine Zukunft innerhalb derjenigen menschlichen Gemeinschaft, der er angehört.

III

Mit den letzten Worten ist offenbar geworden, was schon hinter den Ausführungen zu drei vorhergegangenen Punkten stand: Im alten Streit zwischen der Vergeltungs- und der Erziehungstheorie im Strafrecht muß sich christliche Sicht menschlichen Strafens der Erziehungstheorie zuneigen, ohne der Vergeltungstheorie gänzlich zu widersprechen, ja, sie muß die Versöhnbarkeit der beiden Theorien vertreten, so aber, daß die Erziehungstheorie den Rahmen abgibt, innerhalb dessen allein der Gesichtspunkt der Vergeltung gewahrt werden darf.

Wir haben diesen Gesichtspunkt aufgenommen, wenn wir das Wesen der Strafe in der Vergeltung sahen: überall, wo gestraft wird, wird ein getanes Übel durch ein angetanes Übel vergolten. Dies scheint mir unbestreitbar zu sein. Der Streit entsteht erst bei der Frage nach dem Zweck der Strafe, die von der Frage nach dem Wesen der Strafe zu unterscheiden ist und mit ihr noch nicht entschieden ist. Erst bei der Frage, wozu Übel mit Übel vergolten wird, läßt sich zwischen dem Vergelten als Strafe und dem Vergelten als Rache unterscheiden. A. Schopenhauer hat[3] dafür mit Recht das Kriterium der *Zeit* geltend gemacht: „Das Gesetz und die Vollziehung desselben, die Strafe, sind wesentlich auf die *Zukunft* gerichtet, nicht auf die *Vergangenheit*. Das unterscheidet *Strafe* von *Rache*, welch letztere lediglich durch das Geschehene, also das Vergangene als solches, motiviert ist. Alle Vergeltung des Unrechts durch Zufügung eines Schmerzes, ohne Zweck für die Zukunft, ist Rache und kann keinen anderen Zweck haben, als durch den Anblick des fremden Leidens, welches man selbst verursacht hat, sich über das selbst erlittene zu trösten." Deshalb sei Kants Theorie der Strafe als bloße Vergeltung um der Vergeltung willen eine „völlig grundlose und verkehrte Ansicht"; denn es sei „eine höchst vermessene Anmaßung", wenn ein Mensch es unternimmt, „sich zum rein moralischen Richter und Vergelter aufzuwerfen und die Missetaten des anderen durch Schmerzen, welche er ihm zufügt, heimzusuchen, ihm also Buße dafür aufzuerlegen", — eine Anmaßung, gegen die Schopenhauer das von Paulus (Röm. 12,19) zitierte alttestamentliche Gotteswort: „Die Rache ist mein; ich will vergelten" (5. Mos. 32,35) ins Feld führt. Schopenhauer, der abgesagte Feind der Theologie, sieht hier ohne Zweifel theologisch richtiger als jene vielen Theologen, die meinten, um der erhabenen Strenge des göttlichen Gesetzes willen und zum Zwecke der Einschärfung des Bewußtseins der sittlichen Weltordnung sich Kant anschließen und die Strafe vor allem als sühnenden Ausgleich für die Verletzung der sittlichen Ordnung beschreiben zu sollen. Zwar können sie 1. darauf verweisen, daß es in der Perspektive des christlichen Glaubens ein Strafen gibt, das nur die Vergangenheit im Blick hat und keine Zukunft mehr eröffnet: jene abschließende Abkehr Gottes von einem Menschen, die mit dem Worte Verdammnis und Hölle gemeint ist und mit der das Verwirktsein der Gottesgemeinschaft besiegelt ist. Wir haben hier nicht zu untersuchen, was mit dieser Perspektive, die nur von Törichten als veraltetes Mythologumenon belächelt werden kann, eigentlich gemeint ist; es genüge hier die Bemerkung, daß es sich trotz des mißlichen Begriffs der „Höllenstrafen" nicht so sehr um irgendwelche zusätzliche Zufügung von Schmerzen, um irgend eine Art von Rache Gottes, handelt, sondern um etwas Anderes, freilich Schlimmeres: um ein Existieren im Ausgeschlossensein vom Leben durch das Nein der Heiligkeit Gottes, um ein endgültiges „Gefangensein im Hasse gegen Gott, in der Einsamkeit der Selbstsucht"[4]. Dies ist eine Aussicht, die wir nicht veranschaulichen, die wir als das, wovor eben das Eintreten Gottes im Kreuz uns bewahren will, nur fürchten sollen. Jene theologischen Vertreter der klassischen Sühnetheorie können

2. darauf verweisen, daß in der christlichen Seelsorge von jeher von einem innergeschichtlichen Strafen Gottes die Rede gewesen ist, das, wenn auch nicht nachrechenbar, der bösen Tat zuteil wird und das zu fürchten der Mensch angehalten wird: „Was der Mensch sät, das wird er ernten", und daß in der christlichen Ermahnung zur Bereitschaft des Sühnens für begangene Übeltat aufgefordert wird. Von dem allen ist nichts abzustreichen, nur eines ist damit nicht bewiesen: daß es Sache des Menschen ist, so zukunftslos auf die Vergangenheit festzulegen oder Sühne für Übeltat einem anderen aufzuerlegen. Das biblische „Mein ist die Rache"[5] setzt hier eine Schranke, die auch nicht durch den Übergang von der individuellen Selbstrache zur staatlichen Strafgewalt überstiegen werden kann. Mit Rache darf vielmehr nach diesem Wort menschliches Strafen schlechterdings nichts mehr zu tun haben. Er-

schöpft sich aber der Strafzweck im Auferlegen der Sühne zum Ausgleich der Weltordnung, dann ist er von Rache nicht zu unterscheiden, und die metaphysischen Formulierungen sind nur ideologische Verhüllung dieses Tatbestandes. Der Vergeltungstrieb ist identisch mit dem Rachetrieb. Historisch ist die Strafe aus der Rache und dem Rachetrieb entstanden. Wer theologisch die Vergeltungstheorie vertritt, hält das Strafrecht im Bannkreis des Rachetriebes fest und d. h. in derjenigen heidnischen Denkweise, die durch die christliche Botschaft gerade gebrochen werden soll. Die inhumanen Wirkungen solchen Denkens auf den Strafvollzug offenbaren den Widerspruch zum christlichen Denken am deutlichsten. „Die Macht des in der Christenheit verbliebenen Heldentums", so erklärte der um die Reform des Gefängniswesens so bemühte Joh. Heinrich Wichern 1848 in seiner großen Wittenberger Rede zur Initiation der „Inneren Mission"[6], „hat auf diesem Gebiet einen Einfluß behalten, der erst seit einem halben Jahrhundert beginnt gebrochen zu werden".

Am Verbleiben dieser „Macht des Heidentums" hat eine breite theologische Tradition mitgewirkt, die — besonders zur Begründung der *Todesstrafe* — unbesehen die vorchristliche metaphysisch-religiöse Identifizierung des menschlich-staatlichen Strafamtes mit dem göttlichen Strafen übernahm, ohne die durch die christliche Botschaft geschehene Veränderung zu bedenken. Als ob nichts geschehen wäre, als ob die Passionsgeschichte nicht alle diese Gleichsetzungen durchgestrichen hätte, hören wir hier die Todesstrafe (und mit ihr alles staatliche Strafen) rühmen als „Vollstreckung des Zornes Gottes"[7], als „Ausdruck des göttlich-heiligen Zornes über die verletzte Gottesordnung"[8], als „gottgewollten Vollzug eines Gottesurteils und Zornesgerichts Gottes im Raume der Geschichte", ja als „eine partielle Antizipation des Weltgerichts"[9]. Dabei ist das Eingeständnis der zitierten Theologen bemerkenswert, daß auf andere Weise die Todesstrafe nicht zu begründen sei[10]. Dem ist zuzustimmen. Dies hat aber zur Folge, daß der theologischen Rechtfertigung der Todesstrafe der Boden entzogen ist, wenn jene metaphysische Begründung der Strafe sich als pseudo-theologisch herausstellt[11]. Dies ist aber dann der Fall, wenn wir Röm. 12,19, wenn wir die Art der göttlichen Vergeltung, wie die Passionsgeschichte sie offenbart, wenn wir die Verbundenheit von Gericht und Gnade in Gottes Strafen und wenn wir die von der Bibel streng festgehaltene Nicht-Identität von Gott und Mensch bedenken. Dann geschieht in der biblischen Botschaft gerade eine Entmythisierung des Staates, ein strenges Verbot jener metaphysischen Selbstidentifizierung mit Gottes Willen, nach der es den politischen Machtträgern von jeher so gelüstete. Von ihr hat die christliche Theologie gerade abzuhalten, nicht aber die Inhaber der Gewalt durch metaphysische Konstruktionen, die ins Heidentum gehören, noch dazu anzuhalten. Wohlweislich wird die staatliche Gewalt von Paulus (Röm. 13) eben nicht „Stellvertreter Gottes“[12] genannt, sondern nur „Diener Gottes“, was, wie gerade evangelische Theologie aus der reformatorischen Polemik gegen die römisch-katholische Bezeichnung des Papstes als vicarius Dei gelernt haben müßte, etwas sehr anderes ist. Evangelische Theologie soll den Staat im „säkularisierten“ Verständnis seines Strafens, in dessen Rationalisierung, d. h. im Verständnis der Strafe als Zweckstrafe mit rationaler Begründung gerade bestärken. Der Vergeltungsgedanke als Wirkung des Rachebedürfnisses lebt ohnedies so kräftig in den Menschen, daß er in der Praxis der Gerichte, des Strafvollzugs und in der Behandlung der entlassenen Vorbestraften auch ohne theologische Unterstützung leider immer wieder mitwirkt[13]. Ihm ist gerade entgegenzuwirken. Es ist aufs höchste zu begrüßen, daß heute in der evangelischen Theologie der Bruch mit der Metaphysik auch die verhängnisvolle Tradition der Vergeltungsmetaphysik durchbricht[14]. Menschliches Strafen hat nicht Gottes Rache zu besorgen, hat nicht dafür zu sorgen, daß um der sittlichen Weltordnung willen die Übeltat nicht ungesühnt und der Übeltäter nicht ohne Strafe bleibt[15]. Wo dies angestrebt wird, wird immer eine Überanstrengung des Strafrechts eine Brutalisierung des Strafvollzuges und die Tendenz zum Polizeistaat als Folge des Rechtsperfektionismus das Ergebnis sein, das dann nur durch glückliche Inkonsequenzen vermieden werden kann.

Menschliches Strafen hat sich nur rationale Zwecke zu setzen: den Schutz der Gesellschaft und bestimmter Rechtsgüter, die nachdrückliche Einschärfung der Rechtsnormen, die Abschreckung und die Resozialisierung des Rechtsbrechers[16]. Es ist also ein Gefüge von Zwecken, die schwer auf einen Nenner — es sei denn den des Interesses aller Glieder der Gesellschaft am Erhalten der das Miteinanderleben ermöglichenden Friedensordnung — zu bringen sind und bei denen deshalb im Einzelfalle je nach Lage und Möglichkeit der eine oder andere Zweck voran- oder zurücktreten wird. So ist gegen die z. Z. laufenden Prozesse gegen Teilnehmer an den Massenmorden des Nationalsozialismus eingewendet worden, daß durch sie die zum Teil schon geschehene Wiedereingliederung der Angeklagten in das zivile Leben wieder aufgehoben wird. Darauf ist zu antworten, 1. daß wegen der zum Bestande der Gesellschaft nötigen Allgemeingültigkeit der Strafnormen und ihrer nach diesen Exzessen erst recht nötigen Einschärfung darauf so wenig Rücksicht genommen werden kann wie bei einem erst nach Jahren entdeckten Einzelmörder, und 2. daß der Begriff der Resozialisierung nicht zu äußerlich gefaßt werden darf. Es geht bei ihr nicht nur darum, den Rechtsbrecher zur künftigen besseren Beachtung der Gesetze zu veranlassen. Damit wäre der Zweck der Abschreckung noch nicht überschritten. Auch dieser ist ein würdiger Zweck der Strafe. Wir alle haben ihn nötig; denn es ist keiner unter uns, der nicht durch die Abschreckung, durch die Angst vor den unangenehmen Folgen schon von der Ausführung einer unrechten Tat abgehalten worden wäre und der nicht übermächtigen Versuchungen, zum Schaden der anderen und seiner selbst, zum Opfer fiele, wenn seiner Schwachheit nicht durch die abschreckende Strafendrohung beigestanden würde. Aber Abschreckung allein ist nicht ein ausreichender Strafzweck. Es ist vielmehr wirkliche Resozialisierung erst dann erreicht, wenn der Täter 1. zur Identifizierung mit seiner Tat geführt worden ist, sie als die seinige erkennt und nicht mehr auf andere und anderes abschiebt, wenn er 2. sie als Schuld erkennt gegenüber unantastbaren Normen, und wenn er 3. einsieht, daß dem Opfer, das er anderen widerrechtlich um seines eigenen Profits willen zugemutet hat, nun ein Opfer von seiner Seite korrespondieren muß[17]. Diese Einsicht wird das Gerichtsurteil allein nicht bewirken können, es ist aber ein unerläßlicher mitmenschlicher Beitrag zu ihrem Entstehen; deshalb muß das Strafverfahren, der Strafprozeß und der Strafvollzug diesen Strafzweck ständig im Auge haben und in der Art der Durchführung ihm entsprechen. Hier, in diesem Rahmen und nur in ihm, hat das Moment der Vergeltung und der Sühne, wie mit dem Begriff des Opfers angezeigt wurde, seinen legitimen Sinn[18]. Ein Erziehungsstrafrecht, das ihn prinzipiell vermeiden würde (wie es m. W. das Programm des 1. sowjetischen Strafrechts unmittelbar nach dem Siege der Räterevolution gewesen ist, das dann schnell von der stalinischen Reaktion beseitigt wurde), dürfte seine Aufgabe noch nicht klar genug erfaßt haben. Dabei erinnert der Begriff des Opfers daran, daß ein so orientiertes Strafrecht über negative Strafformen, die sich auf Zufügung von Übel beschränken, hinausgehen und positive Auferlegung von „guten Werken“, durch die der einsichtige Rechtsbrecher Gelegenheit zur Wiedergutmachung und zu positiver Sühnung erhält, entwickeln müßte. Daß die phantasielose Handhabung von Freiheitsstrafen, die auch den neuen Strafrechtsentwurf beherrscht, den Rechtsgedanken nicht befriedigen kann und für die Resozialisierung mehr schädliche als nützliche Wirkungen hat, ist den Kundigen längst offenbar. Jugendrichter haben, in Erinnerung an Franz von Liszts Erkenntnis: „Wenn ein Jugendlicher ein Verbrechen begeht und wir lassen ihn laufen, so ist die Wahrscheinlichkeit, daß er wieder ein Verbrechen begeht, geringer, als wenn wir ihn (scil. mit Einsperren) bestrafen“, häufig anstelle von Haft mit positiven, kontrollierten Verpflichtungen bestraft. Das Gesetz sollte Möglichkeiten schaffen, dies auf das Erwachsenen-Strafrecht auszuweiten[19]. Wieweit solche positiven Opfertaten vorgesehen sind oder nicht, ist ein deutliches Indiz dafür, ob ein Strafrecht vom Vergeltungsgedanken beherrscht ist oder ob es zwischen ihm und dem Zweck der Resozialisierung hin- und herschwankt oder ob es die Vergeltung als Moment der Resozialisierung versteht. Es ist die Frage an den neuen Strafrechtsentwurf, wieweit bei ihm die zweite Möglichkeit statt der dritten verwirklicht worden ist.

Es liegt auf der Hand, daß bei einem solchen Verständnis der Strafe die Strafrechtsreform ohne Reform des Strafvollzugs und ohne Reform der in der Bevölkerung (bei Behörden, Arbeitgebern, Kollegen und Nachbarn heute unverändert wie zur Zeit von Hermann Sudermanns Drama „Stein unter Steinen"!) herrschenden Einstellung zu den Vorbestraften gänzlich in der Luft schwebt. Daß im Gedanken, in der Theorie Klarheit herrscht, ist zwar unerläßlich, zugleich aber wertlos, solange die Theorie durch die Wirklichkeit sabotiert wird. Der Strafvollzug in der Bundesrepublik und in Westberlin ist durch Mangel an finanzieller und baulicher Ausrüstung und an Personal, aber auch durch Mangel an Klarheit über seinen Zweck und dadurch verstärktem Mangel an Phantasie und Beweglichkeit noch weit davon entfernt, den Zweck der Strafe zu vollziehen, wie es doch sein Name gebietet. Auch hier müßte wie beim Gerichtsurteil der *Zukunft* gedient werden. „Der Strafvollzugsbeamte soll nicht die *Vergangenheit*, sondern die *Zukunft* des Verbrechers vor Augen haben... Gewiß wird es nützlich sein, dem Gefangenen von Zeit zu Zeit den Spiegel vorzuhalten, damit ihm auch klar wird, wer er ist. Aber dann gilt es,... ihm den Weg zu zeigen, den er zu gehen hat. Der Strafvollzugsbeamte, der sich nicht die Besserung des Verbrechers zum höchsten Ziele macht, stellt sich damit freiwillig auf das Niveau des *Kerkermeisters*, der nur vollzieht, was ein anderer angeordnet." Darum: „Für den Strafvollzug sind die besten Beamten gerade gut genug"[20], d. h. es müssen Männer sein, „die nicht um des Brotes und Lohnes willen solchen Dienst begehren, sondern aus innerem, höherem Beruf und mit vollständiger innerer und äußerer Befähigung den Dienst für diese Tiefgefallenen ihrer Brüder übernehmen", als einen „Dienst der erbarmenden Christenliebe, die mit der Kraft selbstverleugnender Aufopferung geübte Manneszucht zu verbinden weiß". Diese Worte J. H. Wicherns[21], der für die Heranbildung solchen Wärterpersonals seine Brüderanstalt in Horn bei Hamburg gegründet hat, zeigen nicht nur, wie der Strafvollzug als einer der würdigsten und anspruchsvollsten Dienste in einem Volke angesehen werden müßte, sondern auch, wie sehr Strafvollzug und Strafrechtstheorie einander bedingen — und also auch verderben können. Denn ebenso, wie ohne den entsprechenden Strafvollzug die beste Zweckbestimmung der Strafe in der Luft hängt, so hat eine nicht auf die Zukunft des Verurteilten schauende, sondern in erster Linie auf Vergeltung bedachte Theorie auf den Strafvollzug eine brutalisierende Wirkung, und dessen Humanisierung steht dann genau im gleichen

Widerspruch zur Theorie, wie er zwischen den Bestrebungen Wicherns um Reform des Strafvollzuges und der Vergeltungstheorie der meisten Theologen damals und vieler Theologen heute besteht.

Nur bei einem Einbau der Vergeltung in ein System menschlicher Zwecke kann der Mitverantwortung für die Straftat des Einzelnen (wie auch den anderen mitwirkenden Determinierungen) wirklich Rechnung getragen werden. Die gegenwärtigen Prozesse gegen Naziverbrecher machen diesen Gesichtspunkt besonders dringlich. Von irgendeiner angemessenen Vergeltung im Sinne des ius talionis kann bei ihnen ohnehin keine Rede sein, erst recht nicht angesichts der Einengung der Strafmöglichkeiten durch die moderne Humanisierung des Strafrechts, die an Körperstrafen nur die Todesstrafe (und diese in möglichst schmerzloser Form[22]) übrigläßt und sonst nur Freiheits- und Geldstrafen kennt, — ein Fortschritt, den doch kein Zurechnungsfähiger zurückdrehen möchte. Vergeltung lastet in abstrahierender Weise die ganze Schuld dem Einzeltäter auf. Das Erschreckende bei den erwähnten Prozessen ist aber, daß die unvorstellbaren Untaten, die alles im normalen Strafrecht Vorgesehene so weit übersteigen, weithin von durchaus „normalen“ Personen begangen worden sind, deren sadistische Möglichkeiten durch eine historische Gesamtkonstellation freigesetzt worden sind, an der das ganze Volk schuld hat, so daß hier die Mörder ebenso Opfer der Gesellschaft sind wie die von ihnen Gemordeten. Die Frage der Mitschuld der Gesellschaft, die auch sonst bei Straftaten sich stellt, wird hier so bedrängend, daß auch von ernstzunehmenden und unverdächtigen Zeitgenossen die sittliche Legitimität dieser Prozesse angezweifelt und ihre Ersetzung durch einen mit einer Generalamnestie verbundenen Bußakt des ganzen deutschen Volkes gefordert worden ist. Man wird aus den oben schon erwähnten Gründen diese Prozesse m. E. für unerläßlich halten müssen. Es gibt ihnen gegenüber, soweit ich sehe, keinen Einwand, der nicht auch gegen andere Kriminalprozesse erhoben werden kann, nur daß uns hier die Grenze und Unvollkommenheit aller menschlichen Rechtsprechung viel empfindlicher vor Augen tritt. Sie werden auch dadurch nicht bestreitbar, daß bei dem inneren Zustande des deutschen Volkes heute mit aller Wahrscheinlichkeit zu erwarten ist, daß die meisten Deutschen, die von diesen Prozessen ohnehin nur wenig und widerwillig zur Kenntnis nehmen, ihre Durchführung zur Abwälzung der Schuld auf jene Einzelnen und zur Gewinnung eines moralischen Alibis benutzen und der von ihnen selbst zu vollziehenden Buße damit gerade ausweichen werden. Das Wort des Rates der EKD zu diesen Massenverbrechen im März 1963 hat demgegenüber mit Recht an die Gesamtschuld erinnert und die christlichen Gemeinden zu seelsorgerlicher Hilfe für die Angeklagten und ihre schwer betroffenen Angehörigen aufgefordert. Wenn diese ausbleibt, dann ist tatsächlich der Sinn dieser Prozesse aufs Höchste gefährdet. Daß sie nicht im Rahmen einer umgreifenden Bußfertigkeit unseres Volkes durchgeführt werden, das ist ihre schwerste Infragestellung, ohne daß sie deswegen doch unterlassen werden dürften[23].

Diese Prozesse führen an die Grenze jeder Vergeltungsmöglichkeit, an die Grenze auch jeder von reuigen Menschen zu leistenden Sühne[24]. Was hier noch angetan und getan werden kann, ist allenfalls ein Zeichen, nicht mehr. An dieser Grenze steht der Richter in der Praxis jeden Tag, ohne daß dies von den Theoretikern genügend bedacht würde. „Das Gefühl der Unsicherheit wird den Richter begleiten, obgleich die Rechtsordnung und ihre Begriffe seine Entscheidung zu rechtfertigen scheint. Er bleibt sich der Unzulänglichkeit und Gefahr der Entscheidung bewußt"[25]. Der abstrakte Begriff der Rechtsordnung in den theologischen Akklamationen zur klassischen Strafrechtstheorie verhüllt die Nicht-Identität unserer empirischen Ordnungen mit der Ordnung Gottes und ignoriert die tiefen Verlegenheiten und Zweifel des Richters, wenn er sich der Verbesserungsbedürftigkeit der bestehenden Ordnung bewußt wird und durch die verhängte Strafe oft genug sich selbst zum Werkzeug der Fehler dieser Ordnung und zum Anrichter neuen Unheils werden sieht, ja, sie verschärft diese Verlegenheiten, indem sie dem Richter zumutet, in so anfechtungsreichem Tun sich als Exekutor göttlicher Vergeltung anzusehen. Kann er nicht von jenen Anfechtungen, so soll er doch von diesen Zumutungen entlastet werden. Gibt es eine Beziehung seines Tuns zum göttlichen Zorn — und sie gibt es allerdings bei allem legitimen Gewaltgebrauch, sofern damit der Wirksamkeit des Bösen auf Erden widerstanden und es als nichtsein-sollendes kenntlich gemacht wird, — so ist es gerade nicht die Beziehung auf *den* Zorn Gottes, in dem Gott die Verletzung seines Rechtes durch den Tod des Sünders ausgleicht, sondern nur die Beziehung auf Gottes schützenden und erziehenden Zorn, bei dem es Gott um die Zukunft seiner Schöpfung und die Zukunft des Sünders geht. Dieser Zorn seiner Liebe kommt von der geschehenen Vergebung her und will nicht den Tod des Sünders, sondern daß der Sünder sich bekehre und lebe (Hes. 18,23; 32; 33,11). Insofern ist es eben für theologisches Nachdenken über menschliches Strafen nicht gleichgültig, daß die einzige direkte Stellungnahme Jesu in den Evangelien in jener glücklicherweise ins Johannesevangelium eingedrungenen Perikope von der Ehebrecherin (Joh. 8,8—11) enthalten ist, in der Jesus das Gesetz Gottes und die Sünde des Menschen wahrlich nicht mit Unernst behandelt, aber zugleich offenbart, daß „nach dem von ihm aufgerichteten, proklamierten und angewendeten Gesetz, dem Gesetz der Gnade des einen wahren Gottes", „das verdiente Todesurteil über sie schon gesprochen, schon vollzogen ist, einen Anderen an ihrer Stelle getroffen hat und damit erledigt ist", und daß deshalb dieser Mensch nicht mehr zum Ausgleich der verletzten Rechtsordnung gesteinigt werden soll, sondern leben darf[26]. Alles, was ihm nun noch angetan werden muß, darf dies nicht mehr rückgängig machen und muß deshalb in den Erfordernissen des Lebens der Gemeinschaft und seines Lebens in der Gemeinschaft begründet sein. „Es geht darum, daß die Religion der Vergeltung und der Rache, die durch das Evangelium als ‚Religion der Liebe und der Besserung' überwunden ist, nicht in den Strafzweck als einen letzten Schlupfwinkel flüchtet. Und es geht vor allem um die Menschlichkeit des Rechts und der Gerechtigkeit. „Im Grunde genommen ist die Gerechtigkeit des Menschen göttlich, solange sie menschlich bleibt. Ihre göttliche Einsetzung begründet ihre Berufung menschlich zu sein, und nichts als menschlich. Die Gerechtigkeit steht gerade dann im Zeichen Gottes, wenn sie nicht Gerechtigkeit Gottes sein will, sondern solange sie menschliche Einrichtung bleibt, die auf den Dienst am menschlichen Wohl abzielt"[27].

IV

Die Entlastung des Strafrechts von metaphysischen Strafzwecken wirkt sich auch aus als Entlastung des Strafrechts von der Forderung, jedwedes strafwürdige Tun zu strafen. Wird der Satz: nullum crimen sine poena kommentiert durch den anderen, für den Rechtsstaat konstitutiven Satz: nulla poena sine lege, dann heißt das: strafrechtliches crimen, das nicht ohne Strafe bleiben darf, liegt nur da vor, wo die lex einen Tatbestand als strafrechtlich relevant festgelegt. Diese Festlegung strafrechtlicher Tatbestände steht in unserer Entscheidung, wogegen moralische Tatbestände nicht in unserer Entscheidung liegen. Die strafrechtliche Entscheidung orientiert sich an dem rationalen Begriff des zu schützenden Rechtsgutes. Rechtsgut ist nicht die moralische Norm als solche, sondern ein angebbares Gut eines Nebenmenschen oder der Gemeinschaft, das durch die Sanktionen des Strafrechts geschützt werden soll — und kann. Ob es mit ihnen geschützt werden kann, ist zu prüfen; es kommt also für unsere Entscheidungen zum Gesichtspunkt des Rechtsgutes der der Opportunität und der Effizienz hinzu. Strafrechtliche Festlegungen folgen nicht automatisch aus moralischen Urteilen, sondern gehen durch das Medium unserer rationalen Überlegung hindurch. Diese Differenz von Moral und Recht sei an einigen Fragen des neuen Strafrechtsentwurfs noch dargestellt.

1. Ich wähle zunächst zwei Beispiele aus dem Sexualstrafrecht, als erstes die viel umstrittene Frage der strafrechtlichen Behandlung der *Homosexualität*. Das Rechtsgut, das hier angegeben werden kann, ist das gleiche, wie bei den Bestimmungen für heterosexuelle Handlungen:

der Schutz von Jugendlichen und Abhängigen, sowie alle Bestimmungen, die Verhinderung von öffentlichem Anreiz zur Unsittlichkeit, von öffentlichem Ärgernis und von ausschweifenden Veranstaltungen betreffen. Darüber hinaus stellt aber der neue Entwurf wie bisher faktisch jede sexuelle Betätigung zwischen Männern, auch zwischen Erwachsenen, mit dem unbestimmten Ausdruck „beischlafähnliche Handlung" unter Strafe, und zwar unter Gefängnisstrafe. Er gibt dafür an, daß nicht eine Liste von bestimmbaren Rechtsgütern die einzige Richtschnur des Strafrechts sein dürfe, sondern daß dieser auch die Aufgabe habe, durch seine „sittenbildende Kraft" „einen Damm gegen die Ausbreitung eines lasterhaften Treibens zu errichten"[28]. Diese Ausdrucksweise, die die ganze Begründung des neuen § 216 durchzieht, läßt fragen, ob die ganze Schwere des Problems der Homosexualität hier wohl empfunden und gewürdigt worden ist. Es ist uns unmöglich, in der nötigen Ausführlichkeit darauf einzugehen. Weil aber hinter dem Ausdruck „sittenbildende Kraft" die sittliche Tradition des Christentums steht und weil deshalb kirchliche Kreise, wie eine z. Zt. in der Schweiz besonders lebhafte Diskussion zeigt, meinen, für einen solchen Paragraphen eintreten zu sollen, muß das Nötigste dazu gesagt werden.

Man braucht dabei m. E. jener Aufgabenstellung nicht total zu widersprechen. Ohne Zweifel haben die Verbote des Strafrechts eine bestimmte historische Tradition der Sittlichkeit zur Voraussetzung, drücken diese aus und wirken an ihrer Weiterdauer mit. Ohne Zweifel kann der Gesetzgeber auch in noch oder neu umstrittenen Fragen Entscheidungen treffen, die die sittlichen Überzeugungen in einer von ihm für richtig gehaltenen Richtung beeinflussen sollen. Wenn der neue Entwurf z. B. nur die homologe künstliche Insemination freigibt (also nur diejenige künstliche Befruchtung, bei der der Same vom Ehemann stammt) und nicht die heterologe (§ 203), so findet er damit nicht allgemeinen Beifall und steht in Widerspruch zur Regelung in anderen Ländern, z. B. in den U.S.A., aber er trifft damit eine Entscheidung, die ihm m. E. zusteht und die eine weite Perspektive hat: es handelt sich um nichts Geringeres als um die Frage, ob der Mensch als ein züchtbares Lebewesen angesehen werden soll oder nicht. Angesichts der möglichen Versuchungen, die durch künftige Entwicklungen der Biogenetik vielleicht noch entstehen werden, halte ich es für begrüßenswert, daß der Gesetzgeber solchen pseudohumanen, in Wirklichkeit inhumanen Züchtungsideen jetzt schon, mit dem Verbot der heterologen Insemination, einen Riegel vorschiebt.

Analog dazu kann man für jene Aufgabe der Sittenbildung durch Strafbestimmungen anführen, daß unsere Kultur durch die Entscheidung für die Einehe geprägt ist und damit durch die Entscheidung für die Heterosexualität und gegen deren Gleichstellung mit der Homosexualität, und daß ein Recht, das die Ehe schützt, gegen die Homosexualität vorgehen muß. Aber ob diesem Schutz der Ehe z. B. durch ein strafrechtliches Vorgehen gegen Ehebruch wirklich gedient ist, ist schon in der Strafrechtskommission umstritten und nur mit knapper Mehrheit bejaht worden. In dieser Frage ebenso wie in der der Homosexualität dürfte eine Überspannung der dem Strafrecht gestellten Aufgaben vorliegen, deren Wurzeln mir im ungeklärten Sühnegedanken zu liegen scheinen. Bei der Homosexualität steht m. E. dem entgegen das strafrechtliche Erfordernis der Gleichbehandlung. Unabhängig von der immer noch nicht genügend geklärten Frage, ob es sich bei der Homosexualität um Anlage oder Krankheit, um eine angeborene oder erworbene Abweichung von der heterosexuellen Norm handelt, steht fest, daß der Homosexuelle von seiner Neigung nicht durch Willensanstrengung sich befreien kann, daß die Möglichkeiten von Seelsorge und Psychotherapie hier in den meisten Fällen an ihre Grenzen kommen und daß auch Veränderung der Lebensumstände — etwa dadurch, daß der Betreffende heiratet und Kinder kriegt — nur in Einzelfällen zu einer Befreiung führen. Ihm wird eine Strafe für die Betätigung einer Neigung angedroht, die als solche nicht strafrechtlich vorwerfbar ist; er wird schlechter gestellt als die Heterosexuellen, indem ihn jegliche Betätigung seiner Neigung strafbar macht und nicht nur, wie die anderen, eine solche Betätigung, bei der ein klar bestimmtes Rechtsgut verletzt wird. Das Strafrecht wird hier zur automatischen Exekution der Moral, —und ich möchte, um nicht mißverstanden zu werden, hinzufügen: einer Moral, für die gute Gründe angeführt werden können. Solange nicht auch bei den Heterosexuellen moralwidrige Handlungen automatisch strafrechtlich geahndet werden (und es ist offensichtlich, daß das nicht geschehen darf, wenn das Leben nicht einem unerträglichen Schnüffel- und Polizeiregime unterworfen werden soll), solange wird dem Homosexuellen die Strafandrohung nicht als Recht, sondern als Terror der andersgearteten Mehrheit erscheinen müssen. Gegen diese Bedenken schlagen die Argumente des Entwurfs nicht durch, zumal sie zumeist aus etwas panischen Befürchtungen bestehen, die durch die Zustände in denjenigen Ländern, in denen ein solches Strafgesetz fehlt, nicht bestätigt werden. Wer von der christlichen Tradition her dem Homosexuellen die schwere Aufgabe einer gänzlichen Entsagung jeder Betätigung seines Triebes zumuten muß, sollte für die schwere seelsorgerische Aufgabe, die ihm selbst damit obliegt, nicht den Büttel als Beistand und Hintermann zu Hilfe rufen.

2. Etwas anders sind die Überlegungen, die gegen die Strafandrohung gegen Abtreibung in dem neuen Entwurf (§ 140/141) sprechen. Das hier zu schützende Rechtsgut ist das ohnmächtigste Leben, das sich denken läßt, das Leben des werdenden Menschen im Mutterleib. Wer

das bedenkt, der wird gegen das Verbot der Abtreibung nicht mit dem unsinnigen Satz „Mein Körper gehört mir" oder: „Eine Frau soll selbst entscheiden dürfen, ob sie gebären will oder nicht" angehen, wie es heute noch weithin geschieht. Die Leibesfrucht gehört nicht der Mutter, und über die Frage, ob die Leibesfrucht leben soll, fällt die Entscheidung nicht erst bei der Geburt, sondern ist schon bei der Erzeugung gefallen, unabhängig davon, ob das bewußt war oder nicht. Aber mit dieser Festellung ist die strafrechtliche Regelung keineswegs schon entschieden. Soll das Strafrecht nicht blind und automatisch die Gebote der Moral vollstrecken, ist sein Dienst ein viel bescheidenerer, darf und muß es für seinen Dienst die jeweils gegebenen empirischen Verhältnisse ins Auge fassen, damit es wirklich Dienst am Leben ist, dann darf der Gesetzgeber nicht die Augen davor verschließen, daß durch das geltende Strafrecht die riesige Dunkelziffer von Abtreibungen in mindestens der gleichen Höhe wie Lebendgeburten nicht nur nicht gemindert, sondern geradezu verursacht wird, und dazu noch die Zerstörung von Gesundheit und Leben von zehntausenden von Frauen. Ein Recht, das Leben schützen soll, hat also vielfachen Tod zur Folge. Daran kann nur unbeirrt vorübergehen, wer deshalb, weil Tötung von Leibesfrucht verwerflich ist, dem Strafrecht die unumgängliche Vollstreckung der Sühne zuschreibt; dann gibt es nur die Alternative zwischen der unmöglichen Möglichkeit, die Tötung zu erlauben, und der Notwendigkeit, sie zu bestrafen; man vernebelt sich diese Alternative heute durch die Debatte darüber, ob es überhaupt eine Tötung ist. Inzwischen ist in Schweden durch rein pragmatische Betrachtung des Problems ein anderer Weg beschritten worden[29]: ein ganzes Geflecht von juristischen und sozialen Maßnahmen zum Schutz des unehelichen Kindes, zur Hilfe für die Mütter, zur Erleichterung des Adoptionsverfahrens usw. dient staatlich bestellten „Kuratoren" dazu, die bei ihnen eingereichten Anträge auf Genehmigung eines Abortes so zu bearbeiten, daß in vielen Fällen die Faktoren, die eine Frau zum Wunsche der Abtreibung drängen, beseitigt werden können. Die Liste von Indikationen, bei denen dem Antrag stattgegeben wird, ist über die medizinische Indikation hinaus, die auch in unserem Strafrecht und im neuen Entwurfe gilt, erweitert. Bei Genehmigung des Antrages erfolgt Einweisung in ein Krankenhaus. Die dann noch verbleibenden illegalen Abtreibungen sind strafbar, wobei die Strafe vor allem die Kurpfuscher trifft. Über die Erweiterung der Indikationsliste läßt sich streiten; mir scheint, daß dann, wenn die Hilfsmaßnahmen ein genügendes Maß erreichen, die Indikation strenger begrenzt werden kann. Jedenfalls ist es auf diese Weise gelungen, den „Abtreibungssumpf" so zu verkleinern, wie wir es bei unserer Bekämpfung mit bloßen Strafbestimmungen nicht entfernt träumen können. Das konnte gelingen nur dann, wenn in Kauf genommen wird, daß Tötungen der Leibesfrucht über die medizinische Indikation hinaus straflos bleiben, ja sogar genehmigt und unterstützt werden. Für jemanden, der überzeugt ist, daß es sich hierbei um Tötung eines werdenden Menschen handelt, ist das sicher eine bittere Bedingung. Der Gegenstand der Diskussion müßte aber nicht, wie bisher, die Frage sein, von wann ab die Frucht im Mutterleib als Mensch anzusehen ist, ob schon vom Augenblick der Befruchtung an oder erst im 5. Monat oder erst bei der Geburt, sondern wird die Selbstbeschränkung des Strafrechts sein müssen. Deshalb sollten die Kirchen, die hier eine von Gottes Gebot verworfene Tötung sehen, vom Staate nicht fordern, daß sein Strafgesetz diese Auffassung zum Gesetz erhebt, sondern nur, daß der Staat bei seiner Beschränkung der Strafbarkeit Hand in Hand mit jenen anderen fürsorgerischen Maßnahmen nicht als Lehrer einer eigenen, der kirchlichen Auffassung entgegengesetzten Moral des „Rechtes auf den eigenen Körper" auftritt. Das heißt, bei Einführung einer der schwedischen Praxis analogen Regelung (die sich übrigens auch bei der durch den Prozeß gegen Dr. Axel Dohrn so viel erörterten Frage der freiwilligen Sterilisation bewähren würde) dürfte es sich nicht eigentlich um eine „Genehmigung" der Abtreibung handeln, als könnte der Staat entscheiden, ob dies sittlich erlaubt sei, sondern nur um die Aufhebung ihrer Strafbarkeit. Dann widerspricht der Staat nicht dem warnenden Einspruch der Kirche; deren Mahnung hat sich nun aber allein an die beteiligten Menschen, nicht an den Staat zu richten; wie in vielen anderen Fällen kann sie das Nein Gottes zu einer vom Menschen beabsichtigten Tat nicht mit dem Nein des Strafgesetzbuches unterstützen. Auch hier gibt die Entlastung des Strafrechtes von metaphysischen Zwecken und überhöhten Forderungen den Ausweg frei aus einem verkehrten Streit, in dem diejenigen, die Gottes Gebot geltend machen, gegen das Elend keinen Rat wissen, sondern es noch vergrößern, und diejenigen, die das Elend verringern wollen, meinen, Gottes Gebot, das das schutzlose Leben unserem Schutze anbefiehlt, bagatellisieren oder ganz aufheben zu sollen.

3. Eine theologische Besinnung über das staatliche Strafen kann im gegenwärtigen Augenblicke nicht schließen, ohne noch zu der Frage der *Religionsvergehen* Stellung zu nehmen, d. h. aber in Konsequenz unserer bisherigen Ausführungen: ohne dem Staat in den Arm zu fallen, wenn er sich gar noch unterfängt, mit seinen Strafen Gott schützen zu wollen, und ebenso denjenigen, die ihn dabei bestärken. Der neue Entwurf (§ 187/188) verschlimmert die bisherigen Bestimmungen des StGB dadurch, daß er 1. den Tatbestand der Öffentlichkeit im Falle der Gotteslästerung auch auf geschlossene Versammlungen und auf das Verbreiten von Schriften und Tonbändern ausdehnt, daß 2. als Tatbestandsmerkmal nicht mehr die faktische Erregung von Ärgernis

erforderlich ist, sondern nur noch eine vom Richter subjektiv festzustellende Geeignetheit für Ärgernis, daß 3. nicht nur die Beschimpfung der Religionsgesellschaften samt ihrer Einrichtung und Gebräuche, sondern auch ihres Glaubens unter Strafe gestellt wird, und daß 4. die Mindeststrafe von einem Tag auf einen Monat erhöht wird. Es ist ohne weiteres sichtbar, daß diese erstaunliche Ausweitung in einem Handlungsbereich, in dem so wenig objektive Kriterien zur Verfügung stehen, die schon bisher bestehende Unsicherheit der Rechtsprechung, also die Rechtsunsicherheit, außerordentlich erhöhen muß. Sie gibt den Kirchen ein Privileg der Unangreifbarkeit in dem Augenblick, wo eben diese Kirchen täglich das geringe Maß der Wirksamkeit ihrer Verkündigung in unserem Volke beklagen. Es ist sehr bedauerlich, daß die Kirchen sich bisher nicht gegen diese Art von Unterstützung und Beschützung durch den Staat zur Wehr gesetzt haben, sondern daß die Verschlimmerung auf das Betreiben katholischer Kreise zurückgeht und bisher durch die von der Evangelischen Kirche beauftragte Strafrechtskommission der Evangelischen Studiengemeinschaft leider unterstützt wird[30]. Diese Kirchen erinnern sich offenbar nicht daran, daß ihr Herr und Meister als Gotteslästerer, der „das allgemein religiöse Empfinden verletzt" hat, hingerichtet wurde, und daß sie sowohl durch die Zerspaltenheit der Christenheit wie durch die allgemeine geistige Situation in einer Auseinandersetzung stehen, in der auch bei sorgfältiger Wahrung dessen, was Anstand, Toleranz und Humanität gebieten, die Verletzung des Empfindens anderer nicht restlos vermieden werden kann. Entgegen jeder theologischen Einsicht dulden sie den Gebrauch des Wortes „Gott" im Strafgesetzbuch, als komme ihm irgend eine Eindeutigkeit zu außerhalb derjenigen Eindeutigkeit, die ihm innerhalb der Kirche durch Verkündigung und Theologie erst gegeben werden muß. Im Widerspruch zu ihrer heutigen Beteuerung, die pluralistische Gesellschaft zu bejahen, dulden und wünschen sie eine einseitige Schutzprivilegierung, da ja klar ist, daß dieser Schutz nicht z. B. den Zeugen Jehovas, sondern nur ihnen zu gute kommt, und versäumen es, dem Staate zu sagen, daß diejenige Gotteslästerung, vor der sie in ihrer Verkündigung die Menschen zu warnen haben, tief unterschieden ist von dem, was das Gesetz mit den gleichen Worten meint. Hans Dombois[31] hat die Einstellung jener evangelischen Strafrechtskommission mit der seit 1945 bestehenden Bereitschaft der Öffentlichkeit zum Ernstnehmen des Votums der Kirche und mit dem „Bedeutsamkeitsanspruch" der christlichen Verkündigung von Gesetz und Evangelium begründet, zugleich aber mit der „offenen Bereitschaft christlicher und nicht-christlicher Gruppen, die Traditionen, Motive und Haltungen anderer Gruppen als auch für sie selbst beachtlich anzusehen". Dem zweiten Argument widerspricht aber gerade die faktische Einseitigkeit des Schutzes der christlichen Kirchen, und das erste Argument sollte die Kirche nicht für sich selbst vortragen, wenn sie nicht in Verdacht kommen will, in ideologischer Weise einen für sie günstigen Tatbestand zur Erlangung von Begünstigungen ausnützen zu wollen; sie sollte warten und es darauf ankommen lassen, ob die Ausstrahlung ihres Dienstes die anderen Gruppen in der Gesellschaft veranlaßt, die christliche Tradition und mit ihr die Position der christlichen Kirchen rechtlich begünstigt zu sehen, statt ihnen dies mit den Methoden des lobbyistischen Interessenkampfes aufzunötigen. Es ist deshalb äußerst dankenswert, daß Joachim Beckmann[32] als Präses einer großen evangelischen Kirche in Deutschland klargestellt hat, daß die evangelische Kirche an einem solchen Schutz kein Interesse hat und daß sie nicht wünschen soll, auf solche Weise geschützt zu werden, sondern statt dessen den Staat anhalten soll, in seinem Strafgesetzbuch allein auf den Schutz *seiner* Interessen, also auf den Schutz religiösen Friedens und auf die Verhinderung von Entartungsformen der religiösen Auseinandersetzungen im Interesse des Miteinanderlebens in einer pluralistischen Gesellschaft bedacht zu sein. Dem sollte sich der Rat der EKD ex officio anschließen und mit Beckmann auf die Prüfung drängen, ob Sonderbestimmungen zum Schutze des religiösen Friedens und der gottesdienstlichen Stätten und Veranstaltungen nicht durch anderweitige Paragraphen der StGB gedeckt und überflüssig sind, und bei negativem Ergebnis dieser Prüfung anregen, daß die Bestimmungen so unparteiisch formuliert werden, daß jede weltanschauliche Gruppe gleichmäßig geschützt wird[33].

Wir fassen zusammen: Staatliches Strafen vergilt Böses mit Bösem zum Zwecke des Schutzes der Gemeinschaft und der Erziehung des Einzelnen. Es erinnert an den Ernst von Gottes Gericht, es soll aber dieses Gericht weder vorwegnehmen noch ersetzen noch exekutieren. Als Dienst an der Zukunft der Gemeinschaft und des Einzelnen setzt es Gottes Vergebung voraus, die uns schuldigen Menschen die verwirkte Zukunft neu schenkt; deshalb kann es recht geschehen nur in der Bezeugung der Solidarität der Sünder, die alle des Gerichtes Gottes schuldig und der Vergebung Gottes bedürftig sind. In seiner Bemühung um Gerechtigkeit antwortet menschliches Recht auf die Offenbarung von Gottes Gerechtigkeit; in der Unvollkommenheit dieser Bemühung läßt es uns fragen nach und hoffen auf die bessere Gerechtigkeit Gottes.

Anmerkungen:

[1] Da die wichtige Frage der Amnestie, also des Verhältnisses von Recht und Gnade, aus Zeitgründen ausgeklammert werden mußte, sei auf E. Schlinks Aufsatz „Gerechtigkeit und Gnade" („Kerygma und Dogma", 2/1956, S. 256—288) verwiesen.

2 Der französische Jurist Corres (zit. bei Paul Drews, „Strafrechtsform und Christentum". Tübingen 1905, S. 23): „Die Verbrecher dürfen nicht als Auswurf der Gesellschaft betrachtet werden, sie sind vielmehr mit ihr verbunden wie die Wunde mit dem Körper."

3 „Die Welt als Wille und Vorstellung", 4. Buch, § 62.

4 Paul Althaus, „Die christliche Wahrheit". 1948, 2. Band, S. 258.

5 A. Schatter („Das Neue Testament", 1931) übersetzt ekdikesis mit „Mein ist der Vollzug des Rechts"; K. Barth („Römerbrief", 2. Aufl.) mit: „Meine Sache ist's, das Recht aufzurichten"; W. Bauer (Wörterbuch zum NT, 5. Aufl.): „Die Bestrafung kommt mir zu."

6 Gesammelte Schriften, 3. Bd., 1902, S. 242.

7 Paul Althaus, „Die Todesstrafe als Problem der christlichen Ethik", Sitzungsber. der Phil.-hist. Kl. der Bayer. Akademie der Wiss., H. 2, 1955, S. 22. Ebenso in „Um die Todesstrafe" (in: „Schrift und Bekenntnis", Festschrift für S. Schöffel. Hamburg 1951, S. 9): „Aber wo dem Christen als einzelnen und der Gemeinde als solcher die persönliche Rache in eigener Sache verboten ist, da wird Raum für die Rache, die Gott selber nimmt, und zwar auch durch die Obrigkeit: sie rächt nicht im Namen der Menschen, denen Unrecht und Gewalt geschah, sondern namens des Zornes Gottes, der über seinem Willen und seiner Ordnung hält". Die Vermischung der Gesichtspunkte ist hier besonders deutlich: der rechtmäßig Bestrafte wird allerdings in der Seelsorge anzuhalten sein, auch das Übel dieser Strafe als Teil des göttlichen Strafens anzusehen und anzunehmen, dies erhebt das staatliche Strafen aber noch nicht zur Exekution der göttlichen *ekdikesis* und setzt die staatliche Rechtsordnung nicht der göttlichen Ordnung gleich. Staatliches Strafen geschieht vielmehr sehr wohl „im Namen der Menschen", der geschädigten Rechtsgemeinschaft und zu ihrem Schutze, und soll sich hüten, Gottes Zorn ausführen zu wollen. Wäre es anders, so wäre die Anrufung der staatlichen Rechtsgewalt durch einen Geschädigten, entgegen der Althaus'schen Auslegung, nichts anderes als eine Umgehung von Röm. 12,19!

8 Emil Brunner, „Gerechtigkeit", Zürich 1943, S. 266; anders noch in „Das Gebot und die Ordnungen", Tübingen 1932, S. 464: „Was wir bestreiten, ist die Notwendigkeit, der Sinn der Todesstrafe. Ihr Sinn könnte nur der der Sühne sein; *diese* Sühne aber ist eine im absoluten Sinn einseitige und pharisäische."

9 Walter Künneth, „Politik zwischen Gott und Dämon". Berlin 1954, S. 264 ff.

10 Künneth, aaO, S. 266: „Unhaltbar ist ... die Begründung der Todesstrafe durch die Idee der bloßen Abschreckung, da man ernsthaft fragen muß, ob der Staat um eines außerhalb der Sühne liegenden Zweckes willen über einen anderen Menschen die Todesstrafe verhängen darf. Auch hier handelt es sich um eine Erscheinungsform des Mißbrauchs der staatlichen Hoheitsgewalt, die an Gottes Stelle über Leben und Tod verfügt. Eine Lebenszerstörung kann aber durch das Fremdziel nicht gerechtfertigt werden, daß andere dadurch abgeschreckt werden sollen."

11 Zur neueren theologischen Diskussion über die Todesstrafe, auf die hier nicht näher eingegangen werden kann, vgl. außer den genannten Veröffentlichungen: Gerhard Kunze, „Die T.", Monatsschrift für Pastoraltheologie, 1954/9, S. 360 ff.; Alfred de Quervain, „Die Heiligung". Zürich 1946, S. 415 ff.; Karl Barth, „Kirchliche Dogmatik", III, 4, Zürich 1951, S. 499 ff.; Christian Walther, „Die Abschaffung der T. und die evangelische Theologie", in: „Kirche in der Zeit", 1959/9, S. 313 ff.; ders.: „Zur

Diskussion über die T." in: „Zeitschrift für evangelische Ethik", 1961: 2, S. 115 ff.; Gutachten der Evang. Kirche im Rheinland zur Frage der T., in: „Kirche in der Zeit", 1959/12, S. 422 ff.; Hans Dombois, „Der Tod im Recht", Hochland, 1956/2; ders.: „Mensch und Strafe", 1957, S. 107—132; Wolfgang Trillhaas, „Ethik", Berlin 1959, S. 176 ff.; Hans-Peter Alt, „Das Problem der T." München 1960; Sammelheft der Schriftenreihe „Kirche im Volk", H. 24, Stuttgart 1960; Ernst Wolf, „T.", Schriftenreihe „unterwegs", Nr. 11, Berlin 1960; „Die Frage der T., Zwölf Antworten". München 1962 (darin Beitrag von W. Künneth); Kath.: Gustav Ermecke, „Zur ethischen Begründung der T.", Paderborn 1959 (dazu Karl Peters in „Theolog. Revue", Dez. 1960, S. 243 ff.).

12 Wie E. Brunner, aaO, S. 266, behauptet. — Bezeichnend ist, daß sich P. Althaus (darin im Gegensatz zu E. Brunner und W. Künneth) genötigt sieht, ausgerechnet die Todesstrafe zu einem Privileg des christlichen Staates zu machen und den „modernen Kampf gegen die Todesstrafe in einer säkularisierten Welt folgerichtig" zu nennen („Grundriß der Ethik", 2. Aufl., Gütersloh 1953, S. 136). Er bestätigt damit ungewollt die Ansicht von A. Camus, daß in der „entheiligten Gesellschaft" der Moderne die „heilige Strafe" kein Recht mehr habe, ohne aber daraus entschlossen die Konsequenzen zu ziehen. Vgl. A. Camus, „Die Guillotine" in: „Der Monat", Nr. 124 und 125, bes. Nr. 125 (Febr. 1959), S. 40 f. (dort die Mitteilung, daß auf dem Richtschwert von Freiburg in der Schweiz eingraviert stand: „Herr Jesus, du bist der Richter").

13 P. Drews, aaO, S. 41: „Für die Praxis ist dies (die Unterscheidung von Vergeltungs- und Zweckstrafe) wenig bedeutungsvoll, denn das Volk wird auch die moderne Zweckstrafe als Vergeltungsstrafe beurteilen. Denn es liegt dem Menschen nun einmal im Blute, Strafe als Vergeltung zu nehmen, ob nun die Juristen das verneinen oder nicht." Es ist also gerade der *Verzicht* auf die Vergeltung als Strafzweck die dem Volke wie dem Rechtsdenken zu stellende ethische Aufgabe (vgl. E. Wolf, aaO, S. 73).

14 Es sind hier besonders zu nennen die Namen von K. Barth (außer der in Anm. 10 genannten Stelle auch seine Fragenbeantwortung auf der Evang. Konferenz für Straffälligenpflege, 10. 5. 1960, abgedruckt in: „Stimme der Gemeinde" vom 15. 9. 1960, S. 570 ff., und in: „Junge Kirche", 1960, S. 404 ff.), von E. Wolf (vgl. Anm. 10) und von Joachim Beckmann („Thesen zur theologischen Besinnung über die Strafe" in: „Zeitschrift für evang. Ethik", 1961/5, S. 257 ff.) und „Theolog. Probleme der Strafrechtsform", Kirche in der Zeit 1963/11, S. 467 ff.; in die gleiche Richtung zielte schon die in Anm. 1 genannte Schrift von P. Drews.

15 Das ius talionis („Auge um Auge, Zahn um Zahn", 2. Mos. 21, 23 ff.; 3. Mos. 24,19 f.; 5. Mos. 19,21; dazu Matth. 5,38!) war für seine Zeit ein strafrechtlicher Fortschritt, auf den heute das Strafrecht zu fixieren, wie es Kant gefordert hat („Metaphysik der Sitten", Rechtslehre, 2. Teil, Allg. Anmerkung E; Insel-Ausgabe von Kants Werken, hg. von W. Weischedel, IV, 454), ein verhängnisvoller Rückschritt wäre, ein Rückschritt hinter das Neue Testament.

16 Kants Einwand (aaO, S. 453), daß dadurch der Mensch „bloß als Mittel zu den Absichten eines anderen gehandhabt und unter die Gegenstände des Sachenrechts gemengt" werde, trifft nicht zu, wie gerade am Zweck der Resozialisierung zu sehen ist. Er ist aber verständlich von der grausamen Abschreckungspraxis seiner Zeit her.

17 Ich folge hier der sorgsamsten Analyse der Bedeutung des Sühnegedankens in einem modernen Zweck-Strafrecht, die mir bekannt geworden ist: Günter

S t r a t e n w e r t h, „Schuld und Sühne“, Evang. Theologie 1958/8, S. 337—353; im gleichen Sinne Peter N o l l, „Die ethische Begründung der Strafe“. Tübingen 1962. — Vgl. auch Rudolf P f i s t e r e r, „Wie empfindet der Verurteilte seine Strafe, als Mißgeschick oder als Sühne?“ (Evang. Theolog. 1957, S. 416 ff.): „Die Strafe hat den Sinn, die offenbar gewordene Verfehlung eines Mitmenschen zu erkennen und die notwendigen Maßnahmen zu ergreifen, durch die er zur Einsicht in das Verkehrte seiner Handlungsweise gebracht und wodurch ihm zu einem Neuanfang in seinem Leben verholfen werden kann“ (S. 421). Ebenso C. H. R a t s c h o w, „Vom Sinn der Strafe“ (in: „Die weltliche Strafe in der evang. Theologie“, hg. von H. Dombois, Witten 1959, S. 110 ff.).

18 J. Beckmann, ZEE, aaO, S. 258: Indem beim Strafen dem Menschen etwas entzogen wird, was ihm als Menschen von Rechts wegen zukommt, „ereignet sich natürlich auch eine ‚Vergeltung‘. Aber sie ist nicht unser Strafzweck, ebenso wenig wie ‚Sühne‘ Strafzweck sein kann, da dies zu erreichen oder zu bewirken allein Gottes ist und nicht in unsere menschlichen Strafen hineingeplant werden kann“. — Insofern sieht P. Althaus durchaus richtig, wenn er („Grundriß der Ethik“, S. 136) bemerkt, daß Barths Argumentation mit dem Strafhandeln Gottes im Kreuze Jesu Christi „nicht nur die als Sühne verstandene Todesstrafe, sondern *alle* Strafe trifft, so weit sie als Sühne und nicht nur als Mittel der Sicherung oder der Besserung verstanden wird“. Aber eben um diese Änderung des Verständnisses geht es gerade! Denn „menschlich begrenzt, ohne allen Anspruch auf Göttlichkeit, ist auch die der staatlichen Gemeinschaft durch Gottes Gnade zugewiesene Aufgabe des Strafvollzuges. Nur als Fürsorgemaßnahme kann Strafe — nicht als Sühne — vollzogen werden, nicht als Wiedergutmachung des zugefügten Übels. Sühne ist keine menschliche Möglichkeit, sondern Gottes in Jesus Christus vollzogene Tat“ (K. Barth in: „Stimme der Gemeinde, aaO, S. 570). — Auch da, wo der Rechtsbrecher in voller Schuldeinsicht die Todesstrafe zur Sühne seiner Tat bejaht, wird dies nicht zur Rechtfertigung der Sühnetheorie und der Todesstrafe benützt werden dürfen; hier tritt der Unterschied zwischen selbst auferlegter Buße und menschlichem Strafen in Kraft. Vgl. dazu die Faustine-Szene in C. F. Meyers Novelle „Die Richterin“. — Das ist nicht beachtet, wenn Richard R o t h e argumentiert: „Daher stimmt auch der zum Tode verurteilte Mörder selbst unwillkürlich der Gerechtigkeit des über ihn verhängten Urteils bei, ja er sieht in der Erstehung der Todesstrafe eine unumgängliche Sühnung seiner Schuld, ohne die er den Frieden nicht wiederfindet, und deshalb eine ihm widerfahrende *hohe Wohltat*“ („Theolog. Ethik“, 2. Aufl. 1868/71, 5. Bd., S. 280, zitiert nach dem ausgezeichneten Überblick von Trutz R e n d t o r f f, „Die Begründung des weltlichen Strafrechts in der theolog. Ethik seit Schleiermacher“, in: „Die weltliche Strafe in der evang. Theologie“, S. 27).

19 In seinem diesen meinen Ausführungen vorhergehenden Vortrag über „Menschenbild und Strafrechtsreform“ hat Werner Maihofer, Saarbrücken, mit Recht scharfe Kritik am heutigen Vorherrschen der Freiheitsstrafen geübt und Vorschläge für den Einbau solcher Auferlegungen von „guten Werken“ gemacht. — Zur Wirkung von Freiheitsstrafen auf Jugendliche vgl. das instruktive Buch von Brigitte W o l f, „Die vierte Kaste. Junge Menschen im Gefängnis“. München 1963.

20 A s c h a f f e n b u r g, „Das Verbrechen und seine Bekämpfung“, 1903, S. 236 (zit. bei P. Drews, aaO, S. 33 ff.).

21 AaO, S. 85 und 297 (zit. bei Drews, aaO, S. 39).

22 Die Befürworter der Todesstrafe unterliegen offenbar einer begrüßenswerten, aber sehr bezeichnenden Hemmung, sich zur Frage der Schmerzzufügung zu

äußern, die sich beim Vergeltungsstandpunkt doch als schwer vermeidbare Konsequenz aufdrängt.

[23] Zum gesellschaftlichen Rahmen von Verbrechen und Strafe vgl. das grundlegende Werk von Fritz Bauer, „Das Verbrechen und die Gesellschaft", zur besonderen Frage des Prozesses gegen Nazi-Verbrecher Fritz Bauers Interview in: „Stimme der Gemeinde", 1963/18, und das umfassend informierende Buch von Dietrich Goldschmidt und R. Henkys: „Die nationalsozialistischen Gewaltverbrechen. Geschichte und Gericht" (Stuttgart 1964); zur „Normalität" der Täter Hanna Arendts zutreffende Bemerkungen über Adolf Eichmann in ihrem umstrittenen Buche „Eichmann in Jerusalem. Report on the Banality of Evil", New York 1963 (deutsch München 1964); die nötigen Zurechtrückungen an diesem Buch vollzieht Golo Mann in der „Neuen Rundschau", 1963/4, S. 626 ff., und mehr noch die vom Council of Jews from Germany herausgegebenen Zusammenstellung von kritischen Stellungnahmen: „Nach dem Eichmann-Prozeß" (Tel Aviv 1963).

[24] Die bestehenbleibende Frage nach der Vergeltung für die Untaten im Laufe des 2. Weltkrieges haben Dichter am bedrängendsten ausgesprochen; genannt seien die beiden Novellen von Laurens van der Post, „Trennender Schatten" (Berlin 1955), und Friedrich Torberg, „Mein ist die Rache" (Wien 1947), sowie Ernst Penzoldt in seinem „Nachspiel zu den ‚Räubern'" von 1946. — Daß für die Untaten solcher Größenordnung auch die Todesstrafe keinen Ausgleich mehr geben kann, wird oft festgestellt. Es wird aber versäumt zu fragen, ob diese ganze Theorie vom Ausgleich der Ordnungsverletzung durch die Strafe, die bei diesen Massenmordprozessen ad absurdum geführt wird, nicht von vornherein fragwürdig war, solange sie isoliert den Zweck der Strafe angeben sollte. Man lese im Lichte bzw. unter dem Schatten jener Prozesse etwa folgenden Satz von W. Künneth über den „Ausgleichscharakter der Todesstrafe": „Die Todesstrafe meint ein Sühnegeschehen, welches die Verbindlichkeit des unbedingt gültigen Lebensgesetzes Gottes wieder herstellt, und zwar dergestalt, daß dem Rechtsbrecher derselbe Lebensverlust, der seiner Freveltat entspricht, zugefügt wird". („Die theologischen Argumente für und wider die Todesstrafe", in: „Zwölf Antworten. Die Frage der Todesstrafe", München 1962, S. 162).

[25] So schreibt Eberhard Grisebach in dem für unseren Zusammenhang sehr lesenswerten Abschnitt: „Die Verlegenheit des praktischen Juristen" seiner „kritischen Ethik": „Gegenwart". Halle 1928, S. 297. Vgl. die Rede eines amerikanischen Juristen W. Katz, „Erfüllung des Gesetzes" (Evang. Theol. 1962/9, S. 494 ff.).

[26] K. Barth zu dieser Stelle: „Kirchliche Dogmatik", III,4, S. 263 ff.; dazu nach A. de Quervain, „Heiligung", Berlin 1946, S. 419 f.

[27] E. Wolf, aaO, S. 72 f.:das Zitat aus Paul Ricoeur, „Le droit de punir", Cahiers de Villemétrie, 1958, S. 15.

[28] Entwurf eines Strafgesetzbuches, E. 1962. Bundestags-Drucksache IV/650 vom 4. 10. 1962, S. 377.

[29] Vgl. dazu den Bericht von Gerhard Simson in dem für unser gesamtes Thema wichtigen Sammelbande „Sexualität und Verbrechen. Beiträge zur Strafrechtsreform", Fischer-Bücherei 518/519. Nach einem neueren Bericht von Dietrich Lang-Hinrichsen („Betrachtungen zu sog. ethischen Indikation der Schwangerschaftsunterbrechung" in „Juristenzeitung", 1963, S. 721 ff.) sind die Erfahrungen mit dem Absinken der Zahlen der illegalen Abtreibungen in Schweden leider nicht so gut, wie Simson angibt. Man wird also auf Verbesserungen des schwedischen Versuches bedacht sein müs-

sen, auf keinen Fall aber wird man beim heutigen Status quo von Strafandrohung und Abtreibungssumpf resigniert stehen bleiben dürfen. Das mit ihm verbundene unbeschreibliche Ausmaß von Frauennot sollten sich gerade die Männer, die als Juristen und als Theologen zu diesen Problemen sich äußern, vor Augen halten, etwa mit der demnächst im Walter-Verlag, Olten, erscheinenden Veröffentlichung von erschütternden Frauenbriefen (Vorabdruck „Das tödliche Schweigen" in „Frankfurter Hefte", Febr. 1964).

[30] In deren Erklärung vom 3./4. April 1962 wird lediglich die Begründung durch den Entwurf kritisiert und eine bestimmte Auslegung der Paragraphen empfohlen.

[31] „Das kommende Strafrecht in der Sicht der evangelischen Ethik", in „Kirche in der Zeit", Juni 1963, S. 244 ff. Im gleichen Sinne Staatssekretär a. D. Walter Strauss, „Fragen der Strafrechtsreform", in: „Lutherische Monatshefte", 1962/11, S. 509 f.

[32] Vgl. „Kirche in der Zeit", 1963/11, S. 471; zu Beckmanns gesamter Kritik am StGB-Entwurf vgl. die Zusammenstellung in „Vorgänge" (Korrespondenz der Humanist. Union), 1963/12, S. 399 ff.

[33] Eine solche Formulierung hat die Humanistische Union in ihrem Memorandum zur Strafrechtsreform vorgeschlagen: „Wer öffentlich in einer Versammlung oder durch Verbreitung von Schriften eine im Inland bestehende Religionsgemeinschaft oder Weltanschauungsvereinigung, ihre Glaubensvorstellungen oder Überzeugungen, ihre Einrichtungen oder ihre Gebräuche in beleidigender Absicht beschimpft, wird mit Strafhaft oder Geldstrafe bestraft („Vorgänge", a.a.O., S. 382). Ebenso H. Ringeling im „Radius", 1963/4, S. 47. Für den Gesamtrahmen dieser Frage vgl. im gleichen Heft der „Vorgänge" die Bemerkungen Gerd Hirschauers zu dem dort abgedruckten Vortrage von Kurt Sontheimer „Keine Demokratie ohne Pluralismus?" Außerdem Ansgar Skriver, Gotteslästerung? (das aktuelle Thema, Bd. 11). Hamburg 1962.

MASSENKOMMUNIKATIONSMITTEL UND VERBRECHEN

Von Fritz Eberhard

Ein Nichtjurist äußert sich in einem Hörsaal, in dem viele Juristen sitzen, nicht ohne Befangenheit zu Fragen der Strafrechtsreform.

Das Gesamtthema dieser Universitätstage „Gesellschaftliche Wirklichkeit im 20. Jahrhundert und Strafrechtsreform" hilft mir allerdings, die Scheu zu überwinden. Denn zur gesellschaftlichen Wirklichkeit gehören die Massenkommunikationsmittel unbestrittenerweise. Ohne Massenkommunikationsmittel (wie Zeitung, Film, Rundfunk, Fernsehen) läßt sich die heutige Massengesellschaft schlechterdings nicht einmal denken. Auch die Bekämpfung des Verbrechens in ihr nicht.

Ich werde zu Ihnen nacheinander sprechen über die Bedeutung der Massenkommunikationsmittel

1. für die Einordnung eines Tatbestandes als Verbrechen,
2. für die Aufdeckung von Verbrechen,
3. für die Verhinderung von Verbrechen,
4. für das Zustandekommen von Verbrechen.

Einige wichtige Beziehungen zwischen Massenkommunikationsmitteln und Verbrechen kann ich in dieser Vorlesung nicht erörtern. Ich werde von der Möglichkeit von *Verbrechen durch Massenkommunikationsmittel* nicht sprechen. Unter dieser Überschrift wäre z. B. zu behandeln die Förderung der Grundstücksspekulation durch lokale Nachrichten, die — namentlich in früheren Jahren — mit falschen Börsennachrichten arbeitende Börsenspekulation, Angriffe auf die persönliche Ehre und schließlich literarischer Landesverrat. Der hier angedeutete Bereich ist so groß, daß ich ihn in dieser Stunde nicht einbeziehen kann.

Was ich behandeln will, ist vielfältig genug. Denn die Beziehungen zwischen Massenkommunikationsmitteln und Verbrechen sind vielfältig. Ich deute einleitend an: Ohne Massenkommunikationsmittel kann eine im 20. Jahrhundert vollzogene Strafrechtsreform nicht einmal allgemein bekannt gemacht werden; Gesetzblätter und Textausgaben reichen dazu nicht aus. Ohne Zeitungen wären seit dem 17. Jahrhundert viele Verbrechen nicht aufgedeckt worden, weil ohne Zeitungen die Mithilfe der Bevölkerung nicht hätte mobilisiert werden können. Ohne Gerichtsberichterstattung wäre die Rechtsprechung nur sehr beschränkt eine öffentliche Rechtsprechung gewesen. Da ich in meinen einleitenden Bemerkungen gleichzeitig nach allen Seiten provozieren möchte, lassen Sie mich noch drei überspitzte Hinweise geben, auf die ich später näher eingehen will. Ohne crime and sex und deren Verknüpfung wären die Auflagen mancher Presseorgane geringer, wären manche Kinos leerer. Andererseits: Ohne die Massenkommunikationsmittel als willkommene Prügelknaben hätten manche jugendlichen Verbrecher und vor allem ihre Anwälte zur Verteidigung kein so bequemes Alibi zur Hand. Ferner hätten manche Politiker kein so bequemes Alibi. Das heißt: Angesichts der Jugendkriminalität, für die man ja ihre schlechte Sozial- oder Schulpolitik verantwortlich machen könnte, hätten sie ohne Massenkommunikationsmittel auch nicht so schnell einen willkommenen Prügelknaben zur Hand. Mir scheint, die Massenkommunikationsmittel sind mancherorts als Alibi nicht minder beliebt, wie Verbrechen und Verbrecher als Gegenstand der Sensationsberichterstattung in manchen Redaktionen beliebt sind.

Ob Sie dem im einzelnen sofort zustimmen, ob nach Schluß dieser Vorlesung, bei späterem Nachdenken oder gar nicht, — wir sind wohl darin einig: Es gibt vielfältige Beziehungen zwischen Massenkommunikationsmitteln und Verbrechen, denen nachzugehen lohnend erscheint.

Aus ähnlichen Erwägungen wurden auf dem 11. Deutschen Richtertag im Oktober vorigen Jahres die Beziehungen zu den Massenkommunikationsmitteln in den Blickpunkt der Juristen gerückt. Wie notwendig das war, wurde, wie das oft so geht, von Randerscheinungen her kräftig beleuchtet. Als bei Tagungsbeginn die Jupiterlampen des Fernsehens aufleuchteten, gab es nicht nur Rufe „Licht aus!", sondern — ich zitiere — „rissen Unbefugte die Kabel auseinander, wofür mit Beifall nicht gespart wurde. Die beiden Fernsehteams stellten daraufhin ihre Arbeit ein"[1]. So der zurückhaltende zusammenfassende Bericht von dpa. Aus anderen Berichten wurde deutlich, jene Unbefugten, die die Kabel auseinanderrissen und dadurch die Fernseh-Berichterstattung über den Richtertag unmöglich machten, waren Teilnehmer des Deutschen Richtertages, der unter dem Motto stand: „Justiz und Öffentlichkeit". Ein Zufall? Vermutlich war sich keiner der Täter dieses Mottos im Augenblick der Tat bewußt. Das mangelnde Verständnis von Juristen für das jüngste Massenkommunikationsmittel wurde am folgenden Tag zusätzlich durch die Entschuldigung vom Präsidium her illustriert, niemand im Saal habe gewußt, daß die Scheinwerfer für das Fernsehen gebraucht würden. „Niemand" — das ist gewiß eine Übertreibung. Immerhin, ein besonders großes Verständnis von Juristen für die Publizisten und ihre Hilfskräfte wurde durch jene Bemerkung nicht dokumentiert. Auf eine Erweiterung des Verständnisses kommt es an, kommt es gerade angesichts der bevorstehenden Strafrechtsreform an. Jener Richtertag, auf den ich hier nicht weiter eingehen will, hat übrigens trotz der geschilderten Panne zu größerem Verständnis tatsächlich beigetragen[2].

Wenn ich also als Bestandteil der gesellschaftlichen Wirklichkeit des 20. Jahrhunderts ein nicht immer befriedigendes Verhältnis von Juristen und Massenkommunikationsmitteln feststelle, so darf ich doch gleich hinzufügen, daß das Verhältnis zwischen der Wissenschaft vom Verbrechen, der *Kriminologie,* und der Wissenschaft von den Massenkommunikationsmitteln, der *Publizistikwissenschaft,* sozusagen von den Erbfaktoren her gut sein muß. Beide Wissenschaften sind Integrationswissenschaften, die Methoden und Ergebnisse zum Teil derselben Wissenschaften zu integrieren versuchen: der Psychologie und der Soziologie, wobei für die Kriminologie zusätzlich Psychiatrie eine besondere Rolle spielt. Für beide Integrationswissenschaften dürfte die Physiologie künftig wichtig werden.

Eine Übersicht in einem amerikanischen soziologischen Standardwerk „Sociology today" über „Criminological Research" beklagte, daß viel soziologische Literatur zu Fragen der Kriminologie sich der Aufgabe widmet, theoretische und methodische Irrtümer in Forschungen nachzuweisen, die Psychologen und Psychiater vorangetrieben haben. Umgekehrt sei es nur deshalb nicht so, weil Psychiater und Psychologen, die sich mit Fragen des Verbrechens beschäftigen, sich selten auf soziologische Forschungen beziehen, entweder weil sie sie nicht kennen oder weil sie es vorziehen, sie zu ignorieren[3]. Nun, der für die amerikanische Kriminologie beschriebene Zustand stimmt, wenn nicht für die deutsche Kriminologie, worüber ich nicht urteilen möchte, so doch für die deutsche Publizistikwissenschaft. Es bedarf jedenfalls besonderer Anstrengungen zur wirklichen Integration der Wissenschaften einschließlich der Rechtswissenschaft. Ohne solche Integration dürften mehr als zufällige Fortschritte sich weder bei der wissenschaftlichen Behandlung von Fragen des Verbrechens und der Verbrecher erzielen lassen, noch bei der wissenschaftlichen Behandlung von Fragen der Publikationen und der Publizisten.

Wenn ich im folgenden von *Massenkommunikationsmitteln* spreche, meine ich Zeitschrift und Zeitung, Film, Rundfunk und Fernsehen. Die Aufzählung erfolgt hier ohne Wertung in der historischen Reihenfolge ihres ersten Auftretens. Auf eine Definition von Massenkommunikationsmitteln kann ich in diesem Zusammenhang verzichten. Der aufzählende Hinweis genügt.

Verbrechen würde ich hier gern mit Fritz Bauer, der sich dabei an Gillin anschließt, soziologisch definieren als „ein Verhalten, das von einer Gruppe, welche die erforderliche Macht besitzt, ihre Anschauungen durchzusetzen, für besonders sozialschädlich gehalten wird"[4]. Aber hier muß ich es mir sehr einfach machen, indem ich Verbrechen völlig rechtspositivistisch definiere als ein Verhalten, durch das ein Strafgesetz übertreten wird. Ich folge damit der Mehrheit der Definitionen[5]. Übrigens stellt auch der gewiss nicht des Konservativismus verdächtige Frankfurter Generalstaatsanwalt Fritz Bauer schon in der Einleitung seines Buches „Das Verbrechen und die Gesellschaft“ klar, die Kriminologie müsse sich an das positive Recht halten, trotz seiner Relativität[6].

Die sonst von mir hier einzuhaltende Beschränkung auf das Verbrechen als Verstoß gegen das Strafgesetz — wobei ich keine Unterscheidung in Verbrechen, Vergehen und Übertretungen machen kann — möchte ich aber zunächst noch einmal überspringen, um die Bedeutung klarzustellen, die die Massenkommunikationsmittel dafür haben, ob ein *Tatbestand* von der öffentlichen Meinung als *Verbrechen eingestuft* wird oder nicht. Wer die glänzend geschriebenen Berichte über Gerichtsverhandlungen von Sling in der „Vossischen Zeitung“ heute nachliest, kann feststellen, wie stark z. B. Sling in Bezug auf Eid und Meineid auch Gerichtspraxis und Gesetzgebungen beeinflußt hat[7]. Nehmen wir einfache Beispiele: Kleine Zollvergehen gelten bei vielen als Kavaliersdelikte. Sie werden von Frauen, wenn es sich um Kaffee oder Schokolade, von Männern, wenn es sich um Spirituosen handelt, an manchen Grenzen geradezu als Sport betrieben. Dasselbe gilt für das Überschreiten von Geschwindigkeitsbegrenzungen im Straßenverkehr, ein Verkehrsdelikt, das bekanntlich immer wieder Menschenleben fordert. Ähnlich steht es bei der Unterlassung von vorgeschriebenen betrieblichen Unfallverhütungsmaßnahmen, einer Unterlassung, die oft lebensgefährlich ist, die aber vielfach im finanziellen Interesse von Arbeitgebern und Arbeitnehmern liegt. Davon, wie sich die Massenkommunikationsmittel zu diesen Delikten einstellen, hängt es mit ab, ob sie zunehmen oder abnehmen, ob hohe vom Richter verhängte Strafen auf Verständnis stoßen oder nicht, dann darauf, ob Richter hohe Strafen verhängen oder nicht, kurz, ob sich ein Wandel in der Rechtsauffassung vollzieht oder nicht. Ein solcher Wandel hat früher — ohne Massenkommunikationsmittel — unter Umständen Jahrhunderte gebraucht. Wenn Landesherren einem Ritter — heute sagen wir „Raubritter“ — wegen Straßenraub den Kopf abschlagen ließen — Sie wissen, Hohenzollern haben das in der Mark Brandenburg getan —, dann sagten Freunde des Ritters, der Fürst habe ihn enthaupten lassen wegen freier Ausübung des ihm zustehenden Fehderechtes. Nur langsam hat sich hier die allgemeine Rechtsauffassung gewandelt. Die Massenkommunikationsmittel spielen heute eine große Rolle bei der Entwicklung der Rechtsauffassung. Im Rahmen der Strafrechtsreform ist das von Interesse z. B. in Bezug auf Fragen des Ehebruchs und der Abtreibung.

In England wurden im Ersten Weltkrieg Kriegsdienstverweigerer zu Freiheitsstrafen verurteilt. Eine nachhaltige Wirkung dieser Tatsache auf die englische Gefängnisreform werde ich noch behandeln. Hier weise ich Sie auf die Wirkung hin, die die öffentliche Behandlung des Problems der Kriegsdienstverweigerung in England gehabt hat: Im Zweiten Weltkrieg wurden keine englischen Kriegsdienstverweigerer mehr ins Gefängnis gebracht, sie leisteten Ersatzdienst. Und 1949 wurde das Recht zur Kriegsdienstverweigerung auf Grund dieser Erfahrung in unser Grundgesetz aufgenommen. Ein drastischer Wandel im Laufe von drei Jahrzehnten.

Ein anderes Beispiel: Im Dritten Reich sagten viele Deutsche, und viele Zeitungen schrieben so — ich benutze hier den mildesten Ausdruck, im „Stürmer" hieß das noch ganz anders —: Der und der hat sich gegen die Rassengesetze vergangen. Viele Deutsche nennen denselben Mann heute, und viele Zeitungen schreiben so, einen rassisch Verfolgten, dem eine Wiedergutmachung zusteht. Bereits dieses Beispiel zeigt Ihnen sowohl die Bedeutung der Massenkommunikationsmittel für die Bildung einer öffentlichen Meinung als auch die Unmöglichkeit, in dieser Vorlesung, abgesehen von diesem Exkurs, Verbrechen anders zu definieren als durch das positive Recht. Ein Beispiel aus der jüngsten Gegenwart mag das noch deutlicher machen. Am zweiten Weihnachtsfeiertag wurde, wie Sie wissen, ein junger Mann getötet, der die Mauer von Ost nach West überwunden hatte. Der Grenzpolizist, der den tödlichen Schuß abgegeben hat, wird auf der einen Seite von der Bevölkerung wie von der Presse Mörder genannt, auf der anderen Seite liest man in den Zeitungen, er habe nur seine Pflicht getan und die Staatsgrenze verteidigt. Sie sehen, meine Damen und Herren, wenn ich von der positivrechtlichen Definition des Verbrechens abginge, müßte ich auch auf Probleme der politischen Propaganda eingehen. Das wäre interessant, würde aber den Rahmen der Vorlesung vollends sprengen.

Ich darf wohl annehmen, daß die meisten von Ihnen sich in erster Linie für die Frage interessieren, ob die Massenkommunikationsmittel die Kriminalität steigern oder nicht. Natürlich werde ich darauf eingehen. Aber zunächst muß ich Sie auf einige andere Zusammenhänge hinweisen. Die Zusammenhänge sind vielfältiger, als die meisten bei flüchtigem Überblick denken.

Die Massenkommunikationsmittel spielen eine wachsende Rolle bei der *Aufdeckung von Verbrechen.* Steckbriefe standen schon lange in den Zeitungen. Sie kennen die Fernsehdurchsagen: „Die Kriminalpolizei bittet um Ihre Mitwirkung." Bei mehr realistischer Phantasie auf beiden Seiten ließe sich wahrscheinlich noch weit mehr leisten als heute.

Mit Hilfe der Massenkommunikationsmittel könnte die sogenannte „Dunkelziffer“, die Zahl der nicht zur Anzeige gebrachten und nicht zur Verurteilung kommenden Taten herabgesetzt werden. Der Spielraum ist noch sehr groß. Fritz Bauer zitiert die folgenden Ziffern über das Verhältnis von abgeurteilten zu begangenen Verbrechen: Es sei bei vorsätzlicher Tötung 1:3, bei schwerem Diebstahl ebenso wie bei Brandstiftung 1:8, bei Betrug 1:20, bei Warenhausdiebstahl 1:30, bei Taschendiebstahl 1:50, bei Abtreibung 1:100. Diese Zahlen, so sagt Bauer, seien zwangsläufig hypothetisch, aber sie entsprächen den Feststellungen und Mutmaßungen im Ausland. Ich zitiere noch zwei Angaben, die für die Strafrechtsreform von Bedeutung sind: In Dänemark werden jährlich durchschnittlich 100—110 Personen wegen Abtreibung oder Beihilfe dazu verurteilt, die illegalen Abtreibungen werden aber auf mindestens 12 000 bis 13 000 geschätzt. In Schweden wurden 1940 nur 8 Personen wegen Verbreitung von Geschlechtskrankheiten verurteilt, aber 12 000 neue Fälle von Ärzten gemeldet[8]. Es würde also lohnen, über den besseren Einsatz der Massenkommunikationsmittel zur Herabsetzung der Dunkelziffern nachzudenken.

Dafür, was mit realistischer Phantasie geleistet werden kann, ein Beispiel aus meiner eigenen Praxis als Rundfunkintendant. In einem Stuttgarter Fall der Kindesentführung hatte die Kriminalpolizei nur sehr wenige Angaben über den Täter. Der Kriminalpolizei gelang es, ein Telefongespräch des Erpresser, der das Kind entführt hatte, mit den Eltern des Kindes aufzunehmen. Dem Rundfunk gelang es, unter Zusammenziehung der Teile des Gespräches, in denen die Stimme am wenigsten verstellt klang, ein kurzes synthetisches Gespräch auf Tonband zu montieren. Es wurde mehrfach gesendet. Daraufhin kam aus dem Publikum der Hinweis, der zur Ergreifung des Täters führte. Sie verstehen, daß in diesem Fall eine gute Zusammenarbeit zwischen Rundfunk und Kriminalpolizei gestiftet wurde.

Die Massenkommunikationsmittel können außer zur Aufdeckung von Verbrechen auch zur *Verhinderung von Verbrechen* helfen. Das ist vielleicht noch wichtiger.

Dazu kann die Aufklärung der möglichen Opfer von Verbrechen dienen, also ihre Aufklärung über die Tricks von Taschendieben, Hausierern und Autodieben, die Aufklärung von Eltern über die Gefahren, die ihren Kindern auf der Straße drohen, vom Verkehr wie von Sittlichkeitsverbrechern. Andererseits ist die Aufklärung auch der möglichen Täter über die Konsequenzen ihres Tuns wichtig, vor allem bei der Bekämpfung von Verkehrsdelikten. In dieser Hinsicht geschieht manches, aber wahrscheinlich kann noch viel mehr getan werden.

Die Kriminalität pflegt innerhalb von Minderheiten aller Art besonders groß zu sein. Das gilt für sprachliche, rassische und religiöse Minderheiten. Wenn die Massenkommunikationsmittel planmäßig auf die Eingliederung der Minderheiten hinarbeiten — auch über diese Arbeit habe ich persönlich gute Erfahrungen sammeln können —, tun sie damit etwas gegen die Kriminalität.

Von Berichten über Gerichtsverhandlungen und von Berichten über Verbrechen und Verbrecher überhaupt wird unter anderem Vorzeichen noch die Rede sein müssen. Aber aus Gründen der Systematik muß ich bereits hier erwähnen, daß diese Berichte — ich sage ganz vorsichtig — mindestens teilweise abschreckend wirken können. Ferner können sie, selbst wenn sie keineswegs zu diesem Zweck verfaßt wurden, wie ein Blitzableiter wirken. Verbrecherische Neigungen können z. B. durch Filmbesuch abreagiert werden statt durch kriminelles Handeln. Darüber nachher mehr.

Ein Mittel zur Herabsetzung oder Heraufsetzung der Kriminalität ist schließlich die Behandlung der verurteilten Verbrecher in den Strafanstalten. Die schon in anderem Zusammenhang genannten englischen Kriegsdienstverweigerer des Ersten Weltkrieges waren, anders als die meisten Gefängnisinsassen, gute Beobachter und zum Teil ausgezeichnete Schriftsteller. Ihnen ist die englische Gefängnisreform nach dem Ersten Weltkrieg ganz wesentlich zu verdanken. Sie konnten aus ihrer Erfahrung heraus deutlich machen, daß die bestehenden Gefängnisse Brutstätten und Schulen des Verbrechens waren. Die erwähnte Gefängnisreform wäre kaum zustande gekommen ohne die Arbeit jener früheren Gefangenen in Presse und Rundfunk.

Eine besondere Rolle kann der Rundfunk, vielleicht auch das Fernsehen, im modernen Strafvollzug als Mittel zur Resozialisierung der Gefangenen spielen. Anfang der 50er Jahre habe ich vom Süddeutschen Rundfunk Stuttgart aus in einem groß angelegten Versuch in der Strafanstalt Ludwigsburg in dieser Richtung gute Ergebnisse festgestellt. Der Gefängniskoller ging zurück, und den Gefangenen wurde durch den Rundfunk ein gewisser Kontakt mit dem Geschehen außerhalb der Strafanstalt vermittelt. Das wirkte sich nach der Entlassung günstig aus. Der Versuch scheint Schule gemacht zu haben, er wird neuerdings im Zusammenhang mit der Strafrechtsreform erörtert[9].

Ich komme nun zum letzten, dem für manche meiner Zuhörer wohl wichtigsten Abschnitt, der sich mit der Rolle der Massenkommunikationsmittel für das *Zustandekommen von Verbrechen* beschäftigen soll. Die Inhalte von Presse, Rundfunk, Fernsehen, Film, die hier in Frage kommen, reichen von der nüchternen Berichterstattung aus dem Gerichtssaal über viele Zwischenstufen bis zur sensationell aufgemachten

Berichterstattung unter Schlagzeilen, die sich von Prozeßtag zu Prozeßtag steigern, — von ernsthaften Kriminalromanen und Kriminalstücken bis zu billigen Kriminalreißern. Alle diese Typen kommen in allen Arten der Massenkommunikationsmittel vor.

Fassen wir der Einfachheit halber nur die extremen Fälle der Sensationsberichterstattung und des sensationell gestalteten Kriminalstückes in Film und Fernsehen und auf der Empfangsseite nur die leichter zu beeindruckenden Jugendlichen ins Auge. Da steht einwandfrei Folgendes fest:

Erstens: Die Aussagen der Massenkommunikationsmittel enthalten einen unverhältnismäßig großen Anteil an Verbrechen, Rohheiten und Gewalttaten. Der Deutsche Fernsehbeirat, dem je ein Mitglied der Aufsichtsgremien der deutschen Rundfunkanstalten angehört, protestierte z. B. im März 1959 gegen die Häufung von Kriminalstücken im Fernsehen. Drei Morde in acht Tagen — das sei zu viel. Ich vergleiche damit eine Woche in New York 1954: Dort wurde innerhalb der gesamten Programmzeit alle 6 Minuten ein Gewaltakt oder eine Drohung mit Gewalt gezählt, in Sendungen für Kinder sogar alle 2 Minuten[10] Nach einer Untersuchung von *Head* war 1954 in 209 Fernsehprogrammen, die über ein Netz gingen, Mord 22mal so häufig wie im wirklichen Leben[11]. Ich bitte Sie jedenfalls als unbestrittene Tatsache festzuhalten: Verbrechen und Verbrecher werden oft in den Massenkommunikationsmitteln dargestellt, in den Vereinigten Staaten erheblich häufiger als in Deutschland.

Zweitens: Wie schon angedeutet, ist die Benutzung der Massenkommunikationsmittel als Alibi durch Angeklagte und Anwälte sowie durch Politiker, aber auch durch Eltern und Lehrer stark verbreitet. Bei einer Gallup-Umfrage in den Vereinigten Staaten wurde 1954 die erwachsene Bevölkerung gefragt, ob sie mindestens zum Teil Kriminalgeschichten in Comicbooks, in Rundfunk und Fernsehen für das Ansteigen der Jugendkriminalität verantwortlich macht. 70 % sagten ja, ein Viertel davon sagte, diese Geschichten seien erheblich für die Jugendkriminalität verantwortlich zu machen[12]. Eine Befragung in diesem Hörsaal würde wohl ein ähnliches Ergebnis haben. Ich brauche daher wohl den Stand der öffentlichen Meinung in bezug auf Massenkommunikationsmittel als Ursache der Verbrechen hier nicht näher zu schildern.

Unbestritten ist drittens, daß ein Kind mit Neigung zu kriminellem Verhalten aus einem Film oder einer Fernsehsendung eine Technik, einen Trick lernen kann, den es dann beim Begehen eines Verbrechens anwendet. Aber vegessen wir bitte nicht, daß z. B. die meisten Geldschrankknacker Berufsverbrecher sind, die nicht ins Kino gehen, um ihr Handwerk zu erlernen.

Über diese drei Punkte hinaus ist nichts unbestritten. Ja, die Ansicht wird häufig vertreten, daß die Darstellung von Verbrechen in den Massenkommunikationsmitteln die Kriminalität herabsetzt, teils, weil sie den Zusammenhang von Verbrechen und Strafe aufzeigt, teils, weil sie potentiellen Verbrechern einen für die Gesellschaft harmlosen Ausweg bietet, ihre aggressiven und kriminellen Gelüste abzureagieren, indem sie sich mit den Verbrechern auf Leinwand und Bildschirm identifizieren. Gegen diese Vermutung steht ein neueres Laboratoriumsexperement. Nach der Vorführung eines geeigneten Films vor verschiedenen Gruppen schienen manche Hemmungen, die bisher gegen eine Gewaltanwendung bestanden, abgebaut zu sein. Der Gewaltanwendung war sozusagen durch den Film ein Weg gebahnt worden. Dieses in Amerika vorgenommene Experiment, über das erst im Sommer 1963 in der Fachpresse berichtet wurde, steht allerdings bisher ziemlich isoliert da[13].

Leider erscheint es so gut wie unmöglich, den angedeuteten Meinungsstreit durch empirische Forschung endgültig zu schlichten. Die Ursachen der Jugendkriminalität allgemein und die Ursachen des einzelnen Verbrechens eines einzelnen Jugendlichen sind stets vielfältig. Sie liegen in der Persönlichkeit des Verbrechers, seinen Familien- und wirtschaftlichen Verhältnissen, seinen Gruppenzugehörigkeiten, seiner Erziehung, seinem persönlichen Lebensschicksal, Fehlschlägen, die er erlitten hat, Erfolgen, deren er sich erfreut hat, sowie seiner sonstigen Umwelt einschließlich des Opfers. Vielfältige Einflüsse laufen in dem Jugendlichen zusammen. Einflüsse von Massenkommunikationsmitteln sind nur ein Teil davon. Nach vorherrschender Ansicht der Kriminologen wird das Verbrechen in einer Primärgruppe gelernt, sei es in der Familie, sei es in einer anderen kleinen Gruppe[14].

Wir wissen zudem aus der Massenkommunikationsforschung allgemein, daß die Einflüsse der Massenkommunikationsmittel meist überschätzt werden. Die Wirkung jeder durch ein Massenkommunikationsmittel übermittelten Aussage hängt von einer großen Anzahl von Faktoren ab. Sie liegen teils beim Kommunikator, teils beim Rezipienten, teils bei der Aussage, teils bei den Massenkommunikationsmitteln. Nur selten kann einer Aussage oder einer bestimmten Serie von Aussagen, und nur dieser, eine Wirkung eindeutig zugeordnet werden.

Große Untersuchungen über den Zusammenhang zwischen Massenkommunikationsmitteln und Verbrechen haben zwar zu keinem eindeutigen Ergebnis geführt. Aber sie haben doch beachtliche Hinweise gegeben, die von seiten der Massenkommunikationsmittel im öffentlichen Interesse ständig beachtet werden sollten. Trotz der vielen offenen Fragen oder vielmehr gerade wegen der vielen offenen Fragen! Über die langfristigen Wirkungen von Fernsehen auf unsere Gesellschaft wissen wir doch zum Beispiel überhaupt nichts, können wir ja noch nichts wissen. Also sollten eben doch mögliche schlechte Wirkungen vorsichtshalber sorgfältig bedacht werden.

Die erste große Untersuchung wurde vom Senat der Vereinigten Staaten veranlaßt. Ein Ausschuß unter Vorsitz des Senators Kefauver legte 1956 einen umfangreichen Bericht vor unter dem Titel: „Television and Juvenile Delinquency“[15]. Eine Reihe der von dem Ausschuß vernommenen Sachverständigen betonte die Gefahr, daß bei jungen Menschen ein verzerrtes Bild der Wirklichkeit entstünde, etwa in folgender Richtung: Das Leben sei nicht viel wert; Tod, Leiden, Sadismus und Brutalität seien nicht wichtig zu nehmen; Richter, Polizisten und andere Vertreter der Obrigkeit seien oft dumm und bestechlich. — Die vernommenen Fernsehproduzenten verteidigten ihr Programm natürlich mit dem Argument, die Jugendlichen reagierten beim Miterleben unbefriedigte Angriffsantriebe ab. Sie wiesen ferner darauf hin, ein großer Teil der Gewalttaten geschehe, damit die Ordnung aufrechterhalten und das Gesetz gewahrt werde. Wenn erzählte oder dargestellte Aggressionen grundsätzlich schädlich wären, müßte man auch die meisten Märchen, die Bibel und Shakespeare verbieten. Der Kefauver-Bericht faßt zusammen: „Es gibt keine unwiderlegbaren Forschungsergebnisse, die durch sorgfältig geplante und erschöpfende Untersuchungen gewonnen sind, aus denen definitiv die Verbindungen zwischen Ursache und Wirkung erschlossen werden könnten[16].“

Die 1958 veröffentlichte große Studie von Hilda Himmelweit und anderen, die auf sorgfältigen und sehr umfangreichen Untersuchungen in England beruht, zeigte erneut auf, daß das Gesamtproblem offen bleibt[17]. Im einzelnen bereichert diese Studie „Television and the Child“ unser Wissen erheblich. Wir lernen aus ihr z. B., daß in England die Beschreibung von wirklichen Verbrechen und Gewalttaten gefährlicher zu sein scheint als Verbrechen in Fernsehspielen und Kriminalgeschichten. Wir lernen, daß englische Kinder durch Schießen nicht so sehr beunruhigt werden, wohl aber durch Verletzungen mit Messer und Dolch. Diese Kinder werden ferner mehr beunruhigt durch Angriffe mit Worten als durch tätliche Angriffe. Das ist ein Umstand, der vor dieser Untersuchung in den Spekulationen über mögliche Schäden an Kindern überhaupt nicht erwähnt worden war. Eine andere Erkenntnis wurde durch Himmelweit und ihre Mitarbeiter bestätigt. Kinder werden durch normale Wildwestfilme und Detektivgeschichten nicht beunruhigt, weil sie wissen, daß ein happy end kommt; der Held wird überleben, das wissen sie. Was macht es also, wenn er vorher gewalttätig behandelt wird?[18]

Ich kann nicht mehr Einzelheiten aus diesen Untersuchungsergebnissen bringen, nur noch eine Zusammenfassung:

„In unserer Untersuchung fanden wir nicht mehr aggressives, schlecht angepaßtes oder verbrecherisches Verhalten unter den Fernsehzuschauern als unter den Kontrollpersonen (Kindern, die keine Fernsehsendungen gesehen hatten) ... Gewaltakte im Fernsehen anzuschauen, macht normale Kinder kaum zu aggressiven Verbrechern. ... Diese Programme werden vermutlich ein stabiles Kind nicht berühren, aber sie können eine Wirkung hervorrufen bei den 5—10 % aller Kinder, die gestört oder wenigstens gefühlsmäßig labil sind, — eine Gruppe, mit der alle verantwortlichen Leute im Bereich der Massenkommunikation rechnen müssen."[19]

Statistische Korrelationen zwischen starkem Konsum von Kriminalfilmen usw. und Verbrechen sind nicht nachgewiesen worden. Seien Sie bitte vorsichtig gegenüber gegenteiligen Behauptungen. Ich gebe Ihnen ein Musterbeispiel:

Nach einer 1951 veröffentlichten Untersuchung der Eheleute Glueck besuchten in den Vereinigten Staaten 45 % der jugendlichen Verbrecher das Kino wöchentlich dreimal oder noch öfter, die übrigen Jugendlichen taten das nur zu 11 %[20]. Ist das nun etwa ein Beweis für den Zusammenhang zwischen Kinobesuch und Verbrechen? Gewiß nicht! Das Ehepaar Glueck führt selber die Kriminalität nicht auf den Kinobesuch, sondern Kriminalität und Kinobesuch auf einen gemeinsamen Nenner zurück, auf den auch konstitutionsbiologisch, psychiatrisch und durch Rohrschachtest festgestellten spezifischen Habitus der Delinquenten, u. a. ihre ruhelose Energie und ihren Hunger nach Erlebnissen und Abenteuern. Fritz Bauer weist in seinem Buch „Das Verbrechen und die Gesellschaft" darauf hin, die Vorstellung, literarische Erzeugnisse förderten die Kriminalität, sei so uralt, daß schon deswegen eine gewisse Skepsis am Platze sei. Ich zitiere: „Die Kritik ist immer gegen die zeitgenössische Literatur und Presse gerichtet und verweist ausdrücklich oder stillschweigend auf die guten alten Zeiten, die aber ihrerseits von den Zeitgenossen in Grund und Boden verdammt wurden."[21]

Nach Bauer sieht die herrschende Auffassung der Kriminologie „in Schmutz, Schund und schechten Filmen nur eine beiläufige Verbrechensursache"[22]. Ich darf anfügen: Das heißt nicht, daß wir sie nur beiläufig behandeln sollten, zumal wir, wie gesagt, die langfristige Wirkung nicht kennen. Aber wir wissen: für manche Zeitschriftenleser, Kinobesucher und Fernsehzuschauer ist der Kriminelle für viele Stunden in der Woche die interessante, die zentrale Figur der menschlichen Gesellschaft. Polizeireviere und Polizeipräsidien und Gerichtssäle sind für diese Stunden eine normale Umgebung. Der Kriminalkommissar erscheint als die Kraft, die unsere Welt noch halbwegs zusammenhält[23].

Ist dieses Weltbild vielleicht so lächerlich schief, daß es auf das wirkliche Verhalten nicht wirkt? Für feste Naturen gewiß, aber für labile Naturen? Wieviele gibt es davon?

Ich sprach bisher von der literarischen Darstellung von Verbrechen im weitesten Sinne. Ein Wort nun zu der Darstellung von realen Gerichtsverhandlungen. Sie finden bekanntlich grundsätzlich — die üblichen Ausnahmen interessieren hier nicht — öffentlich statt. Ein Urteil des Bundesgerichtshofs[24] schränkt die Zulassung des Fernsehens im Interesse der Erforschung der Wahrheit sehr stark ein, weil durch die Fernsehübertragung die Aussagetüchtigkeit und Aussagebereitschaft von Zeugen, Angeklagten und Sachverständigen beeinflußt werden könnte. Durch diese höchstrichterliche Entscheidung wird die Öffentlichkeit auf die sogenannte Saalöffentlichkeit eingeschränkt. Ich will die entstandene Diskussion über die Fernsehübertragungen von der Hauptverhandlung hier nicht in aller Breite aufrollen. Aber ich kann dem hier liegenden Problem nicht ausweichen, wenn ich mich zur Frage Verbrechen und Massenkommunikationsmittel äußern soll. Die Zulassung schon der Saalöffentlichkeit beeinflußt ja in jedem Fall die Aussagebereitschaft und Aussagetüchtigkeit mancher Beteiligter, zumal ja im Saal gerade interessierte Personen, gute Freunde und Anverwandte sitzen dürften. Daß auch gegenüber der etwa durch Fernsehen erweiterten Öffentlichkeit eine Ausschließung durch Gerichtsbeschluß möglich sein muß — aus denselben Gründen, vielleicht auch aus zusätzlichen Gründen —, sei unbestritten. Aber zur allgemeinen Ausschließung des Fernsehens möchte ich eine Frage im Zusammenhang mit meinen bisherigen Ausführungen stellen: Wird hier nicht eine pädagogisch wichtige Chance vertan? Könnten nicht Verbrechen durch Übertragung von Gerichtsverhandlungen verhütet werden? Ist die Chance der Verhütung nicht wichtiger als die Möglichkeit der Vermehrung der Kriminalität und die Möglichkeit der zusätzlichen Erschwerung der Wahrheitsfindung? Auch diejenigen, die das Ziel der Wahrheitsfindung um fast jeden Preis voranstellen — ich verstehe sie durchaus —, sollten überlegen: Wird nicht manche Übertragung aus einer sensationellen Gerichtsverhandlung im Fernsehen sich weit weniger sensationell ausnehmen als manche Presseberichte, die nur die aufregendsten Momente wiedergeben und dabei vielfach noch übertreiben? Und sind es nicht gerade solche Übertreibungen und starken Hervorhebungen, die auf Glorifizierung von Verbrechern hinauslaufen und dadurch die Kriminalität erhöhen können, oder sagen wir vorsichtig: die bei den dazu Disponierten kriminelle Handlungen auslösen können, — ähnlich wie ein Selbstmord andere Selbstmorde nach sich ziehen kann? Wie groß die Gefahr von Kettenreaktionen ist, bedürfte einer besonderen Untersuchung.

*

Ich fasse zusammen:

Die Darstellung von Verbrechen in Massenkommunikationsmitteln ist kein hieb- und stichfestes Alibi, auch nicht für Politiker, denen es nicht gelungen ist, die sozialen Umstände ausreichend zu bessern, um die Kriminalität dadurch zu verringern, — auch nicht für Eltern und Lehrer, die Kinder nicht vor dem Absinken in die Kriminalität bewahrt haben.

Eltern und Lehrer sollten ihre Aufmerksamkeit darauf richten, daß Kinder richtiges Lesen, Filmbetrachten und Fernsehen lernen, insbesondere die Beschränkung im Konsum und die richtige Auswahl.

Diese Vorlesung ergibt aber auch kein Alibi für die Massenkommunikationsmittel. Sie sollten sich in der Darstellung von Verbrechen zurückhalten. Dafür sollte es bereits Grund genug sein, daß wir über die kurzfristigen Wirkungen von Fernsehsendungen wenig und über die langfristigen Wirkungen gar nichts wissen.

Ich nannte hier das Fernsehen als das jüngste Massenkommunikationsmittel, weil es in vieler Hinsicht besonders wirkungsvoll ist. Denn es spricht zwei Sinne gleichzeitig an, ist in der eigenen Wohnung leicht und ohne besonderes Entgelt im Einzelfalle zugänglich. Lassen Sie mich daher noch mit einigen Sätzen vergleichsweise auf die Organisation des Fernsehens in Deutschland eingehen und auf die Organisation der Zeitungen. Solange private Verleger Straßenverkaufszeitungen herausbringen — und ich kann keine Möglichkeit sehen, das zu ändern —, wird sich die redaktionelle Arbeit bei der Darstellung von Verbrechen stets zwischen Leistungsziel und Profitziel bewegen. Dabei kann das Leistungsziel des Redakteurs durchaus die Berücksichtigung des öffentlichen Interesses an der Niederhaltung der Kriminialität einschließen, während das Profitziel der Verlegerseite die Erhöhung der Verkaufsziffer durch sensationelle Reportagen verlangt. Sie können auf jeder Großstadtstraße beobachten, wie oft das Profitziel den Ausschlag gibt. Sie sehen dasselbe auf jedem Fernsehschirm in Amerika, wo das Fernsehen zum größten Teil kommerzielles Fernsehen ist, während es in Deutschland bekanntlich von öffentlich-rechtlichen Anstalten betrieben wird. Und nun erinnere ich Sie an zwei Zahlenangaben: In Deutschland protestierten die Mitglieder des Fernsehbeirats, als in einer Woche drei Morde im Fernsehprogramm vorgekommen waren. In New York konnte man in einer Woche alle 6 Minuten einen Gewaltakt oder eine Drohung mit Gewalt sehen[25]. Mir scheint, aus der heutigen Vorlesung ergibt sich auch der Schluß, wir sollten in Deutschland die seit 1949 bestehende Organisation von Rundfunk und Fernsehen beibehalten; denn es ist bei dieser Organisation viel leichter, das Fernsehprogramm am öffentlichen Interesse auszurichten als bei privatem, also kommerziell orientiertem Fernsehen.

Meine Damen und Herren, wo immer die Kriminalität ansteigt, da plädiere ich für die Massenkommunikationsmittel nicht auf Freispruch. Aber ich plädiere für niemanden auf Freispruch, denn wir sind alle Teile des gesellschaftlichen Körpers, in dem es Kriminalität gibt. In dem Gewebe der Gesellschaft haben die Massenkommunikationsmittel vielfache Funktionen. Wenn gerade dieses charakteristische Merkmal der modernen Gesellschaft Ihnen durch meine Darlegungen etwas klarer geworden ist, so kann das dem Verständnis für die Bedeutung der Strafrechtsreform für diese Gesellschaft nützlich sein.

Anmerkungen:

1 dpa-Inf. 1249, 21. 10. 1963.

2 ZVZV, 24. 1. 1964, S. 97—100.

3 Marshall B. Clinard, Criminological Research, in „Sociology Today", ed. Robert K. Merton e.a., New York 1959, p. 509.

4 Fritz Bauer, Das Verbrechen und die Gesellschaft, München-Basel 1957, S. 10.

5 Wolf Middendorf, Soziologie des Verbrechens, Düsseldorf-Köln 1959, S. 10.

6 Fritz Bauer, a.a.O., S. 10—14.

7 Sling, Richter und Gerichte, Berlin 1929. Vgl. insbesondere das Vorwort von Gustav Radbruch.

8 Fritz Bauer, a.a.O., S. 15.

9 Rolf Seufert, Rundfunkempfang in der Zelle ist ein Beruhigungsmittel, „Die Welt", Ausg. Bln., Nr. 2, 3. 1. 1964, S. 14.

10 Charles R. Wright, Mass Communication, New York 1959, S. 89.

11 Joseph T. Klapper, The Effects of Mass Communication, Glencoe (Ill.) 1960, p. 136.

12 Leo Bogart, The Age of Television, New York 1956, S. 273.

13 Leonard Berkowitz e.a., Film Violence and subsequent aggressive Tendencies. „Public Opinion Quarterly", Summer 1963, p. 217—229.

14 Marshall B. Clinard, a.a.aO., S. 510.

15 „Television and juvenile delinquency". Report of the Committee on the Judiciarey. United States Senat (sog. Kefauver-Bericht). Washington 1956. Zitiert nach Gerhard Maletzke, Fernsehen im Leben der Jugend, Hamburg 1959, S. 71—78.

16 Ebenda, S. 78.

17 Hilda Himmelweit e.a., Television and the Child, London 1958.

18 Ebenda, S. 192—210, 461 f.

19 Ebenda, S. 215. — Vgl. Joseph T. Klapper, a.a.O., S. 135—165.

20 Fritz Bauer, a.a.O., S. 108.

21 Ebenda, S. 105.

22 Ebenda, S. 107.

[23] „Im März 23 Kriminalsendungen für den Fernsehzuschauer.“ epd. „„Kirche und Fernsehen“, Nr. 13. 1. 4. 1961, S. 1.

[24] Urteil vom 13. 6. 1961, I St R 179/61 = NJW 1961, S. 1781. — Vgl. dazu: Hans Joachim Schneider, Fernsehübertragung von Vorgängen der Hauptverhandlung. „Juristische Schulung“, 9/1963, S. 346—351.

[25] Charles R. Wright, a.a.O., S. 89.

SOZIOLOGISCHE ÜBERLEGUNGEN ZUR STRAFRECHTSREFORM ANGESICHTS DER PROZESSE GEGEN NATIONALSOZIALISTISCHE GEWALTVERBRECHER

Von Dietrich Goldschmidt

I.

Die Soziologen begegnen in allen gesellschaftlichen Bereichen, in denen die Vermittlung oder Praktizierung ethischer Normen besondere Bedeutung hat, wie etwa im Bereich der Kirche, Schule oder Justiz, häufig einem gewissen Mißtrauen, als stelle ihre Tätigkeit die Unumstößlichkeit überkommener religiöser, erzieherischer oder strafrechtlicher Normen infrage. Sie sollen die großen Relativierer sein. Wer so denkt, unterliegt meines Erachtens einem Irrtum. Die Pfarrer sehen sich vor leeren Kirchen; aufmerksame Pädadogen empfinden, daß sie der Vielfalt der ihnen sich stellenden Aufgaben nur in abnehmendem Maße gerecht werden. Die Richter stehen vor einer Reihe krimineller Probleme, deren sie mit den bisherigen Strafrechtsnormen und dem üblichen Strafvollzug höchstens noch formal Herr zu werden vermögen.

Die gesellschaftliche Situation hat sich im Laufe unseres Jahrhunderts rasch gewandelt. Die an sich stets bestehende Spannung zwischen einerseits ethischer und strafrechtlicher Norm — welch letzterer wir uns hier nunmehr allein zuzuwenden haben — und gesellschaftlicher Praxis andererseits hat offenbar weithin einen solchen Grad erreicht, daß auf Mittel und Wege gesonnen werden muß, wie die Entsprechung zwischen Norm und Gesellschaft wieder hergestellt werden kann.

Bitte, verstehen Sie dies nicht falsch, als würde hier opportunistischer Anpassung der Norm an die gesellschaftliche Situation oder an die politische Gewalt das Wort geredet — im Gegenteil. Doch hat die Gesellschaft gerade im Laufe unseres Jahrhunderts so rasche Wandlungen im Sinne bürokratischer, extrem arbeitsteiliger Großorganisation bei strenger Trennung von öffentlichem und privatem Bereich durchgemacht und steht vor weiteren Veränderungen, auch hat sie solche neuen Verbrechensmöglichkeiten entwickelt, daß soziologische Überlegungen und Untersuchungen nötig werden, um der angemessenen Fortentwicklung der Normen gerade im Sinne ihrer Grundintentionen zu dienen. Dabei soll freilich nicht verschwiegen werden, daß wohl nur wenige Soziologen den Forderungen reiner Naturrechtslehre im Sinne katholischer Dogmatik zu folgen vermögen, wie es aber auch viele ablehnen werden, einem nur funktionalistischen Zweckrecht das Wort zu reden. In dem langen Prozeß jüdisch-christlich-abendländischer Geschichte sind Grundnormen entwickelt worden, die es festzuhalten und die es zugleich auf neue gesellschaftliche Strukturen und auf die veränderte Sozialität und Verantwortung des Individuum in der Großgesellschaft sogenannter sekundärer Systeme hin forzubilden gilt. Dabei Hilfe zu leisten, sehe ich als die Aufgabe des Soziologen.

Freilich möchte der Soziologe sich dann auch der Justizpraxis und dem Strafvollzug zuwenden, weil für ihn Theorie und Praxis in ihrer Wechselbezogenheit untrennbar sind. In der Beobachtung der Strafverfahren gegen NS-Gewaltverbrecher während der letzten 3 bis 4 Jahre, auf die noch näher zurückzukommen sein wird, drängt sich die Notwendigkeit soziologischer Betrachtung der Gerichte — Berufs- wie Laienrichter — in ihrer Verbundenheit mit Stimmungen und Vorstellungen unseres Volkes geradezu auf. Anders sind bestimmte, verblüffend niedrige Gerichtsurteile bei hundertfachem Mord, auch bei gebührender Berücksichtigung der Schwierigkeit der Rechtsfindung, nicht zu verstehen.

Zugleich zeigen aber auch die äußerst subtilen, doch keineswegs immer zueinander passenden Entscheidungen der verschiedenen Revisionssenate des BGH, daß die sozialen Einflüsse der öffentlichen Meinung der Zeitungen wie der sogenannten nicht-öffentlichen, öffentlichen Meinung der häuslichen und anderwärtigen Privatgespräche und daß schließlich Erziehung und Weltanschauung der Richter in der Rechtsprechung sich umso mehr auswirken, je größer die Schwierigkeiten werden, überkommene Normen für Gewaltverbrechen und Mord, überkommene Definitionen für Täter und Teilnehmer auf die neuen Massenverbrechen anzuwenden. Für die Verwirklichung des Rechts sind — mit den Begriffen des Rechtssoziologen Eugen Ehrlich aus der Zeit vor dem ersten Weltkrieg zu reden — das „gewachsene Recht“ und die „gelebte Ordnung“ der Gesellschaft, wie sie die Rechtspraxis selbstverständlich durchdringen und die Handhabung der gesetzlichen Norm vielfach bestimmen, ebenso wichtig wie das Strafgesetzbuch selbst. Gerade wenn etwa ein neuer Strafrechtsentwurf so gefaßt werden soll, daß den Gefahren unkontrollierter, unangebrachter Einflußnahme der Öffentlichkeit auf laufende Verfahren oder umgekehrt den Gefahren einer Klassen- oder Standesjustiz, wie sie in politischen Verfahren während der Zeit der Weimarer Republik leider weithin zu finden war[1], möglichst wirksam zuvorgekommen wird, wird der Gesetzgeber eine Soziologie der Gerichte, ja des ganzen Rechtswesens in Deutschland brauchen. Man wird sie entwickeln müssen[2] und damit einige sich als unzulänglich erweisende Phänomene der Rechtsprechung etwas einschränken können.

In einem Brief zu den laufenden Prozessen gegen NS-Verbrecher schrieb ein deutscher Ordinarius des Strafrechts im vorigen Jahr, er sei beunruhigt durch die Vorgänge bei diesen Prozessen, habe jedoch sein Schweigen hierzu bisher nicht als Versäumnis gesehen,

„weil ich die Rechtsprechung hier — wie so oft — als Ausdruck einer viel weiter reichenden seelisch-geistigen Situation unseres Volkes erlebe, die nicht durch Aufsätze in Zeitschriften korrigiert werden kann."

Sollte man hier nicht gerade umgekehrt argumentieren: Gerade weil den hier zur Aburteilung anstehenden Straftaten mit den Mitteln der — wenn ich so sagen darf — üblichen Rechtstechnik nicht Genüge getan werden kann, sollten Juristen so gut wie Politiker, Publizisten u. a. sie erörtern. Die außerordentliche Zurückhaltung unserer Strafrechtslehrer auf diesem Gebiet ist sehr zu bedauern. Auf einen ausführlichen Rundbrief des Deutschen Koordinierungsrats der Gesellschaften für christlich-jüdische Zusammenarbeit vom 12. März 1963[3] an die etwa 50 deutschen Strafrechtslehrer mit der Bitte, zu einer Reihe auffälliger Urteile in Fachzeitschriften Stellung zu nehmen, haben acht Herren geantwortet. Aus einer der Antworten zitierte ich eben. In Fachzeitschriften haben sich zu den Urteilen nur wenige Professoren geäußert.

II.

Bevor ich auf die eben genannten Urteile in den Strafverfahren der jüngst vergangenen Jahre zurückkomme, lassen Sie mich versuchen, Ihnen in aller Kürze einen *Überblick über die seit Kriegsende in Westdeutschland überhaupt durchgeführten Verfahren* gegen nationalsozialistische Verbrecher und Prominente des Dritten Reiches zu geben.

Zunächst lief 1945/46 das bekannte internationale Verfahren gegen die Hauptkriegsverbrecher in Nürnberg, dem sich zwölf weitere Verfahren vor amerikanischen Tribunalen am gleichen Ort anschlossen. Auch außerhalb Nürnbergs waren amerikanische sowie — in den anderen Besatzungszonen — französische und englische Gerichte einige Jahre lang tätig. Diesen Verfahren lagen das Statut für das IMT vom 8. August 1945 beziehungsweise das Kontrollratsgesetz Nr. 10 vom 20. Dezember 1945 zugrunde. In unserem Zusammenhang interessiert nicht, daß die Rechtmäßigkeit dieser Strafnormen sehr früh umstritten war, weil sie vor allem — wenn auch nicht ausschließlich — einer Rechtsprechung durch den Sieger dienten und von rückwirkender Kraft waren. Interessant ist vielmehr, vor allem am Kontrollratsgesetz Nr. 10, zweierlei:

1. die Beschreibungen zu den Tatbestandsbegriffen von Sozialverbrechen: Verbrechen gegen den Frieden, Kriegsverbrechen, Verbrechen

gegen die Menschlichkeit (Crime against humanity) und Zugehörigkeit zu verbrecherischen Organisationen, und

2. die ganz auf die Tatbestandsbegriffe zugeschnittenen Täterkategorien, die der Tatsache der im Großverband erdachten, befohlenen, organisierten und vollzogenen Verbrechen meines Erachtens besser Rechnung tragen als die wesentlich auf individuelle Täter und kleine Gruppen abgestellten traditionellen deutschen Begriffe Anstiftung, Täterschaft, Beihilfe und mittelbare Täterschaft („Werkzeug"), deren exakte Anwendung, wie noch gezeigt werden wird, bei den derzeit laufenden Verfahren eine der Hauptschwierigkeiten ausmacht.

Dabei muß allerdings eingeräumt werden, daß das KRG 10 als ein nachträglich formuliertes Gesetz den relevanten Sachverhalten des Nationalsozialismus besonders angemessen werden konnte. Bei der Weite seiner Bestimmungen hätte es daher ein gutes Gesetz zur Entwicklung eines case law angelsächsischer Prägung abgegeben, wenn wir in Deutschland eine entsprechende Rechtstradition hätten. Nach der Äußerung eines Generalstaatsanwalts war es in dieser Hinsicht ein ausgezeichnetes Gesetz.

Neben den alliierten Gerichten wurden unter bestimmten Einschränkungen auch frühzeitig deutsche Gerichte tätig, die je nach den Einzelfällen die Straftaten nach dem KRG 10 und in Tateinheit nach dem deutschen allgemeinen Strafrecht entschieden oder — insbesondere ab 1951 — nur nach deutschem Recht urteilten. Von den drei westlichen Alliierten wurden bis zum Ende ihrer Tätigkeit bei Gründung der Bundesrepublik 5025 Angeklagte verurteilt, davon 806 zum Tode. Wieviele Todesstrafen auf dem Gnadenwege erlassen wurden, ist nicht zu überblicken. Vor westdeutschen Gerichten sind vom 8. Mai 1945 bis zum 15. März 1961 5372 Personen verurteilt worden, davon 131 wegen Mordes und 231 wegen Totschlags. Wegen dieser Delikte ist die Todesstrafe 12 mal (vor Inkrafttreten des Grundgesetzes) und lebenslängliches Zuchthaus 68 mal verhängt worden. Und zwar waren über 75 % der Verfahren bereits bis zum Jahre 1951 einschließlich rechtskräftig entschieden. Nimmt man die Ziffern zusammen, so sind also bis zum 15. März 1961 von alliierten und deutschen Gerichten zusammen 10 387 Personen verurteilt worden, davon 9000 bereits bis Ende 1951.

Nach 1951 liefen somit fast 10 Jahre lang nur relativ wenige Verfahren, im allgemeinen auf Strafanzeige Dritter hin, nicht dagegen aufgrund systematischer polizeilicher oder staatsanwaltlicher Ermittlungen. Die Gründe hierfür sind höchst vielschichtig und können hier im einzelnen nicht dargelegt werden. Nur so viel sei gesagt: Es gab gewisse, aus der Besatzungszeit übrig gebliebene formalrechtliche Schwierigkeiten bis 1956, es gab einige objektive Schwierigkeiten in der Auffindung von Personen und Belastungsmaterial, auch fehlte ein zentrales Ermittlungsinstitut; doch entscheidend dürfte sein, daß im ganzen bei der überwiegenden Mehrheit aller Beteiligten — Politiker, Bürger, Staatsanwälte, Richter — die Meinung gepflegt wurde, das Dritte Reich sei abgetan. Doch die Reorganisation des bürgerlichen Lebens wie der bürokratischen Apparate hatte eine doppelte Wirkung: So wie sie einstweilen unentdeckten Verbrechern den Wiedereintritt in ein „normales" Leben von Biederkeit und Ordnung gestattete, bewirkte sie zugleich die immer sorgfältigere Erforschung der Geschehnisse von 1933 bis 1945 und die Wiederentdeckung der Mörder unter uns — in der Regel ganz gewöhnlicher Menschen.

Das Verfahren gegen den SS Oberführer und Polizeidirektor von Memel Fischer-Schweder vom 28. April bis 29. August 1958 gab den Anstoß zur Gründung der „Zentralen Stelle der Landesjustizverwaltungen zur Aufklärung nationalsozialistischer Gewaltverbrechen" (kurz: Zentrale Stelle). Standen früher vielerlei Verbrechen — so vor allem auch Verbrechen gegen den Frieden und Kriegsverbrechen (Verletzung der Kriegsgesetze, Verschleppung zur Zwangsarbeit, Mord oder Mißhandlung von Kriegsgefangenen, Tötung von Geiseln) — zur Verhandlung, so beschränken die Wiedereinsetzung des deutschen StGB als einziger Strafnorm für die hier zur Verhandlung stehenden Taten seit spätestens 1956 und der Ablauf aller für andere Verbrechen geltenden Verjährungsfristen die Ermittlungen allein auf solche wegen Mordes — an unschuldigen und in aller Regel wehrlosen Menschen. Das neueste Buch von Langbein zählt seit 1958 genau 100 derartige durchgeführte Verfahren[4]. Die Eröffnung von etwa 500 weiteren Gerichtsverfahren ist bis zum Verjährungsstichtag, dem 8. Mai 1965, zu erwarten. Hier werden zwar „nur" etwas über 1000 Menschen vor Gericht gestellt werden, doch sind dies unvergleichlich viele, wenn Sie bedenken, daß — wie ich bereits sagte — von 1945 bis zum 15. März 1961 von deutschen Gerichten nur 131 Personen wegen des hier zur Verhandlung stehenden Deliktes, wegen Mordes verurteilt worden sind. Schon von diesen Zahlen her gesehen erregen die durch die Zentrale Stelle ausgelösten Prozesse mit Recht Aufsehen. Erst die von dort geübte systematische Ermittlung nach Verbrechenskomplexen — von Lager zu Lager, von Einsatzkommando zu Einsatzkommando — rückt die bewußte Aufhebung der Menschenrechte und die bürokratisch-großbetriebliche Organisation des Mordes in ihrem Gesamtzusammenhang wie in ihren Details in grellstes Licht.

Die Gerichte urteilen in den einzelnen Verfahren recht unterschiedlich. Hierin zeigt sich deutlich, wie sich neben rein rechtlichen Erwägungen oft soziale und psychologische Faktoren in den Urteilen ausdrücken. Der erwähnte Brief des Deutschen Koordinierungsrates vom 12. März 1963 wies die Strafrechtslehrer auf 12 besonders fragwürdige Urteile hin, von denen ich hier 5 zitieren möchte, die besonders bekannt geworden sein dürften:

1. Das Schwurgericht *Karlsruhe* verurteilte am 20. 12. 1961 den Führer des Einsatz-Kommandos 1b *Ehrlinger* wegen *Beihilfe zum Mord* in 1045 Fällen und wegen eines versuchten Mordes zu einer Gesamtstrafe von zwölf Jahren Zuchthaus. E. trat bereits 1931 der NSDAP und der SA bei, wurde 1933 Sturmführer, trat 1935 zur SS über und wurde 1941 Kommandant, 1942 stellvertretender Befehlshaber der Sicherheitspolizei und des SD Kiew. Mit 32 Jahren war er SS Standartenführer. Nach den Feststellungen des Gerichts war E. überzeugter Anhänger des Nationalsozialismus und als Antisemit bereit, die judenfeindlichen Maßnahmen zu unterstützen und mit durchzusetzen. Bei den ihm zur Last gelegten Exekutionen, die auf seine Anordnung und unter seiner Leitung stattfanden, wurden auch Frauen und Kinder getötet. E. machte keinen Versuch, sich dem ihm erteilten Befehl zu widersetzen, er setzte vielmehr die Ausführungen des Befehls durch seine Untergebenen mit großer Härte durch. Er hatte weitgehende Entscheidungsbefugnisse und pflegte selbst über die Exekutionsvorschläge zu befinden. Dennoch sieht ihn das Gericht lediglich als Gehilfen der Haupttäter Hitler, Himmler, Heydrich usw. an. Das Urteil wurde inzwischen durch den BGH aufgehoben.

2. Das Schwurgericht *Gießen* verurteilte am 26. 3. 1962 die Angeklagten *Kirschner, Hoffmann und Pillich* wegen *Beihilfe zum Mord* in mindesten 162 Fällen zu 3 Jahren 9 Monaten, 3 Jahren 6 Monaten und 3 Jahren 3 Monaten Zuchhaus (Ehrverlust auf 2 Jahre). Gegenstand des Verfahrens war eine Erschießungsaktion, die am 11. 11. 1939 in einer Kleinstadt nordöstlich von Warschau stattfand und der Männer, Frauen und Kinder zum Opfer fielen. Kirschner hat als Polizeihauptmann des Polizei-Regimentes Warschau die Aktion geleitet, Hoffmann das Erschießungs-Kommando gestellt, Pillich auf seinen ausdrücklichen Wunsch hin an der Aktion teilgenommen und die Angehörigen des Exekutions-Kommandos zum Durchhalten ermuntert. Außerdem hat Pillich fotografische Aufnahmen von der Erschießung gemacht, die nach Feststellung des Gerichts besonders grausame Vorgänge mit sich brachten. Das Schwurgericht verurteilte wegen Beihilfe zum Mord und hielt trotz der festgestellten *besonders* grausamen Vorgänge für jeden Fall der Beihilfe eine Zuchthausstrafe von drei Jahren (also die überhaupt zulässige Mindeststrafe) für die angemessene Sühne. Erschrekkend und angesichts der allgemeinen Strafrechtspraxis bei Mord völlig unverständlich ist hier, daß diese ohnehin schon niedrige Einsatzstrafe für die weiteren 161 Fälle nur um 9 bzw. 6 bzw. 3 Monate erhöht wird. Das Urteil ist inzwischen durch den BGH aufgehoben.

3. Das Schwurgericht *Aurich* verurteilte am 29. 5. 1961 den nach dem Kriege auf Borkum lebenden Kinderarzt *Dr. Scheu* wegen *Beihilfe zum Mord* an 220 Menschen zu sechs Jahren Zuchthaus. Als Führer eines Sturmes der Allgemeinen Reiter-SS in Ostpreußen ließ er, ohne durch einen hierauf gerichteten Befehl dazu veranlaßt zu sein, 220 Juden, darunter Knaben, umbringen, wobei er eigenhändig mittötete. Das Urteil ist inzwischen zwar vom Bundesgerichtshof aufgehoben worden, die Erfahrung lehrt jedoch, daß bei einer zweiten Verurteilung gelegentlich noch niedrigere Strafen verhängt werden als bei der ersten Verurteilung (vgl. Urteil des Schwurgerichts Kassel gegen Lechthaler u. a.).

4. Das Schwurgericht *Ansbach* verurteilte am 8. 6. 1962 den Angeklagten *Patina* zu 15 Monaten Gefängnis unter Anrechnung von 11 Monaten Untersuchungshaft wegen *Beihilfe zum Totschlag* an 19 Menschen rechtskräftig. Patina hatte im Oktober 1939 als SS-Führer in einem polnischen Gefängnis 19 polnische Häftlinge erschossen.

5. Das Schwurgericht *Flensburg* verurteilte Anfang 1963 den Angeklagten *Fellenz* in einer Strafsache, in der *Anklage wegen der Ermordung* von 40 000 Menschen erhoben war, zu 4 Jahren Zuchthaus, wobei die Untersuchungshaft angerechnet wurde und lediglich ein Strafrest von einem Monat blieb, der ausgesetzt wurde. Die Staatsanwaltschaft hatte hier lebenslängliches Zuchthaus beantragt. Die bürgerlichen Ehrenrechte wurden — ausdrücklich — nicht aberkannt. Das Urteil ist durch den BGH inzwischen aufgehoben.

III.

Ich habe hier jetzt keine Urteilsschelte auszuteilen, sondern möchte einige grundsätzliche Probleme gerade auch im Hinblick auf die Gestaltung eines künftigen Strafrechts herausarbeiten[5].

Bei aller Korrektheit der Prozeßführung haben die deutschen Gerichte Mühe, die überkommenen Einzelnormen für Gewaltverbrechen und Mord sowie die üblichen Definitionen für Täter und Teilnehmer auf die neuen Massenverbrechen anzuwenden. Sie suchen in ihrer Rechtsprechung — so etwa in der immer wiederholten Verurteilung wegen Beihilfe unter Nutzung des dafür gegebenen weiten Ermessensspielraumes für die Festsetzung des Strafmaßes — der gesellschaftlichen Bedingtheit der Verbrechen, wie sie so kaum je bei anderen Taten in Erscheinung tritt, Rechnung zu tragen. So sehr gegen eine ganze Reihe der auf diese Weise gefällten Urteile schwere Bedenken erhoben werden müssen, ist doch im Prinzip anzuerkennen, daß hier die Herstellung der Rechtsordnung unter Würdigung der Verflochtenheit der Täter mit einer bestimmten gesellschaftlichen, geschichtlichen Situation gesucht wird. Das Ungenügen der Urteile beruht nur darauf, daß eben — wie gesagt — für diese Würdigung keine wirklich passenden strafrechtlichen Handhaben gegeben sind und gerade darum die Strafzumessung so unterschiedlich je nach der Einstellung der einzelnen Gerichte ausfällt.

Diese Erfahrungen stellen unseres Erachtens Fingerzeige für die viel diskutierte Reform des überkommenen, noch ganz auf das Individuum gerichteten, idealistischen deutschen Strafrechts dar. Doch offenbar verschließt sich leider die Mehrheit der Großen Strafrechtskommission beim Bundesjustizministerium den Einsichten, die aus der Erkenntnis gesellschaftlicher Bedingtheit verbrecherischen Handelns gerade aufgrund der Erfahrungen in der jüngsten Geschichte folgen und die sich in der — wenn auch zum Teil mangelhaften — Praxis der Gerichte bereits abzeichnen. Es scheint nicht von ungefähr zu sein, daß sich vielfach dieselben Juristen, Politiker und andere, die heutzutage grundsätzlich ein strenges Vergeltungsstrafrecht auf naturrechtlicher Grundlage vertreten, mit den hier erörterten Prozessen kaum beschäftigen oder sie durch eine allgemeine Amnestie unnötig machen möchten.

Die langwierige Entwicklung des Falles Heyde-Sawade, die Aufdeckung der stillschweigenden Mitwisserschaft bei etlichen Juristen und Ärzten und die durch den eben anlaufenden Limburger Prozeß wegen der Tötung Geisteskranker neu ausgelöste Diskussion über die Beteiligung von Wissenschaftlern an der Verbrechensvorbereitung lassen die Schwierigkeiten besonders deutlich erkennen, vor denen hier in gleicher Weise Strafrechtler wie Mediziner bei einer Reflexion über die gesellschaftliche Ermöglichung nationalsozialistischer Verbrechen stehen.

Beide gründen ihre persönliche Existenz und wissenschaftliche Lehre auf eine feste bürgerliche Ordnung, die als zeitlos angenommen wird. Nur dann können idealistisch begründetes, positivistisches Strafrecht wie wissenschaftliche Medizin ihren humanen Dienst tun. Wird jedoch die Voraussetzung dieser Humanität, die bürgerliche Ordnung, verändert, so versagen Recht wie Medizin — es sei denn, ihr wesenhaft instrumentaler Charakter wird erkannt und der Dienst am Menschentum entsprechennd den veränderten gesellschaftlichen Verhältnissen jeweils neu definiert. Gerade das aber widerspricht dem deutschen bürgerlichen Lebensgefühl. Dieses ist auf Dauer seiner Welt und Geltung ewiger Werte eingestellt. Hier stehen sich Gut und Böse in immerwährendem, scharf getrenntem Gegensatz gegenüber: Staatliche Autorität, Ordnung, Bildung, Wissenschaft auf der einen Seite, zersetzende Kritik, Unordnung, Chaos, Verbrechen auf der anderen. Daß die soziale Wirklichkeit nicht in dieser strengen Zweiteilung organisiert ist, ja, daß beide Teile zusammenfallen können und daß im Offizier, Juristen, Arzt die ständige Möglichkeit der Pervertierung zum Verbrecher liegt, ist eine Erkenntnis, gegen die sich gerade der herkömmliche Bürger wehrt.

So sehen die Vertreter strafrechtlicher Vergeltungstheorien die kriminelle Schuld als etwas an, was eben Verbrechern anhaftet, wobei „Verbrecher“ der Gegentyp dessen ist, was man als anständigen Bürger anzuerkennen hat. Diesen Gegentyp gilt es, sein Verbrechertum büßen zu lassen. Dagegen fällt es schwer, den mit krimineller Strafe zu belegen, der von sich sagen kann, er sei „ein anständiger Mensch“, oder gar: „Sehe ich aus wie ein Verbrecher?“. Wohl in kaum einer Periode der Geschichte hat sich so deutlich wie im Nationalsozialismus gezeigt, daß auch gerade der — vor allem als Privatmann — anständige Bürger in seiner Eigenschaft als Beamter oder Funktionär zur oft sogar bedenkenlosen Verübung von Verbrechen fähig ist.

Die Grundvorstellung bürgerlich verläßlicher Existenz, das Bild einer Ordnung endgültig fixierter Positionen — „Wissenschaftler“, „Regierung“ und ihnen gegenüber „Verbrecher“ — liegt auch einer verbreiteten allgemeinen Betrachtung des Nationalsozialismus zugrunde. Werden die Bilder jener Positionen absolut gesetzt, völlig unabhängig von gesellschaftlichen Bezügen und deren Entwicklung, so kann das historische Geschehen, soweit es in diesen Bildern nicht mehr zu fassen ist, nur noch als Fehltritt, Abweichung von der „eigentlichen“ Entwicklung, nur noch als im Grunde unbegreifliche Episode angesehen werden. Man verzichtet auf rationale Erklärung und nimmt seine Zuflucht zur Dämonisierung. So sieht man über den Nationalsozialismus — als eben nicht zur deutschen Geschichte gehörig — hinweg. Dazu wird man umso geflissentlicher bereit sein, je größer die eigene Beteiligung an ihm war.

Der herkömmlichen Betrachtung fehlt daher auch der Blick für die latent immer gegebene Möglichkeit einer ähnlichen gesellschaftlichen Deformation in der Zukunft, und ihr ist es auch zuzuschreiben, wenn bei der Arbeit an der Strafrechtsreform die am Nationalsozialismus gewonnene Einsicht in die prinzipielle Gesellschaftlichkeit und Geschichtlichkeit des Menschen samt seiner Ordnungen und Normen ignoriert wird.

Um Mißverständnissen vorzubeugen, sei nachdrücklich betont, daß damit nicht einer Relativierung des Rechts schlechthin das Wort geredet wird, wohl aber der Notwendigkeit, menschliches Recht jeweils im Gegenüber zur gesellschaftlichen und geschichtlichen Situation zu entfalten. Die erwähnten Juristen sehen dagegen die Täter nur als Individuen, die prinzipiell zeitlos strafrechtliche Normen aus eigenem Verfehlen, das von ihnen allein zu verantworten ist, verletzten. Die Gesellschaft ist für sie sozusagen nur Beiwerk, sie übt guten oder schlechten Einfluß aus; sie „verführt“ vielleicht das schwache Individuum, aber auch dann ist dem Täter bis zu einem gewissen Grade seine „Schwäche“ vorzuwerfen.

Je unabhängiger einerseits das individuelle sittliche Verhalten von der gesellschaftlichen Situation gesehen wird und je mehr andererseits eine bestimmte Rechtsordnung schlechthin gelten soll, umso mehr wird die Abwägung der gesellschaftlichen Faktoren unausweichlich dem subjektiven Ermessen der Richter anheim gestellt, die dann ihrerseits darin dem kaum kontrollierbaren Einfluß der Gesellschaft unterliegen.

Gollwitzer ist zuzustimmen, wenn er in seinem heutigen Vortrag sagte:

„Der abstrakte Begriff der Rechtsordnung in den theologischen Akklamationen zur klassischen Strafrechtstheorie verhüllt die Nicht-Identität unserer empirischen Ordnungen mit der Ordnung Gottes und ignoriert die tiefen Verlegenheiten und Zweifel des Richters, wenn er sich der Verbesserungsbedürftigkeit der bestehenden Ordnung bewußt wird und durch die verhängte Strafe oft genug sich selbst zum Werkzeug gerade der Fehler dieser Ordnung und zum Anrichter neuen Unheils werden sieht; ja, die klassische Strafrechtstheorie verschärft diese Verlegenheiten, indem sie dem Richter zumutet, in so anfechtungsreichem Tun sich als Exekutor göttlicher Vergeltung anzusehen."[6]

Ich habe vorhin jene kritische Äußerung eines Strafrechtlers aus seiner Antwort auf den Brief des Koordinierungsrats zitiert, in der „die Rechtsprechung als Ausdruck einer viel weiter reichenden seelisch-geistigen Situation unseres Volkes" bezeichnet wurde. Mit dieser Formel zielt der Schreiber mit Recht ganz wesentlich auf die Gesellschaftlichkeit der Justiz in vielerlei Hinsicht. Deren soziale Gebundenheit bedarf allerdings der Aufklärung. So sollte es zum Beispiel möglich sein, die Rechtsfindung normativen Kriterien zu unterwerfen, die den neuen Verbrechen des gesellschaftlichen Mordes besser angepaßt sind, und damit die Irrationalität einzuschränken. Es sei versucht, dies an den Problemen zu zeigen, die in den Beschreibungen von Tatbestand und Täter im Hinblick auf die nationalsozialistischen Gewaltverbrechen liegen.

IV.

Daß die in den derzeitigen Prozessen gegen die NS-Gewaltverbrecher zu verhandelnden kriminellen Vorgänge in ihrer Eigenart als arbeitsteilig organisierte Massenverbrechen durch das geltende Individualstrafrecht nicht vollständig erfaßt werden, läßt sich leicht zeigen an den Problemen der Tatbestandsbeschreibung, zum Beispiel Mord, und den im StGB vorgesehenen Formen der Tatbeteiligung: Täterschaft und mittelbare Täterschaft, Anstiftung und Beihilfe. Wären die Verjährungsfristen für andere Straftaten noch nicht verstrichen, so würden in den laufenden Verfahren in der Regel Freiheitsberaubung, Körperverletzung u. ä. hinzukommen. Für all diese Tatbestände gelten Merkmale individueller Taten gegen bestimmte Personen innerhalb einer allgemeinen Rechtsordnung, die diese Taten in Übereinstimmung mit dem sittlichen Empfinden der Gesellschaft zweifelsfrei unter Strafe stellt.

Die Schädigung von Individualgütern wird präzis gefaßt und verurteilt. Eine besondere tatbestandliche Fassung der Schädigung der Gesellschaft gibt es in dem für die Prozesse gültigen Strafrecht nicht.

Das Kontrollratsgesetz 10 stellte dagegen unter der Tatbestandsbezeichnung „Verbrechen gegen die Menschlichkeit" ausdrücklich „an der Zivilbevölkerung begangene unmenschliche Handlungen" (einschließlich Mord) und „Verfolgung aus politischen, rassischen oder religiösen Gründen" unter Strafe[7]. Dadurch ergab sich eine klare Möglichkeit, Verbrechen im Zusammenhang ganzer Tatketten und -netze — etwa von der ersten Diskriminierung einer Minderheitsbevölkerung über ihre Deportation bis zur Ermordung — zum Gegenstand der Anklage zu machen und die Täter nach Art und Grad ihrer funktionalen Teilhabe abzuurteilen. Mit der ausdrücklichen Bestimmung, daß Verbrechen gegen die Menschlichkeit abzuurteilen seien „ohne Rücksicht darauf, ob sie das nationale Recht des Landes, in welchem die Handlung begangen worden ist, verletzen", trägt das Kontrollratsgesetz 10 zugleich der möglichen Perversion der allgemeinen Rechtsordnung eines Landes Rechnung und proklamiert eine internationale Rechtsordnung, die höheres Recht als nationale Rechtsordnungen setzt und der die Völker unterworfen sein sollen.

Die strafrechtlichen Einsichten, die sich im Statut des Internationalen Militärgerichtshofs in Nürnberg und im Kontrollratsgesetz 10 ausdrücken, haben nach dem Kriege zur UNO-Konvention über die Verhütung und Bestrafung des Völkermordes geführt, der die Bundesrepublik Deutschland am 9. 8. 1954 beigetreten ist. Darauf ist in das deutsche Strafgesetzbuch ein § 220a „Völkermord" (zwischen § 220 „Erbieten zur Abtreibung" und § 221 „Aussetzung"!) mit Wirkung vom 23. 2. 1955 eingefügt worden. Den hier im einzelnen aufgeführten Tatbeständen ist gemeinsam die „Absicht, eine nationale, rassische, religiöse oder durch ihr Volkstum bestimmte Gruppe als solche ganz oder teilweise zu zerstören." Damit ist im deutschen Strafrecht immerhin ein Anfang zur tatbestandlichen Fassung der Schädigung der Gesellschaft gemacht. Der Entwurf für ein neues Strafgesetz sieht die Einordnung der Strafbestimmungen über Völkermord sinnvoll in einem eigenen Abschnitt „Straftaten gegen die Völkergemeinschaft" entsprechend dem logischen Aufbau am Schluß des ganzen Codex vor. Im Blick auf die internationale Konvention über Völkermord fehlen allerdings noch internationale Polizei und ein internationaler Gerichtshof, die im Ernstfalle der Konvention vermutlich erst Autorität über nationale Rechtssysteme verleihen würden und damit wirklich einen wesentlichen Beitrag zur Bewahrung des Friedens in der Welt leisten könnten.

Hannah Arendt vertieft in ihrem Buch „Eichmann in Jerusalem"[8] noch den Begriff des Völkermordes, indem sie mit Recht darauf hinweist, daß seine Kennzeichnung als „crime against humanity" mehr bedeutet als der übliche deutsche Ausdruck „Verbrechen gegen die Menschlichkeit" — als handele es sich dabei im wesentlichen nur um Verstoß gegen humanitäre Prinzipien, wie sie in der Konvention über das Internationale Rote Kreuz festgelegt sind, oder ähnliches.

Tatsächlich bedeutet „crime against humanity":

1. Verbrechen gegen das Menschsein bestimmter Personen oder Gruppen: Mord, Ausrottung, Versklavung, Freiheitsberaubung, Verfolgung aus politischen, rassischen, religiösen Gründen.

2. Verbrechen gegen die Menschheit als Völkergemeinschaft: Durch Vertreibung einzelner Personen oder Gruppen seitens eines Volkes werden andere Völker zur Aufnahme der Verfolgten — möglicherweise gegen ihren eigentlichen Willen — genötigt.

3. Genocid, Völkermord: Verbrechen gegen die Menschheit als solche, gegen Menschentum schlechthin im Sinne von Verbrechen gegen die genuine religiöse, kulturelle, politische Vielfalt der Völker. Hinter dem Versuch Hitlers und seiner Gefolgschaft, Slawen, Juden, Zigeuner nicht nur innerhalb Deutschlands, sondern wo immer er ihrer habhaft werden konnte, teils zu versklaven, teils auszurotten, steht der Wille, die Menschheit schlechthin durch Gewalt nach *einem* Menschentyp zu formen. So sind es nicht einmal die Gefährdung jeweils großer Gruppen von Verfolgten und das dadurch besonders erregte Gefühl humanitärer Verpflichtung, die den Völkermord zum bedrohlichsten aller Verbrechen machen, sondern vor allem die Sorge um die besondere Existenz des eigenen Volkes, die in der Vielfalt der Gruppen und Völker beruht und die bedroht ist, sobald nur ein Völkermord geduldet wird.

Schon Sartre schrieb aus diesem Gedanken in seinen „Betrachtungen zur Judenfrage"[9]:

„Kein Franzose wird frei sein, solange die Juden nicht im Vollbesitz ihrer Rechte sind. Kein Franzose wird sicher sein, solange ein Jude in Frankreich, in der ganzen Welt um sein Leben zittern muß."

Hannah Arendt's Auffassung ist noch pointierter:

„Als das Nazi-Regime erklärte, daß das deutsche Volk nicht nur dagegen sei, irgendwelche Juden in Deutschland zu haben, sondern daß es gewillt sei, das gesamte jüdische Volk vom Erdboden verschwinden zu lassen, trat das neue Verbrechen, das Verbrechen gegen das Menschentum im Sinne des Verbrechens gegen das Menschsein als solches im eigentlichen, anthropologischen Sinne in Erscheinung. Vertreibung und Völkermord sind zwar beide internationale Verbrechen, doch müssen sie unterschieden bleiben. Die erstere stellt eine Nötigung gegenüber anderen Nationen dar, während der letztere ein Angriff auf die Vielfalt menschlichen Daseins an sich ist, das heißt auf ein Charakteristikum der Spezies Mensch, ohne das die Worte Menschheit und Menschentum inhaltlos wären."[10]

Auch Hannah Arendt fordert, den Völkermord als ein gegen die Menschheit als solche gerichtetes Verbrechen vor ein internationales Gericht zu bringen. Wendet man sich noch einmal den Merkmalsbestimmungen des Völkermords in § 220a StGB zu, so ist nunmehr festzustellen, daß die dortige Aufzählung: „Wer in der Absicht, eine nationale, rassische, religiöse oder durch ihr Volkstum bestimmte Gruppe als solche ganz oder teilweise zu zerstören, Mitglieder der Gruppe tötet, usw." eigentlich dem Tatbestand noch nicht gerecht wird. Es bleibt einerseits die Frage offen, ob nicht weitere Gruppen zu schützen seien, und andererseits wird die Beeinträchtigung der Völkergemeinschaft und der Vielfalt des Menschentums als dem hier zu schützenden Gut noch nicht genügend Rechnung getragen. Die Feststellung der jeweiligen Individualschuld bleibt hier noch ein besonders zu lösendes Problem.

V.

Wer ist im strafrechtlichen Sinne Täter in der großbetrieblichen Organisation des Massenmordes mit Tausenden von „Mitarbeitern", vom „Chef" Himmler in Berlin über die Angehörigen eines ausgedehnten Dienstleistungssystems mit komplizierten Zuständigkeiten bis zu den Bahnbeamten und schließlich den SS-Leuten in den Vernichtungslagern? Bereits mehrfach wurde darauf hingewiesen, welche außerordentlichen Schwierigkeiten es nach dem geltenden Strafrecht wie nach den hierin unveränderten Reformentwürfen von 1960 und 1962 macht, Täterschaft und Beihilfe bei den nationalsozialistischen Gewaltverbrechen zu bestimmen, da das Strafrecht auf den Vorstellungen von individuell gewollten und durchgeführten Taten beruht. Der Täter wird in der Rolle des Verbrechers zur Rechenschaft gezogen. Wie steht es um Taten eines verbrecherischen Staates beziehungsweise verbrecherischer, staatlich sanktionierter oder gar beauftragter Gruppen? Es ist geltendes Prinzip und muß es auch bleiben, daß der einzelne Täter bei einer bestimmten Tat beziehungsweise — im Hinblick auf die hier zur Diskussion stehenden Verbrechen — in einer deutlich erkennbaren Funktion behaftet wird. Doch eben diese Akzentverschiebung von der individuellen Tat zur Wahrnahme einer staatlichen oder gesellschaftlichen Funktion macht die eigentliche Verlegenheit der Gerichte aus, wenn sie die Tat eines einzelnen Teilnehmers unter den Begriff der Beihilfe subsumieren. Können sie auch hier noch den Täter ohne weiteres in der Rolle des Verbrechers zur Rechenschaft ziehen?

Die bisherigen Beschreibungen der Täterschaft versagen im übrigen gänzlich gegenüber „Kleinstbeteiligungen", wie sie den Verwaltungsbeamten, Eisenbahnern und anderen zur Last zu legen sind und von deren Verfolgung allerdings aus naheliegenden allgemeinen Überlegungen sowieso abgesehen wird.

Im Gegensatz zum deutschen Strafrecht und den gegenwärtigen Reformentwürfen findet sich im Kontrollratsgesetz 10 ein wichtiger Ansatz, die Täter in ihren gesellschaftlichen Funktionen zu behaften, der aus diesem Grunde hier sozusagen als Beispiel für diese Möglichkeit wiedergegeben sei. Für die Tatbestände: Verbrechen gegen den Frieden, Kriegsverbrechen, Verbrechen gegen die Menschlichkeit und Zugehörigkeit zu verbrecherischen Organisationen werden in Artikel II,2 folgende Täterkategorien gebildet (ich füge jeweils eine kurze, illustrierende Interpretation an):

a) Täter (Die eigentlichen Exekutoren: die Mordschützen, die Handhaber des Giftgases);

b) Beihelfer, die bei der Begehung eines solchen Verbrechens mitgewirkt oder es befohlen oder angestiftet haben (Die Exekutoren in Gestalt von Eichmann, Höss, Heydrich, Himmler);

c) solche, die durch ihre Zustimmung an Verbrechen teilgenommen haben (Der Ortskommandant des Heeres in einer russischen Stadt, der das Einsatzkommando gewähren ließ; „der kleine Mann", wie etwa jener, der sich freiwillig, doch ohne Verbrechensabsicht zur SS gemeldet hatte und Kraftfahrer bei einem KL wurde und blieb);

d) solche, die mit der Verbrechensplanung oder -ausführung in Zusammenhang gestanden hatten (Der „brains trust" aus Ideologen, Wissenschaftlern(!), Planern, Propagandisten wie Streicher („Der Stürmer") oder Herstellern von Filmen wie „Jud Süß", „Ich klage an");

e) solche, die einer Organisation oder Vereinigung angehört haben, die mit der Verbrechensausführung in Zusammenhang stand (laut Nürnberger Urteil: Teile des Korps der politischen Leiter, Teile von Gestapo und SD, Teile der SS)[11];

f) soweit Verbrechen gegen den Frieden infrage kommen: Solche, die eine gehobene politische, staatliche, militärische Stellung (einschließlich einer Stellung im Generalstab) oder eine solche im finanziellen, industriellen oder wirtschaftlichen Leben innegehabt haben; sie werden den unter a) genannten Tätern gleichgestellt (Parteiführer, Minister, Generäle, Wirtschaftsführer).

Die genaue Erkenntnis der funktionalen Rolle eines Täters befreit diesen im übrigen auch nicht nach dem KRG 10 von seiner persönlichen Verantwortung. Artikel IV,4 bestimmt ausdrücklich:

a) Die Tatsache, daß jemand eine amtliche Stellung eingenommen hat, sei es die eines Staatsoberhauptes oder eines verantwortlichen Regierungsbeamten, befreit ihn nicht von der Verantwortlichkeit für ein Verbrechen und ist kein Strafmilderungsgrund.

b) Die Tatsache, daß jemand unter dem Befehl seiner Regierung oder seines Vorgesetzten gehandelt hat, befreit ihn nicht von der Verantwortlichkeit für ein Verbrechen, sie kann aber als strafmildernd berücksichtigt werden."

Wird allerdings die funktionale Verflechtung des Täters mit der Gesellschaft erkannt und anerkannt, so wird die Bestimmung seiner Verantwortung schwieriger, als wenn er im wesentlichen nur als ein Individuum im Konflikt mit quasi absoluten sittlichen und strafrechtlichen Normen gesehen wird. Welche Bezugsgruppen und Institutionen treten mit ihren Normen — Erfüllung heischend — ihm gegenüber? Vor wem hat er sich zu verantworten?

Familie und Schule, öffentliche Verbände und politische Organisationen, Film, Funk und Presse, Kirchen und sonstige weltanschauliche Gruppen sowie nicht zuletzt die Berufswelt befanden sich gerade zu nationalsozialistischen Zeiten in tiefen Spaltungen. Die nationalsozialistische „Weltanschauung" beherrschte zu keiner Zeit das Feld total. Im Gegenteil: Stets waren allerorts noch, zumindest als Angebot, alte sittliche Ordnungen vorhanden. So waren die einzelnen Menschen wirklich vor Entscheidungen gestellt, wie sie sich verhalten sollten. Doch je stärker die Gesellschaft von mehreren, miteinander konkurrierenden weltanschaulichen Überzeugungen und ethischen Verhaltensforderungen bestimmt ist, und je mehr sich das Leben des einzelnen auf mehrere gesellschaftliche Bereiche — so vor allem auf private und öffentliche Sphäre — aufteilt, umso größer ist die Verlockung zur Relativierung aller Werte, umso stärker ist auch die Tendenz, sich in seinem Handeln von den Wirkungen leiten zu lassen, die die eigene Verhaltensweise und etwaige Entscheidungen bei denen hervorrufen, von denen das eigene Wohl und Wehe unmittelbar abhängt. Das sittlich bestimmte Handeln tritt zurück hinter dem durch eigene Interessen und hinter dem durch Autoritätsverhältnisse bestimmten Handeln. Analog treten neben die Überzeugungstäter die Täter aus Eigeninteresse und die Täter aus Autoritätshörigkeit.

In seiner Theorie der Typen des Ablaufs sozialen Handelns hat schon Max Weber auf die Bedeutung rein zweckrationaler Orientierung des Handelns der einzelnen hingewiesen, das durch deren gleichartige Erwartungen bedingt ist:

„Zahlreiche, höchst auffallende Regelmäßigkeiten des sozialen Handelns ... beruhen keineswegs auf Orientierung an irgendeiner als „geltend" vorgestellten Norm, aber auch nicht auf Sitte, sondern lediglich darauf: daß die Art des sozialen Handelns der Beteiligten, der Natur der Sache nach, ihren normalen, subjektiv eingeschätzten, *Interessen* so am durchschnittlich besten entspricht und daß sie an dieser subjektiven Ansicht und Kenntnis ihr Handeln orientieren. ... Indem sie derart, *je strenger* zweckrational sie handeln, desto ähnlicher auf gegebene Situationen reagieren, entstehen Gleichartigkeiten, Regelmäßigkeiten und Kontinuitäten der Einstellung und des Handelns, welche sehr oft weit stabiler sind, als wenn Handeln sich an Normen und Pflichten orientiert, die einem Kreise von Menschen tatsächlich für „verbindlich“ gelten. Diese Erscheinung, daß Orientierung an der nackten, eigenen und fremden Interessenlage Wirkungen hervorbringt, welche jenen gleichstehen, die durch Normierung — und zwar sehr oft vergeblich — zu erzwingen gesucht werden, hat insbesondere auf wirtschaftlichem Gebiet große Aufmerksamkeit erregt.“[12]

Weber fügt jedoch hinzu, daß diese Erscheinung auf allen Gebieten des Handelns in ähnlicher Art gilt. Immer wird der einzelne, wo seine materielle und seine allgemeine soziale Situation auf dem Spiele stehen, seine realen Chancen wahrzunehmen suchen, sei es, um an sozialem Ansehen innerhalb der eigenen Gruppe, zum Beispiel dem SS-Verband, zu gewinnen, sei es, um in der beruflichen Hierarchie befördert zu werden, sei es, um durch vollständige Erfüllung gegebener Befehle oder in ihn gesetzter Erwartungen die Versetzung an die Front oder andere Benachteiligungen zu vermeiden. Auch das Interesse, ungestraft eigenen sadistischen Neigungen folgen zu können, wird man bei so manchem Täter hier anführen müssen. Für die gesellschaftliche Situation des einzelnen ist grundsätzlich bedeutsam, daß man von ihm eine solche Wahrnahme seiner Interessen erwartet, daß sie also — möglicherweise unausgesprochen — fast zur neuen Norm wird. Die innere Einfügung in eingelebte Sitte — so ist mit Max Weber zu sagen — kann durch die planmäßige Anpassung an Interessenlagen ersetzt werden. Sie entspricht genau der funktionalen Erwartung seitens der gesellschaftlichen Organisation. Die Proklamation der nationalsozialistischen „Werte“ von Blut und Boden bedeutete in Wahrheit — nach dem Buchtitel Rauschnings — die Revolution des Nihilismus: Die Freigabe niedrigster Interessen zum Aufbau der Tyrannis unter dem Deckmantel einer Heilsbotschaft.

Zum Typ des Täters aus Autoritätshörigkeit, der sich durchaus mit dem eines Täters aus rein zweckrationalem Eigeninteresse berühren kann, aber nicht muß, sind jene vielen Menschen zu rechnen, die — wie die Tiefenpsychologie gezeigt hat — ungeachtet der geäußerten Weltanschauung in Wirklichkeit nicht von einer bestimmten Überzeugung ihr Tun bestimmen lassen, sondern von der Einstellung der Vorgesetzten. Die Autorität als solche — verkörpert in Amtsapparat und Chef — wirkt so stark als Über-Ich, daß ihr schlechtes Gewissen da schlägt, wo sie der Autorität nicht gehorchen, nicht aber da, wo sie eine Tat begehen, die zwar nach Wertmaßstäben gemessen ein Verbrechen ist, jedoch in ihrer Wirklichkeit nur Befolgung der ihnen gegebenen Anordnungen bedeutet. Der autoritäre Mensch entlastet sich selbst von Verantwortung, indem er sich darauf eingestellt hat, daß andere ihm sagen, wie er handeln soll.

Die NS-Gewaltverbrecher sind vielfach „ordentliche Leute“, bei denen äußerlich nichts darauf hindeutet, daß sie kriminelle Charaktere sind, und deren äußere Lebensführung seit 1945 auch sehr oft nicht zu beanstanden ist. Tatsächlich entpuppen sie sich weithin als solche, deren Hauptmaxime war und ist, den Anforderungen ihrer Oberen zu folgen. Der Gießener Psychologe Richter führt in der „Zeit" (19. 7. 1963: „Mörder aus Ordnungssinn") als Beispiel an, daß Eichmann in Jerusalem keine Zeichen von schlechtem Gewissen gezeigt hätte, solange von seinen Taten die Rede war. Als er aber einmal bei einer bestimmten Gelegenheit von dem Richter ermahnt worden sei aufzustehen, sei er verlegen geworden und errötet, weil er in diesem Augenblick sich ertappt fühlte, den Anordnungen der Obrigkeit, die über ihn Gewalt hatte, nicht rechtzeitig gefolgt zu sein. Ein „umgekehrter" Befehlsnotstand. Das Gewissen schlug bei ihm in dem Augenblick, wo er sich nicht nach der Anweisung des Richters verhalten hatte. Das Gewissen schlug nicht, als ihm seine Taten als Verbrechen gegen das Gesetz entgegengehalten wurden.

Neueste Versuche in einem psychologischen Institut in Yale/USA erweisen im übrigen, daß Autoritätshörigkeit und mit ihr eine erschreckende Anfälligkeit für Unmenschlichkeit auf Befehl auch jenseits der deutschen Grenzen verbreitet sind. Die Erkenntnis drängt sich auf, daß Unmenschlichkeit aus sklavischem Gehorsam eine allgemein-menschliche Versuchung ist. Damit wird die allgemeine Bedeutung der Beschäftigung mit den nationalsozialistischen Gewaltverbrechen noch unterstrichen. Die Gesellschaft bedarf einer ausgewogenen und durch die Bürger kontrollierten staatlichen Ordnung, die eine Hypertrophie von Macht und Autorität nicht zuläßt und damit den autoritätsanfälligen einzelnen davor schützt, ohne eigenen Willen zum Verbrecher zu werden, ja, womöglich umgekehrt, ihm ein Höchstmaß freiheitlicher Erziehung gewährt, das ihn wiederum gegen autoritäre Versuchungen wappnet. Der Abbau autoritärer Formen in der Erziehung wird damit zu einem Zentralproblem modernen Gesellschaftsaufbaus.

Der einzelne Täter soll weder hier noch in einem zukünftigen, etwa stärker gesellschaftlich orientierten Strafrecht zu einem homunculus der Gesellschaft reduziert werden. Doch damit der Täter auf seine Individualität angesprochen werden kann, muß die Gesellschaft als ganze entsprechend organisiert sein. Das Gleichgewicht von Anpassung und Widerstand, von Bindung und Freiheit, die richtige Abwägung von Interessen, Autorität und ethischen Normen finden zu lassen, ist gemeinsame Aufgabe aller nationalen und internationalen gesellschaftlichen Institutionen.

Die Erwägungen über die gesellschaftliche Bestimmtheit der Täter, also hier der nationalsozialistischen Gewaltverbrecher, wären mißverstanden, wenn sie als Plädoyer für die Verbrecher aufgefaßt würden, die jetzt vor Gericht stehen. Es geht nicht um Entlastung gerade derer, die entweder aus eigener Befehlsgewalt oder in unvorstellbarem Sadismus gehandelt haben. Wesentlich ist vielmehr der Aufweis des Zusammenhangs zwischen gesellschaftlichem System und Tätern und damit der gesellschaftspolitischen Aufgabe, vor die die Gerichte ohne ihre Absicht gestellt sind. Sie werden sie nur lösen können, wenn sie vom Willen unseres Volkes zur Annahme der eigenen Vergangenheit und von einem neuen Normen-Konsensus aller getragen werden.

Anmerkungen:

[1] Vgl. dazu die Arbeiten von: Eike von Repkow (d. i. R. M. W. Kempner), Justizdämmerung, Berlin 1932; Neudruck: Frankfurt/M. 1963; E. J. Gumbel, Vom Fememord zur Reichskanzlei, Heidelberg 1962; M. Hirschberg, Das Fehlurteil im Strafprozeß, Stuttgart 1960 sowie Frankfurt/M. 1962 (Fischer-Bücherei); F. K. Kübler, Der deutsche Richter und das demokratische Gesetz, in: Archiv für die civilistische Praxis, 162. Band (1963), S. 104 ff.; R. Schmid, Die Haltung der Richterschaft im Spiegel bedeutsamer Strafprozesse, in: Politische Strafprozesse, Hrsg. Friedrich-Ebert-Stiftung, Hannover 1962, S. 55 ff.; Ilse Staff (Hrsg.), Justiz im Dritten Reich, Eine Dokumentation. Frankfurt/M. 1964 (Fischer-Bücherei), S. 17 ff.

[2] Grundlegende ältere Arbeiten: E. Ehrlich, Grundlegung der Soziologie des Rechts. München und Leipzig 1913 (Neudruck 1929); Th. Geiger, Vorstudien zu einer Soziologie des Rechts, Acta Judlandica XIX, 2, Kopenhagen 1947; ders., Arbeiten zur Soziologie, Neuwied 1962; G. Gurvitch, Grundzüge der Soziologie des Rechts, Neuwied 1960.
Neuerdings: W. M. Evan (Hrsg.), Law and Sociology, Exploratory Essays, New York 1962; W. Richter, Die Richter der Oberlandesgerichte der Bundesrepublik, in: Hamburger Jahrbuch für Wirtschafts- und Gesellschaftspolitik, 5. Jahr, Tübingen 1960, S. 241 ff.; R. Dahrendorf, Bemerkungen zur sozialen Herkunft und Stellung der Richter an Oberlandesgerichten, ebenda S. 260 ff. (wiederabgedruckt in: R. Dahrendorf, Gesellschaft und Freiheit, München 1962, S. 176 ff.; J. Feest, Die Bundesrichter, in: Studien und Berichte aus dem Soziologischen Seminar der Universität Tübingen, Studien 3, Tübingen 1964, S. 127 ff.

[3] Abgedruckt in: R. Henkys, Die nationalsozialistischen Gewaltverbrechen, Stuttgart und Berlin 1964, S. 346 ff.

[4] H. Langbein, Im Namen des deutschen Volkes. Zwischenbilanz der Prozesse wegen nationalsozialistischer Verbrechen. Wien-Stuttgart-Zürich 1963.

[5] Die folgenden Überlegungen sind auch wiedergegeben in den Abschnitten III ff. meines Beitrags „Ein Volk und seine Mörder“ zu: Reinhard Henkys „Die nationalsozialistischen Gewaltverbrechen“, a.a.O., S. 323 ff.

[6] Vgl. oben, S. 43.

[7] Wenn im folgenden gewisse Bestimmungen des KRG 10 als zukunftsweisend herausgearbeitet werden, so bleiben dabei Kontroverspunkte — rückwirkende Kraft, „Siegerrecht“, Weitmaschigkeit seiner Bestimmungen etc. — unerörtert, weil es hier nur auf einige prinzipielle Gesichtspunkte ankommt zur Gewinnung eines angemessenen Rechts für in ihrer Art neue Verbrechen — ungeachtet deren formaler Subsumierbarkeit unter das traditionelle Individualstrafrecht.

[8] New York 1963; London 1963; deutsche Übersetzung für 1964 angekündigt (Piper, München). Zu den Kontroversen über dieses Buch vgl. R. Henkys, a.a.O., S. 364 f.

[9] In: Drei Essays, Frankfurt und Berlin 1961, S. 190.

[10] A.a.O., S. 247.

[11] In der Praxis ist nur in ganz wenigen Fällen allein wegen Organisationszugehörigkeit verurteilt worden, fast ausnahmslos zu relativ geringen Haftstrafen.

[12] M. Weber, Wirtschaft und Gesellschaft, 3. Aufl., Tübingen 1947, S. 15.

EINZELFRAGEN DER STRAFRECHTSREFORM: IDEE UND WIRKLICHKEIT

Von Hermann Blei, Berlin

I.

Die „gesellschaftliche Wirklichkeit" gehört leider auch zu den Worten, deren Gebrauch dem Hinz eine von Kunz ernstgenommene Teilhabe an den Erörterungen um eine Strafrechtsreform gewährleistet:

„Spannungsverhältnisse" aller Art durchziehen die „pluralistische Gesellschaft" oder „moderne Massengesellschaft" und graben Sorgenfalten in die Stirn manchen Hauptes, das des Denkens ungewohnt und vieler einschlägiger Kenntnisse bar ist. Die Machwerke eifernder Scharlatanerie und eines unaufgeklärten Modernismus von gestern zeugen lautstark wider den „reaktionären Geist" der Bemühungen um ein neues Strafgesetzbuch und die Herstellung von Grundrechtsinterpretationen nach den Richtlinien der Do-it-yourself-Bewegung ebnet gar den Weg in Leserbriefspalten, deren populär-demoskopische Auswertung besorgten Kolumnisten die Erkenntnis gesellschaftlicher Wirklichkeiten, der Spannungsverhältnisse in der modernen Massengesellschaft sowie deren pluralistischer Beschaffenheit aufdrängt — die Diagnose, daß dies alles im doktrinär verengten Blickfeld der an der Strafrechtsreform verantwortlich wirkenden Kräfte verfehlt worden sei, ist dann ohne Mühe zur Hand. Die Wirklichkeiten, um die es dabei geht, sind zumeist die emotional wirksamen, wie angeblich drohenden Verkürzungen aller möglichen Freiheiten, die vita sexualis und gelegentlich noch solche gesetzgeberischen Konzeptionen, an denen man reaktionäre Verkrampfung und das Wirken des Klerikalismus feststellen zu können glaubt — Wirklichkeiten insgesamt also, deren Erörterung sich im wahrsten Sinne des Wortes — aber oft auch nur in diesem Sinne — lohnt.

Davon soll hier nicht die Rede sein. Statistiken über Ehebruch und gleichgeschlechtliche Betätigungen, ethische Indikation und Recht auf den eigenen Körper, die strafrechtliche Begrenzung von Möglichkeiten der Konzeptionsverhütung sowie der sehr zu Unrecht sogenannte literarische Landesverrat und dergleichen mehr sind Sachverhalte, die ihrer wahren Bedeutung nach an der Peripherie der Reformfragen liegen und durch endlose Wiederholung lange bekannter Argumente pro et contra nichts mehr zu gewinnen und nichts mehr zu verlieren haben. Was nottut, ist eine Hinwendung zu den wirklichen „Wirklichkeiten", von denen eine der betrüblichsten die ist, daß sich hinter dem um solche Sekundärprobleme geschlagenen Schaum weitverbreitete Unansprechbarkeit in Fragen verbirgt, deren Erörterung nicht auf einen engen Kreis von Fachkundigen beschränkt bleiben kann, wenn das Reformwerk eines Tages nicht nur in Gestalt der Verabschiedung eines neuen StGB gelingen soll.

Aus dieser Sicht möchte ich das Generalthema dieser Universitätstage — Gesellschaftliche Wirklichkeit im 20. Jahrhundert und Strafrechtsreform — so deuten, daß es mit feiner Ironie an den Rand des Strudels führt, in dem bedeutsam klingende Worte als abgegriffene Scheidemünzen die Zirkulation von Stimmungen und Affekten vermitteln, und daß es damit zugleich die Distanz schafft, in der allein die Proportionen richtig erscheinen und förderliche Diskussion gedeihen kann.

II.

1. Eine von den Wirklichkeiten, die uns hinter den Schein- und Randproblemen bedrängen, ist die seit Menschengedenken bekannte Tatsache, daß die öffentliche Meinung selten ein guter Resonanzboden einer in die Zukunft weisenden Kriminalpolitik ist. Nach dem eingangs Gesagten mag es erstaunlich sein, daß ich gerade diesen Gesichtspunkt so betont in den Vordergrund stelle, denn danach scheint es doch so, daß sich die am Gesetzgebungsverfahren beteiligten Faktoren allzu bewahrenden Geistes „neuzeitlichen" Ansichten und Forderungen eher verschließen, statt sie voranzutreiben. Der Schein trügt jedoch.

Nicht nur die Fachleute, sondern alle Einsichtigen sind sich seit langem über alle dogmatischen, weltanschaulichen und sonstigen Meinungsverschiedenheiten hinweg darüber einig, daß ein neues Stratrecht einer Erneuerung des *Straf- und Maßregelvollzuges* von Grund auf noch mehr bedarf, als es ihrer unter der Herrschaft des geltenden Strafrechts schon seit Jahrzehnten bedurft hätte. Trotz allem, was in den letzten Jahren auf diesem Gebiet immerhin geschehen ist und auch weiter geschieht, liegen die Dinge aufs Ganze gesehen noch so sehr im Argen, daß nicht wenige sich alsbaldiger Verabschiedung und frühem Inkrafttreten eines neuen Strafgesetzbuches mit dem Blick auf die Verhältnisse im Strafvollzug mehr als aus anderen Gründen widersetzen: einmal deshalb, weil das neue Gesetzeswerk kaum schwereren Schaden als dadurch erleiden könnte, daß es wegen Fehlens der Vollzugsgrundlagen nicht vom ersten Geltungstage an so angewendet werden kann, wie es gilt; zum zweiten aber auch deshalb, weil lange Erfahrung gegenüber der Verheißung skeptisch macht, die von dem neuen Gesetz geforderten Vollzugseinrichtungen würden schon entstehen, wenn nur das Gesetz erst einmal verabschiedet sei: durchgreifende Vollzugsreformen kann man vielleicht im Sog der auf eine Reform des materiellen Strafrechts hindrängenden Impulse erhoffen, aber ohne solche Hilfe kaum in der Zeit und in dem Ausmaße erwarten, wie sie notwendig sind.

Es wäre falsch oder mindestens einseitig, diesen Stand der Dinge auf mangelnde Initiative staatlicher Stellen, auf die Budgetpolitik der Parlamente und die föderalistische Staatsstruktur zurückzuführen. Was hier fehlt, ist nämlich zum großen Teile wieder nur Symptom eines tiefersitzenden Übels, das in der Tat eine gesellschaftliche Wirklichkeit von ebenso großer wie schädlicher Bedeutung für eine Strafrechtsreform ist. Es vergeht kaum eine Woche, in der nicht ein aufsehenerregendes Verbrechen da oder dort leidenschaftliche Forderungen nach Wiedereinführung der Todesstrafe aufbrechen läßt, die bei den Vorarbeiten zur Großen Strafrechtsreform nicht einmal mehr erörtert, geschweige denn ernsthaft ins Auge gefaßt worden ist. Mit dieser Forderung weiß man sich leicht im Rechte, weil Erwägungen zu Gerechtigkeit (Talion) und Zweckmäßigkeit (endgültige Unschädlichmachung, Abschreckung usw.) der Todesstrafe äußerlich zu plausibel sind und miteinander zu gut harmonieren, um nicht nachhaltig zu verbergen, daß sich in ihnen oft nur ein Bodensatz archaischer Gefühlsrückstände scheinbar auflöst. Bei der Freiheitsstrafe, deren Gestaltung in weiten Bereichen so oder anders über den Erfolg der kriminalpolitischen Reformbemühungen entscheiden wird, versagt dieser psychologische Filter eines solchen unfrommen Selbstbetruges vollständig. Zweckmäßigkeitserwägungen, in deren Namen ruhigen Gewissens die Todesstrafe gefordert wird, sind bei der Freiheitsstrafe derart tabu, daß jede kleine Wendung zum Besseren ins Wallen bringt, was man einmal das „gesunde Volksempfinden" genannt hat. Wird eine moderne Strafanstalt errichtet oder eine alte modernisiert, so löst das — wir haben es kürzlich sogar mit einer Untersuchungshaftanstalt erlebt! — Affekte aus, die sich lautstark im Vergleich ausbleibender oder mangelhafter sozialer Leistungen mit den „Erholungsheimen für solche" kondensieren, denn: gerecht ist, was hart ist — und sei es auch die harte „Hochschule des Verbrechens", deren kriminogenen Beschaffenheiten Attribute populär erfühlter „Gerechtigkeit" sind.

Von diesen Hemmungen einer wirklichen Strafrechtsreform durch gesellschaftliche Wirklichkeiten soll später (nachfolgend III) noch eingehender gesprochen werden.

2. Man ist es auch sonst nachgerade gewöhnt, die gesellschaftliche Wirklichkeit und das Strafrecht mit sehr einseitiger Rollenverteilung in die Arena der Meinungskämpfe treten zu sehen: immer sind es gesellschaftliche Wirklichkeiten, denen der aktive Part zukommt, in deren Namen gefordert wird und die ihre Gestaltungskraft auf geltendes oder künftiges Strafrecht wirken sehen wollen. Ich halte diese Betrachtungsweise

nicht für sehr fruchtbar, obwohl zuzugeben ist, daß es nicht förderlich ist, den Wirklichkeiten des Lebens so wenig Aufmerksamkeit zu widmen, wie es in den Arbeiten an der Strafrechtsreform gelegentlich der Fall gewesen zu sein scheint. Wie dem aber auch sei: es ist sicher nicht ganz sinnlos, die Frage einmal auch in anderen als den schon genannten Bereichen dahin zu stellen, wo vom Strafrecht und dessen künftiger Gestaltung aus gesehen das Verhältnis von Strafrecht und gesellschaftlicher Wirklichkeit anders aussehen müßte, wenn nicht jenes Schaden leiden soll. Auch bei dieser Erörterung (nachfolgend IV) möchte ich den „Schwerpunktproblemen" der üblichen Art keine besondere Aufmerksamkeit widmen. Es ist zwar gewiß ernsthaften Bedenkens wert, ob, wo und wieweit irgendwelchen verbreiteten Toleranzhaltungen mit einer Anspannung der strafrechtlichen Zügel entgegengewirkt oder umgekehrt Rechnung getragen werden soll, ebenso wie es sehr kritischer Überlegungen würdig ist, ob jeder Ausbreitung unerwünschter Verhaltensformen alsbald ein neues Strafgesetz auf dem Fuße folgen soll. Es hieße jedoch an den wirklichen Problemen auch hier vorbeigehen, wenn man wie auch immer beschaffene Wirklichkeiten einzelnen Regelungen des Entwurfs oder selbst einem ganzen Tatbestandskomplex, wie beispielsweise den Sittlichkeitsdelikten, gegenüberstellen wollte, um daran Adäquanz oder Inadäquanz jener Gesetzgebungspläne zu messen. Was da und dort im einzelnen etwa zu tadeln oder zweifelhaft ist, ist nämlich meist nichts anderes als die an der Oberfläche geschehene Auswirkung tiefreichender tektonischer Verschiebungen, deren Genese und Verlauf nachzuspüren einer kritischen Auseinandersetzung mit den gegenwärtigen Gesetzgebungsplänen besser dienen kann als eine geologische Bestandsaufnahme des Oberflächenbildes.

Auch dazu einige einleitende Hinweise. Sie haben hier schon gehört und werden es auch in den folgenden Vorträgen wohl noch öfter als einmal hören, daß dem Entwurf 1962 oft sein „Perfektionismus" vorgeworfen wird, der sich in einer Vielzahl theoretischer Definitionen, zu großer Strafbereitschaft und auch (das wird allerdings nicht oft so deutlich gesagt, ist aber gleichwohl ein Umstand, der zur Länge des Werkes beiträgt) in zahlreichen Regelungen niederschlägt, mit denen der Bereich richterlicher Entscheidungsfreiheit durch gesetzgeberische Vorentscheidungen im Vergleich zum geltenden Strafgesetzbuch z. T. nicht unerheblich eingeengt wird. Bei solchen — wenn man so will — legislativen Inflationserscheinungen, wie wir sie im Entwurf 1962 beobachten können, handelt es sich gewiß zum Teil um Zwangsläufigkeiten: so ist etwa das Maß der Tatbestandsbestimmtheit, das Art. 103 Abs. 2 GG fordert, nicht mit einem Zollstock von 1871 zu bestimmen, und komplizierte Delikte wie Wirtschaftsspionage und gemeingefährliche Freisetzung von Atomenergie lassen sich nicht mit der lapidaren

Kürze in Straftatbestände fassen, wie sie etwa dem Diebstahl angemessen ist; auch verfeinerte Differenzierungen im Bereiche der Schuld (Absicht und Wissentlichkeit als besonders herausgehobene Stufen vorsätzlichen Handelns; stärkere Differenzierung der Fahrlässigkeit durch Heraushebung der Leichtfertigkeit) führen unvermeidlich zur Ausweitung solcher Tatbestände, in denen man derartige Abstufungen aus Gerechtigkeitsgründen für erforderlich hält.

Das ist aber nur die eine — gute — Seite dessen, was man oft allzu global den Perfektionismus des Entwurfs 1962 nennt. Andere Aspekte stimmen bedenklicher. Die Vorschriften des Entwurfs sind oft langatmig, ja geradezu pedantisch; der richterlichen Auslegungsarbeit bleibt viel weniger überlassen als im geltenden StGB; der richterlichen Entscheidungsfreiheit bei der Strafzumessung ist durch gesetzgeberische Vorbildung bestimmter Kategorien besonders schwerer Fälle und dergleichen weniger Raum gelassen — und das alles ist naturgemäß mit entsprechender Länge der einzelnen Regelungen und so auch des ganzen Entwurfs erkauft. Unerfüllt bleiben auch manche Wünsche, daß die Strafrechtsreform zu einer gründlichen „Flurbereinigung" führen möge. Die Grenzen der vom Strafrecht erfaßten Lebensbereiche werden zwar da etwas eingeengt und dort ein Stück ausgeweitet, aber im Ganzen bleibt der Verlauf gewahrt, in dem sie ein zu weites Gebiet umspannen.

Es wäre allerdings ebenso billig wie falsch, die Schelte nur gegen „den Gesetzgeber" zu richten, denn auch er arbeitet in seiner Zeit und unter den Bedingungen, die er darin vorfindet. Die „Vielstraferei" etwa, die fast schon als geflügeltes Wort in aller Munde ist, kann man nicht einfach als Passivposten auf dem Konto des gesetzgeberischen Perfektionismus buchen, ohne einen Blick auf ihre ferneren Entstehungsursachen zu werfen. So scheint — exakte Feststellungen lassen sich dazu naturgemäß nicht treffen — zunächst die Bereitschaft, mit Androhung und Verhängung von Kriminalstrafen nicht kleinlich umzugehen, nicht bloß eine allgemeine Tendenz des Gesetzgebers, sondern auch in weiteren Kreisen der Bevölkerung recht weit verbreitet zu sein (daß bei manchen Delikten — etwa beim Ehebruch — die Tatsachen eine andere Sprache zu sprechen scheinen, steht dem nicht entgegen, denn hier wirken überwiegende eigene Interessen des Verletzten hemmend). So ist es insbesondere bei Schädigungen durch einen anderen, die sich irgendwie — und sei es auch noch so gewaltsam — mit einem Straftatbestand in Verbindung bringen lassen, seit langem weithin üblich, erst einmal Strafanzeige zu erstatten, deren Ergebnis im günstigsten Falle Aufwand und Mühen eines Zivilprozesses erspart, und es wäre ein reizvolles Unternehmen, die Ursprünge mancher extensiven Gesetzesauslegung — etwa des Betrugstatbestandes — bis in diese Untergründe der „Vielstraferei" zurückzuverfolgen. Dazu kommt, wie mir scheint und wie ich später an einem Beispielsfall dazutun versuchen werde, ein weiteres: das Strafrecht wird zur ultima ratio der Bekämpfung untragbarer Verhaltensweisen genau an dem Punkte, an welchem weniger einschneidende Maßnahmen versagen, d. h., nicht einmal sehr überspitzt ausgedrückt, es muß letzten Endes der Polizist als Hilfsbeamter der Staatsanwaltschaft aktiviert werden, wo er nach Polizeirecht zur Wahrung von Sicherheit und Ordnung wirksam nicht tätig werden kann — so gesehen sind manche Strafvorschriften nichts anderes als der Kaufpreis, den ein Volk von Grundrechtsneurotikern dafür zu zahlen hat, daß die Verwaltung faktisch nicht mehr leisten kann, was primär ihre Aufgabe wäre: eine Monstrosität wie § 220a Entw. 1962 (unzüchtige Schaustellungen) wäre kaum ernsthaft erörtert worden, wenn man nicht wüßte, daß Polizei und Gewerbeaufsicht tatsächlich (und darauf kommt es allein an) gegen unzüchtige Schaustellungen günstigstenfalls ein Hindernisrennen veranstalten und nicht schnell genug wirksam reagieren können.

Auch sonst ist der Perfektionismus des Entwurfs nicht selten nur das Echo lauten Geschreis der öffentlichen Meinung und dessen, was sich dafür hält. Wo Merkmale eines Strafgesetzes nicht so gefaßt sind, daß ein Erstsemester sie mit gesundem Menschenverstande auf Anhieb erfassen zu können glaubt, ist gleich das Grundgesetz verletzt und das Wort „Kautschukparagraph“ als das Vereinszeichen des Bundes der am Staate Mißvergnügten zur Hand, und der jüngste Eleve der Lokalredaktion wächst zum (Miniatur-) Gesellschaftskritiker empor, wenn er nur eine richterliche Entscheidung nicht verstanden hat: so ist manches, was am Entwurf Kritik hervorruft, z. T. auch wieder nur das Ergebnis unschöner gesellschaftlicher Wirklichkeiten, nämlich des zutiefst gestörten Verhältnisses des Bürgers zum Staat und der Lautstärke, mit der Anmaßung des Halbwissens und Interessiertheit sich als Repräsentanten angeblicher gesellschaftlicher Wirklichkeiten produzieren.

III.

Erörterungen um das *Vollzugswesen* stehen zumeist unter dem verhängnisvollen Vorzeichen, daß die Frage sich in den Augen einer weiteren Öffentlichkeit leicht dahin stellt, ob und wieweit „rein humanitären“ Erwägungen überhaupt und zumal im Hinblick auf die zu ihrer Realisierung notwendigen Aufwendungen aus Steuergeldern Raum gegeben werden solle. Solche Diskussion verfehlt zwangsläufig schon die richtigen Ansatzpunkte, denn es ist ja in Wahrheit nicht an dem, daß es sich hier darum handelt, idealistischer Neuerungssucht auf Kosten des Steuerzahlers Wirksamkeit zu verschaffen, sondern es ist auch und gerade die Zweckmäßigkeit der Reaktionen auf den Rechtsbruch, in deren Namen eine Erneuerung des Vollzugswesen zu allererst gefordert wird.

Einige dieser Aspekte deutlich zu machen und damit ausgebreiteterem Verständnis für eine der brennendsten Reformaufgaben den Weg zu ebnen, will ich im Folgenden versuchen.

Der Entwurf 1962 hält, ohne daß dieser Ausgangspunkt in den maßgebenden Gremien ernsthaft bezweifelt worden wäre, an dem System der sog. Zweispurigkeit fest. Neben die Strafe als die wegen der rechtswidrigen und schuldhaften Tat verhängte vergeltende Rechtsschmälerung (Freiheitsstrafen, Geldstrafe und Nebenstrafen) treten sog. Maßregeln der Besserung und Sicherung, die keinen Strafcharakter tragen, sondern vom Strafrichter aus Anlaß einer mit Strafe bedrohten Handlung angeordnet werden, um einer durch die Tat manifestierten Gefährlichkeit des Täters entgegenzuwirken. Allerdings ist es nicht so, daß die Gerechtigkeit allein der Kriminalstrafe und die Zweckmäßigkeit allein den Maßregeln der Besserung und Sicherung zugeordnet wäre: die gerechte, schuldvergeltende Strafe wird auf die Dauer nicht Bestand haben, wenn sie sich vom Vollzug her als sinn- und zweckwidrig erweist, nämlich Kriminalität eher hervorruft als verhütet, und ebenso werden auf der anderen Seite die Maßregeln der Besserung und Sicherung in dem Maße nicht zu ihrer vollen Wirkungskraft gelangen, in dem eine vom Zweck der Maßregel nicht geforderte Gestaltung des Vollzugsregimes Ungerechtigkeit gegenüber dem bewirkt, der durch die freiheitsentziehende Maßregel gerade nicht gestraft sondern gebessert und äußerstenfalls von den Möglichkeiten weiterer Straffälligkeit abgeschnitten werden soll.

1. Einen sprechenden Beleg für die Durchkreuzung kriminalpolitischer Zielsetzungen durch ihnen nicht angepaßte Vollzugseinrichtungen und -verhältnisse bietet die Sicherungsverwahrung gefährlicher Gewohnheitsverbrecher, die als Maßnahme der Sicherung (und Besserung) 1933 als § 42e in das Strafgesetzbuch eingeführt wurde. Eigene Anstalten zu ihrem Vollzug waren damals und sind selbst heute noch nicht vorhanden (die ersten befinden sich jetzt — 30 Jahre nach Einführung dieser Maßregel — im Bau). Die erste Folge war, daß die Verurteilten nach Verbüßung ihrer Zuchthausstrafe aus dem einen in den anderen Flügel der Anstalt verlegt und dort ohne großen Unterschied zum Zuchthausregime sichernd „verwahrt" wurden. Als die Vorschrift nach 1945 erstmals unter rechtsstaatlichen Verhältnissen zu handhaben war, trat in der weiteren Folge immer deutlicher die Scheu der Gerichte hervor, die Sicherungsverwahrung als Maßregel anzuordnen, die nur ihrer Bezeichnung und Idee nach nicht eine (zeitlich unbestimmte) Zusatzstrafe war — diese Zurückhaltung der Gerichte ging so weit, daß in den fünfziger Jahren die Frage „Liegt die Sicherungsverwahrung im Sterben?" lebhaft erörtert und beinahe zum geflügelten Wort wurde. Letzte Auswirkung war und ist, wenngleich abgeschwächt, auch

heute noch, daß der Kampf gegen das Zustandsverbrechertum mit der gerade auf die Bannung seiner Gefährlichkeit zugeschnittenen Maßregel nicht mit dem gebotenen Nachdruck geführt wird, weil unterhalb der Extremfälle die zweckmäßige Vorkehrung wegen der Gestaltung ihres Vollzugs weithin zugleich als eine ungerechte Einwirkung empfunden wird. Ein neues Strafgesetzbuch würde in noch viel größerem Umfange derartigen Vereitelungen seiner Ziele ausgesetzt sein, weil hier in Gestalt der Unterbringung in einer sog. Bewahrungsanstalt (§ 82 Abs. 2 Entw. 1962) und der vorbeugenden Verwahrung von Jungtätern (§ 86 Entw. 1962) zwei neue Maßregeln der Besserung und Sicherung hinzutreten, die trotz ihrer kriminalpolitisch großen Bedeutung wenn nicht auf dem Papier stehen bleiben, so doch sicher nicht zu ihrer vollen Wirksamkeit gelangen würden, wenn der Mangel an adäquaten Vollzugseinrichtungen die Zweckerreichung im Vollzug beeinträchtigen und überdies im Ergebnis vielleicht abermals dazu führen würde, daß diese Maßregeln von vornherein nicht angeordnet werden, wo man ihrer an sich gebotenen Anwendung gerade noch ausweichen kann. Mit einer solchen Hypothek auf seinen kriminalpolitisch guten Ansätzen sollte ein neues Strafgesetzbuch nicht in Kraft gesetzt werden.

2. Solche Vereitelung billigenswerter Zielsetzungen ist auch auf dem Gebiet der freiheitsentziehenden Kriminalstrafen zu gewärtigen.

Der Entwurf 1962 sieht bekanntlich die Einführung einer völlig neuen Art der Freiheitsstrafe — der sog. *Strafhaft* — vor. Es war jahrzehntelang eine nachdrücklich erhobene Reformforderung, die kurzfristige Freiheitsstrafe abzuschaffen oder doch wesentlich einzuschränken, da diese um einer zweifelhaften, weil auch anders zu verwirklichenden Gerechtigkeit willen mehr Schaden anrichte als Nutzen stifte (Gefahr der kriminellen Infektion von Erstverurteilten bei unzureichendem Abschreckungseffekt; Deklassierung desjenigen, der einmal „gesessen“ hat, mit allen sozialen — insbesondere auch kriminogenen — Auswirkungen im weiteren Leben des Verurteilten usw.). Diese Forderungen haben sich im geltenden Recht weithin durchgesetzt (Ersetzung der kurzfristigen Freiheitsstrafe durch Geldstrafe: § 27b StGB; Strafaussetzung zur Bewährung: § 23 StGB), nicht ohne allerdings dadurch auch wieder eine gewisse gegenläufige Tendenz auszulösen. Man hat nämlich je länger je mehr erkannt, daß selbst die fühlbar bemessene Geldstrafe oft weder eine ausreichende Vergeltung darstellt noch nennenswerte Abschreckungswirkungen zeitigt, wobei etwa nur auf zahlreiche Fahrlässigkeitsdelikte und auf Verkehrsvergehen wie etwa die Trunkenheitsfahrt hingewiesen zu werden braucht; auch die Strafaussetzung zur Bewährung — so nützlich und gerecht sie häufig sein mag — paralysiert leicht die Wirkung solcher Strafdrohungen, hinter denen nicht zugleich ein von der Allgemeinüberzeugung getragenes sittliches Mißbilligungsurteil steht. Ihre Problematik liegt nicht so sehr in dem bekannten Wort „Erst klau ick, dann bewähr ick mir", sondern darin, daß weithin, insbesondere bei vielen Fahrlässigkeits- und Gefährdungstaten sowie bei den „Kavaliersdelikten" (die, wie insbesondere viele gefährliche Verkehrsdelikte, in Wahrheit keine sind) die Verurteilung zu einer auf Bewährung ausgesetzten Freiheitsstrafe weder eine angemessene Vergeltung noch auch Gegenstand einer von der Tat abschreckenden Motivation ist.

So ist es zu verstehen und zu billigen, daß der Entwurf 1962 in der Strafhaft einen neuen Weg sucht, um die kurzfristige Freiheitsstrafe da, wo sie unverzichtbar ist, erneut zu aktivieren, ohne ihre bekannten schädlichen Wirkungen in das neue Strafrecht einzuschleppen, soweit diese sich überhaupt vermeiden lassen. Die Strafhaft soll künftig „eine kurzzeitige (von einer Woche bis zu sechs Monaten) Freiheitsstrafe wegen bestimmter Straftaten für bestimmte Tätergruppen sein, für welche die Gefängnisstrafe einen zu starken sittlichen Makel bedeuten und unerwünschte Nachwirkungen für die Lebens- und Berufsstellung des Verurteilten haben, andererseits die Geldstrafe einen zu geringen Eindruck hinterlassen würde"; sie soll als „Aufrüttelungs-" oder „Besinnungsstrafe" dazu dienen, „dem Täter einen Denkzettel dort zu erteilen, wo eine Geldstrafe nicht ausreichen und eine längere Freiheitsstrafe zu hart sein würde" (Amtl. Begr. zu § 43 Entwurf 1962); sie wird — so wiederum die Amtl. Begründung — regelmäßig nur für Gestrauchelte in Betracht kommen, nicht aber für sogenannte Neigungstäter, d. h. solche Täter, die für die Versuchung, Straftaten zu begehen, anfällig sind.

Das alles hört sich gut an und überzeugt noch mehr, wenn man in der Amtl. Begründung a.a.O. weiter liest, es sei für die Strafhaft ein vom Gefängnis getrennter Vollzug unerläßlich, weil der Sinn der Strafhaft als Denkzettelstrafe für Gestrauchelte in sein Gegenteil verkehrt würde, wenn man die hierzu Verurteilten im Strafvollzug der Gefahr krimineller Ansteckung durch Gefangene anderer Art aussetzte. Skepsis erwacht jedoch, wenn man aus der Amtl. Begründung erfährt, *wie* diese guten Gedanken realisiert werden sollen: nämlich durch Vollzugs*vorschriften* (und anscheinend mindestens vorerst nicht durch den Bau von Vollzugs*anstalten*). Mit solchem Vorgehen wäre jedoch der neuen Strafart und den mit ihr verfolgten Zielen von vornherein das Todesurteil gesprochen.

a) Die Strafhaft steht in der überwiegenden Mehrzahl aller Fälle neben gleichrangig angedrohter Geldstrafe; soweit sie in einer Höhe bis zu drei Monaten verwirkt ist, tritt unter den Voraussetzungen des § 53 Entwurf 1962 an ihre Stelle eine Ersatzgeldstrafe; Strafaussetzung zur Bewährung ist im ganzen Bereich der Strafhaft möglich, sofern die

Voraussetzungen des § 71 vorliegen und ein Hinderungsgrund des § 72 Entwurf 1962 nicht vorhanden ist. Es ist demnach schon theoretisch ein weiter Bereich, in dem letzten Endes die Gerichtspraxis darüber entscheiden kann und wird, was aus der Strafhaft unter der Herrschaft eines neuen StGB wird; hinzukommt, daß die Voraussetzungen, unter denen Strafaussetzung zur Bewährung und Ersatzgeldstrafe zwingend vorgeschrieben oder ausgeschlossen sind, also äußerlich der Richter gebunden ist, praktisch noch weiteren Spielraum gewähren, weil sie von richterlichen Wertungen und Prognosen durchsetzt sind. Die Aussichten der neuen Strafart sind daher von den durch den Entwurf und die gegenwärtigen Vollzugsverhältnisse gegebenen fixen Daten aus mit einiger Zuverlässigkeit zu bestimmen.

b) Der Entwurf 1962 hat, was auch anderwärts schon heftig kritisiert worden ist, die Denkzettelstrafe der Strafhaft dadurch korrumpiert, daß er sie als einzige Strafe für Gewerbsunzucht (§ 223), Anlocken zur Unzucht (§ 224), Bettelei (§ 354 Abs. 1) und Landstreicherei (§ 356) androht. Insassen der Anstalt, in denen die Strafhaft vollzogen wird, werden also (wenn der Gesetzgeber sich hier nicht schon bei den Strafdrohungen eines Besseren besinnt) mit Sicherheit Prostituierte, Bettler und Landstreicher sein, bei denen weder eine Strafaussetzung zur Bewährung noch eine Ersatzgeldstrafe in Betracht kommt, wobei anzumerken ist, daß letzteres nicht eben häufig der Fall sein dürfte.

c) Daneben gibt es eine ganze Reihe von Delikten, die zwar nicht begrifflich eine bestimmte Artung des Täters voraussetzen, von denen wir aber recht genau wissen oder uns mindestens vorstellen können, welche Täterkategorien praktisch für sie in Betracht kommen: Verlassen eines Kindes, Verletzung der Aufsichtspflicht, Verletzung der Unterhaltspflicht, Teilnahme an verbrecherischen Vereinigungen und dergleichen rekrutieren weitere Kategorien von Insassen des Strafhaftvollzugs, die aufs Ganze gesehen auch nicht dem Typ desjenigen entsprechen, auf den diese Strafart und ihre Zielsetzungen zugeschnitten sind.

d) Strafhaftfähig sind ferner alle Formen der einfachen Vermögenskriminalität, z. B. Diebstahl, Betrug, Hehlerei und Teilnahme an den Ergebnissen der Vortat, Unterschlagung, daneben auch die oft mit Vermögensdelikten zusammenhängende Urkundenfälschung, also praktisch alles, was episodären Charakter haben, aber ebenso der erste Schritt auf dem Weg in die Zustandskriminalität sein kann.

e) Aus diesen Täterkategorien wird nur eine durch das Gesetz sorgfältig gesiebte und möglicherweise durch die Praxis noch weiter eingeengte *negative* Auslese tatsächlich in den Strafhaftvollzug kommen, nämlich diejenigen, bei denen eine neben der Strafhaft angedrohte Geldstrafe nicht in Betracht kommt, bei denen eine Strafaussetzung zur

Bewährung nicht mehr möglich ist und bei denen auch nicht auf eine Ersatzgeldstrafe erkannt werden kann. Auch wo nebeneinander Gefängnis und Strafhaft angedroht sind, rechtfertigt die Erfahrung nur trübe Prognosen. Die Gefängnisstrafe, die im Entwurf 1962 mit höheren Unter- und Obergrenzen ausgestattet ist und in weiten Bereichen vorgesehen wird, wo bisher Zuchthaus angedroht war, wird so zu einer im Vergleich zum geltenden Recht wesentlich schwereren Strafart, d. h. es ist zu gewärtigen, daß — trotz § 48 Entwurf 1962, der die richterliche Entscheidungsfreiheit bei der Wahl zwischen Gefängnis und Strafhaft zwar einengt, ihr aber immer noch genügend weiten Raum läßt — die Strafhaft für den unteren Bereich der an sich schon gefängniswürdigen Kriminalität Auffangfunktion zu übernehmen haben wird, wie dies, um nur ein besonders bekanntes Beispiel zu nennen, entgegen den Zielsetzungen des Gesetzes beim Jugendarrest im Verhältnis zur Jugendstrafe weithin der Fall war und ist.

f) Es wird demnach unterhalb der mittleren, wenn nicht gar schon schwereren Kriminalität kaum eine Täterkategorie geben, die *nicht* im Vollzug der Strafhaft anzutreffen wäre: ein und derselbe „Denkzettel" soll nach der Konzeption des Entwurfs 1962 aufrütteln und zur Besinnung führen Prostituierte und leichtsinnige Kraftfahrer, die Täterin einer Selbstabtreibung und den Arzt, der durch eigenmächtige Heilbehandlung Leben oder Gesundheit eines Patienten gerettet hat, Bettler, Landstreicher und ungehorsame Diplomaten, Diebe, Betrüger und zahlungsunwillige Väter. Die Differenzierung im Vollzug ist da angesichts der Weite und Verschiedenartigkeit der Verurteiltenkategorien nicht weniger wichtig, ja im Gegenteil eher noch wichtiger als sonst; sie ist in den bestehenden Anstalten vielleicht in günstig gelegenen Ausnahmefällen zu erreichen, im Ganzen aber mit Sicherheit nicht gewährleistet: ohne Anstalten, die auf diese neue Strafart und ihre Verwendung im neuen Strafgesetz zugeschnitten und vor dessen Inkrafttreten vorhanden sind, wird man unter neuer Bezeichnung genau das haben, wogegen die Vernunft schon vor Jahrzehnten unter dem Motto „Kampf der kurzfristigen Freiheitsstrafe" zu Felde gezogen ist — eine Straf*gesetz*reform ohne *Vollzugs*reform ergibt eben keine Straf*rechts*reform.

IV.

Eine letzte gesellschaftliche Wirklichkeit, der hier noch einige Überlegungen gewidmet werden sollen, ist eine zunehmende Beengung offener Diskussion durch die verbreitete Neigung zu ideologischer Frontenbildung und „weltanschaulicher" Etikettierung mit freigiebigem Verschleiß von Phrasen.

Ich will dazu wieder nur ein Beispiel herausgreifen, nämlich den Tatbestand der unzüchtigen Schaustellungen, § 220 a Entwurf 1962. Die große Strafrechtskommission hatte während ihrer ausgedehnten Beratungen auch die Frage erwogen, ob man eine Strafvorschrift gegen die Veranstaltung und Duldung unzüchtiger Schaustellungen — Striptease-Veranstaltungen — vorsehen solle; sie hat das noch im Entwurf 1960 abgelehnt, da die Möglichkeiten eines Vorgehens nach dem Gewerberecht ausreichten und im übrigen durch eine derartige Strafvorschrift erhebliche prozessuale Schwierigkeiten ausgelöst würden (näher: Amtliche Begründung zu § 220 a Entwurf 1962). Der Entwurf 1962 glaubt, an diesem Standpunkt nicht festhalten zu können, da sich in der Zwischenzeit gezeigt habe, daß derartige Vorführungen in ständig steigendem Umfang veranstaltet werden und deshalb „dieser Verfallserscheinung" mit strafrechtlichen Mitteln entgegengetreten werden müsse.

Man befindet sich also in dem Dilemma, über Sinn oder Unsinn dieser Vorschrift gar nicht mehr sprechen zu können, ohne daß im Hintergrunde jedes Diskussionsbeitrages die weltanschauliche Gretchenfrage steht, wie man es mit den „Verfallserscheinungen" hat. Auch auf die durch meine bekannten und auch hier nicht zurückgehaltenen Grundauffassungen nur geminderte Gefahr hin, eines Eintretens für Verfallserscheinungen geziehen zu werden, scheint es mir notwendig, zu dieser Vorschrift einiges zu sagen, um dann nochmals den Kreis der Erwägungen etwas ins Allgemeinere hin auszuweiten:

Die „unzüchtige Schaustellung von Menschen" zu bekämpfen, wäre an sich Aufgabe der Verwaltungsbehörden (Rücknahme gewerberechtlicher Erlaubnisse, polizeiliches Einschreiten). Daß tatsächlich die Möglichkeiten dieses relativ am wenigsten einschneidenden Vorgehens weithin versagen und sich deshalb das Strafrecht fast zwangsläufig als ein zwar unerwünschter, aber bei erstem Zusehen am ehesten noch erfolgversprechender Ausweg anbietet, wurde bereits früher gesagt. Mit der Fehlerhaftigkeit einer derartigen Überwälzung von Aufgaben hat es aber nicht sein Bewenden. Wenn eine solche Vorschrift zu irgendeiner nennenswerten Wirksamkeit kommen und nicht am Verfahrensrecht scheitern sollte, müßte sie relativ weit gefaßt werden, und zwar so weit, daß man mit einiger Wahrscheinlichkeit gewärtigen kann, daß ihre Wirkungsmöglichkeiten von anderer Seite her (Freiheit der Kunst: Artikel 5 Abs. 3 Satz 1 GG) wieder vereitelt werden. Die amtliche Begründung zu § 220a will die Quadratur dieses Zirkels dadurch bewerkstelligen, daß eine unzüchtige Schaustellung von Menschen nur dann vorliegen soll, wenn „das Zeigen von Menschen in ihrer körperlichen Erscheinungsform das Wesentliche ist", und dann nicht gegeben sein soll, wenn „der Schwerpunkt einer Vorführung auf der Vermittlung eines geistigen Inhalts, insbesondere der Darstellung einer Handlung, oder auf der Darbietung von Kunstfertigkeiten liegt". Damit aber ist die Vorschrift, wie weiter nicht ausgeführt zu werden braucht, als

Waffe im Kampf gegen die verpönte Erscheinung genauso unwirksam gemacht wie es das ist, was Verwaltungsbehörden und Polizei an stumpfen Waffen dagegen noch in Händen haben: eine Kodifikation von Lippenbekenntnissen zu den ewigen Grundwerten der abendländischen Kultur ist aber nicht Aufgabe eines neuen Strafgesetzbuches und kriminalpolitisch eher schädlich, weil eine Strafvorschrift mehr korrumpiert als wirkt, über die die Täter sich nicht nur gefahrlos hinwegsetzen, sondern dabei auch noch — wer mag es ihnen verdenken? — ebenso lachen, wie es soeben dieses Auditorium getan hat.

Was hier in einem Beispielsfalle nur gerade angerührt wurde, ist weiter verbreitet, als es den Aufgaben einer wirklichen Strafrechtsreform gut tut. Man braucht nur in der nähere Umgebung des § 220 a — ich komme also jetzt doch noch mit einigen Worten zu den Sittlichkeitsdelikten — Umschau zu halten, um zu sehen, wie verkrampft vieles ist, wo sachliche Diskussion noch sehr vonnöten wäre. Das Wort Kriminalpolitik kann man hier kaum in den Mund nehmen, ohne an allen Seiten anzustoßen: an den Grenzen, die durch eine moraldurchsättigte Diktion der amtlichen Begründung gezogen sind, an der Umgebung, in welche einen vorschnelle Kategorisierungsbereitschaft einordnet und an dem so erzeugten Widerwillen, in derart von allen Seiten her phrasengeschwängerter Atmosphäre überhaupt noch etwas zu sagen.

So wird uns, wenn ein neues Strafgesetzbuch auf der Grundlage des Entwurfs 1962 zustande kommen sollte, wahrscheinlich manches beschert werden, was vermieden werden sollte und durch Klarstellung in offener, sachlicher Diskussion auch verhütet werden könnte.

Ich denke da etwa an die Strafdrohung gegen die *gewerbsmäßige Unzucht*, § 223 Entwurf 1962. Der Entwurf 1962 stellt hier allein auf den korrumpierenden oder schamverletzenden Eindruck ab (§ 223, vgl. auch § 224), während er die gravierendste Gefährdung — Verbreitung von Geschlechtskrankheiten — ignoriert (charakteristisch für diese Haltung ist es, daß der schamverletzende Vertrieb von Mitteln zur Verhütung von Geschlechtskrankheiten — § 221 — mit schwererer Strafe bedroht werden soll als ein Verhalten, das generell in hohem Maße geeignet ist, die *Erreger* dieser Geschlechtskrankheiten im wahrsten Sinne des Wortes ins Volk zu bringen). Dies ist ebenso zwangsläufig wie verhängnisvoll. Nach den ersten Erfolgen der modernen Heilmittel beobachtet man beständig seit Jahren wieder eine besorgniserregende Ausbreitung der venerischen Erkrankungen, was nicht zuletzt seinen Grund in manchen „modernen“ Formen der schwer kontrollierbaren, d. h. praktisch unkontrollierten Prostitution haben dürfte, die sich, wie Telephon-, Autobahn- und gehobene Kaffeehausprostitution, dem Zugriff durch Unauffälligkeit von Auftreten und Kontaktaufnahme wirksamer entziehen als die Erscheinungsformen, denen man mit den an der Wahrnehmbarkeit des Unzuchtsgewerbes orientierten Vorschriften auch nur mehr schlecht als recht entgegenwirken kann. Um hier das Strafrecht wirksam anzusetzen, müßte der gesetzgeberische Ausgangspunkt da genommen werden, wo das Tabu so sorgfältig gewahrt wird, daß ich das Thema kaum zur Sprache bringen kann, ohne gewärtigen zu müssen, daß demnächst unter der Überschrift „FU-Professor für Einrichtung von Bordellen" meine mangelnde Verbundenheit mit den ethischen Grundprinzipien des christlichen Abendlandes öffentlich erörtert wird: die gefährlichste Seite der Gewerbsunzucht kann man strafrechtlich wenn überhaupt, so jedenfalls nicht anders in den Griff bekommen, als indem man diese strengster Reglementierung unterwirft und jede Übertretung dieser Regelungen als Gesundheitsgefährdungsdelikt eigener Art mit wirklich abschreckenden Strafen schon unterhalb des Wirkungsbereichs der Tatbestände des GeschlKrG bedroht — daß sich diese Forderung des simplen Menschenverstandes nicht durchsetzen wird, ist ebenso sicher, wie die Gründe betrüblich sind, deren nachhaltige Wirksamkeit hier wie anderwärts abermals dafür spricht, daß man eine Reform des Gesetzes unterlassen soll, wo man das Recht nicht wirklich reformieren will oder kann.

Beispiele dieser Art ließen sich noch viele finden; die wenigen angeführten mögen genügen, um die Schlußfolgerung zu begründen, daß unsere Zeit, wohin man auch blickt, zur Schaffung eines neuen Strafgesetzbuches nicht reif, mindestens aber nicht entschlossen ist.

Die Strafrechtsreform ist eine Aufgabe, die uns nicht auf den Fingern brennt und deshalb ohne Übereilung gelöst werden kann. Sie würde Schaden leiden, wenn man im Entwurf 1962 mehr sehen wollte als eine Grundlage der noch anstehenden Feinarbeit, und wenn man andererseits aus dem Entwurf 1962 nicht die Forderung abläse, hier und heute mit der Schaffung der Grundlagen für eine Strafrechtsreform zu beginnen, die mehr ist als eine bloße Strafgesetzreform.

VERANTWORTUNGSREIFE UND STRAFRECHTLICHE VERANTWORTLICHKEIT IN PSYCHOLOGISCHER SICHT

Von Hans Thomae

Psychologische Grundlagen und Grenzen des Schuldstrafrechts

Nach den Aussagen namhafter Strafrechtslehrer ist für die Beratungen und Entscheidungen der Großen Strafrechtskommission die Überzeugung maßgeblich gewesen, „daß der Mensch auf Selbstverantwortung angelegt ist und in der Gewissensentscheidung den zentralen Akt der sittlichen Entscheidung vollzieht.“[1] Die anthropologische Einsicht sei bestimmend gewesen, „daß der Mensch als das zur Selbstverantwortung bestimmte Wesen existentiell in der Lage ist, die kausale Abhängigkeit von den Antrieben final (sinngemäß) zu überformen“[2].

Derartige Feststellungen haben bekanntlich maßgeblich zum Festhalten am Schuldstrafrecht in dem zur Zeit dem Bundestag vorliegenden Entwurf geführt. Dabei ist wesentlich, daß man sie nicht nur als Ausdruck einer idealistischen Gesinnung, sondern als Resultat empirisch-wissenschaftlicher Erkenntnis wertet. Man erwähnt Lorenz und Portmann[3], obwohl diese nur die Abwesenheit einer durchgängigen biologischen Determination beim Menschen unterstrichen, die Existenz einer durchgehenden sozialen Determination aber durchaus nicht widerlegten. Man zitiert ferner die Schichtenlehre der Persönlichkeit, die auf die Überformung vitaler Antriebe durch sinn- und normorientierte Steuerungsfunktionen hingewiesen habe. Die Lehre von der auf „verantwortliches Tun“ angelegten Menschennatur — und damit das ganze Schuldstrafrecht — sei heute nicht mehr Resultat philosophischer oder juristischer Deduktion. Sie sei von „unten her“ durch die naturwissenschaftliche Forschung mit aufgebaut.

Als Schüler der beiden wichtigsten Begründer der modernen Schichtenlehre, Ph. Lersch und E. Rothacker, darf ich mir in diesem Zusammenhang wohl die Anmerkung erlauben, daß diese beiden Autoren in manchen der strafrechtstheoretischen Publikationen überinterpretiert oder gar fehlinterpretiert werden. Weder aus den Arbeiten von Lersch und Rothacker noch aus anderen, auf Empirie bezogenen bzw. auf diese gestützten psychologischen Untersuchungen läßt sich eine generelle und absolute Dominanz der Fähigkeit zu derartigen willens- und normbestimmten Überformungen ableiten. In diesem Zusammenhang ist es besonders zu bedauern, daß man den Geist von Sigmund Freud sowohl aus dem Denken der modernen Strafrechtstheorie wie auch offensichtlich aus den Diskussionen der großen Strafrechtskommission verbannte. Sonst hätte man vielleicht eher eingesehen, daß die hierarchische Struktur der menschlichen Persönlichkeit keine statische, sondern eine dynamische ist. Die Dominanz irgendeines Systems innerhalb der Gesamtpersönlichkeit — also auch dessen der „verantwortlich" lenkenden Kräfte — ist immer von der jeweils gegebenen psychologischen Gesamtsituation abhängig[5].

Der Nachweis der vielfältigen psychischen und sozialen, bewußten und unbewußten Wurzeln dieser Voraussetzungen normorientierten Verhaltens gehört zu den wesentlichsten Erkenntnissen der modernen Psychologie. Diesen Einsichten gemäß garantiert weder ein beliebig zitierbares oder vom Gesetzgeber engagierbares „Ich" noch ein gleichsam insulärer, auf gesetzliche Vorschriften mit stets der gleichen Präzision antwortender „Wille" die Entscheidung für das Rechtmäßige[6]. Es bestehen auch keinerlei Hinweise auf eine rein endogene, etwa hereditäre Verankerung normgerechten Verhaltens. Es bestehen aber sehr vielfältige Belege für die Bildung der unbewußten und zum Teil bewußten Voraussetzungen dieses Verhaltens in dem kontinuierlichen Prozeß der sozialen Interaktion, den man mit Oswald Kroh als „funktionale Erziehung" bezeichnen kann und der neuerdings als „Sozialisation" umschrieben wurde[7]. Die Aktualisierung dieser Voraussetzungen aber hängt nach den Einsichten empirisch-psychologischer Wissenschaft von den „Feldkräften" der gesamten inneren und äußeren Situation, nicht aber von einer isolierten Potenz wie der des Willens ab.

Psychologische Grundlagen des Jugendstrafrechts

Die deutsche Rechtsprechung trägt diesen Erkenntnissen innerhalb des Jugendstrafrechts weitgehend Rechnung. Dieses Recht fordert in jedem konkreten Fall die Überprüfung des Vorhandenseins der inneren Voraussetzungen der Einsicht in Recht und Unrecht und der Fähigkeit, dieser Einsicht gemäß zu handeln. Vor allem aber ist hier anerkannt, daß nicht nur biologische oder pathologische Faktoren das Vorliegen solcher Voraussetzungen verhindern oder beeinträchtigen können. Man erkennt in diesem Zusammenhang vielmehr auch die Rolle normalpsychologischer Faktoren[8]. War Einsicht und Willensfähigkeit bei dem jugendlichen Täter vorhanden, so hält das Jugendstrafrecht ein System von „Maßnahmen" bereit, durch die jener Prozeß der Sozialisation auch im ungünstigsten Falle in individualisierender Weise gefördert werden soll.

Das Jugendstrafrecht als ein Erziehungsstrafrecht anerkennt somit die Abhängigkeit verantwortlichen menschlichen Handelns von der

Qualität jenes sozialen Interaktionsprozesses, den wir teils als „Entwicklung", teils als „Erziehung" zu umschreiben pflegen. In der nach § 105 JGG vorgesehenen Möglichkeit einer Anwendung des Jugendrechts bis zum vollendeten 21. Lebensjahr kann man zudem eine Maßnahme sehen, den beim Täter jeweils gegebenen *besonderen* Voraussetzungen einer Fähigkeit zur Einsicht in das Unrechtmäßige des eigenen Tuns bzw. zur Lenkung des Verhaltens gemäß dieser Einsicht gerecht zu werden und diese Voraussetzungen nicht etwa ausschließlich von biologischen oder pathologischen Kriterien her zu beurteilen. Die teils naturrechtlichen, teils spätidealistischen Vorstellungen, welche die bei uns dominierende Strafrechtstheorie im Grunde genommen bestimmen, wurden im Falle des Jugendrechts somit in einem Sinne interpretiert, der die Aktualisierung des dem Menschen „von Natur aus eigenen Vernunftwillens" von biologischen, psychologischen und soziologischen Voraussetzungen abhängig macht.

Vergleich der psychologischen, eine Schuld mindernden Gründe im alten und neuen Strafrecht

Auch der bisherige § 51 des Erwachsenenstrafrechts sah solche Abhängigkeiten nicht nur im biologischen Bereich gegeben. Denn neben den medizinischen Kriterien der „krankhaften Störung der Geistestätigkeit" oder der „Geistesschwäche" ließ er mit dem Kriterium „Bewußtseinsstörung" eine — um einen Ausdruck von Maurach zu gebrauchen — „volle Individualisierung" bei der Überprüfung der strafrechtlichen Verantwortlichkeit zu[9]. Der derzeit dem Bundestag vorliegende Entwurf zu einem neuen Strafgesetzbuch hat nun solche „individualisierend-psychologische" Tendenzen weitgehend ausgeschaltet und an ihre Stelle —trotz aller gegenteiliger Versicherungen und trotz der Berufung auf eine angeblich „gemischte" Methode — ausschließlich biologische Kriterien einer Schuldausschließung oder -minderung gesetzt. Er formuliert bekanntlich:

§ 24 Schuldunfähigkeit wegen seelischer Störungen

Ohne Schuld handelt, wer zur Zeit der Tat wegen einer krankhaften seelischen Störung, wegen einer ihr gleichwertigen Bewußtseinsstörung oder wegen Schwachsinns unfähig ist, das Unrecht der Tat einzusehen oder nach dieser Einsicht zu handeln.

§ 25 Verhinderte Schuldfähigkeit

Ist die Fähigkeit des Täters, das Unrecht der Tat einzusehen oder nach dieser Einsicht zu handeln, zur Zeit der Tat wegen einer krankhaften seelischen Störung, wegen einer ihr gleichwertigen Bewußtseinsstörung oder wegen Schwachsinns oder einer schweren anderen seelischen Abartigkeit erheblich vermindert, so kann die Strafe nach § 64, Abs. 1 gemildert werden.

Der im Entwurf 1960 erstmalig hinzugekommene Zusatz „gleichwertig", d. h. das damit geschaffene Kriterium des Krankheitswertes einer Bewußtseinsstörung, ist seit fast 4 Jahren Gegenstand vieler schriftlicher und mündlicher Erörterungen, die sich bis in den zuständigen Unterausschuß des Rechtsausschusses des Bundestags ausgewirkt haben. Da sie das Wechselspiel zwischen sozialer Entwicklung, kriminalpolitischem Kalkül und wissenschaftlicher Auseinandersetzung ständig widerspiegeln, scheinen sie mir in das Rahmenthema dieser Universitätstagung besonders gut hineinzupassen[10].

Schuldminderung und Prävention

Ich erwähne dabei besonders die kriminalpolitischen Erwägungen, weil sie immer wieder mitten in wissenschaftlichen Abhandlungen eine große Rolle spielen, so zuletzt in einer Eingabe der Deutschen Gesellschaft für Psychiatrie und Nervenheilkunde an den Deutschen Bundestag vom 5. 9. 1963. Man verweist hier darauf, daß der Wegfall des neu hinzugekommenen Begriffes „gleichwertig", d. h., des Kriteriums des Krankheitswertes von Bewußtseinsstörungen, eine Flut von Exculpierungsanträgen auslösen würde. Seitens der Deutschen Gesellschaft für Psychologie wurde dagegen in einer dem Bundestag im Januar 1964 zugegangenen Äußerung eingewandt, daß eben diese Flut gerade bei einer Einfügung des gesetzlich bisher ja nicht verankerten Begriffes „Krankheitswert" als des entscheidenden Kriteriums heraufbeschworen werde. Denn jede Neurose werde dann zum Exculpierungsgrund werden. Da der Krankheitswert der Neurose in der einschlägigen internationalen Literatur längst anerkannt sei, dürfte es kaum zu erwarten sein, daß sich die deutsche Psychiatrie noch länger als ein Jahrzehnt gegen diese Entwicklung der internationalen Wissenschaft wehren könne.

Die Vermengung sachlicher Argumentationen und sehr handfester Kritik geht aber noch weiter. Es ist die Rede davon, als wolle der Psychologe in seinem Bemühen um die Rettung jener „individualisierenden" Inhalte der die Schuld mindernden Gründe den psychiatrischen Sachverständigen aus dem Gerichtssaal verdrängen. Alle zuständigen Gremien unseres Faches haben jedoch den Grundsatz aufgestellt, daß der Psychologe zur Prüfung der Schuldfähigkeit nur nach oder neben dem Psychiater herangezogen werden dürfe. Damit verengt sich der Kreis der Fälle, für die eine psychologische Überprüfung der Schuldfähigkeit infrage kommt, in ganz erheblichem Maße. Er konzentriert sich vor allem auf den Kreis der sog. „Affekt-Täter" und hier meist auf den sog. „Verzweiflungs-Täter", denen im neuen Entwurf nur im Zusammenhang mit dem Totschlag (§ 134) Rechnung getragen wird.

Kennzeichnend für solche Straftaten ist meist eine lange psychische Vorgeschichte, bei der die soziale Komponente eine wesentliche Rolle spielt. Die Kumulation innerer Spannungen kann eine psychische Gesamtsituation schaffen, bei der es zwar nicht immer zu Bewußtseinstrübungen, aber zu extremen Einengungen der seelischen Abläufe, zu Absperrungen vorher verfügbarer seelischer Bereiche, zur Dominantenverschiebung im Motivationsgefüge und über all diese Faktoren zu einer erheblichen Beeinträchtigung der Einsichts- und Willensfähigkeit kommen kann. Es steht außerhalb der psychiatrischen Literatur nirgends, daß der Begriff „Bewußtseinsstörung" auf „Trübungen der Helligkeit" einzuschränken sei[11]. Weder der Begriff des „Bewußtseins" noch jener der „Störung" sind psychiatrische Begriffe. „Störung" ist jede qualitative oder quantitative Abweichung von der Norm. Falls man also den Begriff „Bewußtseinsstörung" trotz der ihm anhaftenden Problematik beibehalten und ihm seine „individualisierende" Funktion bewahren will, muß man ihn in diesem weiten Sinne fassen.

Kriterien für die Beurteilung des Vorliegens solcher qualitativer Bewußtseinsstörungen wurden von psychologischer Seite aus erarbeitet[12]. Diese schränken eine uferlose Anwendung der schuldmindernden Bestimmungen ein. Sie können aber auch eine Aussage über den wahrscheinlich gegebenen Grad der Einsichts- und Willensfähigkeit fundieren, welche dem Gericht eine sinnvollere Beurteilung der Schuldminderung ermöglicht als die durch den Begriff „Krankheitswert" nahegelegten biologischen Kriterien.

Dies sei an einem einzigen, zugleich aktuellen und heiklen Beispiel demonstriert. Der seelische Ausnahmezustand, innerhalb dessen ein Kraftfahrer ganz gegen dessen sonstige moralischen Prinzipien *Unfallflucht* beging, erhielte nach dem neuen Begriff schuldmindernde Bedeutung, sobald als Hintergrund von ihm ein „konstellativer somatischer Faktor" nachweisbar wäre[13]. Die kleinste biologische Noxe könnte dabei ausreichen, falls sie den Boden einer erkennbaren seelischen Erschütterung bildet, welche die Einsichts- und Willensfähgkeit affiziert. Dagegen könnte man noch so eindringlich die Bedingtheit jenes seelischen Ausnahmezustandes durch eine tragische persönliche Vorgeschichte dartun; auch der tiefste seelische Konflikt, auch die durchgreifendste rein psychogene Störung der Persönlichkeitsstruktur würden nicht ausreichen, um die forensische Bedeutung der daraus resultierenden Bewußtseinsstörung darzutun. Dem juristischen Laien erscheint es zweifelhaft, ob dies mit der Idee der Gerechtigkeit vereinbar ist.

Nun wird — und damit kehren wir zu unseren kriminalpolitischen Erwägungen zurück — niemand daran ein Interesse haben, daß Unfallflucht den Schutz der schuldausschließenden oder -mindernden Paragraphen erhielte. Auf der anderen Seite ermöglicht das Straßenverkehrsrecht — nicht zuletzt dank seiner neuesten Interpretation durch das Bundesverwaltungsgericht vom 20. 12. 1963 — ein System von psychologisch gestützten Maßnahmen, die in den Dienst präventiver Zwecke gestellt werden können. Insofern muß niemand befürchten, daß durch die Würdigung der individuellen Motivations- und Erlebnislage samt ihrer Auswirkung auf die Einsichts- und Willensfähigkeit die Bereitschaft zur Unfallflucht erhöht werde, falls der Krankheitswert der sie möglicherweise bedingenden psychischen Situation nicht nachgewiesen werden muß. Analoges aber gilt bei einer sinnvollen Zusammenarbeit zwischen Richter und Sachverständigem auch für andere Straftaten.

Krankheitswert, Existentialismus und Biologismus

Die generelle Forderung jenes Nachweises des Krankheitswertes aber würde zu einem schrankenlosen Biologismus und Relativismus im strafrechtlichen Denken führen. Die kleinste Analogie zu einem neurologischen oder psychiatrischen Syndrom könnte dann unter bestimmten Voraussetzungen einer seelischen Beeinträchtigung forensische Bedeutung verleihen, die bei der Verneinung eines Bestehens einer solchen Analogie auch dann nicht die Voraussetzung der Anwendung von § 24, 25 bilden kann, wenn sie seit Jahren die Grundlagen der Persönlichkeit erschütterte. Die Frage, ob man einen Anhänger Kurt Schneiders, der solche Analogien zwischen pathologischem Bereich und Normbereich grundsätzlich bestreitet, als Gutachter wählt, oder einen Anhänger von Ernst Kretschmer, der solche Anologien für sehr verbreitet hält, würde damit wahrscheinlich über den Ausgang vieler Strafprozesse entscheiden.

Die Verteidiger der gegenwärtigen Formulierung der Paragraphen 24 und 25 E 1962 verlassen sich darauf, daß sich ihre „existentielle" Interpretation des Begriffes „Krankheit" und „Krankheitswert" im Sprachgebrauch durchsetzen werde[14]. Man hätte sehr gewünscht, daß sich die Autoren des Entwurfes in diesem wie in anderem Zusammenhang mehr der sprachwissenschaftlichen Methode der Wortfeldforschung bedient hätten. Sie hätten dann erfahren, daß die Durchschnittsbevölkerung, zu der man in diesem Falle auch die Richter und Schöffen z. B. von Bielefeld, Landshut, Limburg und Neustadt rechnen muß, unter Krankheit etwas *Leibnahes* versteht, einen biologischen Sachverhalt — nicht etwa eine existentielle Kategorie. Schon heute, wo der Begriff „Krankheitswert" noch gar nicht gesetzlich verankert ist, werden Argumentationen um den § 51, 2 in zunehmendem Maße auf den Tatbestand einer biologischen Noxe zentriert. Es ist doch gar nicht einzusehen, warum der Durchschnittsbürger, und damit auch die Prozeßbeteiligten, unter „Krankheitswert" eine „Zerstörung oder Erschütterung des Persönlichkeitsgefüges“ verstehen sollte, wie die neuaufgenommenen Zusätze zu der Begründung zum § 24 dies fordern[15]. Ein schwerer anämischer Zustand ist zweifellos eine Krankheit. Dennoch kann, wer etwa selbst wiederholt in einem solchen Zustand war, nicht davon sprechen, daß eine Zerstörung oder Erschütterung seiner Persönlichkeitsstruktur eingetreten sei. Im Gegenteil, die Persönlichkeitsstruktur kann gerade in diesem Zustand so klar und profiliert hervortreten, wie zuvor oder nachher kaum einmal. Ähnlich aber ist es bei vielen organischen Erkrankungen. Das Vorliegen von Krankheit als solcher schließt somit verantwortungsbewußtes Handeln in keiner Weise aus.

Darüber hinaus ist darauf zu verweisen, daß nicht die Begründung des Gesetzes, sondern allein seine Formulierung Rechtsverbindlichkeit haben wird. Im Wortlaut der § 24 und 25 aber dominiert die biologisch zentrierte Bedeutung des Begriffes „Krankheitswert“, nicht dessen — wahrscheinlich höchst ephemere — existentialistische Interpretation. In dieser Richtung liegt es, wenn die Deutsche Gesellschaftfür Psychiatrie und Nervenheilkunde in der erwähnten Eingabe vom 5. 9. 1963 versichert, ihre Mitglieder würden vor Gericht alle Schwierigkeiten lösen, die mit der von mir früher aufgewiesenen und mir in dieser Eingabe ausdrücklich zugestandenen Verschwommenheit des Krankheitsbegriffes in Verbindung stehen. Selbstverständlich, so heißt es da, würde der Krankheitswert jedes seelischen Ausnahmezustandes von seiner Affinität zu den Symptombildern psychiatrisch-neurologischer Lehrbücher her beurteilt. Nicht das Geschehen in seiner Einzigartigkeit, sondern seine Reduzierbarkeit auf eine pathologische Typologie entscheiden damit über den Grad der Schuldfähigkeit[16].

Schlußfolgerungen

Meine Ausführungen mußten in weiten Bereichen kritisch sein. Denn selbst wenn man die Prinzipien des Schuldstrafrechts bejaht, wozu bei einer wirklichen Berücksichtigung der Erkenntnisse der modernen Wissenschaften vom Menschen viel zu sagen wäre, so erscheint die Bestimmung der eine Schuld ausschließenden bzw. mindernden Gründe noch der Klärung bedürftig. Innerhalb einer Vorlesungsreihe, die sich mit dem Zusammenhang zwischen gesellschaftlicher Wirklichkeit und Strafrechtsreform beschäftigt, wäre es bedauerlich, wenn man von einer Diskussion dieser Klärungsversuche absähe. Noch beklagenswerter aber wäre es, wenn man in diesem Zusammenhang nicht die zwiespältige Tendenz berücksichtigen würde, die dem E 1962 zugrunde liegt.

Einerseits überschlägt sich dieser Entwurf — besonders in seinem Begründungsteil — geradezu in Bekenntnissen zu einem hohen und möglichst noch höheren Menschenbild. Auf der anderen Seite aber fördert er in seinem eigentlichen Gesetzestext in der Anwendung des Rechts einen Biologismus, der mit einer wissenschaftlichen Erhellung der Tathintergründe so wenig zu tun hat wie die Rassenlehre eines F. K. Günther mit naturwissenschaftlicher Biologie.

Ich weiß nicht, ob einem der Befürworter der jetzigen Fassung der Paragraphen 24 und 25 schon bewußt wurde, welche Mißachtung des Menschen dieser Fassung zugrunde liegt. Wie gering denkt man doch hier von dem, was einen Menschen innerlichst bewegen, was ihn aus seelischen Motiven heraus zur Verzweiflung und Besinnungslosigkeit treiben kann. Solange die biologische Maschine funktioniert, zählt dies alles forensisch nur im Zusammenhang mit den gleichsam gnadenweise zu gewährenden „mildernden Umständen", nicht aber bei der Bemessung der Schuld. Erst wenn sich der kleinste Schaden im biologischen Bereich zeigt, werden Existenzangst, Zorn und Verzweiflung anthropologisch wie juristisch erheblich.

Insofern sind die Entwürfe von 1960 und 1962 in Bezug auf die Paragraphen, welche die eine Schuld ausschließenden oder mindernden psychischen Gründe betreffen, in vieler Hinsicht ein Ausdruck der seelisch-geistigen Situation der bei uns z. Zt. führenden soziologischen Zwischengeneration. Wirklich fundierte Kenntnis menschlichen Verhaltens, seiner Gründe und vor allem seiner sozialen Verflechtung und Bedingtheit ist da wenig gefragt[17]. Man hat ein Leitbild, ein sehr idealistisches Leitbild zumeist sogar. Für den wirtschaftlichen wie auch den juristischen Alltag aber bedient man sich lieber einer Schablone oder einer möglichst handfesten Faustregel.

Von hier aus aber muß man beinahe fragen — und diese Frage wurde gerade von Juristen aufgeworfen — ob die Zeit für eine Strafrechtsreform bei uns überhaupt schon reif ist[18]. Könnte man nicht versuchen, für die Behebung der dringendsten strafrechtlichen Probleme vorerst mit einem Dutzend Novellen zurechtzukommen? Erst wenn die kaum begonnene und zum Teil sehr mangelhafte Rezeption soziologischer und psychologischer Erkenntnisse im Rechtsdenken weitere Früchte getragen hätte, sollte man sich erneut an die Aufgabe heranwagen.

Anmerkungen:

[1] So Jeschek, H. in: Das Menschenbild unserer Zeit und die Strafrechtsreform. Recht und Staat, Heft 198/199, Tübingen 1957.

[2] Welzel, H., Das neue Bild des Strafrechtssystems. Göttinger Rechtswissenschaftliche Studien, Bd. 1, Göttingen 1961, S. 52.

[3] vgl. Welzel, a.a.O., S. 46.

[4] vgl. Jeschek, a.a.O.; Welzel, a.a.O.; S. 47 f. Maurach, R., Strafrecht. Allgemeiner Teil. 2. A. München 1958, S. 347 f.

[5] vgl. Lewin, K., A dynamic theory of personality. New York 1936. Allport, G. W. Personality. A psychological interpretation. New York 1937. Thomae, H., Der Mensch in der Entscheidung. München 1960, S. 193 ff., 247 ff.

[6] Dies wurde sehr prägnant auch von K. Haddenbrock herausgearbeitet (Die Unbestimmtheitsrelation von Freiheit und Unfreiheit als methodologischer Grenzbegriff. Der Nervenarzt 32, 1961).

[7] vgl. u. a. Kroh, O., Revision der Erziehung. Heidelberg 1951, Erikson, H. H. Childhood and society. New York 1952. Parsons, T. & Shils, E., Toward a general theory of action. Cambridge (Mass.) 1952. Child, J. L., Socialisation. In: Lindzey, G., Handbook of Social Psychology. New York 1954.

[8] Siehe Illchmann-Christ, A., Die rechtliche Stellung der strafmündigen Minderjährigen usf. Z. ges. Strafrechtswissenschaft. 2. 1953. Sieverts, R., Die „Große Strafrechtsreform" und das materielle Jugendstrafrecht. Mon. schr. Kriminolog. 44, 1961. Villinger, W., Das neue JGG in jugendpsychiatrischer Sicht. Praxis Kinderpsychol. 4, 1 (1955).

[9] vgl. Maurach, R., Schuld und Verantwortung im Strafrecht. Wolfenbüttel-Hannover 1948, S. 42.

[10] Aus Zeitgründen wird dieses eine Problem herausgegriffen. Von allen grundsätzlichen Entscheidungen abgesehen, ist die Wahl des Begriffes „Bewußtseinsstörung" wegen der Vieldeutigkeit des Bewußtseinsbegriffes und der rationalen Auslegung menschlichen Verhaltens zu bedauern. Vgl. Thomae, H., Bewußtsein, Persönlichkeit und Schuld. Mon. schr. Kriminolog. 44, 1961.

[11] So neuerdings etwa Witter; dagegen wird die Berechtigung dieser Einengung des Begriffes „Bewußtseinsstörung" bestritten von Schwalm, Diskussionsbemerkung, in: Die Zurechnungsfähigkeit bei Sittlichkeitsstraftätern. Beitr. Sexualf. 28, Stuttgart 1963, S. 49—51.

[12] vgl. Thomae, H., Mon. schr. Kriminolog. 44 (1961) Undeutsch, U. Zurechnungsfähigkeit bei Bewußtseinsstörung. In: Ponsold, (Hg.) Lehrbuch der gerichtlichen Medizin. 2. A. Stuttgart 1957.

[13] vgl. die Erläuterungen des E 1962 zu §§ 24, 25 und R. Lange, Der juristische Krankheitsbegriff. In: Beiträge zur Sexualforschung. 28/1963, S. 4 f., 15.

[14] Ein sehr interessantes Beispiel für die Interferenz kriminaltaktischer und sachlicher Erwägungen findet sich in der Diskussionsbemerkung von Schwalm (1963, S. 50 f.) Die Wahl des Begriffes „Krankheitswert" wird hier ausdrücklich durch kriminalpolitische Überlegungen motiviert. Vgl. auch die Thesen von R. Lange (a.a.O., S. 9 f).

[15] Vgl. E 1962, S. 131.

[16] Tatsächlich ist die Formulierung der E 1960/1962, ein „Sieg" jener psychiatrischen Gruppe, welche die *biologischen* Kriterien als die allein maßgeblichen für die Aussage über die Schuldfähigkeit anerkannt wissen wollten (vgl. Witter 1960). Wie die Formulierung wird auch die Praxis dem biologistischen Trend folgen und die geforderte „psychologische" Beurteilung der Einsichts- und Willensfähigkeit noch mehr als bisher zu einem nebensächlichen Anhängsel der Begutachtung herabsinken lassen.

[17] vgl. hierzu die sehr abstrakten und jeglicher Empirie abgewandten Ausführungen von W. Hardwig über die Grundlagen des „personalen Unrechts" (Personales Unrecht und Schuld, Mon. schr. Kriminolog. 44, 1961, S.

202 ff.), die — soweit sie die Kennzeichnung menschlichen Verhaltens betreffen — eher wie ein weltanschauliches Bekenntnis als wie eine wissenschaftliche Abhandlung anmuten. Wesentlich in diesem Zusammenhang ist auch die Feststellung von R. Lange a.a.O., S. 4), „nach Auffassung der befragten Psychiater" sei erst in der Kombination einer Abartigkeit mit einer biologischen Affektion „eine erhebliche Verminderung der Beherrschbarkeit des Handelns anzunehmen". Es ist kaum anzunehmen, daß einer der von der Großen Strafrechtskommission befragten Psychiater gebeten wurde, die empirischen Beweise für diese „Auffassung" vorzulegen. Er hätte ehrlicherweise zugeben müssen, daß solche Beweise nicht existieren, zumal er sich damit ohnhin aus dem Zuständigkeitsbereich des eigenen Faches hinausbegab. Kretschmer (Med. Psychologie, Stuttgart 1962, 13. Kapitel) sieht im übrigen eine erhebliche Minderung der Beherrschbarkeit des Handelns bei Explosiv- und Kurzschlußreaktionen auch ohne das Vorliegen einer solchen Affektion gegeben.

18 Im gleichen Sinne meint A. E. Brauneck bei einem Vergleich deutscher und ausländischer Rechtsanschauungen (Zum Schuldstrafrecht des neuesten Entwurfs eines Strafgesetzbuches. Mon.schr. Kriminolog. 41, 1958, S. 158): „Daß wir in diesen Dingen anders denken, ist ganz offenbar eine Folge unserer besonderen politischen Erfahrungen, auf die man sich auch in der Strafrechtskommission wiederholt bezogen hat. Aber es fragt sich, ob unsere Erfahrungen uns nun so besonders klug gemacht oder nicht gerade mit einigen überwertigen Ideen zurückgelassen haben." Eine Warnung vor einer übereilten Reaktion auf zeitbedingte Erfahrungen erhebt auch Haddenbrock aus ärztlicher Erfahrung a.a.O. (S. 151).

KOLLEKTIVES VERHALTEN UND VERBRECHENSBEWEGUNG

Von Gerhard Rommeney

Das Verbrechen als soziologische Erscheinung

Unser Strafrecht ahndet den Rechtsbruch des Individuums. Wer die vom Gesetz geschützte Ordnung stört, wird als Täter zur Verantwortung gezogen. Führen mehrere eine strafbare Handlung gemeinschaftlich aus, so wird jeder als Täter bestraft (§ 47 StGB). Auch die Anstiftung zu einer mit Strafe bedrohten Handlung und die wissentliche Hilfeleistung bei einem Verbrechen oder Vergehen sind eigene Straftatbestände. Waren also mehrere Personen, die wir soziologisch eine Gruppe nennen können, an einer Straftat beteiligt, so wird doch jeder Einzelne nach der Art seiner Teilnahme und somit nach dem Maß seiner Schuld bestraft. In einer Gemeinschaft, die jedem ihrer Mitglieder die gleichen Grundrechte garantiert und sie somit nicht nur zu gleichberechtigten sondern auch selbstverantwortlichen Mitgliedern dieser Gesellschaft macht, ist dieser Gedanke der individuellen Schuld nur folgerichtig.

Sobald wir aber die Frage der Schuld und der Schuldfähigkeit beiseite lassen und den Täter lediglich in seiner Eigenschaft als ein Mitglied der Gesellschaft und seine Tat als eine Verhaltensweise innerhalb dieser Gesellschaft betrachten, richtet sich unser Blick auch auf die mannigfachen Zusammenhänge zwischen dem Individuum und der Gemeinschaft. Es ist eine biologische und eine historische Tatsache, daß der Mensch die Gemeinschaft mit anderen Menschen braucht. Wir kennen zwar die räumliche Entfernung des Einzelnen von der Masse und die seelische Vereinsamung des Einzelnen in der Masse. Das sind aber zeitlich begrenzte Lebenssituationen, die zudem als außergewöhnlich empfunden werden, auch dann, wenn sie absichtlich herbeigeführt werden. Eine zeitlich unbegrenzte und ein ganzes Menschenleben umfassende Isolierung schließt aber nach den bisherigen Erfahrungen das Menschsein aus. K. Birnbaum[1] weist in seiner Kriminalpsychopathologie darauf hin, daß unter allen Lebewesen gerade die psychische Organisation des Menschen in besonderem Maße darauf angelegt ist, mit seelischen Kräften über-individuelle Verrichtungen auszuüben. „Das einzelne Lebewesen bildet einen unwegdenkbaren Bestandteil der Gemeinschaft, es formt die Gemeinschaft, der es zugehört, und wird von dieser geformt." Er spricht sogar von „sozialpsychischen Spezialfunktionen", die innerhalb des gesamten psychischen Bereiches der Verstandes-, Gefühls- und Willenstendenzen wirksam werden.

Daraus folgt, daß auch der Täter im Sinne des Strafrechts ein Bestandteil der menschlichen Gesellschaft und daß sein Rechtsbruch eine Erscheinung der gesellschaftlichen Wirklichkeit ist. Der Täter ist ohne die Gesellschaft nicht denkbar. Die Gesellschaft wiederum ist ohne zeitweilige Störung ihrer Ordnung nicht denkbar.

Mit dieser Feststellung soll dem kriminellen Verhalten kein bestimmender Wert innerhalb der Sozialordnung zuerkannt werden. In jedem Verbrechen tritt ein konkreter sozialer Konflikt (E. Mezger[2]) des Täters mit der Gruppe zutage, deren konformes Verhalten die Ordnung garantiert. In diesem Zusammenhang spricht W. Sauer[3] von einer „sozialethischen Unwertgröße" und W. de Boor[4] bezeichnet die verbrecherische Handlung als eine „sozialethische Minusvariante". Die soziologische Betrachtung des Rechtsbruches erlaubt es aber, ihn völlig wertungsfrei als eine unter mehreren Möglichkeiten des Verhaltens zu betrachten.

Um die Jahrhundertwende hat E. Durkheim[5] den Begriff der „Anomie" oder des „abweichenden Verhaltens" eingeführt. Er ging davon aus, daß ein soziales Verhalten gemeinhin als ein geregeltes Verhalten verstanden wird. Wo es aber Regeln gibt, die eine Ordnung garantieren sollen, da gibt es auch Regelwidrigkeiten mit der Tendenz, diese Ordnung aufzulockern. Ein gewisses Maß von abweichendem Verhalten läßt sich in jeder sozialen Struktur feststellen. Selbst bei Naturvölkern, die eine große Achtung vor der Tradition haben, gibt es keine automatische Unterwerfung unter Sitte und Brauch (König[6]). Auch bei ihnen werden gesetzliche Vorschriften nicht befolgt und umgangen, „im besten Falle nur partiell und bedingt erfüllt", wie Malinowski[7] in seiner Studie über „Sitte und Verbrechen bei den Naturvölkern" zeigen konnte.

Wir haben uns vorhin an der biologisch und geschichtlich gegebenen Tatsache orientiert, daß der Mensch ein soziales Wesen ist. Jetzt nehmen wir zur Kenntnis, daß es in jeder menschlichen Gesellschaft auch sozialnegative Akte gibt. Das geregelte und das abweichende Verhalten sind demnach Erscheinungsformen des sozialen Lebens, die sich keineswegs ausschließen, sofern sie in einem bestimmten Verhältnis zueinander stehen. Sie lassen sich mit zwei Polen vergleichen, zwischen denen eine Spannung besteht, die das jeweils gewünschte Gleichgewicht garantiert. So folgert Durkheim, ein bestimmtes Maß an Verbrechen sei „ein integrierender Bestandteil einer jeden gesunden Gesellschaft" und der Verbrecher sei „ein regelmäßig wirkender Bestandteil des sozialen Lebens".

Im Rahmen der sozialen Wirklichkeit ist demnach das Verbrechen an sich nicht anomal, auch wenn wir es mißbilligen und verurteilen und ihm um der sozialen Ordnung willen ein negatives Vorzeichen geben. Die Gesellschaft erwartet sogar, daß nicht alle Mitglieder sich in der gebotenen Weise verhalten. Deshalb schafft sie rechtliche Tatbestände, die mit Strafe bedroht und im Falle der Verwirklichung bestraft werden. Ein völlig geregeltes Verhalten aller Mitglieder einer Gemeinschaft wäre ebenso unrealistisch wie das Vorherrschen der Anomie. Im ersten Falle hätten wir es mit einer Gruppe zu tun, deren Mitglieder sich absolut konform verhalten müßten, was zugleich eine absolute Unbeweglichkeit dieser Gruppe bedeuten würde (K ö n i g). Im zweiten Falle würde sich die Gruppe auflösen, womit auch die soziale Wirkung aufhören würde. Beide Fälle sind nur Denkmöglichkeiten, die jenseits der Lebenswirklichkeit liegen. Der Begriff der Anomie meint demnach nicht so sehr das abweichende Verhalten des Einzelnen und auch nicht den Umstand, daß es überhaupt Eigentumsdelikte, Gewalttätigkeiten, Unzuchtsdelikte, Wirtschaftsvergehen und Straßenverkehrsdelikte gibt. Wenn aber die Zahl der Rechtsbrüche in einer gegebenen Gesellschaft plötzlich ansteigt, so ist das ein Symptom der Anomie.

Auch der Rückgang der Kriminalitätsziffern unter ein bestimmtes Maß braucht keineswegs ein Zeichen für normgerechtes Verhalten zu sein. In den folgenden Ausführungen werde ich u. a. zeigen, daß die niedrigen Ziffern der deutschen Kriminalstatistik in den Jahren 1914 und 1919, sowie 1933—1936 nur eine scheinbare, aber keine tatsächliche Besserung des sozialen Zustandes bedeuten.

Das Verbrechen im zeitlichen Abflauf

Die Verbrechensbewegung innerhalb einer bestimmten Bevölkerungsgruppe läßt sich mit statistischen Methoden veranschaulichen. Im ehemaligen Deutschen Reich gab es seit dem Jahre 1882 eine amtliche Kriminalstatistik. Sie wurde nach 1945 von den statistischen Landesämtern und den Landeskriminalämtern sowie vom Statistischen Bundesamt und vom Bundeskriminalamt fortgeführt. Es gibt drei Arten der Zählung. Anfangs wurden nur die rechtskräftig Abgeurteilten und Verurteilten gezählt, wobei unter Verurteilten diejenigen zu verstehen sind, bei denen im Urteil auf eine Strafe erkannt wurde, während zu den Abgeurteilten auch solche Personen gehören, bei denen von einer Strafe abgesehen wurde oder deren Verfahren mit einem Freispruch endete. Das ist die *Straverfolgungsstatistik*. Seit dem Jahre 1936 werden auch die bekanntgewordenen Straftaten und die polizeilich ermittelten Täter gezählt. Diese Polizeistatistik ist eine *Tatermittlungsstatistik*. Vom 1. Januar 1961 ab wird noch zusätzlich eine *Strafvollzugsstatistik* geführt. Sie gibt einen Überblick über die Zahl und die Belegungsfähigkeit der Straf- Verwahranstalten, über den Gefangenenbestand und die Gefangenenbewegung im ganzen Bundesgebiet.

Jede dieser Statistiken hat eine eigene und besondere Aufgabe innerhalb der drei Teilgebiete der Strafrechtspflege,

1. der Ermittlung,
2. des Strafverfahrens,
3. des Strafvollzugs.

Die Ergebnisse dieser drei Hauptstatistiken lassen sich aber auch weitgehend koordinieren, so daß es nunmehr möglich ist, das Verbrechen bzw. den Verbrecher von der Begehung der Tat an über die Aburteilung bis zum Strafvollzug zu verfolgen[89].

Vergleicht man die Zahlen der drei Teilstatistiken miteinander, so ergibt sich, daß die Masse der Rechtsbrecher in der Reihenfolge

Ermittlungsstatistik,
Strafverfolgungsstatistik,
Strafvollzugsstatistik,

immer kleiner wird. Das liegt in der Natur der Sache. Die Teilstatistiken stellen verschiedene Stadien der Strafrechtspflege dar. Die bekanntgewordenen Verbrechen oder Vergehen bilden die größte Zahl. Die ermittelten Täter sind schon weniger, weil nicht alle Täter ermittelt werden und weil manche Täter in der Berichtszeit mehrere Straftaten begangen haben. Der Kreis der abgeurteilten Personen wird weiterhin eingeengt, weil viele Verfahren bereits im Stadium der Ermittlung eingestellt werden, oder weil es sich um Übertretungen handelt, die in der Strafverfolgungsstatistik nicht gezählt werden. Innerhalb der Strafverfolgungsstatistik verringert sich der Personenkreis der Abgeurteilten zum Kreis der Verurteilten. Das sind alle Personen, die dann endgültig bestraft worden sind. In der Strafvollzugsstatistik erscheinen wiederum nur solche Täter, die zu einer Zuchthausstrafe oder zu einer Gefängnisstrafe ohne Bewährung verurteilt wurden (Abb. 1).

Es wird also die Masse der Täter von Statistik zu Statistik immer kleiner. Als Beispiel nenne ich die Ergebnisse der statistischen Ermittlungen für das Jahr 1961 in der Bundesrepublik Deutschland einschließlich Berlin (West):

Der Polizei wurden rund zwei Millionen Verbrechen und Vergehen bekannt, einschließlich der Straßenverkehrsdelikte. Aufgeklärt wurden etwa 1,3 Millionen Straftaten (65 %), wobei 1,2 Millionen strafmündige Täter ermittelt wurden. Das bedeutet, daß jugendliche Täter unter 14 Jahren nicht erfaßt wurden. Gegen fast 650 000 Straftäter wurde die Hauptverhandlung eröffnet. Es wurden etwas mehr als 570 000 (88 %) Täter schuldig gesprochen. Ende 1961 befanden sich rund 45 000 Personen (42 000 Männer, 3000 Frauen) in 356 Straf- und Verwahranstalten. Von den rund 7800 Zuchthäuslern verbüßten 696 Männer und 110 Frauen (rund 800 = 10 %) eine lebenslange Zuchthausstrafe.

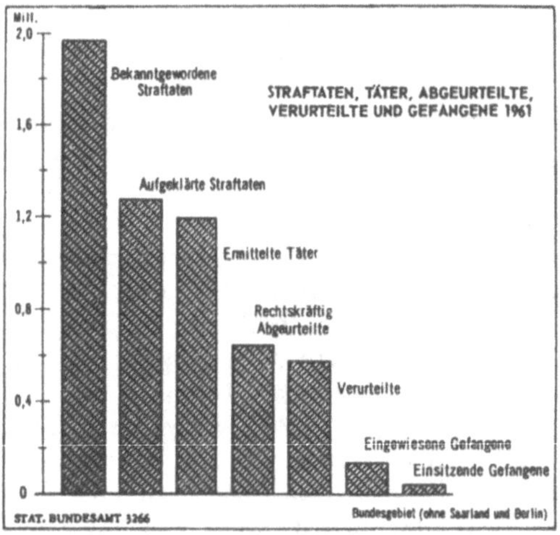

Abb. 1

Die Größenverhältnisse des Personenkreises in den drei Statistiken (Ermittlung, Strafverfolgung, Strafvollzug).

Aus: Wirtschaft und Statistik 1963, H. 6, S. 331—334

Dadurch wird deutlich, daß die Zahlen der Kriminalstatistik nur einen ungefähren Hinweis auf die Kriminalität als Massenerscheinung geben. Die Zahl der tatsächlichen Normverletzungen aller Mitglieder einer Bevölkerungsgruppe ist kaum zu schätzen. Was sich im Vorfeld der statistisch erfaßbaren Bereiche ereignet, bleibt im Dunkeln. Viele Rechtsbrüche werden gar nicht angezeigt. Die Gründe sind mannigfaltig.

Ein Unternehmer aus der Bekleidungsindustrie machte keine Anzeige, als seine Arbeiterinnen Strickwolle und fertige Pullover entwendeten. Die Arbeitskräfte sind knapp. Er muß rechnen, wenn er leben will. Solange er den Wert dieser beweglichen Sachen, die man ihm wegnimmt*, als einen erträglichen Verlust in seiner Bilanz unter-

* Wortlaut § 242 StGB (einfacher Diebstahl): „(1) Wer eine fremde bewegliche Sache einem anderen in der Absicht wegnimmt, dieselbe sich rechtswidrig zuzueignen, wird wegen Diebstahls mit Gefängnis bestraft."

bringen kann, ist es für ihn kein Diebstahl. Die Kontrolle des rechtswidrigen Verhaltens seiner Arbeitnehmer überließ er anderen.

Ein weiteres Beispiel: Ein Hausbesitzer bezahlt ohne Beanstandung eine Handwerkerrechnung, obwohl er nachweisen konnte, daß der Handwerker nur eine Stunde gearbeitet, aber vier Stunden berechnet hatte, wobei der Gehilfe, dessen angebliche Leistung ebenfalls berechnet wurde, während der Reparaturarbeiten auf der Straße gestanden und interessiert den Polizeibeamten zugesehen hatte, die ein Protokoll über einen Verkehrsunfall aufnahmen. Seine Hilfeleistung war nicht erforderlich. Der Hausbesitzer wußte, daß ihn die Handwerker getäuscht und sich dadurch einen Vermögensvorteil verschafft hatten*. Er unterließ eine Anzeige, weil er fürchtete, die Handwerker würden überhaupt nicht mehr zu ihm kommen, wenn er sie wieder brauchen würde, nachdem sie ihn in diesem Falle bereits mehrere Wochen hatten warten lassen.

Es werden aber auch Straftaten nicht angezeigt, deren Unrechtsgehalt schwerer wiegt. Mädchen und Frauen, die das Opfer von Unzuchtshandlungen geworden sind, schämen sich, eine Situation öffentlich eingestehen zu müssen, die sie bei größerer Umsicht vielleicht hätten vermeiden können. Hausbewohner fürchten Repressalien des randalierenden Trinkers, Zechgenossen und Gastwirte die handgreifliche Rache des stadtbekannten Schlägers. Wie wenige haben den Mut, einen angetrunkenen Kraftfahrer daran zu hindern, sein Fahrzeug zu führen, obwohl jedem vernünftigen Menschen bekannt ist, daß der Alkohlgenuß zu geistigen und körperlichen Mängeln führt, die bei der heutigen Situation auf unseren Verkehrsstraßen eine Fahrtüchtigkeit nicht mehr gewährleisten*. Aber nicht nur das Schamgefühl oder die Angst, sondern auch die Sorglosigkeit und Lässigkeit weiter Bevölkerungskreise begünstigen manchen Rechtsbrecher. So hätte z. B. eine rechtzeitige Anzeige wegen unbefugten Waffenbesitzes wahrscheinlich zwei schwere Verbrechen verhütet, die sich in der jüngsten Vergangenheit in unserer Stadt ereigneten und denen drei Menschen zum Opfer gefallen sind.

* Wortlaut § 263 StGB (Betrug): „(1) Wer in der Absicht, sich oder einem Dritten einen rechtswidrigen Vermögensvorteil zu verschaffen, das Vermögen eines anderen dadurch beschädigt, daß er durch Vorspiegelung falscher oder durch Entstellung oder Unterdrückung wahrer Tatsachen einen Irrtum erregt oder unterhält, wird wegen Betruges mit Gefängnis bestraft ..."

* Wortlaut § 315a, Ziff. 3 (Gefährdung des Straßenverkehrs): „(1) Wer die Sicherheit des Straßenverkehrs dadurch beeinträchtigt, daß er ... 3. ein Fahrzeug führt, obwohl er infolge geistiger oder körperlicher Mängel, sich nicht sicher im Verkehr bewegen kann und keine Vorsorge getroffen ist, daß er andere nicht gefährdet ..."

Es ergibt sich somit, daß die zahlenmäßig faßbare Verbrechensbewegung eigentlich nur anzeigt, in welcher Weise und in welchem Umfange die Öffentlichkeit im allgemeinen und die Ermittlungsbehörden im besonderen von den Rechtsmitteln Gebrauch machen, die ihnen zur Verfügung stehen.

Der Bürger, der allein den Strafrichter für die Rechtssicherheit verantwortlich macht, befindet sich in einem schweren Irrtum. Er sollte daran denken, daß sein eigenes Verhalten in der Gruppe und die Wirksamkeit des Gruppenverhaltens innerhalb der übergeordneten Bevölkerungsgruppen die Rechtsordnung bestimmen bzw. die Verbrechensbewegung beeinflussen. Allerdings muß ihm zugestanden werden, daß die Möglichkeiten, in der Gruppe und mit der Gruppe auf die Masse der Bevölkerung einwirken zu können, beschränkt sind. Die politische und die wirtschaftliche Struktur können Voraussetzungen schaffen, die das abnorme Verhalten ganzer Gruppen begünstigen und dem Einzelnen die Anpassung erschweren.

Die Deutung der Verbrechensbewegung

Weil der jeweilige politische, wirtschaftliche und kulturelle Zustand einer Gesellschaft auf die Rechtspolitik einwirkt, können auch umgekehrt aus der Kriminalstatistik Rückschlüsse auf diesen Zustand gezogen werden. Nachdem im Jahre 1882 im ehemaligen Deutschen Reich mit der amtlichen Strafverfolgungsstatistik begonnen wurde, bemerkte man von Jahr zu Jahr ein ständiges Ansteigen der Gewalttätigkeitsdelikte[10]. So erreichte z. B. die Kriminalitätsziffer für das Delikt der Körperverletzung ihren Höchststand bald nach der Wohlstandsspitze der Jahre 1897/98, während nach jedem Krisenjahr ein Stillstand oder sogar ein Rückgang erfolgte. Diese Periode des politischen, wirtschaftlichen und kulturellen Aufstiegs hatte demnach ein besonderes kriminelles Merkmal. Zur gleichen Zeit stiegen die Produktions- und Verbrauchsziffern der alkoholischen Getränke an. Im Wirtschaftsjahr 1899/1900 erreichte der Bierverbrauch mit 118 l pro Kopf der Bevölkerung seinen absoluten Höhepunkt. Er ging nach dem ersten Weltkrieg in den Jahren der Wirtschaftskrise (1931/1932) auf rund 57 l und nach dem zweiten Weltkrieg (1951/52) auf 48 l zurück, während er im Jahre 1962 bereits wieder auf 108 l angestiegen ist.

Der kriminogene Einfluß der jeweils herrschenden Trinksitten ist im Laufe der vergangenen achtzig Jahre mehrmals und auch in außerdeutschen Ländern untersucht worden. A. Bär[11] erkannte 1876 einen Parallelismus zwischen der Zahl der Vorstrafen und dem Hundertsatz von Trinkern unter den Häftlingen in 120 deutschen Gefängnissen. A. Löffler[12] hat um die Jahrhundertwende die Verhandlungsakten zweier Jahrgänge der Gerichtsbezirke von Wien und von Kornneuburg durchgearbeitet. Von den wegen Rohheits- und Sittlichkeitsverbrechen sowie wegen Vergehens gegen die Staatsgewalt verurteilten Personen waren über 50 v. H. bei Begehung der Straftat betrunken. Rechnet man die wegen Volltrunkenheit abgeurteilten Fälle hinzu, so erhöht sich der Hundertsatz auf 65. Auf Grund seiner Erfahrungen als Strafrichter fügt Löffler hinzu, daß diese Zahlen noch hinter der Wirklichkeit zurückbleiben. Vom Jahre 1910 ab führte das Land Bayern eine eigene Statistik über die in Trunkenheit begangenen Delikte. Horlacher[13] wertete diese Statistik aus und kam zu dem Schluß, daß der übermäßige Alkoholgenuß nicht nur bei Erwachsenen sondern auch bereits bei Jugendlichen eine bedeutsame Deliktursache bilde. In den Jahren 1910—1913 traf auf je 6—7 erwachsene männliche Verurteilte ein Alkoholdelinquent und auf je 13—15 jugendliche männliche Verurteilte (16 bis unter 18 Jahre) ein Alkoholdelinquent.

Auf den Parallelismus zwischen dem Alkoholismus und den sogen. Alkoholdelikten weisen auch die kriminalstatistischen Untersuchungen E. Roesner's[14] hin. Dabei interessierte ihn auch das regionale Vorkommen der gefährlichen Körperverletzung im ehemaligen Deutschen Reich mit dem Gebietsumfang von 1914. Er fand, daß dieses Delikt in den östlichen Teilen des Reiches, im Südosten Bayerns und in der Rheinpfalz mit ihren Nachbargebieten dominierte und fügte zur Erklärung hinzu: „Im Osten des Reiches herrscht durch den überwiegenden Kartoffelanbau die Branntweinproduktion vor. Bayern ist das Hauptzentrum der deutschen Bierproduktion, während die Pfalz sowie die anderen weinbauenden Ufergebiete des Rheins durch ihren reichlichen und billigen Wein eine Vorzugsstellung einnahmen."

Auch die Monats- und Wochentagsfrequenz der Rohheitsdelikte ist untersucht worden (Aschaffenburg, R. Bandel, O. Lang, A. Löffler, Kürz u. a.[15]). Dabei ergab sich übereinstimmend, daß sich diese Straftaten an jenen Tagen häufen, an denen die Bevölkerung die Zeit und die Gelegenheit hat, sich zur Alkoholgeselligkeit zusammenzufinden, also an den arbeitsfreien Sonntagen und Festtagen.

Weil diese Untersuchungen sich der indirekten statistischen Methode bedienten, sind sie hinsichtlich ihrer Aussagekraft verschiedentlich kritisiert worden. In der jüngsten Zeit (1956—1958) haben W. Krauland und G. Rommeney[16] an einem Kollektiv von Alkoholtätern, die unmittelbar nach der Tat polizeilich festgenommen und einer Blutprobe zugeführt wurden, auch mit der direkten statistischen Methode nachgewiesen, daß es Deliktsformen gibt, darunter die Körperverletzung und den Hausfriedensbruch, die man als sog. Alkoholdelikte bezeichnen darf. Es wird auch im kriminologischen Schrifttum nicht mehr geleugnet, daß zwischen dem Trinken von Alkohol und

und dem kriminellen Verhalten einige Beziehungen bestehen. Ohne Gefahr einer Übertreibung kann gesagt werden, daß der übermäßige Alkoholgenuß und die Ausbreitung der Trinkgewohnheiten das kriminelle Verhalten fördern. Dabei ist als Übermaß nicht nur die akute Berauschung sondern auch das gewohnheitsmäßige Trinken zu verstehen, das zur Persönlichkeitsveränderung und zur Verwahrlosung führt.

Ich habe im Jahre 1960 nachzuweisen versucht, daß die Zeitabschnitte 1880—1913 und 1950—1960 hinsichtlich der Verbrechensbewegung gewisse Ähnlichkeiten aufweisen[17]. Beide Perioden zeichnen sich durch wirtschaftliche Hoch- bzw. Überkonjunkturen aus, die im Sinne der Soziologie ebenfalls Krisen sind. E. Durkheim nennt sie die „crises heureuses"*. Sie können infolge überspannter Ambitionen den Gleichgewichtszustand des durchschnittlichen Lebensstandards ebenso stören, wie es die plötzliche Armut bei wirtschaftlicher Depression vermag (R. König). Eine Gegenüberstellung der Verurteiltenzahlen (Verbrechen und Vergehen nach dem StGB) im Bundesgebiet — ohne Berlin (West) — ergibt, daß im Jahre 1950 nur 8 v. H. Erwachsene und 6 v. H. Jugendliche wegen Widerstandes, Hausfriedensbruches, gefährlicher Körperverletzung, Mißhandlung von Kindern und Sachbeschädigung verurteilt wurden. Im Jahre 1961 erhöhten sich die Hundertsätze bei den Erwachsenen (einschl. Heranwachsender) auf 12 und bei den Jugendlichen auf 10. Das ist freilich nur ein Teilbeitrag zu der These, daß die Hochkonjunktur die Verbrechensbewegung fördert, weil sich die mitgeteilten Ergebnisse nur auf Delikte beziehen, die durch den Alkoholgenuß gefördert werden (s. a. W. Sauer).

Eine langsam ansteigende Verbrechensbewegung offenbart den Wandel des Gruppen- und Kollektivverhaltens nur allmählich und bei ständigem Vergleich der statistischen Ergebnisse, so daß der Öffentlichkeit ein sich anbahnendes abweichendes Verhalten auch nur langsam bewußt wird. Es gibt aber auch Beispiele für eine sprunghafte Steigerung der Gesamtkriminalität oder einiger Deliktsformen, die auf kurze Zeitabschnitte beschränkt ist. In den Jahren 1890 bis 1913 bewegten sich die Verurteiltenverhältnisziffern* in Deutschland zwischen 1000 und 1200. Nach dem Ende des ersten Weltkrieges stiegen die Ziffern von rund 1300 im Jahre 1921 auf rund 1700 im Jahre 1923 an, sanken aber von 1924 ab ebenso schnell wieder auf rund 1200 im Jahre 1925 und auf rund 1100 im Jahre 1931 ab. Es war in früheren Jahren üblich,

* In freier Übersetzung könnte man sie die „goldenen" bzw. „scheingoldenen" Krisen nennen.

* Verurteiltenverhältnisziffer = Zahl der verurteilten Personen auf 100 000 der jeweiligen strafmündigen Bevölkerung.

die Gesamtkriminalität an der Eigentumskriminalität zu messen. Die Gruppen der Diebstahls-, Unterschlagungs- und Betrugsdelikte war in allen Statistiken des In- und Auslandes am stärksten vertreten, so daß man gewöhnt war, sich an der Zahl der Eigentumsdelikte über den jeweiligen Stand der Massenkriminalität zu orientieren. Deshalb war es auch nicht schwer, eine Erklärung für die ungewöhnliche und ruckartige Bewegung zu finden, die vergleichsweise wie eine Fieberzacke in der Temperaturkurve eines Kranken anmutet (Abb. 2).

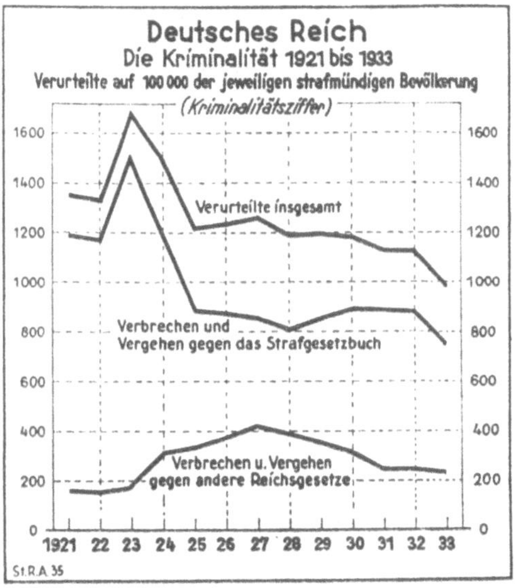

Abb. 2

Die höchsten Verurteiltenverhältnisziffern (bzw. Kriminalitätsziffern) innerhalb der Verbrechensbewegung seit 1882. (Statistisches Reichsamt Berlin 1935)

Vom Jahre 1921 ab machte sich eine zunehmende Störung im Geldumlauf bemerkbar. Die deutsche Mark verlor von Monat zu Monat, von Woche zu Woche und im Jahre 1923 sogar von Stunde zu Stunde an Wert. Man konnte die Geldscheine in Körben sammeln und mit Millionen und Billionen rechnen. Aber schon nach einer Woche reichten sie nur noch für die Artikel des notwendigsten Lebensbedarfs. So wurde das Verlangen nach wertbeständigen Gütern immer größer. Der Selbsterhaltungstrieb durchbrach alle moralischen Schranken. Es wurde alles gestohlen, was nur irgendwie dem Lebensunterhalt dienen oder als Tauschobjekt nützlich sein konnte. Ich habe nach den amtlichen Zahlen des ehemaligen Statistischen Reichsamtes[18] berechnet, daß von den rechtskräftig verurteilten Personen wegen einfachen Diebstahls im Jahre 1931 nur 10 v. H., im Jahre 1923 aber 37 v. H. und wegen schweren Diebstahls im Jahre 1931 nur 4 v. H., im Jahre 1923 aber 7 v. H. verurteilt wurden. Die Hundertsätze für 1961[19] sind 9,4 (einfacher Diebstahl) und 2,6 (schwerer Diebstahl). Hier wird die Normabweichung vom Eigentumsbegriff besonders eindrucksvoll demonstriert. Solche markanten Zahlen gehören freilich zu den Ausnahmen innerhalb einer Verbrechensbewegung. Das abweichende Verhalten in einem bestimmten Lebensbereich muß sich schon auf weite Bevölkerungskreise ausgedehnt haben, wenn die Zahlen der Gesamtkriminalität davon beeinflußt werden. Es ist nicht zu leugnen, daß die Währungskrise der frühen zwanziger Jahre ein Zeitabschnitt einer erheblich gestörten Sozialordnung war.

Derartige Krisenzeiten, die wir in Deutschland auch nach dem zweiten Weltkrieg 1939—1945 erlebt haben, offenbaren eine weitere Erscheinung, die zur Frage der rückfälligen Rechtsbrecher oder Gewohnheitsverbrecher hinführt. Es nehmen an dem abweichenden Verhalten viele Personen teil, die keine kriminelle Vergangenheit haben und zum ersten Male in ihrem Leben die Rechtsnorm verletzen. Nach der Stabilisierung der wirtschaftlichen oder politischen Unordnung bleiben sie für ihr weiteres Leben straffrei. So stellte R. Grassberger[20] durch kriminalstatistische Untersuchungen im österreichischen Bundesstaat (1918—1937) fest, daß die kurzfristigen Schwankungen der Verbrechensbewegung auf die Änderung der Umwelteinflüsse zurückzuführen sind. Dabei vermehrt sich die Zahl der Straffälligen, während sich die kriminelle Betätigung des einzelnen Rechtsbrechers nur geringfügig intensiviert. Er ging in Analogie zu dem Anomie-Begriff Durkheim's davon aus, daß es in jeder Bevölkerung eine, wenn auch zahlenmäßig geringe Gruppe gibt, die unabhängig von dem Grade und der Wirksamkeit sozialer Ordnungsfunktionen Verbrechen begeht. Ihr steht die größere Masse der „Unbescholtenen" gegenüber, deren Fähigkeit, den kriminellen Anreizen zu widerstehen, aber keineswegs einheitlich ist. Es findet sich vielmehr innerhalb der größeren Gruppe der Unbescholtenen eine Untergruppe, die unter dem verstärkten Druck einer Periode wirtschaftlicher Bedrängnis, sozialer Unsicherheit oder politischer Spannungen in kriminelle Verhaltensweisen ausweicht. Das Ansteigen der Kriminalitätskurve in solchen Krisenzeiten wird demnach dadurch bewirkt, daß eine bestimmte Anzahl der bislang Unbescholtenen in den Kreis der Kriminellen neu eintritt. Grassberger bezeichnet diese Gruppe als „kriminelle Reservearmee", die in den verbrechensfördernden Druckperioden „mobilisiert" und in den verbrechenshemmenden Entlastungsperioden „demobilisiert" wird. Auf diese Weise läßt sich die bekannte Erscheinung erklären, daß der Anteil der Rückfälligen in den Zeiten einer hohen Gesamtkriminalität relativ niedrig ist, während die Zeiten eines Rückganges der Gesamtkriminalität zugleich einen relativen Anstieg der Straffälligkeit der Rückfälligen erkennen lassen.

Wenn Sutherland[21] meint, daß die seelischen Vorgänge, die dem kriminellen Verhalten zugrunde liegen, allein in der Gruppe gelernt und geprägt werden, so ist das im Hinblick auf den gewohnheitsmäßigen Rechtsbrecher gut zu verstehen. Das kurzfristige Anschwellen der Verbrechensbewegung lehrt aber noch einen anderen Ursachenfaktor, der für gewöhnlich verborgen bleibt. Er wird bestimmt von der Zahl der Anpassungsfähigen, die zeitweilig und bis zu einem gewissen Grade belastet werden können, die aber nicht in der Lage sind, auch unter anhaltendem und verstärktem Druck sich normgerecht zu verhalten. Die Zahl der nur bedingt Belastungsfähigen innerhalb einer Bevölkerungsgruppe bleibt allerdings im Dunkeln.

Zu Beginn meiner Ausführungen hatte ich gesagt, daß die rückläufige Bewegung in der Tatermittlungs- und Strafverfolgungsstatistik keineswegs ein Anzeichen für eine gesunde Sozialstruktur zu sein braucht. So sind die Zahlen der Tatermittlungsstatistik weitgehend abhängig von dem Personalbestand der Ermittlungsbehörden und von dem Ausbildungsstand der Ermittlungsbeamten, aber auch von der Bereitwilligkeit der Öffentlichkeit, die Verbrechen aufzuklären. Wenn die Täter von ihrer Umgebung gedeckt werden, wenn die Kriminalbeamten überlastet oder körperlich und geistig der Gruppe der Rechtsbrecher nicht gewachsen sind, wird auch weniger angezeigt, weniger und ungenügend ermittelt und somit weniger aufgeklärt. Die Zahl der ermittelten Täter kann niedrig sein, während eine ebenso große Zahl von Tätern frei herumläuft. In dieser Situation wäre die Rechtsordnung gefährdet. Die Gesamtaufklärungsquote in der Bundesrepublik Deutschland bewegte sich in den Jahren 1954 bis 1959 zwischen 66 und 73 v. H.[22]. Allerdings weisen die Quoten bei den einzelnen Deliktsgruppen große Unterschiede auf. Die Delikte Betrug, Untreue, Urkundenfälschung und die Kapitalverbrechen haben mit 94 bzw. 92 v.H. die höchsten Quoten. Es folgen die Sittlichkeitsdelikte mit rund 80 v.H. und der Raub und die räuberische Erpressung mit 55 v.H., während die Quote für den einfachen und schweren Diebstahl zusammen nur 36 v.H. beträgt. Deshalb mahnt Holle, es müßten alle Anstrengungen unternommen werden, „die Kriminalpolizei personell und materiell so auszustatten, daß sie einen größtmöglichen Beitrag zur Aufrechterhaltung der öffentlichen Sicherheit zu leisten vermag“.

In den dreißiger Jahren wies die deutsche Strafverfolgungsstatistik auffallend niedrige Verurteiltenverhältnisziffern auf. Während die Ziffern vor dem ersten Weltkrieg und nach der Währungskrise 1923 im

Mittel 1100 betrugen, sanken sie 1933 auf 973 und 1936 sogar auf 737 ab. Die damals maßgebenden Politiker betrachteten das als ein Positivum. Die Älteren unter uns werden sich noch an ihre Reden erinnern, in denen sie ankündigten, sie würden die Verbrecher „mit Stumpf und Stiel" ausrotten. Wir wissen heute, daß das eine Täuschung war. Diese Jahre standen völlig im Zeichen der militärischen Aufrüstung. Der Personalbestand der militärischen Streitkräfte wurde laufend erhöht. Die Wehrmacht hatte eine eigene Gerichtsbarkeit, deren Geschäftstätigkeit in der allgemeinen Kriminalstatistik nicht berücksichtigt wurde. Die Altersverteilung der Verurteiltenziffern zeigt in allen Zeitabschnitten übereinstimmend an, daß unter allen Altersgruppen die männlichen Jugendlichen und Heranwachsenden das Hauptkontingent der Rechtsbrecher stellen[23]. Die Gruppe der Heranwachsenden (18—21 Jahre) befindet sich aber auch im wehrfähigen Alter und scheidet beim Bestehen einer allgemeinen Wehrpflicht vorübergehend aus dem Zivilstand aus. Der Kreis der Zivilpersonen wurde aber damals noch dadurch eingeschränkt, daß jüngere und ältere Jahrgänge in politischen und militärähnlichen Verbänden organisiert wurden, die den Anspruch erhoben, nicht nur Übertretungen sondern auch Vergehen auf disziplinarischem Wege zu verfolgen. Die Gewohnheitsverbrecher und auch die Gruppe der lästigen und mißliebigen Personen hingegen, mit denen sich jede Gemeinschaft auseinandersetzen muß, wurden vom öffentlichen Leben ausgeschlossen und verwahrt. Der scheinbar positive Effekt wurde demnach durch eine besondere innerstaatliche Organisation erreicht. Organisation bedeutet aber noch nicht soziale Ordnung. Die Organisation kann auch zur Überorganisation ausarten. Die Verbrecherbanden (Gangs) sind auch organisiert, oft überorganisiert. Die Bewohner der Verbrecherquartiere in großen Städten halten sich an eine eigene Ordnung. Diese Ordnungen entsprechen aber nicht der allgemeinen Ordnung. Aus dem organisierten abweichenden Verhalten ganzer Gruppen entstehen vielmehr die „kriminellen Subkulturen". (R. König, F. M. Thrasher, W. F. Whyte)[24].

Ein Blick auf die Gegenwartskriminalität bietet nun wieder ganz andere Verhältnisse dar. Nach der Überwindung der unmittelbaren Kriegsfolgen mit ihren Störungen der Gesellschaftsordnung stabilisierten sich die sozialen Verhältnisse in der Bundesrepublik und in Berlin (West) in zunehmendem Maße. Vom Jahre 1950 ab gab es keine bemerkenswerten wirtschaftlichen Krisen und keine politischen Erschütterungen. Das äußere Gleichmaß einer zum Wohlstand strebenden Entwicklung wurde nicht gestört. Man kann das fünfte Jahrzehnt einen ruhigen und geordneten Zeitabschnitt nennen. Trotzdem offenbaren die Statistiken beachtenswerte kriminelle Tendenzen. Bei den Erwachsenen stiegen die Verurteiltenverhältnisziffern von 529 im Jahre 1950 auf

1241 im Jahre 1957, bei den Heranwachsenden von 2413 auf 3281, bei den Jugendlichen von 1496 auf 2544[25]. Dabei hielt die Aufklärungstätigkeit der Polizei und die Geschäftstätigkeit der Gerichte mit der Straffälligkeit Schritt. Die Rechtsprechung wurde nach den Feststellungen des Statistischen Bundesamtes strenger.

Zunächst sah es so aus, als handele es sich um Nachschwankungen in Auswirkung der Kriegsjahre, wie sie — wenn auch in schwächerer Form — bereits nach dem ersten Weltkriege zu beobachten waren. Es wurde aber bald klar, daß das erneute Anschwellen der Verbrechensbewegung von Deliktsgruppen bewirkt wurde, die mit den Auswirkungen der Katastrophenjahre 1939—1949 nichts mehr zu tun hatte. Vielmehr war ein „Umschichtungsprozeß" in der Verbrechensbewegung eingetreten. An dieser Umschichtung war und ist auch heute noch der motorisierte Straßenverkehr wesentlich beteiligt.

Es wäre einer eigenen Untersuchung wert, die verschiedenartigen, wechselseitig wirkenden und sich potenzierenden Kräfte darzustellen, die sich in dieser Erscheinung unseres modernen Lebens offenbaren. Der Straßenverkehr ist zu einer Massenbewegung geworden, die nicht nur das öffentliche Leben beherrscht, neue Berufe und bessere Verdienstmöglichkeiten schafft, sondern auch in die Persönlichkeitssphäre eingreift. Hier wird nicht nur der Wunsch geweckt, ein eigenes Fahrzeug zu besitzen. Das Prestige erfordert auch, von Jahr zu Jahr in einen besseren, größeren und schnelleren Wagen umzusteigen. Die Möglichkeit, große Entfernungen mit geringen Fahrkosten zu überwinden, fördert die Reiselust, woraus die Organisatoren des Massentourismus ihre Vorteile ziehen. So werden die Lebensgewohnheiten ganzer Gruppen, aber auch das Lebensgefühl des Einzelnen völlig verändert. Diese Massenbewegung hat natürlich auch eine Kehrseite. Die Zahlen der Unfallstatistik, die Summe der Sach- und Personenschäden und die Summe der Verkehrsdelikte zwingt zu der Überlegung, ob wir überhaupt noch in der Lage sind, diese Massenbewegung zu kontrollieren, ob sie nicht vielmehr ihren eigenen Gesetzen gehorcht und unsere bisher gültige Sozial- und Rechtsordnung zu überwältigen droht (Abb. 3).

Ich habe vor einigen Jahren die Entwicklung der Gesamtkriminalität in Berlin (West) untersucht und die wichtigsten Deliktsgruppen innerhalb der drei Altersgruppen: Jugendliche, Heranwachsende und Erwachsene miteinander verglichen. Bei den Jugendlichen dominierte eindeutig die Gruppe „Diebstahl und Unterschlagung". Es folgten in größerem Abstand die Straßenverkehrsdelikte, Sachbeschädigung, Körperverletzung und die Sittlichkeitsdelikte. Das entsprach den Erwartungen. Bei den Heranwachsenden rückten die „Straßenverkehrsdelikte" in die unmittelbare Nähe der noch immer beherrschenden Gruppe „Diebstahl und Unterschlagung". Bei den Erwachsenen aber hatte die Gruppe

„Straßenverkehrsdelikte" die unbestrittene Führung übernommen. Die Verurteiltenverhältnisziffern für die Straßenverkehrsdelikte stieg bei den Erwachsenen von 49 im Jahre 1950 auf 548 im Jahre 1957, für die übrigen Delikte aber nur von 480 auf 693. Es ereignete sich hier zum

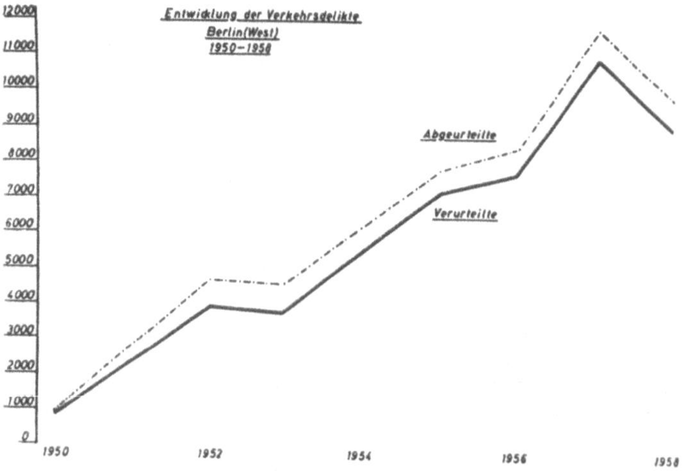

Abb. 3

Größenordnung der Aburteilungen und Verurteilungen wegen Verkehrsvergehens (absolute Zahlen). Bevölkerungszahl rund 2,2 Millionen.

ersten Male seit dem Beginn der deutschen Kriminalstatistik im Jahre 1882, daß die Eigentums- bzw. Vermögensdelikte, die bisher in allen Zeitabschnitten die unbestrittene Führung hatten, an die zweite Stelle rückten. Das geschah zwar vorerst nur bei den Erwachsenen. Aber auch bei den Heranwachsenden, die mit ihren großen Zahlen die Verurteiltenstatistik beherrschen, erreichen die „Straßenverkehrsdelikte" eine Größenordnung, die sie gleichberechtigt neben die Eigentumsdelikte stellt.

Die Straßenverkehrsdelikte sind in der Mehrzahl Fahrlässigkeitsdelikte, deren Unrechtsgehalt im Vergleich zu anderen Delikten, wie z. B. Vermögensdelikten, geringer ist. Trotzdem darf die Bedeutung dieser neu auftauchenden großen Deliktsgruppe als Massenerscheinung nicht übersehen werden.

Das Anschwellen der Fahrlässigkeitsdelikte ist ein sehr beachtenswerter Vorgang. Er beweist, daß sich die Handlungsweise eines einzelnen, dessen Schuld durch das Merkmal Fahrlässigkeit charakterisiert wird, zu einer Massenerscheinung mit eigengesetzlicher Dynamik ausweitet, durch welche die Rechtsordnung bedroht werden kann.

Meine Ausführungen sollten zeigen, daß das Verbrechen des Einzelnen ein sozialnegativer Akt ist, der um der Rechtsordnung willen geahndet werden muß. Die soziologische Betrachtung des Rechtsbruches enthält sich aber einer Wertung. Der Rechtsbruch stellt sich als eine Verhaltensweise dar, die der Täter im konkreten Fall unter mehreren Möglichkeiten gewählt hat. Deshalb ist es auch nicht anormal, daß es überhaupt Verbrechen gibt. Der Rechtsbruch gehört zur gesellschaftlichen Wirklichkeit. Die amtliche Zählung (Strafverfolgungs-, Tatermittlungs-, Strafvollzugsstatistik) zeigt an, in welcher Weise und in welchem Umfange die Gesellschaft auf die Rechtsbrüche reagiert. Die sorgfältige Analyse der Zahlenwerte läßt aber auch Rückschlüsse auf gewisse Formen des kollektiven Verhaltens zu. Die Entwicklung der Verbrechensbewegung in der Gegenwart läßt erkennen, daß die Rechtsordnung weniger von den vorsätzlichen Delikten mit Unrechtsgehalt als von den Fahrlässigkeitsdelikten bedroht wird, die zu einer Massen-

Anmerkungen:

[1] K. Birnbaum, Kriminalpsychopathologie und psychologische Verbrecherkunde. Springer Berlin 1931, S. 17.

[2] E. Mezger, Kriminologie, München und Berlin 1951.

[3] W. Sauer, Kriminologie, Berlin 1950.

[4] W. de Boor, Über motivisch unklare Delikte. Springer Berlin-Göttingen-Heidelberg 1959.

[5] E. Durkheim, (dtsch.), Die Methode der Soziologie. Leipzig 1908.

[6] R. König, Soziologie. Enzyklopädie des Wissens, Bd. 10. Fischer 1958.

[7] B. Malinowski, Sitte und Verbrechen bei den Naturvölkern. Bern 1948.

[8] Wirtschaft und Statistik 1962, H. 7, S. 404—408.

[9] Wirtschaft und Statistik 1963, H. 6, S. 331—334.

[10] u. a. H. Seuffert, Die Bewegung im Strafrecht während der letzten dreißig Jahre. Dresden 1901.

[11] A. Bär, Der Alkoholismus. Berlin 1876.

[12] A. Löffler, Ztschr. f. d. ges. Strafwissenschaft 23, 509 (1902), zit. bei R. Wlassak, Grundriß der Alkoholfrage. Hirzel Leipzig 1929.

[13] M. Horlacher, Alkoholstatistik und Alkoholkriminalität mit besonderer Berücksichtigung Bayerns. Allg. Stat. Archiv. *10,* 140—207 (1916/17).

[14] E. Roesner, Kriminalstatistik im Handwörterbuch der Kriminologie II, 44, 1108.

[15] Aschaffenburg, Das Verbrechen und seine Bekämpfung. 1923 S. 65.
R. Bandel, Die Trunkenheitsstatistik in Nürnberg und Fürth. Ztschr. Die Alkoholfrage 1931, H. 4/5.
O. Lang, Alkohol und Verbrechen. Basel 1898.
A. Loeffler und Kürz zit. bei R. Wlassak, Grundriß der Alkoholfrage. Hirzel Leipzig 1929.

[16] W. Krauland und G. Rommeney, Statistische Untersuchungen über Blutalkoholwerte bei verschiedenen Deliktsgruppen. Dtsch. Ztschr. gerichtl. Med. Bd. 51, H. 3, K. 440 (1961).

[17] G. Rommeney, Die Alkoholkriminalität als eine Form des abweichenden Verhaltens (Anomie). Vortrag 26. Intern. Kongreß über Alkohol und Alkoholismus. Stockholm, 1960.

[18] Die Entwicklung der Kriminalität im In- und Ausland nach dem Kriege. Statistik des Deutschen Reiches, Bd. 478, S. 7, Berlin 1935.

[19] Statistisches Jahrbuch für die Bundesrepublik Deutschland. Kohlhammer Stuttgart und Mainz 1963, S. 122—126.

[20] R. Grassberger, Die Lösung kriminalpolitischer Probleme durch die mechanische Statistik. Springer Wien 1946.

[21] Sutherland, Principles of Criminology. Chicago/Philadelphia/New-York 1947. Zit. bei H. R. Hegg, Der Rückfall im schweizerischen Strafgesetzbuch. Winterthur 1959.

[22] R. Holle, Die Kriminalität in der Bundesrepublik Deutschland im Jahre 1959. Kriminalistik, 14. Jg. (1960, S. 248—254, 302—309).

[23] G. Rommeney, Analyse und Prognose der Gegenwartskriminalität als Massenerscheinung. Mschr. Krim. 42. Jg. S. 191—206 (1959).

[24] F. M. Thrasher, The Gang. Chicago 1947.
W. F. Whyte, Street Corner Society. Chicago 1947. Zit. bei R. König, a.a.O.

[25] G. Rommeney, Analyse und Prognose der Gegenwartskriminalität, a.a.O.

STRAFVOLLZUG ALS RESOZIALISIERUNG

Von Karl Peters

Begriff der Resozialisierung

Resozialisierung ist der Vorgang, durch den jemand, der infolge persönlichen Versagens aus der gesellschaftlichen Ordnung herausgetreten ist, wieder soweit gefördert und gefestigt wird, daß er mit den Ansprüchen der Gesellschaft fertig wird. Die Vorsilbe „re“ deutet auf eine *Wieder*eingliederung hin. Zuweilen handelt es sich jedoch um die erstmalige Eingliederung. Das Versagen des einzelnen kann vielerlei Ursachen haben. Die auslösenden Umstände können Sucht, Geistesschwäche, Geisteskrankheit, Verwahrlosung, Verbrechen u. a. m. sein. Ist das Ziel immer das gleiche, so sollte man glauben, daß sich auch die Wege entsprechen. Tatsächlich ist das auch weithin der Fall. Bei der Behandlung Süchtiger, Geisteskranker, Verwahrloster oder Rechtsbrecher kennen wir die Methode der ambulanten und der Anstaltsbehandlung. Im System der Anstaltsbehandlung stehen geschlossene, halboffene und offene Einrichtungen nebeneinander. Infolgedessen ist es auch möglich, die Erfahrungen aus dem einen Bereich der Wiedereingliederung in dem anderen Bereich zur Geltung zu bringen. Es ist daher angebracht, die gesamten Resozialisierungsmaßnahmen als eine grundsätzliche Einheit zu betrachten. Das scheint umso mehr am Platz zu sein, als die einzelnen Formen der gesellschaftlichen Abständigkeit nach der personellen Seite sich zwar nicht vollständig decken, aber doch zum Teil überdecken.

Die Bedenken gegen den Resozialisierungsgedanken im Strafrecht

Gegen diese Einheitsthese lassen sich sicherlich vom Strafrecht her Einwände erheben. Man könnte fragen, ob hier nicht eine Verwischung strafrechtlicher Grundeinsichten stattfände, ob nicht der Gedanke der Schuld und der Verantwortlichkeit, der Haftung für begangenes Unrecht und des Sozialvorwurfs zu kurz käme, ob nicht die Gefahr beschworen würde, den Rechtsbrecher zu einem Kranken umzustempeln. Sicherlich hat jede Form der Asozialität ihre besondere menschliche Grundlage. Das hindert aber nicht, zunächst einmal den Blick dafür zu eröffnen, daß die Grundsätze menschlicher Behandlungsweise weithin gleichartig sind, wenn auch die Formen gesellschaftlicher Maßnahmen in ihrer äußeren Gestalt verschieden sein mögen. Wir werden mit der Behandlung Straffälliger nicht weiterkommen, wir werden auf dem bisherigen Stand ergebnislosen Strafvollziehens verharren, wenn wir nicht bereit sind, auch hier die Erkenntnisse der Pädagogik, der Medizin, vor allem der Psychiatrie, der Psychologie und Soziologie zur Anwendung zu bringen, wenn wir uns nicht dazu entschließen, weniger in die Vergangenheit als in die Zukunft zu schauen, weniger von abstrakten Rechtsvorstellungen auszugehen, dafür aber an den Menschen, der uns anvertraut ist, sorgend zu denken. Auch der Jurist sollte sich dessen bewußt sein, daß Wiedereingliederung in die Gesellschaft Heranführung an die Rechtsordnung bedeutet, daß somit das Recht keineswegs zu kurz kommt, nur wird es nicht allein als Ausgangspunkt gesehen, sondern als Zielpunkt. Daß die angedeuteten Bedenken durchaus ernst genommen werden sollten, ist klar. Sie haben für eine Umformung unseres Denkens nicht zuletzt den Wert, daß im Resozialisierungsdenken des Vollzuges nicht die Verbindung zur Vergangenheit, zum verletzten Recht und zum Opfer, einseitig abgebrochen wird. Aber die Vergangenheit hat, wie etwa bei einem einseitigen Vergeltungsdenken, keinen den Vollzug beherrschenden Raum. Sie spielt nur die Rolle des auslösenden Faktors. Sie muß durch die Gestaltung der Zukunft überwunden werden. Das ist auch vom Resozialisierungsdenken nicht möglich, ohne die innere Stellungnahme zu der Vergangenheit und ohne die Bereitschaft zu einer möglichst umfassenden Wiedergutmachung gegenüber dem Opfer. Aber all das ist nicht das eigentliche Ziel, sondern die Frucht der Neuorientierung.

Der Resozialisierungsvollzug als Hauptstück des Vollzugs

Gegen den Resozialisierungsgedanken wird der Einwand erhoben, daß er weder das Strafrecht noch den Strafvollzug zu tragen vermöge, weil zahlreiche Verurteilte entweder nicht wiedereingliederungsbedürftig oder nicht eingliederungsfähig sind, daß es weiterhin Taten von einer solchen Schwere gäbe — man denke an besonders schwere Verbrechen wie Mord, Versklavung, Massenvernichtung, Kriegsentfesselung, Landesverrat —, bei denen ohne Rücksicht auf den Resozialisierungsgedanken die Strafe nicht zuletzt die Wahrung des Rechtes zum Ausdruck zu bringen habe. Die um einer solchen Straftat willen notwendige Strafdauer lasse ohnehin den Resozialisierungsgedanken zurücktreten. Das ist richtig. Strafzwecke und Strafvollzugsaufgaben sind variabel. Daraus ergibt sich die Notwendigkeit einer doppelten Gruppierung: Tatstrafe bei den schwersten Delikten — eine zahlenmäßig geringe Gruppe — und Täterstrafe bei allen sonstigen Delikten. Bei der Durchführung der Täterstrafe bedarf es einer weiteren Untergruppierung, für die am besten der Ausdruck: *Klassifizierung* verwandt wird. Sie umfaßt drei Persönlichkeitsgruppen:

a) die Ansprechbaren und Ansprechungbedürftigen,
b) die Nichtansprechbaren,
c) die Nichtansprechungsbedürftigen.

Diesen drei Gruppen entsprechen drei Vollzugsformen: der Resozialisierungsvollzug (Besserungsvollzug), der Sicherungsvollzug und der Warnvollzug. Diejenigen, die um ihrer Tat willen ihre Strafe verbüßen, sind, wenn sie sühnebereit und sühnefähig sind, d. h. wenn sie gewillt und in der Lage sind, die Strafe als eine sittliche Leistung auf sich zu nehmen, in den Resozialisierungsvollzug aufzunehmen, der am ehesten nach seiner Tendenz die Eignung zur menschlichen Förderung besitzt oder wenigstens besitzen sollte. Soweit Sühnebereitschaft und Sühnefähigkeit nicht bestehen, wird die Tatstrafe im Sicherungsvollzug zu vollstrecken sein. Mag der Warnvollzug, namentlich infolge der übermäßigen Anwendung der kurzen Freiheitsstrafe ohne Strafaussetzung zur Bewährung, auch die meisten Gefangenen in sich aufnehmen, so kommt doch sowohl im Hinblick auf die Taten als auch auf die Täterpersönlichkeit vom Standpunkt der sozialen Bedeutung dem Resozialisierungsvollzug das Hauptgewicht zu. Ihm sollte in der Zukunft das besondere Augenmerk zugewandt werden.

Die Begriffe Ansprechbarkeit und Nichtansprechbarkeit

Ob ein Verurteilter auf den Strafvollzug anzusprechen in der Lage ist oder nicht, hängt sicherlich von den persönlichen Umständen (Alter, Lebensentwicklung, Erlebnisse, Erfahrungen, Wertoffenheit, psychische und somatische Gegebenheiten) ab. Die Wirksamkeit des Vollzuges ist aber nicht nur vom Häftling aus bestimmbar, sondern in einem nicht geringeren Maß wird sie durch die Leistungsfähigkeit des Vollzugs umgrenzt. Der Hinweis darauf, daß die Rückfallquote die Schwäche des Resozialisierungsgedankens dartue, ist solange nicht überzeugend, als wir über keinen echten Resozialisierungsvollzug verfügen. Die vielen Mängel des heutigen Vollzuges lassen eine durchschlagende Wirksamkeit nicht erwarten. Unter diesen Umständen bedarf es äußerster Zurückhaltung, wenn die Persönlichkeit des Häftlings als solche mit dem Prädikat „unansprechbar“ benotet werden soll. „Unansprechbar“ bedeutet heutzutage nicht mehr als mit den unzulänglichen Mitteln und Methoden des derzeitigen Vollzugs nicht hinreichend förderbar.

Grundvoraussetzungen eines Resozialisierungsvollzugs

Der Gedanke der Wiedereingliederung des Verurteilten mit den Mitteln des Strafvollzuges stellt Anforderungen an die Gesellschaft, an den Vollzug, und zwar an diesen sowohl hinsichtlich seiner allgemeinen Gestaltung als auch hinsichtlich seiner individuellen Durchführung, und schließlich an den Verurteilten selbst. Wir können uns heute nicht mehr mit den Vollzugsvorstellungen des 19. Jahrhunderts und der ersten Hälfte dieses Jahrhunderts begnügen. Sicherlich soll die Leistung der Vergangenheit nicht geschmälert werden. Aber Ordnung, Beschäftigung, Hygiene und begrenzte geistige Betreuung, so wertvoll deren Garantierung auch sein mag, reichen für moderne Vollzugsvorstellungen nicht mehr aus.

Anforderungen an die Gesellschaft

Ob und inwieweit der Vollzug sich ändert, hängt zunächst einmal davon ab, daß die Gesellschaft zu dem Verurteilten in ein anderes Verhältnis tritt. Sicherlich: er hat das Recht gebrochen. Er hat Schuld auf sich geladen. Er begegnet uns abstoßend. Von dieser Sicht aus ist es leicht, zu dem Schluß zu kommen: „Mag er selbst die Verantwortung dafür tragen, was ihm und seiner Familie jetzt zustößt. Es ist nur gerecht, wenn er eingesperrt wird." Ein solcher Schluß übersieht jedoch Wesentliches. Was auch immer ein Mitmensch getan hat, er gehört zu uns, ist Glied der Gesellschaft, gegen die er sich zwar vergangen hat, zu der er aber noch gehört. Auch wer das Unrecht nicht leicht nimmt, sollte nicht vergessen, daß jeder in irgendeiner Form dem Bösen ausgesetzt ist, daß jeder von uns der Zuneigung, des Verstehens und der Hilfe bedürftig ist. Es läßt sich weiterhin nicht übersehen, daß wir alle in einer gegenseitigen Verstrickung stehen, im Guten wie im Schlechten. Niemand steht in seiner Schuld für sich allein. Gleichgültigkeit, Härte, Lieblosigkeit des einen bestimmen das Verhalten des anderen. Das löst den anderen zwar nicht von seiner Schuld, bedeutet aber ein Miteinanderverwobensein. Demnach läßt sich die Wiederherstellung der rechtlichen Ordnung nicht einfach dadurch herbeiführen, daß der Rechtsbrecher in die Strafe hineingestellt wird. Das Miteinanderverwobensein stellt seine verpflichtenden Anforderungen auch an die anderen. Diese beruhen auf der Solidarität der Menschen als einer gegenseitigen Schicksalsgemeinschaft. Es steht uns nicht frei, ob wir dem fehlenden Menschen helfen oder nicht; wir sind gehalten, es zu tun.

Erst wenn uns das Bewußtsein um diese Verpflichtung durchdringt, wird uns die Aufgabe, einen neuen Vollzug zu gestalten, sichtbar. Für den Juristen ergeben sich dann neue Aspekte. Gegenüber einem überbetonten strafrechtlichen Dogmatismus verschiebt sich das Denken auf die menschliche Begegnung im Strafprozeß und im Vollzug. Bisher wichtige Probleme treten zurück, bisher unwichtig erscheinende Probleme drängen in den Vordergrund. Der Durchbruch des Resozialisierungsgedankens — er muß um der Würde des Menschen und der Würde der Menschheit willen durchbrechen — setzt zunächst einen Wandel des Denkens voraus.

Die Einsicht in die Verpflichtung wird zur Bereitschaft führen, im Vollzug neue Wege zu gehen und in ihm einen Neuanfang zu setzen. Ohne diese Bereitschaft wird es weder möglich sein, Mittel und Kräfte bereit zu stellen noch die vorhandenen Mittel und Kräfte in neu durchdachter Form einzusetzen. Es ist selbstverständlich, daß die für den Vollzug aufzubringenden Kräfte und Mittel begrenzt sind. Eine Gesellschaft hat noch andere Aufgaben als die Erneuerung des Vollzugs. Umso notwendiger ist es, die vorhandenen Mittel und Kräfte dort einzusetzen, wo sie fruchtbringend wirken können, d. h. in einem helfenden und fördernden Vollzug. Nicht nur im materiellen Strafrecht und im Strafprozeß bedarf es der Konzentration auf das Wesentliche, sondern auch im Vollzug. Der Vollzug wird in seiner Hoffnungslosigkeit bleiben, solange er seine Kräfte und Mittel im kurzen Freiheitsvollzug aufzehrt. Eine Vollzugserneuerung ohne eine fühlbare Begrenzung des Bagatellstrafrechts und ohne Beseitigung der kurzen Freiheitsstrafen ist unmöglich. Der Bund der Strafvollzugsbediensteten Deutschlands hat wiederholt die Forderung aufgestellt, vom Vollzug von Strafen unter 6 Monaten abzusehen. Der weitverbreitete Glaube von der Allmacht des Strafrechts und von der Notwendigkeit kurzer Freiheitsstrafen hindert in entscheidender Weise eine Vollzugserneuerung. Dieser Glaube scheint festverwurzelt zu sein, wie früher einmal der Glaube an die Notwendigkeit der Folter.

Anforderungen an den Vollzug

a) Die Vollzugskonzeption muß eine neue werden. Das Bekenntnis zu einem fördernden und helfenden Vollzug bringt die Notwendigkeit neuer Vollzugsformen und neuen Vollzugsdenkens mit sich. Nicht mehr abstrakte Unterscheidungen und Differenzierungen nach der Tat sind möglich, wenn es um die Frage geht, wie der Verurteilte wieder in das Gesellschaftsleben hineingeführt werden kann, ohne daß er störend wirkt, sondern viemehr derart, daß er sein Leben geordnet und sich selbst bereichernd führt und damit zugleich auch in der Gesellschaft seinen Platz einnimmt. Wir werden nicht darum herumkommen, uns zur Einspurigkeit der Maßnahmen und zur Einheitsstrafe zu bekennen; denn die im Vollzug notwendigen Differenzierungen lieten sich aus den Bedürfnissen des Vollzugs der Strafe gegenüber dem einzelnen Verurteilten her. Diese Bedürfnisse ergeben sich für die Durchschnittskriminalität nicht aus der Tatschwere und der Größe der Schuld, sondern aus der Persönlichkeit des Täters. So sehr Tatschwere und Schuld Zumessungsgründe für die Strafdauer sein mögen, reichen sie jedoch nicht aus, die maßgebliche Grundlage für bestimmte Straf- und Maßnahmearten zu sein. Die Vollzugsform muß vielmehr dem jeweiligen Persönlichkeitsstand angepaßt sein. Wir müßten sonst für jede Strafart (Zuchthaus, Gefängnis, Einschließung, Jugendstrafe) und jede Freiheitsentzugsmaßnahme eine mehrfache Untergliederung durch führen. Einspurigkeit und Einheitsstrafe machen ein einheitliches, wenn auch in sich, aber eben nur einmal unterteiltes Vollzugssystem möglich. Dafür, in welche Vollzugsform jemand kommt, ist entscheidend, mit welchen Mitteln, Kräften und Methoden seine Rückführung in die Rechtsgemeinschaft erfolgen kann. Es kommt darauf an, daß Einrichtungen und Anstalten einer einzigen Freiheitsentzugsart zur Verfügung stehen, die den jeweiligen Bedürfnissen für eine Wiedereingliederung entsprechen, indem sie über das geeignete Personal, die notwendigen Mittel und Methoden verfügen. Die Verteilung der Verurteilten auf die einzelnen Einrichtungen setzt die Schaffung von Beobachtungszentralen voraus.

Resozialisierungsvollzug ist in hohem Maß ein Problem des Vollzugspersonals, angefangen von dem Leiter der Anstalt über die Geistlichen, Ärzte, Lehrer, Psychologen, Sozialpädagogen, Fürsorger bis zum Werk- und Wachpersonal. Das Personal einer Anstalt sollte eine Resozialisierungseinheit darstellen. Das bedeutet, daß das Anstaltspersonal bei aller Verschiedenheit der Individualität von der Resozialisierungsaufgabe durchdrungen ist und in gemeinsamer Arbeit das Ziel verfolgt. Hieraus ergeben sich wichtige Folgerungen für die Auswahl des Personals, namentlich für die Mitbestimmung des Anstaltsleiters an der Heranziehung seiner Mitarbeiter.

Die Einrichtungen sollten, soweit es um den Resozialisierungsvollzug geht, dessen Notwendigkeiten entsprechen. Negativ sollten alle den Menschen lähmenden Maßnahmen und Mittel vermieden werden. Daraus ergibt sich die Forderung, den psychisch so schwer erträglichen geschlossenen Vollzug aufzulockern und ihn im Rahmen des Möglichen durch den halboffenen und offenen Vollzug zu ersetzen. Gerade die aufgelockerten Vollzugsformen gewähren nicht nur die Möglichkeit, den Vollzug den menschlichen Lebensformen besser anzupassen, sondern haben zugleich den Vorteil, weniger kostspielig zu sein. In diesem Zusammenhang kommt auch den Bauproblemen Bedeutung zu, über die ein besonderes Referat von Ministerialrat Professor Dr. Krebs gehalten wird.

Entscheidend ist die geistige Planung für einen Resozialisierungsvollzug. Wir sind in unserem strafrechtlichen Denken in hohem Maß von der Vorstellung des Strafübels beherrscht. Diese Vorstellung drängt uns dazu, den Lebensraum und die Lebensform auf ein Minimum der Lebenshaltung zurückzuführen. Es ist zunächst nur eine negative Forderung, wenn in Nr. 57 der Mindestforderungen des Ersten Kongresses der Vereinten Nationen über Verbrechensverhütung und Behandlung Straffälliger — Genf 1955 — ausgeführt wird, daß der Vollzug die mit einer solchen Lage notwendig verbundenen Einschränkungen nicht vergrößern dürfe, soweit dies nicht die Aufrechterhaltung der Disziplin oder eine gerechtfertigte Absonderung erfordert.

Positiv ist eine Vollzugsplanung zu fordern, die, losgelöst von den Übelvorstellungen, auf Erwägungen beruht, was nach pädagogischen, fürsorgerischen, medizinischen, psychologischen und soziologischen Erkenntnissen der heutigen Wissenschaft und Praxis zur Resozialisierung von Menschen erforderlich ist. Der Resozialisierungsgedanke kann nicht, wenn er erfolgreich sein soll, einfach an ein ganz anderes Vorstellungsbild, nämlich das Bild vom *heutigen* Gefängnis, angeschlossen werden. Erst wenn wir den Vollzug von einem anderen Standpunkt aus betrachten, werden wir das Notwendige erkennen. Dann erst wird der Vollzug gegenüber den Jugendlichen ein Stück der Jugenderziehung und gegenüber den Erwachsenen ein Stück der Erwachsenenbildung.

Erst von diesem Ausgangspunkt aus wird es auch möglich, das heute übliche Verhältnis von Regel und Vergünstigung zu erneuern. Was heute als Vergünstigung angesehen wird, ist einfach Grundlage einer den Menschen bildenden Lebensform. Das gilt auch für den Unterricht, den Sport, Spiel und Unterhaltung, die Selbstbeschäftigung, die Lektüre, die Verbindung zur Außenwelt (Schreib- und Besuchserlaubnis), die Teilnahme an gemeinsamen Veranstaltungen wie Eßgemeinschaften, Film, Vorträge und Gruppenarbeiten, die Zellenausgestaltung u.v.m. Es sollte nicht übersehen werden, daß ein Teil auch der schweren Verbrechen auf einem unzureichend ausgebildeten Empfindungs- und Gefühlsleben beruht, daß die Wertsetzungen und Wertbildungen verschoben sind. Es kommt daher bei vielen unserer Rechtsbrecher darauf an, in ihnen das Gemütsleben zu wecken und Werterlebnisse zu vermitteln. Daß das im heutigen Strafvollzug als Institution — etwas anderes ist es im Hinblick auf die Möglichkeit der mehr oder weniger zufälligen Herstellung eines persönlichen Bezuges zwischen Beamten und Häftling — nicht zu verwirklichen ist, läßt sich nicht in Abrede stellen. Auch die Fragwürdigkeit des Anfangsvollzugs (Prinzip der Absperrung in den ersten Vollzugsmonaten mit dem Ziel der Erreichung der Besinnung) würde bei einer hinreichenden Berücksichtigung der psychischen Bedingungen des Rechtsbrechers offenbar werden.

Die vielseitige Problematik des Strafvollzuges erfordert in der Vollzugsanstalt, aber auch in den Oberbehörden eine Teamarbeit von Juristen, Medizinern, Psychologen und Pädagogen, von Männern und Frauen. So notwendig die Mitwirkung von Juristen ist, so vermögen sie doch in der Regel nur einen Teilaspekt zu verwirklichen. Daneben scheint mir aber auch — ähnlich wie bei der Gerichtsbarkeit — eine Beteiligung von Laien im Vollzug empfehlenswert. Dabei ist an freie Mitarbeiter, etwa im Bildungswesen, aber auch an Personen aus der Bevölkerung zu denken, die an Gefängniskommissionen mitwirken, die etwa Beschwerden und Beanstandungen entgegennehmen, Anregungen geben und an Entlassungsentscheidungen teilnehmen. Würde die Allgemeinheit am Vollzug beteiligt, so wäre der vielfach noch herrschenden Auffassung von Gefängnissen als Sanatorien bald ein Ende gesetzt, und zugleich wäre das Gewissen der Allgemeinheit, sich zu einer Vollzugserneuerung zu bekennen, geweckt.

b) Der Resozialisierungsgedanke stellt seine Forderungen auch an die einzelne Vollzugseinrichtung. In der einzelnen Einrichtung muß das richtige Autoritätsverhältnis herrschen, müssen Vertrauen und Offenheit, gegenseitiges Verstehen und gegenseitige Bereitschaft zur Mitarbeit gegeben sein. Es muß ein belebendes Anstaltsklima geschaffen werden. Die Einzel- und Gruppeninitiative muß geweckt werden. Die Arbeit muß einer sinnvollen Aufgabensetzung entsprechen. Es muß Raum für eine seelische, geistige und körperliche Entfaltung gegeben sein. Die Freizeit darf für Anstalt und Gefangene nicht ein Leerraum, sondern muß ausgefüllt erlebbar sein. Selbstverständlich bedeutet das nicht „Betrieb".

Inwieweit eine Einrichtung ihre Aufgaben erfüllt, hängt von dem Geist ab, von dem sie getragen ist. Dieser wird entscheidend von dem Anstaltsleiter geprägt. Er darf gerade in einem Resozialisierungsvollzug nicht in Verwaltungsaufgaben aufgehen. Auch die Anstaltsarbeit ist Teamarbeit. Infolgedessen muß die generelle Vollzugsplanung gemeinsam getragen werden. Hier liegt eine der entscheidenden Aufgaben der Beamtenkonferenz. Träger der Vollzugsplanung in der einzelnen Einrichtung sollte wenigstens für den Resozialisierungsvollzug die Einrichtung selbst sein. Was nötig und möglich ist, läßt sich nur an Ort und Stelle bestimmen. Auch hier bedarf es einer Dezentralisation. Die übergeordnete Stelle mag Richtlinien geben, sie hat die Aufsicht, vor allem auch die Einhaltung der rechtlichen Ordnung zu sichern, sie kann durch die Ernennung und Abberufung der Beamten ihren Einfluß ausüben. Auch die Finanzaufsicht gewährt eine Kontrolle über die Einrichtung. Jedoch läßt sich ein lebendiger Ablauf des Vollzugs in einer Anstalt oder sonstigen Einrichtung ohne ein hinreichendes Maß von Eigenverantwortung nicht durchführen.

Vollzug bedeutet aber nicht nur ein generell planvoll durchgeführtes Leben in der Anstalt, sondern auch individuelle Vollziehung der einzelnen Strafe. Das setzt wiederum einen *Behandlungsplan* für jeden einzelnen Häftling voraus. Die richtige Behandlung erfordert eine richtige Persönlichkeitsbeurteilung und eine zutreffende Abschätzung der Auswirkungen des Vollzugs auf diesen Menschen. Diese drei Aufgaben werden meist mit den aus der Medizin übernommenen Begriffen: Diagnose, Therapie und Prognose gekennzeichnet. Die Aufstellung des Behandlungsplans ist Sache des Anstaltsleiters oder des jeweiligen Abteilungsleiters gemeinsam mit dem für diesen Gefangenen zuständigen Personal. Nur bei dem Durchdenken des Behandlungsplans, der selbstverständlich beweglich und abänderbar sein muß, ist ein individueller Vollzug gewährleistet. Dieser individuelle Behandlungsplan hat zum Gegenstand: die Unterbringung des Häftlings, seine Arbeitsbeschäftigung, die Freizeitformung, die Mitarbeit in einer Gruppe, die Entfaltung der in ihm enthaltenen Fähigkeiten, die künftige Berufsgestaltung, die Herstellung der Beziehungen zur Außenwelt, insbesondere zu Angehörigen, Ehe- und Lebensberatung, die Anbahnung der notwendigen fürsorgerischen Hilfe für die Angehörigen. Wie das geistige Leben zu wecken ist, wie der Gefangene an die Rechtsordnung herangeführt und wie er sozialtüchtig im Sinne des eigenen Fertigwerdens in der Gesellschaft gemacht werden kann, muß bei der Planung durchdacht werden. Das Erziehungsprogramm (Jugendvollzug) und das Bildungsprogramm (Erwachsenenprogramm) sollte stets individuell ausgerichtet sein. Neben die pädagogische Tätigkeit treten vor allem die seelische, geistliche, medizinische und psychotherapeutische Hilfe und Förderung. Die den Vollzug beherrschende Frage sollte die sein, was aus dem Gefangenen künftig wird.

Diese innere Gestaltung des Vollzuges ist die Voraussetzung dafür, daß er sich helfend und fördernd auswirkt. Sie ist aber auch die Voraussetzung dafür, daß die Lethargie im Strafvollzug überwunden wird und daß die Arbeit im Vollzug wieder einen Hoffnungsschimmer nicht nur für die Gefangenen, sondern auch für das Personal erhält.

c) *Forderungen an den Häftling.* Gegen den Resozialisierungsvollzug werden Einwände von zwei Seiten erhoben. Die einen fürchten von einer Umgestaltung des Vollzugs aufgrund eines Resozialisierungsprogramms Aufweichung des Vollzugs und Auflösung der Ordnung im Vollzug. Die anderen wiederum fürchten persönliche Unfreiheit des Gefangenen und Ausgeliefertsein an die Allmacht der Beamten.

Beide Einwände schlagen nicht durch. Ein Resozialisierungsvollzug macht es dem Häftling nicht leichter, wenn auch seine Lebensverhältnisse aufgelockerter, menschenwürdiger und vor allem persönlichkeitsbelebender sind. Worum es geht, ist die Weckung der persönlichen Aktivität, des Sinns für das Lebensgefühl, der Bereitschaft, sein Leben unter Berücksichtigung der Rechte der anderen in die Hand zu nehmen und es zu bestehen. Dabei geht es nicht in erster Linie um das Begreifen einer Aufgabe im intellektuellen Sinn, sondern um deren Bejahung im Gefühls- und Empfindungsleben. Die Mitarbeit, zu der der Häftling aufgerufen und veranlaßt wird, soll gerade verhindern, daß er sich treiben läßt, die Strafe „absitzt“ und als der ebenso Gefährdete die Einrichtung verläßt, als der er sie betreten hat.

Grundlos sind die nicht selten vorgetragenen Bedenken gegen einen Resozialisierungsvollzug im Hinblick auf das Grundgesetz, insbesondere Art. 2 GG. Der Versuch einer Besserung, Erziehung oder Bildung — oder wie man sonst den Einfluß des Strafvollzuges nennen will — wird als Eingriff in die Persönlichkeit angesehen. Einen solchen Eingriff bedeutet in der Tat jeder Vollzug, auch ein Vollzug, der sich auf ein bloßes Verbüßen der Strafe beschränken würde. Auch wer für einen Resozialisierungsvollzug eintritt, ist sich bewußt, daß niemand zur Resozialisierung gegen seinen Willen gezwungen werden kann. Niemand kann mit Zwang zur Freiheit geführt werden. Auch die Pädagogik weiß, daß jede Fremderziehung die Selbsterziehung zum Ziel hat, daß die Erziehung nicht eine Aufoktroyierung eigener Auffassungen des Erziehers bedeutet, sondern einen Aufruf zum Mittun, eine Hilfe zur Auslösung der im Zu-Erziehenden ruhenden Kräfte. Es geht bei der Erziehung nicht in erster Linie um unmittelbare Bekämpfung negativer Gegebenheiten, sondern um deren Verdrängen aus dem latent vorhandenen Vorrat wertvoller Kräfte. Erziehung stellt ein „Zu-sich-selbst-führen" dar, eine Hilfe zur Freiheit. Die Gegnerschaft gegen den Besserungs- und Hilfsgedanken im Strafrecht beruht auf einem Verkennen pädagogischer Grundsätze, auf dem Übersehen menschlicher Schwäche und Hilflosigkeit, aber auch der Bereitschaft vieler Verzagenden, Hilfe entgegenzunehmen, sofern sie nur ehrlich, bescheiden und ohne Überheblichkeit dargeboten wird.

So fordert der Resozialisierungsgedanke, daß vom Vollzug die Hilfe in ansprechender Weise angeboten wird. Ob das geschieht, hängt davon ab, ob das Vollzugspersonal den Weg zu einer echten Autorität als eines gegenseitigen persönlichen Bezugs findet und ob es glaubwürdig wirkt. Vom Häftling fordert der Resozialisierungsgedanke, daß er sich aufschließt und mitmacht. Diese Bereitschaft muß meist erst geweckt werden. Ist sie vorhanden oder geweckt worden, so müssen die Kräfte in gemeinsamen Tun von Häftling und Beamten zur Entfaltung gebracht werden. Das setzt auf beiden Seiten sehr viel Geduld voraus.

Resozialisierungsvollzug als Phantasiegebilde?

Wer Einblick in den heutigen Vollzug nimmt, wird leicht dazu neigen, einen Resozialisierungsvollzug, wie er hier gefordert wird, als ein Phantasiegebilde zu bezeichnen. Die Menschen, die ihn vollziehen können, so sagt man, gäbe es nicht. Der Rechtsbrecher, der sich ansprechen läßt, sei ebensowenig vorhanden. Es fehle überdies an den hinreichenden Mitteln und Kräften. Sie zu beschaffen, sei Verschwendung der Gemeinschaftsmittel.

Wer einen Wandel des Vollzugsgeistes und der Vollzugswirklichkeit als Verpflichtung und Aufgabe der Gesellschaft und der Einzelnen anerkennt, wird auch den notwendigen Willen aufbringen, die strafrechtlichen materiellen und persönlichen Voraussetzungen für einen neuen Vollzug zu schaffen. Es wäre zu einfach, sich damit zu begnügen, daß eine Änderung nicht möglich sei. Schon viele der sozialen Verbesserungen in der Menschheitsgeschichte haben sich gegen alle Skepsis durchgesetzt. Über die Notwendigkeit einer Vollzugsreform herrscht in Fachkreisen, in vielen gesellschaftlichen Bereichen, nicht zuletzt innerhalb der Kirchen und in den einzelnen politischen Parteien, Einigkeit. Diese Vollzugsreform kann aber nicht mit Einzelmaßnahmen hier und dort durchgeführt werden; so dankbar man auch sein sollte für das, was in einzelnen Ländern geschieht. Solche Neuerungen sind umso wertvoller, als sie Anfangszeichen eines sich wandelnden Geistes sind. Solche Anfänge offenbaren sich auch im Bereich des internationalen Gefängniswesens.

Der Wille zur Erneuerung wird aber nicht nur von außen an den Vollzug herangetragen. Er ist in den Ministerien, in den Zwischenbehörden und in vielen Beamten der Vollzugsanstalten schon heute wach. Gerade viele unserer Vollzugsbeamten: Leiter, Ärzte, Lehrer, Theologen, Psychologen, Sozialpädagogen, Werkbeamte und Aufsichtsbeamte wollen einen neuen Vollzug und leiden an vielfach haltlosen Zuständen, unter denen Hilfe nicht möglich ist, wo sie möglich sein sollte, und unter denen so viel Menschliches zugrunde geht. Es gibt auch eine zerstörende Kraft des Vollzuges.

Das Grundgesetz, das die Grundrechte voranstellt, will mehr als nur eine politisch freiheitliche Gesellschaftsordnung. Es geht ihm nach dem furchtbaren Erlebnis der Vernichtung menschlicher Bezüge auch um eine Ordnung, in der dem zwischenmenschlichen Aufeinanderangewiesensein Rechnung getragen wird. Das ist der Sinn der Hervorhebung des Sozialstaates (Art. 20 I, 28 GG). Wir sollten nicht verkennen, daß durch die Welt ein neuer Wind geht. Die Menschen durchdringt die Erkenntnis, daß die Verhältnisse nicht nur im Sachbereich in Ordnung gebracht werden können, daß diese zunächst einmal durch die persönliche und menschliche Annäherung, durch die Herstellung menschlicher Bezüge, vorbereitet werden muß.

Sollte dieser Wind nicht den Vollzug erreichen? Öffnen wir die Fenster! Wer viele unserer überfüllten Anstalten betritt, nimmt oft einen typischen Anstaltsgeruch wahr. Er existiert im wirklichen und übertragenen Sinn. Nun, es gibt kein Gesetz, daß es immer so bleiben müsse. Moderne Beispiele in der Bundesrepublik beweisen das. Sie rechtfertigen den Glauben, daß es sich generell ändern wird. Freilich müssen wir als die Verantwortlichen — und wir als Strafjuristen sind sicherlich in erster Linie verantwortlich — bereit zu einer grundlegenden Reform sein. Es geht um Menschen, denen wir verpflichtet sind. Das sollte keiner übersehen, der um eine Strafrechtsreform bemüht ist. Tun wir das unmittelbar Notwendigste zuerst! Es geht bei der Vollzugsreform um eine soziale Aufgabe, deren Erfüllung — wie bei allen sozialen Aufgaben — für das allgemeine Schicksal der Menschheit nur von sehr geringer Bedeutung zu sein scheint, in Wirklichkeit aber von weithin ausstrahlender Kraft ist. Jeder Akt menschlicher Hilfe, der Achtung vor dem anderen und der Hilfsbereitschaft für den anderen in seiner Not, in seiner Schwäche und auch in seinem Versagen bezeugt und stärkt den Geist der Humanität und stellt damit zugleich einen Beitrag zum Frieden unter den Menschen dar[1].

[1] Der Zeit eines $^{3}/_{4}$-stündigen Vortrags entsprechend konnten nur einige Gesichtspunkte hervorgehoben und diese nur angedeutet werden. Zur näheren Orientierung verweise ich auf meine: Grundprobleme der Kriminalpädagogik, Berlin 1960 und auf den als Programm gedachten Vortrag: Strafvollzug als Verpflichtung und Aufgabe, Der Vollzugsdienst 11. Jahrg. (1964) S. 2 ff.

PROBLEME UND ERFAHRUNGEN BEI DEM NEUBAU VON STRAFANSTALTEN *

Von Albert Krebs

Die wichtigsten Aufgaben und die erforderlichen Bauten

Die gegenwärtige Lage auf dem Gebiet des Gefängniswesens der Kulturnationen, deren Strafvollzug längere Tradition besitzt, zwingt die Verantwortlichen, sich aus verschiedenen Gründen, z. B. der Überalterung der bestehenden Vollzugsanstalten oder deren Überbelegung, mit den Fragen des Neubaus solcher Einrichtungen zu befassen. Darüber hinaus ist die Frage von allgemeiner Bedeutung, weil damit Grundfragen der Strafrechtspflege und des Strafvollzugs, die eng miteinander verflochten sind, Klärung fordern, denn im Interesse der Aufrechterhaltung der Rechtsordnung, der bestmöglichen Sicherung der Gesellschaft, muß die Wahl der Mittel bei Durchführung des richterlich verhängten Freiheitsentzuges zweckentsprechend sein[1].

Seit der Carolina 1532 bis hin zum Entwurf eines neuen Strafgesetzbuches von 1962 geht der Gesetzgeber von der Notwendigkeit aus, daß jeder Bruch des Rechts bestraft werden muß, wie aber gestraft wird, das unterliegt dem Wechsel je nach der gesellschaftlichen Entwicklung[2].

Ausgehend von dieser Erkenntnis wird das Spannungsverhältnis deutlich zwischen den Aufgaben des Richters, der mit der Strafe anstrebt, das Gemeinwohl zu wahren und den Aufgaben des Strafvollziehers während des Freiheitsentzugs, der dem einzelnen Rechtsbrecher Hilfestellung leisten soll, künftig straffrei zu leben.

Bei Erörterung dieser Vorfragen ist zu beachten, welcher Strafzweck und mit welchen Mitteln auch immer angestrebt wird, stets bleiben geeignete Sicherheitsvorkehrungen bei Vollzugsbauten unentbehrlich.

Der Strafanstaltsgeistliche H. B. Wagnitz wies bereits 1791 auf die Notwendigkeit hin, diese scheinbar sich widerstreitenden Prinzipien zu vereinen:

> Mag doch immerhin die Sicherheit des Staates Strafzweck bleiben, man vergesse nur nicht, daß, indem der Verbrecher gebessert wird, dadurch zugleich die Sicherheit des Staates befördert wird[3].

---

* Im Anschluß an den Vortrag wurden Lichtbilder von Strafvollzugsbauten gezeigt.

Meine Aufgabe heute sehe ich darin, den Problemen nachzugehen, die sich im Laufe der Entwicklung eines neuzeitlichen Strafvollzugs ergaben, einmal bei der Einrichtung früher für strafvollzugsfremde Zwecke errichteten Bauten, dann vor allem bei dem Neubau von Strafanstalten. Dabei waren in den verschiedenen Zeitabschnitten der gesellschaftlichen Entwicklung die Wechselwirkungen von Inhalt und Form, d. h. von Aufgabe des Strafvollzugs und der Ausführung von Vollzugsbauten, verschieden. Die Gründe hierfür kann ich im vorliegenden Zusammenhang nur andeuten.

Lassen Sie mich zunächst die gegenwärtigen Forderungen bei Strafanstaltsneubauten hervorheben, um so einen gewissen Maßstab zu gewinnen, wobei sich diese Forderungen mit den „Einheitlichen Mindestgrundsätzen für die Behandlung der Gefangenen“, wie sie auf dem Ersten Kongreß der Vereinten Nationen über Verbrechensverhütung und Behandlung Straffälliger in Genf 1955 beschlossen wurden, decken. Die Leitsätze Nr. 56–59 lauten[4]:

56. Mit den nachfolgenden Leitsätzen ist beabsichtigt, den Geist aufzuzeigen, in dem Vollzugsanstalten verwaltet werden sollen, sowie die Ziele, die in Übereinstimmung mit der unter Nr. 1 der Vorbemerkungen dieses Textes gegebenen Erklärung angestrebt werden sollen.

57. Freiheitsstrafen und andere Maßnahmen, die zur Folge haben, daß ein Straffälliger von der Außenwelt abgeschnitten wird, haben schon allein deshalb Übelscharakter, weil sie dem Betreffenden durch den Entzug seiner Freiheit das Recht auf Selbstbestimmung nehmen. Deshalb darf der Vollzug die mit einer solchen Lage notwendig verbundenen Leiden nicht vergrößern, soweit dies nicht die Aufrechterhaltung der Disziplin oder eine gerechtfertigte Absonderung erfordert.

58. Der Zweck und die Rechtfertigung der mit Freiheitsentziehung verbundenen Strafen und Maßregeln ist letztlich, die Gesellschaft vor dem Verbrechen zu schützen. Dieses Ziel kann nur erreicht werden, wenn die Zeit der Freiheitsentziehung dazu benutzt wird, soweit wie möglich — sicherzustellen, daß der Straffällige bei seiner Rückkehr in die Gesellschaft nicht nur den Willen, sondern auch die Fähigkeit besitzt, ein gesetzmäßiges und selbständiges Leben zu führen.

59. Um dieses Ziel zu erreichen, soll die Anstalt alle bessernden, erzieherischen, sittlichen, geistigen und sonstigen Kräfte und Formen des Beistandes nutzen, die geeignet und verfügbar sind, und soll deren Anwendung in Übereinstimmung mit den Behandlungsbedürfnissen der einzelnen Gefangenen versuchen.

Inhaltlich damit übereinstimmend ist das Ziel des Vollzugs der Freiheitsstrafe in Deutschland in Nr. 57 der bundeseinheitlichen Dienst- und Vollzugsordnung von 1961 festgelegt[5].

57

Zweck und Ziel des Strafvollzugs

(1) Der Vollzug der Freiheitsstrafe soll dazu dienen, die Allgemeinheit zu schützen, dem Gefangenen zu der Einsicht zu verhelfen, daß er für begangenes Unrecht einzustehen hat, und ihn wieder in die Gemeinschaft einzugliedern. Der Vollzug soll den Willen und die Fähigkeit des Gefangenen wecken und stärken, künftig ein gesetzmäßiges und geordnetes Leben zu führen.

(2) Zur Erreichung dieser Ziele soll der Vollzug auf die Persönlichkeit des Gefangenen abgestellt werden, soll dessen schädlichen Neigungen entgegenwirken und günstige Ansatzpunkte ausnützen.

Die Aufgabe des Vollzugs der Jugendstrafe ist im Jugendgerichtsgesetz (JGG) von 1953 wie folgt umschrieben[6]:

§ 91 Aufgabe des Jugendstrafvollzugs

(1) Durch den Vollzug der Jugendstrafe soll der Verurteilte dazu erzogen werden, künftig einen rechtschaffenen und verantwortungsbewußten Lebenswandel zu führen.

(2) Ordnung, Arbeit, Unterricht, Leibesübungen und sinnvolle Beschäftigung in der freien Zeit sind die Grundlagen dieser Erziehung. Die beruflichen Leistungen des Verurteilten sind zu fördern. Lehrwerkstätten sind einzurichten. Die seelsorgerische Betreuung wird gewährleistet.

(3) Um das angestrebte Erziehungsziel zu erreichen, kann der Vollzug aufgelockert und in geeigneten Fällen weitgehend in freien Formen durchgeführt werden.

(4) Die Beamten müssen für die Erziehungsaufgabe des Vollzugs geeignet und ausgebildet sein.

Von dieser Aufgabenstellung, sowohl bei Vollzug der Freiheitsstrafe an Erwachsenen als auch an Minderjährigen her, streben die Strafvollzugspraktiker an, den Freiheitsentzug lebensnah durchzuführen, so in drei zeitlich aufeinander folgenden Abschnitten und in drei voneinander getrennten Bereichen, in der Zugangsabteilung, im normalen Vollzug und im Entlassungsbereich. Weiter wird im normalen Vollzug, wie im freien Leben, der Tag in drei Perioden: Arbeitszeit, Freizeit und Ruhezeit unterteilt.

Die Bauerfordernisse aus solcher Aufgabenstellung können klar herausgearbeitet werden. So besteht ein dreifacher, jeweils verschiedener Raumbedarf. Erstens für die Zugangsabteilung, in der vor allem eingehende Persönlichkeitserforschung getrieben werden soll, mit Aufnahmezellen, Bad, Kleiderkammer, Untersuchungsräumen für den Psychologen und Arzt, zweitens für den normalen Vollzug, und zwar während der Arbeitszeit an Werkstätten und Werkhallen mit allen Nebenräumen, während der Freizeit vor allem an Räumen für Gruppenarbeit, für Unterricht usw., auch für eine Freihandbücherei, sowie Anlagen zu sportlicher Betätigung, und während der Ruhezeit an Einzelzellen. Dazu kommen für die Aufrechterhaltung der gesamten Institution die Räume für Verwaltung und Hauswirtschaft sowie je nach Art der Anstalt die notwendigen Sicherungsmaßnahmen. Alle hygienischen Einrichtungen sollten zeitgemäß dem vergleichbaren Mindeststandard in der Freiheit entsprechen. — Eine besondere Stellung bleibt der kirchlichen Seelsorge und den dazu notwendigen Baulichkeiten eingeräumt. Für den dritten, den Entlassungsbereich, in dem die Gefangenen an den Übergang in die Freiheit gewöhnt werden sollen, sind ebenfalls besondere Bauten mit den notwendigen Räumen vorzusehen. Bei den zu Jugendstrafe Verurteilten gibt das JGG von 1953 in § 91 (3) die gesetzliche Grundlage zu solchen Bauten. Die Unterkünfte der „Freigänger" liegen zweckmäßig entweder an der Grenze des Anstaltsbereichs, am besten außerhalb der Mauer, oder in kleinen selbständigen Übergangshäusern an dazu unter dem Gesichtspunkt der Arbeitsbeschaffung besonders ausgewählten Orten[7].

Die wichtigste Voraussetzung zur Erfüllung der skizzierten Aufgaben ist die echte Zusammenarbeit, einmal mit den zuständigen parlamentarischen Gremien, denn sie sind es ja auch, die nach Kenntnis der Planung über die Mittelbewilligung zu entscheiden haben, und zum andern mit den verantwortlichen Architekten und Bausachverständigen im Geiste der Partnerschaft.

Die ideen- und baugeschichtliche Entwicklung

Am Anfang des neuzeitlichen europäischen Gefängniswesens, das bereits zahlreiche Elemente enthält, die auch heute noch wesentlich sind, stehen um 1600 die Amsterdamer Zuchthäuser für Männer, Frauen und Jugendliche. Zum Verständnis der ideen- und baugeschichtlichen Entwicklung von damals bis heute empfiehlt sich die Unterteilung der rund 350 Jahre in drei große Perioden; ohne Einsicht in diese geschichtlichen Zusammenhänge ist die heutige Situation kaum zu verstehen.

Die erste Periode, vom beginnenden 17. Jahrhundert bis zur Französischen Revolution, ist vor allem gekennzeichnet durch den Gedanken der Sicherung der Gesellschaft mit allen Gewaltmitteln und der sogenannten „Besserung“ durch harte Arbeit. Während des zweiten großen Abschnitts, von der Aufklärung bis zum ersten Weltkrieg, halten die zuständigen Stellen weitgehend an den Elementen der vorhergehenden Periode fest, lassen aber erkennen, daß das Schwergewicht auf der sogenannten „sittlichen Besserung“, insbesondere durch die Verkündigung der christlichen Lehre liegt. In dem dritten Zeitabschnitt bis zur Gegenwart, kommt als kennzeichnend Neues die Einsicht in die Notwendigkeit hinzu, im Vollzug der Freiheitsstrafe ein Rechtsverhältnis zu begründen und dabei die Grenzen der sogenannten „moralischen Besserung“ zu erkennen. Die Einordnung oder Wiedereinordnung in die Gesellschaft soll, wie bereits erwähnt, durch Hilfe zur Selbsthilfe ermöglicht werden. — In jeden Zeitabschnitt gehört die Bereitstellung zweckentsprechender Bauten zur Erreichung der jeweils gesetzten Ziele. Innerhalb der Mauern hängt die Gefangenenbehandlung aber noch von weiteren Faktoren ab, wie der Persönlichkeit des Rechtsbrechers, der Beamtenschaft und darüber hinaus — außerhalb der Mauern — von der Haltung der Umwelt gegenüber dem Entlassenen. Alle diese Faktoren entscheiden über künftiges gesetzmäßiges Verhalten oder Rückfall.

In der Entwicklung des Gefängniswesens bedeutet die Einrichtung von Zuchthäusern in Amsterdam am Ende des 16. und zu Beginn des 17. Jahrhunderts die große Wende zum neuzeitlichen Strafvollzug. Der geistesgeschichtliche Hintergrund ist vielschichtig. Ausgelöst wurde die Reform durch die Tatsache, daß protestantische Ratsherren und Schöffen unter reformatorischem Einfluß eine Abkehr von Leibes- und Lebensstrafen in ihrem Hoheitsbereich anstrebten und den Personenkreis, der sich außerhalb der gesetzten Ordnung stellte, in diesen Anstalten zwangsläufig unterbrachte, damit er durch Arbeit lerne, sich einzuordnen.

Wenn auch die gesamte Anlage der Amsterdamer Zuchthäuser durch Unterbringung in frühere Klosterbauten mitbestimmt ist, also sich dieser neue Grundsatz noch nicht in Zweckbauten auswirken konnte, so liegt die entscheidende Wende in dem Prinzip der Erziehung durch Arbeit. Wesentlich war auch, daß Amsterdam „Schule machte“, wobei die Weiterverbreitung der Idee der Unterbringung im Zuchthaus als Strafmittel über Holland hinaus sich anfangs auf der reformierten Linie vollzog. Die Devise:

„Nur Mut, ich räche nicht, ich zwing zum Guten hin.
Zwar meine Hand ist hart, doch liebreich ist mein Sinn.“

kennzeichnet den Wandel in der Strafrechtspflege, der bereits mit der Carolina (1532) deutlich wurde[8].

Für die Geschichte des Gefängnisbaues sind, wie bereits betont, diese Anlagen von geringerer Bedeutung. Die Straßenseite erhielt bei den Umbauten, dem Zeitgeschmack der Renaissance entsprechend, reichen plastischen Schmuck, der auf den Erziehungscharakter der Anstalt hinweisen sollte.

Die neuzeitliche Idee zweckmäßiger Behandlung junger Straffälliger verwirklichte Papst Clemens XI. in dem 1703 von dem Baumeister Carlo Fontano errichteten Bau mit 60 Einzelzellen in der Straf-, Erziehungs- und Besserungsanstalt San Michele in Rom. Ausgehend vom christlichen Menschenbild wurde eine innere Wandlung vor allem durch Einzelhaft, d. h. von den Mitgefangenen getrennte Unterbringung bei Tag und Nacht, angestrebt. Nur eine kleine Gruppe arbeitete in streng überwachter Gemeinschaft. Die Zellen waren in drei Geschossen übereinander an den Längsseiten eines gewölbten Mittelschiffs in vier durch zwei hohe Seitenfenster getrennten Abteilungen angeordnet. Die gesamte Anlage ist im Sinne des Barock gestaltet[9].

Die Devise der Anstalt kennzeichnet ihr Bestreben: „Es genügt nicht, Rechtsbrecher durch Strafe in Schranken zu halten, wenn man sie nicht durch Erziehung zu rechtschaffenen Menschen macht."

Noch ein weiterer Strafanstaltsneubau des Barock, das „maison de force et rasphuis" in Gent ist in diesem Zusammenhang zu nennen. Es wurde auf Veranlassung des in Gent geborenen späteren Bürgermeisters dieser Stadt, Philipp Vilain XIV., im Jahre 1772 begonnen, wobei Vilain persönlich an den Baurissen mitarbeitete[10]. Völlig ausgebaut, wie vorgesehen, wurde das maison de Force nie. Ideenmäßig steht diese Vollzugsanstalt offensichtlich unter dem Einfluß der Amsterdamer Einrichtungen und verfolgt das Ziel der Beeinflussung durch gemeinsame Arbeit bei Trennung während der Ruhezeit. Der festungsartige Charakter, den der Grundriß erkennen läßt, ist mitbedingt durch den Sicherungsgedanken, wohl aber auch durch den Zeitgeschmack.

In allen drei Anstalten, Amsterdam, Rom und Gent, steht die „Erziehung durch Arbeit" im Vordergrund und es spricht für ihre Wertschätzung, wenn der Repräsentant der rationalistisch-französischen Aufklärungsbewegung, Voltaire, den Satz prägte: „Forcez les hommes au travail, vous les rendrez honnêtes gens", den der Vertreter des empiristisch-englischen Zweiges der Aufklärung, John Howard, aufnahm: „Make them diligent and they will be honest."[12]

John Howard, zugleich der sachlichste und schärfste Kritiker seiner Zeit in Westeuropa, versuchte in seinem 1777 veröffentlichten nüchternen und gerade dadurch besonders erschütternden Bericht, das Gewissen der Verantwortlichen aufzurütteln. Seine Schilderung der baulichen Anlagen der Gefängnisse und der Behandlung der Gefangenen wirkte wie ein Schock in einer keineswegs verzärtelten Gesellschaft. Die drei erwähnten Anstalten in Amsterdam, Rom und Gent gehören zu den wenigen, die John Howard anzuerkennen vermochte[13].

In der zweiten Periode, von der französischen Revolution bis zum ersten Weltkrieg, liegen die Probleme bei Neubauten für Vollzugszwecke ähnlich wie in der ersten, insofern, als der Arbeit der Gefangenen eine wesentliche Aufgabe zugewiesen blieb. Schwierig war, den geeigneten Arbeitsraum zu finden, da zum Teil an der Einzelhaft festgehalten wurde. Aber eine verstärkte Absicht der Einwirkung auf die Psyche des Gefangenen durch ständige Überwachung einerseits und möglichst regelmäßige Mitarbeit von Geistlichen und Lehrern in den Strafanstalten andererseits ist unverkennbar.

Die 1794 in London veröffentlichten Pläne einer panoptischen Zellenanlage von Jeremy Bentham sahen eine kreisförmige Anlage vor, wobei die Zellen an der Außenwand des mehrstöckigen Gebäudes angeordnet waren. Die Zellentüren sollten durch eisernes Gitterwerk gesichert werden und ein Aufsichtsbeamter hatte die Gefangenen von einem Turm aus, der im Zentrum der Anlage geplant war, zu überwachen. Er sollte, wie ein Zeitgenosse schrieb, „verborgen von der Beobachtung der Gefangenen — von ihrer Seite die Empfindung einer unsichtbaren Allmacht" verkörpern[14]. Benthams Plan wurde zunächst nicht verwirklicht, aber die darin deutlich gewordenen Ideen wirkten später zum Teil in dem „pennsylvanischen" System weiter.

Auf Anregung der von der Lehre der Quäker damals entscheidend beeinflußten Bürgerschaft Philadelphias, der Hauptstadt des von dem Quäker William Penn gegründeten Staates Pennsylvanien, ordnete der Baumeister John Haviland im Jahre 1829 um einen Mittelpunkt, der Zentrale, sieben eingeschossige Flügel an, mit Einzelzellen rechts und links vom Korridor[15].

Der Gedanke der Einzelhaft bei Tag und Nacht zum Zwecke der Trennung von den Mitgefangenen zur Vermeidung kriminogener Einflüsse und der Möglichkeit der Besinnung auf Ewigkeitswerte unter der Anleitung freiwilliger Helfer aus den Reihen der Quäker kennzeichnet dieser Eastern Penitentiary. Diese Musteranstalt wurde von zahlreichen Europäern aufgesucht, als Ideallösung angesehen und vor allem in England, Frankreich und Deutschland zur Nachahmung empfohlen. Noch heute wirkt sich das „Pennsylvanische System" auch in Europa aus.

In unmittelbarer Antithese zu dem Pennsylvanischen Einzelhaftsystem wurde im Staate New York, in Auburn, fast zur gleichen Zeit das nach dieser Anstalt genannte „Auburn'sche System" geschaffen[16]. Die Trennung der Gefangenen bei Nacht und die gemeinsame Arbeit bei Tage unter Schweigegebot waren die Leitgedanken. Neben dem Sicherungsprinzip wurde die Arbeit wieder entscheidend in den Mittelpunkt aller Bemühungen gestellt. Auch hier entschieden sich die Bürger des Staates New York für eine Änderung, wobei offenbleiben kann, ob tatsächlich „Auburn“ mit seinen Einzelzellen, den Arbeits- und Wirtschaftsräumen, die im Gefängnishof errichtet worden waren, als eigenständiges System bezeichnet werden kann, denn es stellt im Wesentlichen eine Synthese anderer Vorbilder dar.

In der Fachwelt war, wie aus Äußerungen der reichen Gefängnisliteratur in der ersten Hälfte des 19. Jahrhunderts deutlich wird, die Erkenntnis gewachsen, welche Bedeutung eine Differenzierung und Klassifizierung der Gefangenen besitzt. Diese Bestrebungen, die Gefangenen nach Geschlecht und Alter sorgfältig voneinander zu trennen, wirkten sich zunächst noch nicht in der Schaffung neuer Bauformen aus. Aber die Erkenntnis von der Verschiedenartigkeit der Anstaltsbevölkerung, die bei grundsätzlicher Gleichbehandlung dennoch eine Berücksichtigung der individuellen Eigenart forderte, fand ihren Niederschlag in der Literatur. Der Gedanke der Progression in einem Klassen- oder Stufensystem wurde durchdacht und dann in der Strafanstalt Pentonville bei London verwirklicht. Diese auf Parlamentsbeschluß im Jahre 1842 in Betrieb genommene Anstalt ist architektonisch und verwaltungsgemäß in Anlehnung an das Eastern Penitentiary in Philadelphia geschaffen. Ursprünglich sollte dort ausschließlich Einzelhaft vollzogen werden, weshalb dieser Bau nur Einzelzellen enthält. Aber, und das ist das Entscheidende, diese Einzelhaft sollte im Rahmen eines Progressivsystems einen strengen Anfangsvollzug darstellen. Als zweite Etappe war die Deportation in eine der englischen Strafkolonien und als dritte die bedingte Entlassung vorgesehen. Die Einzelhaft war demnach nur noch Vorbereitungsstation für die spätere Gemeinschaftshaft[17].

Unter dem Einfluß dieser englischen Institution, die ähnlich wie vorher das Eastern Penitentiary in Philadelphia, zum Modell zahlreicher anderer Strafanstalten wurde, entstand in den Jahren 1845–1848 mit unter persönlicher Einflußnahme des Großherzogs von Baden die Strafanstalt Bruchsal. Der Unterschied zu Pentonville bestand freilich darin, daß die Einzelhaft während der gesamten Dauer des richterlich verhängten Freiheitsentzuges durchgeführt wurde. Bruchsal ist — nach Philadelphia — der erste ernstlich gewollte und durchgeführte Versuch mit dem System der Einzelhaft in Europa[18]. Die Gefahren der Einzelhaft für die körperliche, geistige und seelische Gesundheit waren bekannt, dennoch wurde der Versuch gewagt, vor allem aus Furcht vor kriminogener Ansteckung.

Der nächste Anstaltsbau, der nicht nur als Einzelanstalt von Bedeutung ist, sondern zum Muster für zahlreiche andere Vollzugsanstalten wurde, ist die Anstalt Moabit hier in Berlin. Nach seinem Besuch von Pentonville befahl Friedrich Wilhelm IV. 1842 die Errichtung dieses Baues mit rund fünfhundert Einzelzellen, der 1849 in Betrieb genommen werden konnte. Wenn es auch nicht möglich ist, im einzelnen auf das Geschick dieses Bauwerkes einzugehen, sei doch hervorgehoben, daß der preußische Referent für Strafvollzug, Karl Krohne, vierzig Jahre später feststellte: In Preußen war das zur Einführung befohlene System der Einzelhaft mit der bestehenden Organisation des Vollzugs unvereinbar[19].

Für den allgemeinen Gefängnisbau ist daraus u. a. zu folgern, wie entscheidend ein Wissen um die Tradition ist und weiter, daß radikale Änderungen eines Vollzugssystems, selbst auf Befehl, nicht ohne weiteres durchgeführt werden können.

Bis zum ersten Weltkrieg entstanden dennoch zahlreiche Neubauten nach dem Muster von Moabit, wobei ähnlich wie bei dem Modell von Pentonville, nach den dringend notwendigen Lockerungen der Einzelhaft auch Gemeinschaftsräume aller Art nachträglich eingebaut werden sollten, entstanden während diese Zeitabschnitts nicht im Deutschen Reich, denn der Kampf um die Prinzipien: Einzelhaft oder Gemeinschaftshaft lähmte in jeder Weise die Entwicklung. Auch das erste, 1912 in Wittlich an der Mosel in Betrieb genommene preußische Jugendgefängnis wurde ohne größere Umbauten in einem vorher als Frauenabteilung verwendeten Flügel der dort bestehenden Zellenstrafanstalt untergebracht[20]. Diese Jugendstrafanstalt wurde eingerichtet, nachdem der Strafrechtslehrer Freudenthal sich zum Wortführer einer Erneuerung des Vollzuges der Freiheitsstrafen, insbesondere an Minderjährigen, gemacht und die damals im Preußischen Ministerium des Innern unter Leitung von Geheimrat Krohne stehende Vollzugsbehörde nachdrücklich auf die Notwendigkeit besonderer Jugendstrafanstalten hingewiesen hatte. Ein beachtliches Beispiel der Initiative der Wissenschaft auf diesem Sondergebiet[21].

Die in der dritten großen Periode vom ersten Weltkrieg bis heute errichteten Vollzugsbauten lassen ihre teilweise Abhängigkeit von den Erkenntnissen früherer Fachgenerationen erkennen. Die Vollzugsbehörden in den Justizministerien der deutschen Länder hatten, da kein Reichsstrafvollzugsgesetz geschaffen wurde, auf Reichsebene Vereinbarungen über den Vollzug der Freiheitsstrafe zu treffen. Die auf Anregung des damaligen Reichsjustizministers Radbruch 1923 ausgearbeiteten „Grundsätze für den Vollzug von Freiheitsstrafen“ sahen in dem Strafvollzug in Stufen ein Mittel neuzeitlicher Gefangenenbehandlung[22].

§ 130

Bei längeren Strafen ist der Vollzug in Stufen anzustreben. Er soll die sittliche Hebung dadurch fördern, daß dem Gefangenen Ziele gesetzt werden, die es ihm lohnend erscheinen lassen, seinen Willen anzuspannen oder zu beherrschen. Der Vollzug in Stufen soll auf der Grundlage aufgebaut sein, daß der Strafvollzug je nach dem Fortschreiten der inneren Wandlung des Gefangenen seiner Strenge entkleidet und durch Vergünstigungen, die nach Art und Grad allmählich gesteigert werden, gemildert und schließlich so weit erleichtert wird, daß er den Übergang in die Freiheit vorbereitet.

Mit unter dem Eindruck dieser „Grundsätze" entstand im Jahre 1928 in Brandenburg a. d. Havel die dortige Vollzugsanstalt. Verwirklicht wurde dabei die Unterbringung Gefangener vor allem in Einzel-, aber auch in Gemeinschaftszellen. Wesentlich war, daß die Preußische Justizverwaltung auf die kreuzförmige Anlage, die panoptische, verzichtete und damit gewisse Nachteile einer geminderten Übersichtlichkeit in Kauf nahm. Die notwendigen Sicherungen wurden dafür unter Verwendung der technischen Neuerungen ausgebaut und z. B. durch Anordnung der Unterkünfte im Zentrum der gesamten Anlage beachtliche Vorteile erreicht. Der Gedanke, bestimmte Bauzonen zu schaffen, d. h. Bauten, die vergleichbare Aufgaben zu erfüllen hatten, wie Unterkünfte, Arbeitsräume, baulich so anzuordnen, daß möglichst kurze Anmarschwege aber auch ein Mindestbedarf von Beamten entstand, war berücksichtigt worden. Die Gebäude sind durch zusammenhängende, ringförmig geschlossene Verkehrswege miteinander verbunden, und die Hinführung der Gefangenen über die Höfe kann von einer verhältnismäßig kleinen Zahl von Beamten erfolgen. Die Werkstätten, an der Außenmauer der Anlage eingebaut, können von Galerien aus überwacht werden, so daß neben den für die Arbeit verantwortlichen Werkmeistern ein Aufsichtsbeamter gleichzeitig mehrere Säle zu beaufsichtigen vermag[23].

Die neuen Zweckbauten im Gefängnissystem des Landes Hessen

Die Entwicklung der Strafvollzugs- und der Bauprobleme in der Gegenwart in Deutschland ist nur verständlich unter Berücksichtigung der Tatsache, daß der Vollzug der Freiheitsstrafen Länderangelegenheit ist und der Föderalismus den Ländern besondere Aufgaben stellt. Die Differenzierung des Freiheitsentzuges in Untersuchungshaft, Strafhaft und Verwahrung auf Grund der „Maßregeln der Besserung und Sicherung" sowie die Trennung nach Geschlecht und Lebensalter ist zu beachten.

Die Bestrebungen nach Vereinheitlichung in den gesetzten Grenzen werden deutlich in den Ländervereinbarungen, einmal über die Durchführung der Untersuchungshaft von 1953 und dann der Freiheitsstrafen und der Sicherungsverwahrung an Erwachsenen in der bundeseinheitlichen Dienst- und Vollzugsordnung von 1961. Für den deutschen Jugendstrafvollzug gibt der bereits zitierte § 91 des Jugendgerichtsgesetzes von 1953 die notwendige gesetzliche Grundlage. Bundeseinheitliche Richtlinien für Vollzugsbauten werden angestrebt[24].

An dem Beispiel von zwei Anstalten möchte ich die Verwirklichung dieser Bestimmungen in ihren baulichen Einrichtungen etwas eingehender schildern, wobei ich diese beiden Anstalten aus meinem Dienstbereich, dem Gefängnissystem des Landes Hessen, nehme. Es sind dies die Jugendstrafanstalt in Wiesbaden und die Strafanstalt für Männer, das Gustav-Radbruch-Haus, in Frankfurt am Main. Vor Beschreibung dieser neuen Zweckbauten möchte ich aber noch kurz auf die Frage der Um- bzw. Anbauten in älteren Anstalten eingehen.

In Ergänzung zu den bereits vorgetragenen Entwicklungen des Gefängnisneubaues ist auf die besondere deutsche Situation, hier auf die durch die Säkularisation entstandene, hinzuweisen. Eine Reihe von Bauten, auch Klöster, wurden im Jahre 1804 aus kirchlichen in den weltlichen Besitz überführt und einige von ihnen als Arbeitshäuser, andere als Strafanstalten verwendet. Weiter wurden alte Schlösser, da sie ihre ursprüngliche Aufgabe in der modernen Gesellschaft nicht mehr zu erfüllen hatten, verfügbar und zum Teil ebenfalls für den Vollzug der Freiheitsstrafen in Anspruch genommen. So verfügt z. B. das Gefängnissystem des Landes Hessen unter seinen dreizehn selbständigen Vollzugsanstalten über ein ehemaliges Schloßgebäude und zwei frühere Klosterbereiche. Von den übrigen zehn Zweckbauten stammen sieben aus der Zeit vor 1900, eine aus dem Jahre 1912 und zwei Anstalten aus den Jahren nach 1945.

Als Beispiel für die Erweiterung einer als Zellenstrafanstalt, d. h. überwiegend unter Sicherheitsgesichtspunkten um 1890 errichteten Baulichkeit wähle ich die Strafanstalt in Kassel[25]. Durch Anbau eines Werkhofes wurden dort die Voraussetzungen für eine nach modernen Arbeitsmethoden zu leistende Produktion geschaffen. Weiter sei erwähnt, daß in der gleichen Anstalt durch Umbauten geeignete Gemeinschaftsräume zum Aufenthalt während der Freizeit entstanden.

An dem Beispiel einer früheren alten Klosteranlage, der Strafanstalt Dieburg, die als Vollzugsanstalt vor Jahrzehnten wenig günstig umgebaut worden war, möchte ich die Möglichkeit aufzeigen, durch Umbauten geeignete, zeitgemäße Vollzugseinrichtungen zu schaffen. Bei der Umstellung von kirchlichen auf weltliche Zwecke wurde u. a. ein dreistöckiger Unterkunftsbau mit je einem großen Gemeinschaftsraum als Schlafsaal in jedem Stockwerk zur Aufnahme von rd. 60 Personen während der Freiheit und der Ruhezeit errichtet. Dieser unhaltbare Zustand wurde 1960 durch den Neubau eines fünfstöckigen Zellenhauses mit rd. 200 Einzelzellen grundlegend geändert. Der Bau mit den Gemeinschaftssälen wurde in der Zwischenzeit abgebrochen und an seiner Stelle noch ein weiterer Zellenbau mit rd. 100 Einzelzellen erstellt, so daß diese „alte" Anstalt jetzt über 300 einwandfreie Einzelzellen auch mit allen hygienischen Einrichtungen verfügt. Die Außenfronten der beiden neuerrichteten Zellenflügel wurden sägezahnförmig ausgebildet einmal, um die Aufnahme unerwünschter Beziehungen der Zellennachbarn während der Ruhezeit zu unterbinden und dann, um die Sicht auf das Wohnviertel, das sich in der Nähe der Anstalt entwickelt hatte, möglichst einzuengen. Durch entsprechende Vergrößerung der Fenster blieb der Lichteinfall gesichert.

Die wichtigsten baulichen Maßnahmen im Gefängnissystem des Landes Hessen seit 1945 sind der Neubau von zwei besonderen Anstaltsbereichen, für die Vorbilder fehlten, und zwar der Offenen Anstalt in Frankfurt am Main und der Jugendstrafanstalt in Wiesbaden. Sie wurden 1958 bzw. 1963 in Betrieb genommen.

Die neuerbaute Jugendstrafanstalt Wiesbaden ist die erste als Zweckbau errichtete deutsche Jugendstrafanstalt überhaupt. Ihre Einrichtung gründet sich auf meine Erfahrungen im Jugendstrafvollzug in Eisenach in Thüringen während der zwanziger Jahre und der im In- und Ausland gewonnenen Erkenntnisse über die Behandlung strafffälliger Jugendlicher im Freiheitsentzug. Als Devise dieser Anstalt gilt: „Auch die straffällige Jugend gehört zu unserer Jugend."

Das JGG von 1953 gibt in seinem § 91 alle notwendigen gesetzlichen Grundlagen für die Einrichtung dieser Anstalt, in der in verschiedenen Bauzonen: für die Arbeitszeit im Werkbereich mit seinen Werkstätten, für die Freizeit und Ruhezeit in den verschiedenen Gemeinschaftsräumen und Unterkünften ausreichend bauliche Voraussetzungen geschaffen sind. Auch hier erfolgt die Trennung bei Nacht und jeder erhält seine Einzelzelle. Am Ende jedes Flures mit je 15 Zellen zu beiden Seiten liegen zwei größere Gemeinschaftsräume für Gruppenarbeit während der Freizeit. Neben Klassenräumen für Fortbildungs- und Berufsschulunterricht besitzt die Anstalt einen größeren Raum für die Freihandbücherei. Eine Sporthalle, die zugleich als Versammlungsraum für die dreihundert Insassen Verwendung finden soll, ist im Bauplan noch vorgesehen. Dank der vorzüglichen Planung durch die Architekten konnte ein würdiger Kirchenraum geschaffen verden. Die Verwaltungs- und Wirtschaftsräume sind — auch nach Meinung von Sachverständigen aus dem In- und Ausland — zweckentsprechend geplant und erstellt. Die bisherigen Erfahrungen mit der gesamten Anlage und ihren Einzelheiten sind durchaus zufriedenstellend. Kleinere Mängel werden bei dem Neubau einer weiteren Jugendstrafanstalt in Darmstadt berücksichtigt.

Die Eigenart der Offenen Anstalt ist nur verständlich aus der Neuordnung des gesamten hessischen Gefängniswesens nach 1945. In diese Strafanstalt für Männer werden zu Gefängnis Verurteilte unter der Voraussetzung aufgenommen, daß ein bestimmter Teil ihrer Freiheitsstrafe in einer geschlossenen Anstalt vollzogen wurde und sie dort Eignung für Außenarbeit und Vertrauenswürdigkeit erkennen ließen. Die Anstalt bedeutet die letzte Stufe einer Progression. Zeitlich kann sich anschließen: die bedingungslose Entlassung oder die unter Auflagen z. B. der Unterstellung unter einen Bewährungshelfer. Die in dieser Anstalt untergebrachten Gefangenen arbeiten — bis auf eine Zahl von Hausarbeitern — in Gruppen eingeteilt in freien Betrieben, die im ganzen Stadtbetrieb verstreut liegen. Die Firmen holen ihre Arbeitskräfte von der Anstalt zum Arbeitsplatz und bringen sie wieder zurück. — Während der Freizeit kann der Einzelne nach Wahl sich in einem Gemeinschaftsraum oder in seiner Zelle, die ihm als Schlafraum zugewiesen ist, aufhalten. Die Einzelräume und die Gemeinschaftsräume bleiben stets unverschlossen, des Nachts wird die Haupttüre jedes Unterkunftshauses versperrt. Auf die in geschlossenen Anstalten üblichen Sicherheitsmaßnahmen wird nach der sorgfältig getroffenen Auswahl der Gefangenen weitgehend verzichtet.

Die Anstalt ist gewachsen aus meinen Erfahrungen als Leiter des Zuchthauses Untermaßfeld in Thüringen in den zwanziger Jahren, in dem das Progressivsystem ebenfalls eingeführt war. Eine Gruppe von zehn Gefangenen arbeitete und lebte als IV. Stufe auf einem Pachtgut unter fast freiheitsähnlichen Bedingungen. Bei einem Besuch von Prof. Radbruch, dem früheren Reichsjustizminister, in diesem Zuchthaus im Jahre 1931 erörterten wir eingehend auch das Problem der Offenen Anstalt. Wohl im Zusammenhang damit formulierte Radbruch 1932:

> „Zwar wissen wir, wie eine moderne Strafanstalt auszusehen hätte, um dem Erziehungszweck zu genügen ... also: Pavillonsystem, Einzelhäuser für sorgfältig gesichtete Erziehungsgruppen, möglichst Unsichtbarmachung der Freiheitsbeschränkung, keine Festungsmauern und keine Gitterfenster, feste Häuser nach Art der heutigen Gefängnisse nur für die kleine Zahl der wirklichen Ausbrecher.“[26]

Nach 1945 wurde dieser Gedanke der offenen Anstalt, der sich in Thüringen bewährt hatte, in Frankfurt am Main mit Gefangenen, über die verhältnismäßig kurze Freiheitsstrafen verhängt waren und den

Belastungen eines solchen gelockerten Vollzuges ausgesetzt werden konnten, in einer durch Kriegseinwirkung teilzerstörten alten Schule zuerst verwirklicht. Auf Grund weiterer mehrjähriger Bewährung gelang es, das Hessische Parlament zur Mittelbewilligung für den Bau der offenen Anstalt zu gewinnen[27].

Es sei darauf hingewiesen, daß Lockerungen des Vollzuges für den einzelnen Gefangenen nicht unbedingt Erleichterungen, sondern im Gegenteil häufig zusätzliche Belastungen bringen, und es ist wiederholt vorgekommen, daß mich Gefangene meiner Anstalt und auch jetzt wieder den Leiter des Gustav-Radbruch-Hauses baten, in die geschlossene Anstalt zurückversetzt zu werden. Sie begründeten ihren Antrag mit zu starken seelischen Belastungen. Jedenfalls kann gesagt werden, daß sich die Einrichtung dieser offenen Anstalt, im Prinzip wie in Thüringen, nunmehr seit über fünfzehn Jahren auch im System des Landes Hessen voll bewährte und der seit über fünf Jahren verwendete Neubau allen billig zu stellenden Ansprüchen entspricht.

Einige allgemein gültige Erfahrungen

Die Frage nach den Erfahrungen bei dem Neubau von Strafanstalten schließt vielfach die nach dem Erfolge mit ein. Hierzu sei bemerkt, daß weder der Rückfall noch seine Verhütung im allgemeinen dem Vollzug zugeschrieben werden kann, die Probleme liegen hier nicht so einfach. Anlage, Umwelt und Persönlichkeit sind ineinander verflochten und für Bewähren oder Versagen entscheidend.

Trotzdem können einige Grundregeln, die bei Durchführen des Freiheitsentzuges wesentlich sind, nach den bereits zitierten Mindestgrundsätzen ... der UNO Nr. 57 und 58 oder der bundeseinheitlichen Dienst- und Vollzugsordnung (Nr. 57) aufgestellt werden:

I. Eine Vollzugsanstalt sollte keine in sich völlig abgeschlossene Welt darstellen. Bei aller Trennung von der Umwelt sollte eine sinngemäß überwachte Verbindung mit der Außenwelt weitmöglichst bestehen. Deshalb sind auch die baulichen Anlagen, wie Besuchsräume und Räume für Freizeitveranstaltungen mit modernen technischen Einrichtungen zu schaffen.

II. Die Übernahme des normalen Tagesablaufs wie in der Freiheit mit Arbeitszeit, Freizeit und Ruhezeit, eine Frage der Organisation, sollte in den baulichen Anlagen für überwachte Gemeinschaft bei Tage und Einzelunterbringung bei Nacht ihren Ausdruck finden.

III. Die Knappheit der Mittel und der Mangel an geeigneten Mitarbeitern zwingt bei der Bauplanung zu einer rationellen Aufteilung der Baukörper in sorgfältig erarbeitete „Bauzonen".

IV. Diese Knappheit darf aber nicht zum Bau von Mammutanstalten verleiten. Die Größenordnung von Vollzugsanstalten hängt ganz von den Einzelaufgaben der Bauten ab, kleinere, gut überschaubare Einheiten sind grundsätzlich zweckmäßiger.

V. Die Bedingungen, die der Freiheitsentzug an Neubauten stellt, hängen entscheidend von dem besonderen Zwecke, dem Vollzug der Untersuchungs- oder der Strafhaft, dem Vollzug der Erwachsenen- oder der Jugendstrafe ab. Bei dem Neubau von Frauenstrafanstalten sind zahlreiche Besonderheiten zu beachten. Auch die Standortfrage hat sich nach der Zweckbestimmung zu richten.

VI. Da die zum Teil veralteten Vollzugsanstalten vielfach den Vollzug nach neuen Grundsätzen erschweren oder stören, ist zu prüfen, ob diese Bauten ganz aufgegeben oder teilweise umgebaut werden können. Die erfolgte Investierung beträchtlicher öffentlicher Mittel zwingt in der Regel zu Um- und Ergänzungsbauten.

VII. Aus Sicherheitsgründen bleibt erforderlich, in unmittelbarer Nähe der Vollzugsanstalten eine ausreichende Zahl von Dienstwohnungen zu erstellen.

VIII. Bei aller Bedeutung der Bauten im Strafvollzug muß abschließend erneut betont werden, daß die Mitarbeit der Bediensteten an der Aufgabe der Einordnung des Rechtsbrechers bzw. der Verhütung seines Rückfalls entscheidend bleibt.

Anmerkungen:

[1] Handbook of correctional institution design and construction. Ed. United States Bureau of Prisons, Washington 1949.
Recent Prison Construction 1950—1960. Supplement to: Handbook ..., Washington 1960.
Prison architecture. Specialnumber: The British Yournal of Criminology. London, April 1961. Vol. 1. No. 4.
A. Krebs, Architekten und Vollzugsbeamte beraten Anstaltsneubauten. Bericht über die erste Tagung der Internationalen Studiengruppe für Planung und Bau von Straf- und Erziehungsanstalten in London vom 10. bis 18. 7. 1961. In: Zeitschrift für Strafvollzug 1961 (10) S. 332—352.
Für den geschichtlichen Teil wichtig:
K. Krohne, Die Gefängnisbaukunst. In: Handbuch des Gefängniswesens. Hrsg. von Fr. von Holtzendorff u. E. v. Jagemann. Hamburg, 1888, Bd. T, S. 467.

[2] K. Krohne, Lehrbuch der Gefängniskunde. Stuttgart, 1889, S. 220.

[3] H. B. Wagnitz, Historische Nachrichten und Bemerkungen über die merkwürdigsten Zuchthäuser in Deutschland. Halle, 1791, Bd. I S. 20.

[4] Den Strafvollzug betreffende Beschlüsse und Empfehlungen des Ersten Kongresses der Vereinten Nationen, abgehalten in Genf vom 22. 8. bis 3. 9.

1955, über Verbrechensverhütung und Behandlung Straffälliger. In: Zeitschrift für Strafvollzug 1958/59 (8) S. 149.

[5] Dienst- und Vollzugsordnung vom 1. 12. 1961.

[6] Jugendgerichtsgesetz vom 4. 8. 1953 (BGBl. I S. 751).

[7] A. Krebs, O. Schott, M. Gebhardt, Das „Fliedner-Haus" Groß Gerau. Ein Beispiel des Vollzugs der Jugendstrafe in freien Formen (JGG § 91 [3]). In: Zeitschrift für Strafvollzug, 1955 (5) S. 141 ff.

[8] R. von Hippel, Die Entstehung der modernen Freiheitsstrafe und des Erziehungsstrafvollzugs. Eisenach 1931.
G. Radbruch, Die ersten Zuchthäuser und ihr geistesgeschichtlicher Hintergrund. In: Elegantiae Juris Criminalis. Basel, II. Aufl. 1950. S. 116 ff.

[9] K. Krohne, Die Gefängnisbaukunst. S. 472.
H. Pfeiffer, Neuzeitliche Gefängnisbauten und ihre Geschichte. Heidelberg, 1934. In: Blätter für Gefängniskunde, 1934 (65) II. Sonderheft, S. 27.

[10] N. H. Julius, Nordamerikas sittliche Zustände. Nach eigenen Anschauungen. Bd. II, Leipzig, 1839, S. 495.

[11] H. Pfeiffer, a.a.O., S. 35.

[12] G. Radbruch, Lesefrüchte. In: Monatsschrift für Kriminalpsychologie und Strafrechtsreform 1933 (24) S. 92.

[13] J. Howard, State of prisons in England and Wales, with preliminary observations and an account of some foreign prisons. IV. Ed. London, 1792. Ausgabe: Everyman's Library, London, 1929, pp. 53, 113, 91.

[14] N. H. Julius, Vorlesungen über die Gefängniskunde. Berlin, 1828, S. 332.

[15] K. Krohne, Lehrbuch ..., S. 43.

[16] H. Barnes; Teeters. N. K., New horizons in criminology. New York, II. ed., 1952, p. 406.

[17] K. Krohne, Lehrbuch ..., S. 173 (3).

[18] K. Krohne, Lehrbuch ..., S. 173 (5).

[19] K. Krohne, Lehrbuch ..., S. 163.

[20] Das Jugendgefängnis in Wittlich. Hrsg. vom Preuß. Ministerium des Innern. Berlin, 1917.

[21] B. Freudenthal, Denkschrift betr. Errichtung eines Jugendgefängnisses. In: Zeitschrift für Strafvollzug 1958/59 (8) S. 22.

[22] Grundsätze für den Vollzug von Freiheitsstrafen vom 7. Juni 1923. RGBl. II S. 263.

[23] E. Meffert, Der Neubau der Strafanstalt in Brandenburg. In: Zentralblatt der Bauverwaltung ..., 1934 (54) Heft 42, 43. Sonderdruck S. 3.

[24] A. Krebs, Bericht über die 18. Tagung des Strafvollzugsausschusses der Länder der Bundesrepublik vom 24. bis 26. 5. 1961. In: Zeitschrift für Strafvollzug 1961 (10) S. 219.

[25] K. Krohne, R. Uber, Die Strafanstalten und Gefängnisse in Preußen. I. Teil: Anstalten in der Verwaltung des Ministeriums des Innern. Berlin, 1901, S. 401.

[26] G. Radbruch, Der Erziehungsgedanke im Strafwesen. In: Zeitschrift für Strafvollzug, 1952/53, S. 159.

[27] A. Krebs, G. A. Zinn, E. Schmidt, Der Strafvollzug in der Gedankenwelt Gustav Radbruchs. In: Zeitschrift für Strafvollzug, 1959/60 (9), S. 69.

KANN DICHTUNG VERBOTEN WERDEN?

Von Wilhelm Emrich

Nach dem Grundgesetz ist die Kunst frei. Der § 184 des Strafgesetzbuches lautet: „Mit Gefängnis bis zu einem Jahre und mit Geldstrafe oder mit einer dieser Strafen wird bestraft, wer unzüchtige Schriften ... feilhält, verkauft, verteilt ... sie zum Zwecke der Verbreitung herstellt oder zu demselben Zwecke vorrätig hält, ankündigt oder anpreist". In der Strafrechtsreform wird in § 220 diese Strafe auf zwei Jahre Gefängnis heraufgesetzt.

In Kommentaren zu dem § 184 heißt es: „Unzüchtig ist eine Schrift, wenn sie geeignet ist, das Scham- und Sittlichkeitsgefühl zu verletzen ... Dabei ist das Schamgefühl des unbefangenen Dritten maßgebend ... Die Anschauungen verdorbener Volkskreise sind nicht entscheidend; desgl. nicht überempfindliches Schamgefühl einzelner ... Die dichterische Einkleidung genügt für sich allein noch nicht, um einer Schrift, deren Inhalt unzüchtig ist, das Gepräge des Unzüchtigen zu nehmen. Wesentlich ist, ob die künstlerische Form die Schilderungen veredelt, durchgeistigt oder verklärt; sie über den geschlechtlichen Reiz hinaushebt, so daß eine Verletzung des Scham- und Sittlichkeitsgefühls vermieden wird; das wahre Kunstwerk schafft Freude an der Schönheit ... Doch können im künstlerischen ... Gewande auch Unzüchtigkeiten geboten werden, so in Gedichtform ... falls sie geeignet sind, vorwiegend den geschlechtlichen Reiz zu erwecken. Dagegen beseitigt *überwiegendes* künstlerisches Interesse die Unzüchtigkeit".

Bereits aus diesen Kommentaren geht hervor, wie unpräzise und unverbindlich die im Gesetzbuch verankerten Vorstellungen über Kunst und Nichtkunst, bzw. über das Verhältnis zwischen Kunst und Sittlichkeit, zwischen künstlerischer Form und dem sittlichen oder unsittlichen Inhalt des künstlerisch Geformten sind. Ein Kunstwerk kann nach diesen Auffassungen auch unsittliche Inhalte aufweisen.

Die Verwirrung steigert sich noch, wenn man das Gesetz über die Verbreitung jugendgefährdender Schriften liest und die sich auf dieses Gesetz gründenden Gerichtsverhandlungen der letzten Jahre studiert. § 1 dieses Gesetzes lautet: „Schriften, die geeignet sind, Kinder oder Jugendliche sittlich zu gefährden, sind in eine Liste aufzunehmen. Dazu zählen vor allem unsittliche, verrohend wirkende, zu Gewalttätigkeiten, Verbrechen oder Rassenhaß anreizende sowie den Krieg verherrlichende Schriften. Die Aufnahme ist bekanntzugeben". § 2 lautet:

„Eine Schrift darf nicht in die Liste aufgenommen werden, wenn sie der Kunst dient." Das ist der sog. Kunstvorbehalt dieses Gesetzes.

Wie soll nun ein Richter feststellen können, ob es sich bei einem Werk um ein der Kunst dienendes oder ihr nicht dienendes Gebilde handelt? Wo beginnt die Kunst, wo endet sie in einem literarischen Gebilde? Und welcher Maßstab sagt ihm, daß ein bestimmter Inhalt sittlich oder unsittlich ist? Das sog. gesunde Volksempfinden, das in der Formulierung vom Schamgefühl eines sog. normalen Durchschnittsmenschen nach 1945 erneut hier wieder aufgetaucht ist und gegen die Anschauungen angeblich verdorbener Volkskreise ausgespielt wird? Zwar hat ein Urteil des 5. Strafsenats des Bundesgerichtshofes dieses Gespenst des sog. Normalmenschen zu beseitigen versucht, indem es feststellte, daß bei der strafrechtlichen Beurteilung das Wesen der zeitgenössischen Kunst mitberücksichtigt werden muß. Aber der neu gegebene Maßstab ist ebenso unklar und beläßt ebenso alles im diffusen Zwielicht vager Gefühle und Eindrücke. Es sei, heißt es da, „von dem Eindruck auszugehen, den ein künstlerisch aufgeschlossener oder zumindest um Verständnis bemühter, wenn auch literarisch nicht besonders vorgebildeter Mensch von dem Kunstwerk hat." Mit anderen Worten: In Gestalt eines x-beliebigen literarisch interessierten Menschen mit gehobener Durchschnittsbildung, dessen „Eindruck" maßgebend sein soll, taucht doch wieder der sog. Normalmensch auf der Gerichtsbühne auf. Aber selbst wenn man die Eindrücke literarisch hochgebildeter Menschen sammeln und der Urteilsfindung zugrundelegen würde, käme das gleiche Chaos widersprüchlichster, nichts beweisender, bloßer Eindrücke und Gefühle heraus.

Denn nach wie vor wird auch heute noch die Auffassung aufrechterhalten, daß „es unzüchtige Werke der Kunst gibt, die den Schutz des Kunstvorbehalts nicht genießen, weil bei ihnen die Darbietung des Grobsinnlichen durch die künstlerische Idee keineswegs dermaßen in den Hintergrund gedrängt wird, daß das normale Scham- und Sittlichkeitsgefühl nicht verletzt wird. Solche Werke dienen mithin nicht ausschließlich oder überwiegend der Kunst und genießen daher nicht den Schutz des Vorbehalts Nr. 2, der nur Kunstwerken zukommt". In einem Atemzug wird in dieser Formulierung einem Werk der Charakter der Kunst zugebilligt und aberkannt in der Schlußwendung: „Schutz des Vorbehalts, der nur Kunstwerken zukommt." Derart absurde Unklarheiten mußten zwangsläufig zu analogen widersprüchlichen Gerichtsurteilen führen. Die gerichtlichen Auseinandersetzungen der letzten Jahre über Werke wie den Roman „La Noia" von Moravia, „Lady Chatterley" von Lawrence, „Lolita" von Nabokow, „The Postman always rings twice" (in deutscher Übersetzung „Die Rechnung ohne den Wirt") von James M. Cain u. a. haben gezeigt, wie divergierend und bar jeder einwandfreien juristischen Verbindlichkeit die Urteile der jeweils verschiedenen Instanzen ausfielen.

Mit anderen Worten: das Verhältnis zwischen Kunst und Moral gehört zu den ungeklärtesten, unsichersten, ja bodenlosesten Problemen nicht nur unserer Zeit, sondern aller vergangenen Epochen, in denen überhaupt Literatur produziert wurde.

Dennoch will ich versuchen, einen Weg zur Klärung zu beschreiten und vorzuschlagen, obgleich mir bewußt ist, daß die Frage, ob ein literarisches Erzeugnis ein Kunstwerk sei oder nicht, und die damit zusammenhängende Frage nach einer allgemein verbindlichen Wertung oder gar Rangordnung der literarischen Erscheinungen bisher weder in der öffentlichen literarischen Kritik noch in der Literaturwissenschaft, noch auch in der philosophischen Ästhetik Beantwortungen gefunden haben, die es einer verantwortlichen juristischen Instanz ermöglichen könnten, im konkreten Einzelfall eine einwandfreie, widerspruchslose, sachlich begründete Entscheidung zu fällen. Da sich sowohl die Vorstellungen über das Wesen der Kunst als auch die ästhetischen und ethischen Wertbegriffe selbst, nach denen ein literarisches Phänomen als schön oder häßlich, gut oder böse beurteilt wird, im Laufe der Geschichte ununterbrochen wandeln, ja sogar innerhalb der gleichen Epoche schärfstens divergieren, scheint es aussichtslos zu sein, nach verbindlichen Definitionen zu suchen, die sachlich unumstößliche Begründungen für derart schwerwiegende Entscheidungen, wie sie juristische Urteile darstellen, abgeben könnten.

Dennoch besteht kein Zweifel, daß sachlich und d. h. auch juristisch einwandfreie Entscheidungen gefunden werden müssen hinsichtlich der Frage, ob bestimmte literarische Gebilde, die von einem großen Teil der Öffentlichkeit als jugendgefährdend oder überhaupt allgemein als unsittlich empfunden werden, Kunstwerke sind oder nicht und daher im bejahenden Falle „Werte“ repräsentieren, die nicht unterdrückt werden dürfen und ihre in moralischer Hinsicht beanstandeten Unwerte aufwiegen.

Gerade aber diese Formulierung des Problems zeigt den Grad der Verwirrung an, in der sich der sensus communis, der sich in den entsprechenden Gesetzesbestimmungen niedergeschlagen hat, heute befindet. Denn diese Formulierung ist ungeheuerlich z. B. für die klassischen Dichter und Denker, für die das Schöne auch immer zugleich das Gute repräsentierte, weil das Schöne, Gute und Wahre für sie eine untrennbare Einheit darstellten, obgleich sie die Sphären des Ästhetischen, Ethischen und des Wahren sehr wohl zu unterscheiden wußten. Für sie war das Ethische, das an sich durchaus unabhängig vom Ästhetischen zu erscheinen vermag, im Ästhetischen mitenthalten, ohne noch ausdrücklich als Ethisches sich zu manifestieren. Demgegenüber stehen bekanntlich Äußerungen bedeutender Dichter, Kritiker und Philosophen, nach denen die ästhetische Sphäre eine schlechthin außer- oder immoralistische Sphäre repräsentiert, die nach ethischen Kategorien oder Gehalten überhaupt nicht befragt oder gemessen werden dürfe, ja solche Gehalte geradezu negiere.

Angesichts dieser chaotischen Situation spitzt sich das Problem auf die Frage zu, ob die ständige historische Relativierung aller ästhetischen und ethischen Wertvorstellungen sowie aller Definitionen des Wesens der Kunst nicht selber erklärt und damit überwunden werden kann durch die analytische Aufhellung der „Sache“ selbst, um die es geht, nämlich der „Kunst“ bzw. des literarischen Kunstwerks und seiner „Struktur“. Ein vorläufiger, wenn auch noch nicht beweisender Hinweis mag dies verdeutlichen: Trotz aller historischen Relativierung vollzieht sich im Lauf der Geschichte ein ständiger Ausleseprozeß, in dem sich bestimmte literarische Gebilde Jahrhunderte oder Jahrtausende als Kunstwerke behaupten, auch wenn ihre Epoche sie ablehnte oder geringschätzte, andere dagegen, obwohl sie von ihrer Zeit als Kunstwerke gefeiert wurden, als nichtkünstlerische Gebilde ausgeschieden werden und nur noch historisches Interesse als Ausdruck ihrer „Zeit“ zu bewahren vermögen. Die jeweiligen, historisch bestimmten und abgrenzbaren Vorstellungen, nach denen ein Werk als Kunstwerk galt oder nicht galt, werden also bedeutungslos bei diesem Ausleseprozeß, bei dem es allerdings immer noch fraglich bleibt, ob er „sachlich“ gerechtfertigt ist und ob nicht auch bei ihm historisch begrenzbare und relativierbare Vorurteile oder Vorlieben mitspielen und die Auswahl bestimmen. Dennoch bleibt es bedenkenswert, daß es literarische Gebilde gibt, die von allen späteren Zeiten — selbst bei völlig entgegengesetzen oder andersartigen Weltanschauungen oder Kunstvorstellungen — als Kunstwerke verbindlich anerkannt bleiben, andere aber sehr rasch — und für immer — ausscheiden.

Die Bestimmungen dessen, was Kunst ist oder nicht, können also nicht abhängig sein von den jeweils sich wandelnden Weltanschauungen und historisch relativierbaren, differierenden oder gegensätzlichen Vorstellungen über das Wesen der Kunst, sondern sie müssen aus den Werken selber hervorgehen, die sich als Kunstwerke behaupten, wie auch in den Nicht-Kunstwerken bestimmte Merkmale vorhanden sein müssen, die zu ihrer Ausscheidung und negativen Bewertung führen, d. h. es muß ein Gemeinsames geben, das Kunst als Kunst, bzw. Nicht-Kunst als Nicht-Kunst konstituiert trotz aller inhaltlichen oder formal stilistischen Wandlungen und Divergenzen im historischen Prozeß.

Der in einem Werk enthaltene Ausdruckswert, bzw. sein geistiger und seelischer „Gehalt“ oder „Sinn“ kann als solcher — an und für sich betrachtet — offenbar nicht ein Maßstab für die Bewertung abgeben, denn die Gehalte wechseln, widerstreiten einander, ja können sich gegenseitig ausschließen, ohne daß dadurch der Kunstcharakter eines Werkes aufgehoben oder in Frage gestellt wird. Bestimmte heidnische Werke wie die Homers, Vergils, Terenz', Senecas u. a. wurden und werden von christlichen Zeitaltern als Kunstwerke von höchstem, ja z. T. sogar kanonisch verbindlichem Rang anerkannt, während Werke, die den eigenen christlichen Gehalt aufwiesen, als unkünstlerische Machwerke abgelehnt werden konnten. Maßgebend scheint dabei gewesen zu sein und immer zu sein die Art und Weise, *wie* ein Gehalt gestaltet ist, also die Form. Aber auch die formalen Qualitäten eines Werkes können — an und für sich betrachtet — nicht den Maßstab der Beurteilung abgeben. Denn auch die Formqualitäten und Formideale wandeln sich, widerstreiten einander und können sich gegenseitig ausschließen, sind — wie die Stilgeschichte zeigt — derart extremen historischen Wandlungen ausgesetzt, daß sie nicht in ihren jeweiligen Bestimmungen als konstitutiv für Kunst oder Nichtkunst überhaupt gelten können. Ein Werk kann alle formalen Qualitäten eines klassischen Dramas aufweisen und dennoch sich als Machwerk erweisen (z. B. die epigonalen Jambendramen humanistischer Schulmänner), wie auch umgekehrt die radikalen Formexperimente „avantgardistischer" Autoren ihre Werke noch nicht zu „originalen" Kunstwerken stempeln müssen.

Wenn aber weder die einzelnen geschichtlich bestimmten Gehalte an sich noch die einzelnen geschichtlich bestimmten Formen an sich ein Kunstwerk als Kunstwerk konstituieren — und alle in einem literarischen Werk erscheinenden Gehalte und Formen sind ja nachweisbar immer geschichtlich geprägt — und wenn andererseits bestimmte literarische Werke sich als bleibende Kunstwerke in der Geschichte durchhalten und also für die ihnen folgenden Zeiten trotz deren andersartigen oder gegensätzlichen Anschauungen stets neue positive „Bedeutung" und das heißt neue positive Aussagewerte oder neue formale Vorbildlichkeit und bewundernde Zustimmung erhalten, so müssen diese literarischen Werke derart strukturiert sein, daß sie ihre eigenen, in ihrem Inneren erscheinenden einzelnen geschichtlichen Gehalte und Formen in einer eigentümlich überlegenen Weise überschreiten und deren Bedeutungen und Formqualitäten derart erweitern und bereichern, daß sie Bedeutung und „Wert" auch für alle späteren Zeiten zu erhalten vermögen, ja daß diese späteren Zeiten jeweils immer neue und andere Bedeutungen, Sinnbezüge und formale Qualitäten in diesen Werken „entdecken". Diese Werke sind gleichsam „unausschöpfbar". Sie geben jeder folgenden Generation neue Rätsel auf, neue Deutungsmöglichkeiten und Sinnbezüge; sie sind nie zu Ende zu interpretieren.

Das gilt für alle literarischen Kunstwerke von Homer bis zur Gegenwart. Sie enthalten, wie es Friedrich Schlegel formuliert hat, ein „Kontinuum der Re-flexion", d. h. eine ununterbrochene wechselseitige Spiegelung und Rückspiegelung aller Teile, wodurch eine unendliche Mannigfaltigkeit von Bezügen, Sinngehalten wie auch von immer neu überraschenden und neu zu entdeckenden Formqualitäten und damit auch Formbedeutungen entsteht. Dieses Kontinuum selbst ist zwar — wie das Werk — endlich, aber es besitzt eine innere Unendlichkeit, die auch den kleinsten lyrischen oder epigrammatischen Gebilden den Charakter „unausschöpfbarer" Gefühls- und Bedeutungsqualitäten verleihen kann.

Die spezifisch künstlerische Formung eines literarischen Werkes besteht also darin, daß die jeweiligen Gehalte und Formen, die der Autor als Stoff oder Vorwurf übernimmt oder durch seine Einbildungskraft hervorbringt, kompositorisch und sprachlich in ein Beziehungsgewebe gebracht werden, durch das die einzelnen Inhalte und Formen aus ihrer spezifisch historischen Begrenztheit oder Einseitigkeit befreit werden und einen Bedeutungsreichtum entfalten, der nie zu Ende reflektiert werden kann und repräsentative, bzw. symbolische Bedeutung auch für andere Lebensformen, Zeiten und Vorstellungen aus sich zu entwickeln vermag. Dagegen ist ein nichtkünstlerisches Werk dadurch konstituiert, daß die in ihm enthaltene Re-flexion kein in sich unendliches Kontinuum darstellt, sondern bald abbricht, bzw. sehr schnell an ihr Ende gelangt, weil seine Gehalte und Formen nicht über sich hinausweisen, keine Bedeutungsmannigfaltigkeit enthalten, sondern in einer eindeutigen Begrenztheit verharren, die rasch durchschaubar ist und jedes weitere Nachsinnen oder Forschen überflüssig macht, bzw. abtötet. Die Beschäftigung mit nichtkünstlerischen Werken „lohnt" nicht (es sei denn als historische Quelle für Zeitstudien), da sie weder durch ihren Gehalt noch durch ihre Form über sich hinausgehen, sondern gerade durch ihre „fraglosen" Aussagen und Formen sich gleichsam mit ihrem Ende zu Ende gespielt haben, so wie ein durchschnittlicher Kriminalroman nach allen Spannungen und Rätseln, die er aufgeboten hat, um den Leser in „Atem" zu halten, am Schluß nach der Auflösung der Fragen belanglos wird. Dagegen entfalten künstlerische Kriminalromane wie etwa Dostojewskys Werke in jedem Moment ihrer Gestaltung eine solche unausschöpfbare Fülle psychologischer, religiöser, soziologischer u. a. Bedeutungen und Deutungsmöglichkeiten, daß diese Romane immer wieder neu gelesen und interpretiert werden können und müssen, da die in ihnen enthaltenen Sinn- und Formbezüge in sich unendlich sind und mit der Auflösung der äußeren Handlungsspannung keineswegs an ihr Ende gelangt sind.

Der nichtkünstlerische Roman gestaltet eine schematisierte, vereinfachte und einseitige Welt, die nicht „wahr" ist (auf Grund der Schematisierung) und daher auch nicht „gut" und „schön" sein kann. Der künstlerische Roman versucht eine umfassende, vielseitige Gestaltung, die der komplexen Wahrheit der menschlichen Wirklichkeit möglichst nahe kommt. Je mannigfacher, reicher, beziehungsvoller das Kontinuum der Reflexion, d. h. die sinnvolle Beziehung aller Teile zueinander strukturiert ist, umso ranghöher ist das Kunstwerk; je ärmer oder schwächer die sinnvollen Bezüge ausgeformt sind, d. h. je früher die Reflexion des Werkes ausgeschöpft ist, umso geringer ist der künstlerische Rang, den das Werk repräsentiert und beanspruchen kann, umso früher erlischt auch seine Bedeutung in der Geschichte.

Damit ist auch die Frage geklärt, warum bestimmte literarische Modeerscheinungen oder Bestseller von ihrer Zeit als hohe Kunstwerke gepriesen und gefeiert werden, um dann sehr bald und für immer mit Recht aus dem Kunstkanon der Weltgeschichte zu verschwinden. Sie drücken eine ganz bestimmte, historisch begrenzte Gefühlslage, Erfahrung oder Weltanschauung aus, in denen sich die Zeit ganz wiederfindet, spiegelt und begeistert erkennt und bestätigt sieht. Aber sie drücken leider nur diese begrenzten historischen Inhalte und Formen aus, die sehr schnell durchschaubar sind und verschwinden, wie die Zeit verschwindet, die ihnen verhaftet war; es sei denn, es gelang dem Autor, die begrenzten Zeitgehalte und deren Formen zu transzendieren, durch ein vielsinniges Beziehungsgewebe aus ihnen Bedeutungen und Formqualitäten zu entwickeln, die über sie hinausweisen und ihnen übergreifende, repräsentative und symbolische Funktionen verleihen. So spiegeln etwa „Die Leiden des jungen Werthers" zwar wie ein Modewerk und Bestseller die Gefühle und Vorstellungen der „Zeit", aber die Analyse des Werkes erweist zweifelsfrei, daß in seinem Beziehungsgewebe Sinn- und Formbezüge gestaltet sind, die weit über das von der Zeit Empfundene und Gepriesene hinausweisen. Umgekehrt wird auch verständlich, warum bestimmte Kunstwerke so schwer in ihrer Zeit ihr Publikum finden. Sie entsprechen, wie etwa „Die natürliche Tochter" Goethes, so wenig dem „Lebensgefühl", Geschmack oder Zeiterlebnis, daß sie nicht „ankommen", obgleich sie gerade das aktuelle Geschehen und Problem der Zeit (im genannten Beispiel die französische Revolution) mit einer Verbindlichkeit gestalten, die diesem Geschehen wahrhaft gemäß ist und seine bleibende, repräsentative „Wahrheit" symbolisch enthüllt.

Damit ist ein Maßstab der Unterscheidung zwischen literarischer Kunst und Nichtkunst gefunden, der allgemein verbindlichen Charakter hat, da er die historische Relativierbarkeit ästhetischer Maßstäbe in die Wesensbestimmung der Kunst phänomenologisch mit einbezieht und das schwierige, viel diskutierte Problem des Verhältnisses zwischen der Geschichtlichkeit und Übergeschichtlichkeit der Kunst zur Klärung bringt. Die adäquate Anwendung dieses Maßstabes bei der konkreten Beurteilung literarischer Werke ist jedoch nur möglich bei einer genaueren Differenzierung der gegebenen Bestimmungen. Sie betrifft vor allem das Verhältnis zwischen dem Ästhetischen, Ethischen und Wahren im literarischen Werk, bzw. die Eigenschaft der „Werte", die ein Kunstwerk repräsentiert oder vermittelt.

Wenn die spezifisch künstlerische Struktur eines Werkes mit Friedrich Schlegel als ein Kontinuum der Reflexion bezeichnet wurde, durch das die jeweiligen begrenzten und eindeutigen historischen Gehalte und Formen erweitert, bereichert oder überschritten werden und eine unendliche Bedeutungsmannigfaltigkeit hervorgebracht wird, so kann eine derartige „unausschöpfbare" Bedeutungsfülle, die zudem noch für spätere Zeiten verbindliche und anerkannte Werte bewahrt oder sogar ständig neu entfaltet, nicht in zufälliger Willkür durch beliebige Kombinationen, Beziehungsverknüpfungen und Reflexe zwischen den einzelnen Teilen des Werkes entstehen oder hervorgezaubert werden. Es können auch keine historischen Gehalte und Formen überschritten, transzendiert oder gar überwunden werden, wenn in dem Werk keine neue, überlegene Bewußtseinsstufe entfaltet worden ist, die diese historischen Gehalte und Formen voll begriffen, durchschaut und legitim überwunden hat, d. h. ihre „Wahrheit" aufdeckte und damit selbst eine ihr überlegene, neue, „wahre" Gestaltung schuf, mögen die erfundenen dichterischen Vorgänge, Bilder, Empfindungen und Reflexionen auch samt und sonders Fiktionen und in diesem Sinne irrealer Schein sein. Aus diesem Grunde aber etwa anzunehmen, daß der Dichter in seinem konkreten, individuellen Bewußtsein ein Wesen sei, das als erhabener Genius wie ein Gott über seiner Zeit stehe und die unendliche Bedeutungsmannigfaltigkeit seines Werkes, die viele Generationen nach ihm überhaupt erst entdecken, vollbewußt in seinem Kopf trage, wäre unsinnig. In ihrem individuellen Bewußtsein sind die Dichter genau so zeitgebunden wie alle anderen Menschen, was auch ihre theoretischen Äußerungen in Briefen, Tagebüchern, Gesprächen usw. beweisen, die keineswegs den Äußerungen anderer, nichtkünstlerischer Geister überlegen sind, was aber auch ihre Kunstwerke selber bezeugen, deren einzelne Gehalte und Formen gleichfalls sämtlich historisch gebunden sind.

Die innere Unendlichkeit des Kontinuums der Reflexion entsteht vielmehr dadurch, daß der ästhetische Schaffensprozeß ein „freies Spiel" der Einbildungskraft ist, in dem alle einzelnen Momente (Gehalte und Formen) der Gestaltung aus den Gesetzmäßigkeiten der empirischen, geschichtlichen Wirklichkeit gelöst und in neue, unwirkliche, bzw. fiktive und freie Beziehungen und Gesetzmäßigkeiten zueinander gebracht werden. Die Kunst, bzw. das Schöne ist „Freiheit in der Erscheinung“ (Schiller), d. h. ihre Gestaltungen unterstehen nicht den Gesetzen der Natur, bzw. der empirischen Wirklichkeit oder der Logik, obgleich sie „erscheinende“ Gestaltungen sind. Sie entwickeln ihre eigenen, freien Gesetzmäßigkeiten, jedes Werk auf eine andere, ihm eigentümliche, individuelle Weise.

Andererseits ist die Kunst auch zugleich „Nachahmung der Natur“, wie der gleiche Schiller und mit ihm alle einsichtigen Ästhetiker im Anschluß an Aristoteles mit Recht behaupten. Denn schon Aristoteles hat unter „Natur“ die gesamte Welt des Menschen, seine innere ideelle, seelische Welt und seine äußere empirische Umwelt verstanden, so daß alle Kunsttheorien idealistischer, expressionistischer, surrealistischer und naturalistischer Prägung dieser Definition nicht widersprechen. Wenn also die Kunst, was im Begriff der „Nachahmung“ enthalten und gemeint ist, eine möglichst adäquate, treffende und also „wahre“ Darstellung der tatsächlichen „Natur“ des Menschen durch ein freies Spiel der Einbildungskraft ist, so wird der Künstler bei der Gestaltung irgendeines, notwendig immer begrenzten Stoffes, Vorwurfs, Gefühls oder Gedankens (bzw. Grundidee) gehalten sein, diesen Stoff usw. so „frei“ zu behandeln, daß in ihm mehr als nur der Stoff usw., nämlich etwas von der „Natur“, und das heißt für Aristoteles und die ihm folgenden Ästhetiker, etwas von der wahren Struktur und Gesetzmäßigkeit, dem wahren Wesen des Menschen zum Vorschein kommt. Zwar werden und müssen die Vorstellungen über das, was die wahre Natur des Menschen und seiner Wirklichkeit ist, jeweils sehr verschieden sein je nach den historischen und individuellen Voraussetzungen, unter denen die Gestaltung sich vollzieht. Aber die Intention selbst, jeweils möglichst die volle, wahre „Natur“ im Gestaltungsprozeß zu erfassen, führt mit Notwendigkeit dazu, über die einzelnen begrenzten Gehalte, Formen etc. hinauszugehen, sie mit einer Fülle anderer, gleichfalls in der menschlichen Natur angelegter Möglichkeiten, Gehalte, Daseinsformen etc. zu konfrontieren bzw. zu ergänzen oder die begrenzten Gehalte und Formen zu „Sinnbildern“ für umfassendere Wahrheiten oder Wirklichkeiten werden zu lassen. Und selbst wenn im jeweiligen Autor eine solche „Intention“ nicht vorhanden sein sollte, die wahre Natur des Menschen sichtbar zu machen, selbst wenn der Autor also nur von dem Willen bestimmt ist, einen bestimmten, begrenzten, ihn ausschließlich „interessierenden“ Gehalt darzustellen, so nötigt ihn der ästhetische, bzw. literarische Schaffensprozeß selbst, seinen Gehalt, seine Idee, seinen Vorwurf etc. nicht abstrakt oder eingleisig, sondern möglichst „lebendig“ und anschaulich darzustellen, mit „Fleisch und Blut“ und wirklichem „Leben“ zu füllen, so daß er also gezwungen ist, die von ihm gestaltete, begrenzte Vorstellung über sich hinauszuführen, in ein umfassenderes Bild menschlicher Wirklichkeit hineinzuarbeiten. Je mannigfaltiger, vielseitiger dieses Bild ist, umso „bedeutender“ wird sein Werk, und es werden dabei — durch diese vielfältigen und zudem „freien“, den empirischen Gesetzen enthobenen Kombinationen und Verflechtungen — neue und empirisch gesehen unerwartete Bedeutungsmöglichkeiten entstehen, die ihm selbst im einzelnen nicht bewußt zu werden brauchen.

Im Wesen des ästhetischen Schaffensprozesses selbst also liegt es, ein in sich unendliches Kontinuum der Reflexion hervorzubringen. Je entschiedener der Wille zur ästhetischen Totalität ausgeprägt ist, je größer also die künstlerische Leistung wird, umso mehr distanziert sich das Werk oder der Autor von den einzelnen begrenzten Werten, Gehalten oder Daseinsformen, hebt sie auf im Hinblick auf das entstehende, umfassendere Bild vom Wesen oder der Natur des Menschen und seiner Wirklichkeit.

Daraus erklärt sich der viel erörterte, vom späten Plato über Augustin bis zu Kierkegaard, Nietzsche, Tolstoj und Sartre leidenschaftlich umkämpfte Gegensatz zwischen dem ästhetischen und dem ethischen Menschen. Der „Ästhet“, bzw. der „Künstler“ scheint, je bedeutender er ist, gleichgültig zu werden gegen spezifische moralische Forderungen und Wertsetzungen. Er „relativiert“ alle überlieferten ethischen oder religiösen oder sozialen „Werte“ im Hinblick auf ein umfassenderes Bild vom Menschen oder vom „Leben“, dem er als Künstler gestaltend verpflichtet ist und verpflichtet sein muß, wenn er wirklich Künstler bleiben will. Er muß um der „Wahrheit“ willen möglichst die ganze Natur des Menschen gestalten. Und dazu gehören auch moralisch oder gesellschaftlich verpönte Lebensformen und Verhaltensweisen. Er ist verpflichtet, sie unverstellt, ohne „Vorurteile“ gesellschaftlicher oder begrenzt moralischer Art darzustellen. Das bringt ihn notwendigerweise in den Verruf des Amoralismus oder gar Immoralismus.

Das „Schöne“ scheint also, um des „Wahren“ willen, in einen unauflöslichen Widerspruch zum „Guten“ zu geraten.

Aber es leuchtet ein, daß auch dieser Widerspruch — wie der vorhin entwickelte zwischen dem fiktiven freien Spiel der Kunst und dem Wahren, bzw. der Natur — nur dann unauflösbar bleibt, wenn die im Kunstwerk entfalteten Vorgänge und Bewußtseinsstufen nicht mitvollzogen werden. Durch die Konfrontation verschiedenartigster Werte und Daseinsformen im Kunstwerk werden zwar die einzelnen Werte relativiert, denn es kann sich erweisen, daß eine bestimmte konventionelle Moralvorstellung (wie etwa diejenige Meister Antons in Hebbels „Maria Magdalena") sich von einer anderen Perspektive aus als verderblich, ja unmoralisch herausstellt, wie auch umgekehrt scheinbare Unwerte sich plötzlich als Werte manifestieren, wenn ein umfassenderes Bild vom Wesen des Menschen gewonnen wird. Das Kunstwerk wird damit gleichsam zu einer Bewährungsprobe der verschiedenartigsten Werte und Wertvorstellungen. Die Werte werden aneinander gemessen, indem sie in die verschiedenartigsten Lebensumstände und Konflikte hineingestellt werden. Notwendigerweise aber kann dieser Prozeß wechselseitiger Bewährung oder Überprüfung der einzelnen Werte nicht in einer Relativierung aller Werte verharren oder ausmünden, sondern er muß — da es sich ja um einen Klärungs- und fortschreitenden Bewußtwerdungs- und Erkenntnisprozeß handelt — zu neuen und „besseren" Einsichten in das Wesen wahrer Moralität führen, bzw. in das, was gelebt und getan werden *sollte*. Selbst und gerade dann, wenn sämtliche konkrete Wertverwirklichungen scheitern etwa auf Grund auswegloser Konflikte zwischen unvereinbaren Wertsetzungen oder Lebenswirklichkeiten, bildet sich durch das Verstehen der Ursachen und Notwendigkeiten dieses Scheiterns ein Bewußtsein, das den Sinn der unaufhebbaren Widersprüche erkennt und daher gerade gegenüber dem tragischen Prozeß, wie es Aristoteles formulierte, zu einer Reinigung des Gemüts von den Affekten, d. h. zu einer überlegenen Position gelangt, in der die ethischen Antinomien erkannt und ausgehalten werden und ein Wissen vom absoluten, wenn auch unerfüllbaren sittlichen Postulat entsteht. Denn auch die verzweifelte Einsicht in die Unmöglichkeit, bestimmte menschliche Möglichkeiten oder Werte zu realisieren, ist — von Euripides bis Sartre und Camus — selber nur möglich auf Grund einer solchen absoluten Forderung oder, wie Kant formuliert, eines absoluten, intelligiblen Postulats der „praktischen" Vernunft. Indem also die künstlerische Gestaltung der verschiedenartigsten Werte und Daseinsformen auf Totalität der Darstellung und damit auch der Erkenntnis dringt, muß in dieser Bewährungsprobe der einzelnen Werte und Wertvorstellungen auch eine fortschreitende Erkenntnis der jeweiligen Grenzen und Rangordnungen der Werte eintreten, d. h. ein präziseres Wissen vom Wesen des Guten und Bösen. Je vollkommener ein Werk in ästhetischer Hinsicht ist, umso „besser" muß es daher auch in ethischer Hinsicht sein, weil es eine umso reichere Einsicht in das Wesen falscher und wahrer Moral gestaltet und vermittelt. Die scheinbare Gleichgültigkeit des Künstlers und seines Werkes gegenüber moralischen Wertsetzungen kann sich immer nur auf konventionelle, historisch begrenzte und also problematische, fragwürdige Wertsetzungen beziehen. Indem die „Wahrheit" über die volle Wirklichkeit menschlicher Existenz intendiert ist oder ihr der Künstler im Schaffensprozeß möglichst nahe zu kommen versucht, muß auch ein

Bewußtsein vom wahrhaft guten und wahrhaft bösen Verhalten entstehen, d. h. das ästhetisch vollkommenere Werk setzt auch ethisch vollkommenere Maßstäbe als das ästhetisch minderwertige.

Das gilt auch dann, wenn der Autor in seinem individuellen Bewußtsein solche Maßstäbe nicht besitzt oder leugnet. Die Sphäre des „Intelligiblen", des absoluten sittlichen Postulats setzt sich gleichsam objektiv im Werk auch gegen die subjektiv begrenzten Vorstellungen des Autors durch, — allerdings nur dann, wenn die Phänomene wahrhaftig, richtig, zutreffend gestaltet sind. Aber auch nur unter dieser Voraussetzung kann es sich ja um eine schöne und das heißt künstlerische Gestaltung handeln. Das ist der Sinn der Behauptung Kants, daß die Kunst, da sie auf „Freiheit" beruht, auch der intelligiblen sittlichen Sphäre angehöre, da auch jede Sittlichkeit auf Freiheit, der Autonomie und Mündigkeit des „vernünftigen" Menschen sich gründe. Seine Definition faßt im Grunde alles bis jetzt Erörterte treffend zusammen: „Von Rechtswegen sollte man nur die Hervorbringung durch Freiheit, d. i. durch eine Willkür, die ihren Handlungen Vernunft zum Grunde legt, Kunst nennen". Dabei versteht bekanntlich Kant unter „Vernunft" im Gegensatz zum „Verstand", der sich in der empirischen Welt bewegt, die Sphäre des „Intelligiblen", d. h. die Sphäre, in der es um die höchsten, absoluten „Werte" (Freiheit, Sittlichkeit, Gott, Unsterblichkeit) geht.

Es ist also nicht möglich, in einem gerichtlichen Urteilsspruch oder in öffentlichen Verlautbarungen der Presse — wie oft geschehen ist — zu erklären, ein bestimmtes literarisches Werk sei zwar künstlerisch wertvoll, aber moralisch verwerflich oder gefährlich für die Jugend. Wenn es ein Kunstwerk ist, muß es auch in ethischer Hinsicht als gut bezeichnet werden. Unter diesem Aspekt muß auch die Formulierung eines „Kunstvorbehalts" im Grundgesetz als problematisch bezeichnet werden. Umgekehrt kann ein in künstlerischer Hinsicht schlechtes Werk bzw. ein Nichtkunstwerk nicht in ethischer Hinsicht gut oder wertvoll sein. Es mögen zwar in ihm sittlich „vorbildliche" Handlungen oder Haltungen vorgeführt oder hohe sittliche Ideale verkündet werden. Aber diese Ideale und sittlichen Handlungen *müssen* — wenn es sich um keine künstlerische Gestaltung handelt, notwendigerweise einseitig, schematisch, klischeehaft, d. h. genau gesehen, „verlogen" dargestellt sein. Ihre scheinbar moralisierende, sittlich verbessernde Wirkung muß daher in hohem Grade bezweifelt werden. Jugendliche Leser — wie auch große Teile des Volkes — können durch solche Werke insofern in einer sehr viel gefährlicheren Weise als durch problematische Kunstwerke beeinflußt werden, als ihnen durch sie ein falsches Bild der Wirklichkeit vermittelt wird, das sie in wirklichen Lebenslagen, in die sie hineingestellt werden, auf verhängnisvolle Weise beeinflussen und vorentscheiden kann: verlogene, d. h. nicht ausreichend durchreflektierte Ideale von Heroismus, Opferbereitschaft, Vaterlandstreue oder aber auch von Menschheitsverbrüderung etc. haben ganze Generationen zu Fehlhandlungen und Fehlhaltungen geführt, da sie diese — an sich durchaus berechtigten und sinnvollen Ideale oder Werte gleichsam blind oder undifferenziert übernahmen und nicht gelernt haben, sie kritisch zu überprüfen durch Konfrontation mit umfassenderen Lebenswirklichkeiten oder Gegenidealen und damit eine wirklichkeitsadäquate, klare, erkennende Haltung zu gewinnen.

Mit dieser, aus den Phänomenen selbst hervorgehenden Definition der Kunst und Nichtkunst sowie des Verhältnisses zwischen dem Ästhetischen, Ethischen und Wahren ist einerseits ein sachlicher Maßstab gewonnen, der es dem Kritiker ermöglicht, auf Grund genauer Werkanalysen verbindliche und am Text selbst einwandfrei verifizierbare Urteile über den Rang literarischer Werke zu fällen. Andererseits aber ergeben sich aus dem gleichen sachlichen Maßstab für die entsprechende juristische Rechtsprechung ungewöhnliche Schwierigkeiten. Denn es leuchtet ohne weiteres ein, daß die in einem bedeutenden literarischen Kunstwerk sich vollziehende Bewährungsprobe ethischer Werte und Wertvorstellungen auch Werte und Wertvorstellungen auf die Probe und damit möglicherweise in Frage stellen kann, die in dem vom Staat und der Gesellschaft geschaffenen Gesetz als unantastbare Werte mit Grund geschützt werden und nicht in Frage gestellt werden dürfen, ohne das Gemeinschaftsleben und seine Individuen selbst zu gefährden, wie auch umgekehrt in einem literarischen Kunstwerk Handlungen von einem umfassenden Gesichtspunkt aus als positiv erscheinen können, die vom Gesetz als strafbare Handlungen bezeichnet und geahndet werden müssen.

Es muß also an ein literarisches Werk sehr entschieden und rigoros die Frage gestellt werden, ob die in ihm dargestellten strafbaren Handlungen uneingeschränkt positiv erscheinen, bzw. ob die in ihm kritisierten, vom Gesetz zu schützenden Werte uneingeschränkt negiert werden oder nicht. Denn von einer künstlerischen Darstellung kann auf Grund der eigenen Gestaltungsgesetze der Kunst verlangt werden, daß die Stufungen ethischer Werte und Wertvorstellungen streng und sauber innegehalten und ausgeformt werden. Wird also z. B. eine strafbare Handlung von einem höheren ethischen Prinzip aus gerechtfertigt, bzw. positiv gewertet, so muß andererseits die Strafbarkeit dieser Handlung im Rahmen der gesellschaftlichen Ordnung klar und unmißverständlich herausgearbeitet werden, so wie etwa die Handlungen von Kleists Michael Kohlhaas einerseits vom inneren „göttlichen“ „Rechtsgefühl“ aus gerechtfertigt, andererseits aber auch unzweideutig als strafbare Handlungen innerhalb der menschlichen Gesellschaftsordnung vom Helden selbst akzeptiert und gesühnt werden. Im Widerstreit der Werte kann und darf in einer künstlerischen Darstellung daher niemals eine uneingeschränkt positive oder negative Haltung eingenommen werden, wenigstens solange ein Widerstreit vorliegt. Die irdische Rechtsordnung mag — mit Kleist zu sprechen — so „gebrechlich" und so fragwürdig sein wie immer, sie besitzt ihr inneres Recht und ihre Verbindlichkeit. Und wer sich auf Grund einer „höheren" ethischen Verbindlichkeit mit ihr in Gegensatz setzt, muß bewußt und klar diesen Widerspruch aushalten, wie auch der Künstler diesen Widerspruch in seiner Gestaltung klar und unmißverständlich zum Ausdruck zu bringen hat ohne einseitige Verklärung, die Lüge wäre.

Es wird also vom Rechtsprecher festzustellen sein, ob in einem literarischen Werk uneingeschränkt vom Gesetz geschützte Werte oder Wertvorstellungen negiert werden oder nicht, bzw. ob strafbare Handlungen uneingeschränkt bejaht werden oder nicht, oder ob eine klare Rangordnung der Werte und Wertvorstellungen vorliegt, die dem Leser, auch dem sogenannten unreifen, jugendlichen Leser, eine sichere Orientierung ermöglicht.

ZUM PROBLEM DER MEDIZINISCHEN BEGUTACHTUNG IM STRAFPROZESS

Von Walter Krauland

Leben und Gesundheit gehören zu den wichtigsten Gütern, die durch das Recht geschützt sind. Es ist somit verständlich, wenn zur Beurteilung der Tatbestände medizinische Sachverständige dringend gebraucht werden. Aber auch bei anderen Sachverhalten kommt man vielfach ohne den medizinischen Sachverständigen nicht aus. Am meisten beachtet wird die Tätigkeit des Sachverständigen im Strafverfahren, wo das Gutachten in der Hauptverhandlung mündlich erstattet werden muß. In Zivilgerichts- und anderen Gerichtsverfahren haben medizinische Kenntnisse nicht geringere Bedeutung; doch stützt sich das Gericht hier meist nur auf schriftliche Gutachten. In aufsehenerregenden Strafprozessen werden die Gutachten der medizinischen Sachverständigen eingehend in der Presse erörtert und gelegentlich in der Öffentlichkeit heftig kritisiert.

Gerade in der jüngsten Zeit gaben nicht nur bei uns, sondern auch im Ausland eine Reihe von Fällen Anlaß zu einer besonderen Kritik an der Tätigkeit der Sachverständigen. Diese entzündete sich zum Teil an Widersprüchen der Gutachten untereinander, zum Teil — was schwerwiegender ist — an Widersprüchen der Gutachten mit einem nachher als richtig herausgestellten Tatbestand.

Man kritisiert weiter das übermäßige Vertrauen der Gerichte auf den medizinischen und überhaupt den naturwissenschaftlichen Sachverständigen. Denjenigen, die die Dinge nur aus der Presse, dem Rundfunk und neuerdings dem Fernsehen kennen, bleibt es sehr oft unverständlich, wie die eine oder andere gutachtliche Äußerung zustandekommen konnte.

Wenn man aber die Geschichte von großen Indizienprozessen prüft, so kommen die Grenzen der menschlichen Erkenntnis überall mehr oder weniger klar zum Vorschein. Es zeigt sich ferner, daß unsere Erfahrung des täglichen Lebens nur für gewöhnliche Sachverhalte paßt, nicht aber ohne Vorbehalte auf außergewöhnliche angewandt werden kann. Dem Sachverständigengutachten kommt somit in der Beweisführung ein ungewöhnliches Gewicht zu.

Die Arbeit des medizinischen Sachverständigen wird durch das geltende Recht bestimmt. Seine Aufgaben sind von Land zu Land in ihren

Einzelheiten verschieden; selbstverständlich gibt es auch Unterschiede in den angewandten naturwissenschaftlichen Untersuchungsmethoden. Doch kann es über grundsätzliche medizinische Fragen unter den Sachverständigen der verschiedenen Länder dort keine Meinungsverschiedenheiten geben, wo es sich um genügend erforschte, naturwissenschaftlich begründete Gesetzmäßigkeiten handelt (z. B. Lehre von den Todesursachen, die Erbgesetze).

Das sind die Gründe, weshalb sich an dem Problem der medizinischen Sachverständigentätigkeit durch die geplante Strafrechtsreform wenig ändern dürfte. Freilich darf man nicht vergessen, daß die Sachverständigentätigkeit eng mit der allmählichen Entwicklung des Rechts verknüpft ist. Deshalb ist ein kurzer Blick zurück angebracht.

Im Deutschen Recht ist die Zuziehung von Medizinalpersonen zuerst in der Constitutio criminalis Carolina ausdrücklich zur Aufhellung des Sachverhaltes bei Totschlag, Kindestötung, Fruchtabtreibung, Körperverletzung und Vergiftungen verlangt worden. Es ist zwar in der Regel bloß von Wundärzten die Rede, doch beruft sich der Artikel 36 auch auf das Zeugnis der Ärzte. Den Niederschlag dieser Sachverständigentätigkeit findet man in zahlreichen einschlägigen Lehrbüchern. Schon Teichmeyer, der Verfasser einer seinerzeit vielgelesenen gerichtlichen Arzneigelahrtheit, die 1722 zum ersten Mal erschien, fordert, daß die zu einer gerichtlichen Leichenöffnung beigezogenen promovierten Medici Gelehrsamkeit, Geschicklichkeit und Erfahrenheit haben sollten. Er klagt ferner darüber, daß in Deutschland ein Mangel an Ärzten bestünde, denen man solche Aufgaben zumuten könne. Aus dem weiteren Inhalt kann man schließen, daß durch die medizinische Begutachtung viele vor der Tortur bewahrt wurden. Ende des 18. Jahrhunderts war die Bedeutung des medizinischen Sachverständigen allgemein anerkannt; an den Universitäten und Chirurgen-Schulen wurde durch Vorlesungen über gerichtliche Medizin für die Ausbildung der Wundärzte und der Ärzte Vorsorge getroffen.

In der Bestallungsordnung für Ärzte vom 15. 9. 1953 wird lediglich verlangt, daß der Medizinalassistent während seiner Tätigkeit den Nachweis über zwei Versicherungs- oder Versorgungsgutachten erbringt; eine praktische Übung für eine Tätigkeit vor Strafgerichten ist aber nicht vorgesehen. Lediglich während der Amtsarztausbildung wird der Arzt u. a. zwar in der Vornahme von gerichtlichen Leichenöffnungen unterwiesen. Die Kenntnisse, die für eine erfolgreiche Sachverständigentätigkeit erforderlich sind, sind durch die Amtsarztprüfung allein noch nicht zu erreichen. Dazu gehört neben einem besonderen Verständnis auch noch viel Erfahrung, die man sich erst nach und nach bei dem Auftreten vor Gericht aneignen kann.

Die wichtigste Frage ist die nach der Eignung zum medizinischen Sachverständigen. Grundsätzlich kann jeder Arzt nach der Strafprozeßordnung als Sachverständiger herangezogen werden und muß nach § 75 StPO einer Ladung auch Folge leisten. Da der Sachverständige austauschbar ist, sind nicht dieselben Zwangsmaßnahmen vorgesehen wie etwa gegenüber einem säumigen Zeugen, auf den das Gericht in der Regel nicht verzichten kann. Der Arzt wird ferner auch auf mangelnde Sachkunde hinweisen können, da das allgemeine medizinische Wissen allein sehr häufig nicht ausreicht, um die speziellen Fragen beantworten zu können. Auch wenn ein Arzt nur als sachverständiger Zeuge vor Gericht vernommen wird, zeigt es sich, daß er wichtige Befunde, aus denen man z. B. bei einer Wunde auf das verletzende Werkzeug schließen kann, auf Nahschußzeichen, auf Blutabrinnspuren, kleine Schürfungen, besonders am Hals, die einen Würgegriff erkennen lassen, nicht oder nicht genügend beachtet hat.

Zu einem Tatort wird oft der nächstbeste Arzt gerufen, weil der Verletzte noch lebt oder nicht klar ist, ob nicht doch noch Hilfe möglich erscheint. Wenn zunächst ein Selbstmord angenommen wird und der Arzt nur zur Ausstellung einer Todesbescheinigung gerufen wird, ist seine Verantwortung besonders groß.

Auf die vielen Fehler, die vom Standpunkt des Kriminalisten gemacht werden, wird im einschlägigen Schrifttum neuerdings immer wieder hingewiesen (Reitberger, Weber). Diese Fehler werden — es handelt sich in der Regel um ein Übersehen — dem Arzt gewöhnlich nicht bewußt. Viele für die kriminalistische Bearbeitung wichtige Befunde können, weil sie flüchtig sind, oft nur von jenem Arzt richtig erfaßt und gedeutet werden, der als erster zur Stelle war. Vielfach ist unter den Ärzten die Meinung verbreitet, es käme nur auf die Feststellung der Todesursache an, auf die Leichenerscheinungen, die für die Bestimmung der Todeszeit wichtig sind, wird nicht genügend geachtet. Einer der Hauptgründe dafür liegt darin, daß der Blick des Arztes in die Zukunft gerichtet ist; er fragt sich, was hat zu geschehen, um das Leben und die Gesundheit zu erhalten. Der Kriminalist, der Richter und der Sachverständige haben ihren Blick aber in die Vergangenheit gerichtet, sie sind bestrebt, aus den geringfügigen Spuren, vergleichbar mit der Arbeit eines Historikers oder eines Archäologen, den Sachverhalt zu rekonstruieren; sie sind dabei auf Spuren, die in der Regel unscheinbar sind, aber wichtige Bausteine für die Rekonstruktion eines verwickelten Sachverhaltes liefern, angewiesen.

Verschiedene medizinische Lehrmeinungen können im Strafprozeß, besonders in Ärzteprozessen, eine Rolle spielen und den Richter in eine schwierige Lage bringen, der er meist durch Beiziehung von weiteren

Gutachten begegnen wird. Entgegengesetzte medizinische Gutachten trifft man sonst nicht so selten bei der Beurteilung der Zurechnungsfähigkeit und beim erbbiologischen Ähnlichkeitsbeweis; und zwar deshalb, weil hier die Befunde schwierig zu deuten sein können. Der Sachverständige wird dadurch vielfach zu einer wertenden Tätigkeit veranlaßt, die von der Erfahrung und auch von seiner subjektiven Einstellung abhängt. G r a f hat kürzlich in einem Vortrag „Die Funktion des medizinischen Gutachtens bei der Feststellung der Schuld im Strafprozeß" die Schwierigkeiten für den Richter auseinandergesetzt, die bei Gutachten über die Zurechnungsfähigkeit mit verschiedenen Ergebnissen entstehen.

Auf die Fehler, die dem Sachverständigen unterlaufen können, läßt sich im Einzelfall schwer von außen einwirken, eher lassen sich Mißverständnisse zwischen Sachverständigem und Richter umgehen. Die Gefahr von Fehlern sollte man immer vor Augen haben. Wenn man weiß, wie sie entstehen, werden sie leichter zu vermeiden sein. Ein Versuch dazu soll im folgenden gemacht werden. Es wird dabei aber nicht möglich sein, auf alle Probleme einzugehen; denn dem medizinischen Sachverständigen können Fragen aus dem Gesamtgebiet der Medizin gestellt werden. Jedem Eingeweihten ist es klar, daß der Einzelne niemals die Sachkunde in allen ihren Fächern haben kann.

Die Erfahrung lehrt aber, daß bestimmte Fragen vor Gericht immer wiederkehren: Fragen über Körperverletzungen und Todesursachen, strafbare Handlungen gegen die Sittlichkeit, Vergiftungen, Blutalkohol, Identität, Spurenkunde und vor allem auch Fragen über die strafrechtliche Verantwortlichkeit. Diese Fragen werden von der Gerichtlichen Medizin bearbeitet; sie sammelt das gesicherte medizinische Wissen und stellt, wo es nötig ist, eigene wissenschaftliche Untersuchungen an, um die richtigen Antworten geben zu können, die der Jurist für sein Urteil braucht.

Die Aufgaben und Pflichten des medizinischen Sachverständigen im Strafprozeß ergeben sich zunächst aus der Strafprozeßordnung und den Kommentaren. In zunehmendem Maße werden neuerdings wichtige Sachverständigenfragen auch in den medizinischen Wochenschriften abgehandelt. Der Durchschnittsmediziner hat aber, wenn er zur Prüfung in Gerichtlicher Medizin antritt, kaum je ein Gesetzesbuch in der Hand gehabt, geschweige denn hat er Zeit, sich im Schrifttum für Rechtsfragen zu interessieren. Die medizinischen Lehrbücher enthalten meist knappe Hinweise auf das materielle Recht. Es ist deshalb zu begrüßen, daß vor kurzem zwei Monographien, die eine von J e s s n i t z e r, die andere von B r e m e r über den Sachverständigen erschienen sind, die die verstreuten Quellen gesammelt haben, so daß auch der Nichtjurist sich in kurzer Zeit einen Überblick über die im Zusammenhang der Sachverständigentätigkeit auftauchenden Verfahrensfragen erlangen kann.

Beide Werke haben den Vorteil, daß sie mit reichlichen Quellenangaben versehen sind und jeweils auf Entscheidungen des Reichsgerichtes und des Bundesgerichtshofes sowie der oberen Gerichte hinweisen. Wenn auch in diesen Monographien die gesamte Sachverständigentätigkeit bearbeitet wird, so berücksichtigt vor allem Jessnitzer den medizinischen Sachverständigen.

Die Funktionen der Sachverständigen sind nach den Untersuchungen von Hegler und Mezger nach drei Gesichtspunkten zu betrachten: 1. Mitteilung von Erfahrungssätzen, 2. Anwendung des eigenen Fachwissens auf feststehende, vom Gericht unterbreitete Tatsachen, 3. Ermittlung von Tatsachen, die für das Gutachten die Grundlage abgeben. Aus den ersten beiden Aufgaben ergeben sich zunächst keine besonderen Probleme, weil das, worüber gutachtliche Ausführungen erwartet werden, dem Gericht bekannt ist und in das Verfahren bereits eingeführt ist. Die dritte Funktion setzt voraus, daß alle Informationen, die der Sachverständige seinem Gutachten zugrunde legt, und der Weg, wie er zu ihnen gekommen ist, dem Gericht dargelegt werden müssen. Dabei ist zu beachten, daß die Angaben, die der Sachverständige vom Zeugen erlangt, ohne Wahrheitsverpflichtung abgegeben werden; namentlich in psychiatrischen Gutachten muß sich der Sachverständige dieser Umstände bewußt sein, wenn er z. B. auf diesem Wege von Geständnissen erfährt.

Theoretisch wäre somit, wenn der Sachverständige sich an die einzelnen Vorschriften hält, ein sachgerechtes Ergebnis zu erwarten. Juristen und medizinische Sachverständige wissen aber, daß die Zusammenarbeit trotz heißen Bemühens nicht immer den gewünschten Erfolg hat. Auch der vielbeschäftigte Sachverständige kann nicht immer alles jenes Wissen parat haben, das zur Beantwortung schwieriger Fragestellungen notwendig ist. Er wird einer Vorbereitung bedürfen und wird da und dort nachschlagen müssen. Dies trifft nur für jene Fälle nicht zu, wo durch die tägliche Beschäftigung mit den betreffenden Fragen bei Routinegutachten auch ausgefallene Zusammenhänge dem Sachverständigen geläufig sind (z. B. Blutalkoholfragen bei Verkehrsdelikten).

Der Richter ist zwar nach § 78 der StPO dazu angehalten, die Tätigkeit des Sachverständigen zu leiten, „soweit ihm dies erforderlich scheint"; doch ergeben sich dann Schwierigkeiten, wenn er nicht voraussehen kann, welche Informationen vom Sachverständigen zu erhalten sind. Bei einem für den Nichtjuristen schwer zu durchschauenden verwickelten Zusammenhang empfiehlt es sich immer, dem Ersuchen um das Gutachten kurz gefaßte Erklärungen beizufügen, auf welche Fragestellungen es besonders ankommt. So verfahren die Sozialgerichte in Berlin, die Richtlinien für die Erstattung von medizinischen Sachverständigengutachten herausgegeben haben; offensichtlich in dem Bestreben, die Gutachten besser verwertbar und für den Richter besser verständlich zu machen.

Auch Grassberger betont, wie wichtig es für beide Teile ist, frühzeitig Rücksprache zu pflegen. Schon die Übersendung der Anklageschrift ist für den Gutachter wichtig, doch kann sie den Wert einer direkten Fühlungnahme nicht ersetzen. Wenn die Zusammenarbeit des Sachverständigen mit dem Juristen erst bei der Erläuterung des Gutachtens vor Gericht erfolgt, ist die Gefahr von Mißverständnissen ziemlich groß; z. T. werden diese Mißverständnisse dann gar nicht bemerkt. Der Notwendigkeit, dem Sachverständigen zur Vorbereitung seines Gutachtens weitere Aufklärung zu verschaffen, trägt im übrigen der § 80 der StPO Rechnung. Neben der Akteneinsicht ist es ihm gestattet, der Vernehmung des Beschuldigten oder von Zeugen beizuwohnen und an sie unmittelbare Fragen zu stellen. Dies ist besonders dann zweckmäßig, wenn es sich um medizinische Fragen handelt.

Freilich besteht die Gefahr, daß durch zu enge Berücksichtigung des Akteninhaltes oder eigener Ermittlungstätigkeit der Sachverständige unbewußt einer Voreingenommenheit erliegt, die ihm aus seinem Rechtsgefühl erwachsen kann. Die Gefahren, die sich daraus ergeben, hat unlängst Bockelmann in anderem Zusammenhang aufgezeigt. Aus solchen Überlegungen wollen Gerichte gelegentlich ein unbefangenes Gutachten ohne Kenntnis des näheren Sachverhaltes; dies wird man auch dann nicht ohne Vorbehalte billigen können, wenn es sich hauptsächlich um Untersuchungen des Sachverständigen z. B. bei einem Blutgruppen- oder erbbiologischen Gutachten handelt. Der Sachverständige wird dadurch zweifellos in seinen Möglichkeiten eingeschränkt. Die Anwesenheit in der Hauptversammlung kann das Aktenstudium und die oft nötige sonstige Vorbereitung nicht ersetzen.

Oft werden durch die Arbeit des Sachverständigen Sachverhalte aufgedeckt, die bisher noch nicht bekannt waren. Müssen zur Vorbereitung des Gutachtens Personen untersucht werden, sind umfangreiche Laboratoriumsuntersuchungen erforderlich oder ist der Fall sonst von Bedeutung, wird in der Regel ein ausführliches schriftliches Gutachten nötig sein. Erstrecken sich die Untersuchungen über einen längeren Zeitraum und erfordern eine sorgfältige Überwachung der einzelnen Arbeitsgänge, dann ist es zweckmäßig, daß solche Gutachten von zwei Sachverständigen angefertigt und unterzeichnet werden, wie dies § 87 der StPO für die gerichtlichen Leichenöffnungen vorsieht; die Voraussetzung dafür ist in Instituten und Kliniken stets erfüllt. Je nach Bedeutung des Falles sollen dann auch beide Sachverständige zur Hauptverhandlung geladen werden; denn bei Kollegialgutachten ergibt sich die Schwierigkeit, daß derjenige, der das Gutachten mündlich in der Hauptverhandlung vertritt, sich plötzlich vor neue Situationen gestellt sieht, die zu einer Änderung der ursprünglichen Auffassung Anlaß geben kann. Aus dem Ermittlungsverfahren ist das schriftliche Gutachten nicht wegdenkbar. Hier hat es sehr oft zunächst nur den Charakter eines vorläufigen Gutachtens, in dem auch auf bloße Verdachtsmomente einzugehen ist. Es liefert so wichtige Unterlagen für das weitere Vorgehen und zeigt, was in der Hauptverhandlung zur Erforschung des Sachverhaltes getan werden kann. Dies trifft vor allem für die vorläufigen Gutachten im Anschluß an gerichtliche Leichenöffnungen zu. Wenn es sich um Fälle von größerer Bedeutung handelt, sollte man aber nach Abschluß der Ermittlungen den Obduzenten immer die Gelegenheit geben, an Hand der Akten und der inzwischen durchgeführten Untersuchungen das Erstgutachten zu ergänzen. Ein sorgfältig durchgearbeitetes schriftliches Gutachten ist sowohl für den Richter als auch für den Sachverständigen ein wichtiges Hilfsmittel für die Hauptverhandlung.

Anders als beim schriftlichen Gutachten bleibt dem Sachverständigen beim mündlichen Gutachten nicht viel Zeit zum Überlegen. Es ist eine gewisse Schlagfertigkeit nötig; so wichtig sie aber zur Ausräumung von unberechtigten Einwänden und zur Selbstbehauptung ist, verliert sie dort jede Berechtigung, wo sie sich nicht genügend auf sachliche Grundlagen stützen kann. Eine besondere Gefahr in solchen Situationen ist ein selbstbewußter Sachverständiger; seine raschen Antworten kommen mehr aus dem Unterbewußtsein; man meint aber, er schöpfe aus seinem Wissen. Manche Sachverständige weichen von dem Grundsatz ab, daß das mündliche Gutachten verständlich und einfach sein soll. Sie tragen ihre Gutachten mit großer Beredsamkeit vor und geizen nicht mit Fremdwörtern, so daß der medizinische Laie ihnen bald nicht mehr folgen kann. Ein solches Gutachten verliert an Verständlichkeit, gewinnt aber wegen des gelehrten Eindruckes, den es verbreitet, an Überzeugungskraft. Das Gutachten eines Sachverständigen, der alle — auch entfernte — Möglichkeiten erörtert und gegen das sachlich keine Einwände vorgebracht werden können, macht dagegen oft den Eindruck der Unsicherheit und verfehlt seine Wirkung.

Trotz aller Vorbereitungen können bei der mündlichen Hauptverhandlung aus der Situation heraus Fragen gestellt werden, deren Beantwortung nicht gleich möglich ist. Der Sachverständige sollte sich nicht scheuen, dies zuzugeben, ebenso, daß die eine oder andere Frage nicht beantwortet werden kann. Gerade beim mündlichen Gutachten zeigt sich so recht der Unterschied in der Denkungsart zwischen Juristen und dem medizinischen Sachverständigen. Auf all diese Besonderheiten hat Meixner schon vor 35 Jahren hingewiesen.

Die Fragestellung des Juristen ist vom Grenzwertdenken beherrscht, wie es sich aus den einzelnen Rechtsnormen ergibt. Die Strafbarkeit beginnt z. B. mit dem 14. Lebensjahr; das sichere Verhalten im Straßenverkehr ist bei einem Alkoholgehalt im Blut von 1,5 ‰ nicht mehr gewährleistet und wird bestraft. Während aber die Altersgrenze an Hand der Urkunden meist leicht zu überprüfen ist, ist die genaue Feststellung der Blutalkoholkonzentration für einen bestimmten Zeitpunkt schwierig. So ist es bei vielen anderen Fragen, die dem Sachverständigen gestellt werden können.

Nur in einfachen Fällen wird der Sachverständige bestimmte Antworten geben können, dies hängt im wesentlichen davon ab, wie er zu seinen Schlüssen gekommen ist. Handelt es sich um morphologische Befunde, wie sie sich z. B. bei Leichenöffnungen und histologischen Untersuchungen bieten, die direkt wahrgenommen, beschrieben und gesichert werden können, sind die darauf aufbauenden gutachtlichen Aussagen von hohem Wert. Der Sachverhalt bietet dann meist auch für das Gericht keine weiteren Probleme, weil er nach der Erfahrung des täglichen Lebens leicht zu überschauen ist. Freilich lassen auch morphologische Befunde nur zu häufig verschiedene Deutungen zu, die nur durch weitere Untersuchungen einzuengen oder nur unter Berücksichtigung der besonderen Umstände des Falles zu verwerten sind.

In allen schwierigen Fällen, besonders aber bei Kapitalverbrechen, liegt deshalb das Hauptgewicht darauf, den Sachverständigen frühzeitig in die Tatsachenfeststellung, soweit sie in sein Fachgebiet fällt, einzuschalten. Fehlende Feststellungen lassen sich nachträglich durch noch so scharfe Überlegungen der erfahrensten Sachverständigen nicht mehr ersetzen. Es sind dann nurmehr Schlüsse nach allgemeinen wissenschaftlichen Erfahrungen möglich; diese geben aber keine direkten Hinweise auf die Wahrheit, sind vielmehr nur unterstützend zu verwenden.

Hat der Sachverständige aber sein Gutachten mit zu großem Vertrauen darauf gestützt, sind seine Schlüsse durch Gegengutachten verhältnismäßig leicht zu erschüttern. Dafür gibt es zahlreiche Beispiele aus Indizienprozessen.

Die Schwierigkeit liegt ferner darin, daß zu Beginn einer Untersuchung nicht erkennbar ist, was später von Bedeutung sein wird. Es lassen sich zwar allgemeine Richtlinien geben, doch gleicht kein Fall dem anderen. Eine möglichst sorgfältige Untersuchung und Beschreibung auch von Nebensächlichkeiten wird nötig sein. All diese Arbeit hängt von der subjektiven Einstellung des Untersuchers ab; von seiner Erfahrung, seiner Ausbildung und natürlich auch von der Fragestellung. Sie wird zweckmäßigerweise von einer sorgfältigen Dokumentation, Skizzen und Lichtbildern wirksam unterstützt.

Physikalische, chemische und auch serologische Untersuchungsmethoden haben in der Hand des Sachverständigen einen großen Aussagewert. Sie finden u. a. in der Spurenkunde Anwendung. Hier ist aber ganz besondere Vorsicht und Kritik in der Deutung der Befunde nötig, weil der kausale Zusammenhang nur ein scheinbarer sein kann und positive Aussagen nur erlaubt sind, wenn extrem seltene Merkmale erfaßt wurden. Negative Aussagen können aber von der Verfolgung einer falschen Spur abhalten.

Überall, wo der Sachverständige in seinem Gutachten auf allgemeine naturwissenschaftliche Erfahrungssätze zurückgreift, können seine Aussagen nur mit Wahrscheinlichkeiten erfolgen, denn in der Naturwissenschaft gibt es, abgesehen von einfachen empirischen Unmöglichkeiten, keine Denkunmöglichkeiten. Genauere Angaben über die Wahrscheinlichkeit sind nun nur dort möglich, wo Beobachtungen genügend zahlreich sind, um eine statistisch begründete Aussage zu erlauben.

Von der Rechtsprechung des RG, des BGH wird für die richterliche Überzeugungsbildung zur Annahme eines Kausalzusammenhanges die an Sicherheit grenzende Wahrscheinlichkeit verlangt. Doch wird keine Norm angegeben, welchen Grad der Überzeugung der Richter bei einem bestimmten Beweisergebnis haben müsse oder dürfe.

Diese Frage nach der an Sicherheit grenzenden Wahrscheinlichkeit wird immer wieder an den Sachverständigen gestellt. Es wird nun auf eine Übereinkunft ankommen, welcher Grad dafür zu fordern ist. Eine Berücksichtigung der medizinischen Statistik ist hier nötig. Es hat sich eingebürgert, die Forderung als erfüllt anzusehen, wenn die Wahrscheinlichkeit für einen kausalen Zusammenhang 99,75 % beträgt, dies bedeutet, daß die Irrtumswahrscheinlichkeit außerhalb des dreifachen mittleren Fehlers von 0,27 % oder 1 : 370 liegt. Ausgehend von diesen Überlegungen hat seinerzeit das Robert-Koch-Institut einen Blutgruppenausschluß im Vaterschaftsprozeß dann als gesichert angesehen, wenn die Irrtumswahrscheinlichkeit 1 : 500 beträgt. Seither wird dem Vaterschaftsausschluß nach einem Blutgruppensystem dann ein voller Beweiswert zuerkannt, wenn über 500 kritische Untersuchungen ohne Ausnahme gegen die Erbregeln beobachtet wurden.

Bei analytischen Methoden kommt es sehr auf den Bestimmungsfehler an. Ein viel diskutiertes Beispiel ist die Blutalkoholbestimmung, bei der die Öffentlichkeit sehr an dem Bestimmungsfehler nach der positiven Richtung interessiert ist. Von den Laboratorien wird ein Mittelwert von mehreren Bestimmungen angegeben. Auf Grund von eigenen langjährigen Kontrolluntersuchungen hat sich herausgestellt, daß bei methodisch richtigem Vorgehen die mittlere Abweichung je nach Laboratorium von 0,015—0,050 ‰ schwankt. Daraus ergibt sich im ungünstigsten Falle, daß der Analysenwert mit einer Wahrscheinlichkeit von nur 0,135 % um 0,15 ‰ über dem wahren Wert liegen kann, wie dies Freudenberg in ähnlichem Zusammenhang formuliert hat. Diese Aussage entspricht vollauf einer an Sicherheit grenzenden Wahrscheinlichkeit und wird zweifellos für die Rechtsprechung von Bedeutung sein.

Statistische Berechnungen ähnlicher Art lassen sich überall dort anstellen, wo genügend gesicherte Beobachtungen zu erhalten sind, nur liegen die Sachverhalte in der Biologie viel komplizierter. So haben wir kürzlich die Frage geprüft, zu welcher Blutalkoholkonzentration eine Trinkmenge von 0,62 g/kg reinen Alkohols führt und Abhängigkeiten von der Nahrungsaufnahme, dem Alter und dem Gewicht gefunden, wobei sich erhebliche Unterschiede ergaben. Auf Grund einer Berechnung von Freudenberg läßt sich aber für den Einzelfall voraussagen, wieviel getrunken werden darf, damit eine Konzentration von 0,8 ‰ mit an Sicherheit grenzender Wahrscheinlichkeit nicht erreicht wird. Doch gilt diese Aussage nur für einen engen Bereich, und wenn höhere Grenzkonzentrationen in Betracht kämen, müßten neue zeitraubende Untersuchungen durchgeführt werden. Dieses Beispiel zeigt, daß Analogieschlüsse auf benachbarte Bereiche selbst bei scheinbar einfachen, alltäglichen Zusammenhängen nur mit größter Zurückhaltung möglich sind.

Es ist verständlich, daß immer wieder in einem Fall geltend gemacht wird, es liege gerade jene seltene Ausnahme vor, die nach der Statistik möglich ist. Auf das Unlogische einer solchen Gedankenführung hat schon Meixner aufmerksam gemacht und Freudenberg betont: Wollte man einem solchen Einwand folgen, würde die Rechtspflege unmöglich.

Nun ergeben sich bei Gericht sehr häufig Fragen und Situationen, für die nicht genügendes Erfahrungsgut vorhanden ist, so daß Berechnungen nicht angestellt werden können. Es wird dann auf die anderen Umstände ankommen, ob die Einschränkungen, die der Sachverständige für sein Gutachten machen mußte, einzuengen sind. Dies setzt allerdings eine sorgfältige Abschätzung des vom Sachverständigen vermittelten Erfahrungswissens und den Einbau in das Beweisergebnis voraus. Diese Arbeit gehört zur wertenden Tätigkeit des Richters; eine Tätigkeit, die dem Sachverständigen nicht zukommt. Es wird dem Richter hier helfen, wenn der Sachverständige darauf hinweist, daß die Wahrscheinlichkeit der Fehler naturwissenschaftlicher, unabhängiger Beobachtungen sich multiplizieren, und da sie oft viel kleiner als 1 sind, ist der Gesamtfehler dann so klein, daß er nach menschlichem Ermessen vernachlässigt werden kann. Gegenüber der Sachverständigenaussage wirkt die Zeugenaussage in ihrer Unmittelbarkeit stärker auf die Zuhörer. Der für die Rechtsprechung so wichtige Zeugenbeweis ist aber ebenfalls mit Fehlern behaftet. Auch hier multipliziert sich die Wahrscheinlichkeit für eine richtige Beobachtung mit der Wahrscheinlichkeit dafür, daß der Zeuge subjektiv die Wahrheit sagt. Der Zeugenbeweis braucht deshalb nicht sicherer als der Sachverständigenbeweis zu sein, wie Freudenberg kürzlich ausführte.

Trotz alledem werden Fragen, auf die nur mit „ja" oder „nein" zu antworten ist, vor Gericht bei allen möglichen Sachverhalten gestellt, sehr oft in Fällen, wo die Bedingungen dafür gar nicht vorliegen. Kommen sie vor den Richter, so ist zu erkennen, daß Arbeit gespart werden, kommen sie vor den Verteidiger, daß der Wert eines unbequemen Gutachtens herabgemindert werden soll. Wenn der Sachverständige aber auf eine alternative Fragestellung eingeht und aus der realen Einschätzung der Lage Antworten gibt, so betritt er ein Gebiet, das ihm nicht zusteht und dessen Grenzen der Jurist argwöhnisch bewachen sollte.

Der Sachverständige ist auch sonst oft persönlichen Angriffen ausgesetzt; er darf da nicht zu große Empfindlichkeit zeigen. In der Regel ist die Spitze gar nicht gegen ihn gerichtet, sondern der Verteidiger will nur die besten Bedingungen für seinen Schutzbefohlenen erreichen, was schon Meixner erwähnt. Der Sachverständige soll ferner immer daran denken, daß das Gericht kein Ort ist, wissenschaftliche Streite auszutragen. Geschieht es dennoch, so wird der Sachverhalt oft verdunkelt, so daß die Stelle, von der aus eine Klärung noch möglich wäre, übersehen wird.

Zum Schluß sei noch auf zwei Probleme eingegangen, die für die Tätigkeit des medizinischen Sachverständigen wichtig sind: der allgemeine Fortschritt der Naturwissenschaften und der Mangel an Nachwuchs.

Vom Sachverständigen wird erwartet, daß er sich immer nach den neuesten Methoden richtet. Bei dem explosionsartigen Fortschritt der Naturwissenschaften, an dem auch die Medizin teil hat, wird dies aber immer schwieriger. Nur bei einfachen Fragestellungen kann er sich lediglich auf die eigenen Untersuchungen und Erfahrungen stützen. In der Regel braucht der Sachverständige heute Laboratoriumsuntersuchungen. Die Geräte und Apparate werden immer komplizierter; ihre Bedienung und Überwachung erfordert immer größeres Spezialwissen, Erfahrung und Handfertigkeit. Schon längst kann der Sachverständige bestimmte Untersuchungen nicht mehr selbst durchführen. In immer größerem Umfang stützen sich somit die Schlüsse des Sachverständigen auf die Tätigkeit von Hilfskräften. Vom Sachverständigen kann man lediglich erwarten, daß er diese Tätigkeit streng überwacht. Von Hilfskräften wird immer mehr Aufmerksamkeit verlangt als sie im täglichen Leben üblich ist; hier ergibt sich eine neue Schwierigkeit in der Verständigung.

Während der Sachverständige grundsätzlich darlegen sollte, wie er zu seinen Schlüssen gekommen ist, ist dies bei vielen komplizierten Verfahren nicht mehr möglich. Die Übersichtlichkeit des Gutachtens würde darunter leiden. Es wird ein Hinweis genügen, nach bestimmten Richtlinien und Vorschriften vorgegangen zu sein, wie sie z. B. für die Durchführung von Leichenöffnungen, für Blutalkohol- und Blutgruppenbestimmungen und für erbbiologische Gutachten vorhanden sind. Freilich wird der Sachverständige in strittigen Fällen dennoch genötigt sein, sein Vorgehen an Hand der Untersuchungsprotokolle darzulegen.

Es ist eine allgemeine Erfahrung, daß die Strafgerichte eine zunehmende Zahl von medizinischen Sachverständigen benötigen, z. T. hängt dies mit der Zunahme der Verkehrsstrafsachen und der Blutalkoholbegutachtung zusammen. Das Amtsgericht Tiergarten benötigt derzeit bei allgemeinen Strafsachen in ca. 8—10 %, bei Verkehrssachen aber in ca. 45—55 % der Fälle Sachverständige. Gerade bei letzteren Gutachten sind es immer wieder dieselben Fragen, die zu beantworten sind. Ein Schematismus läßt sich nicht vermeiden, wie bei jeder Massenerscheinung. Hier sollte die Strafrechtsreform neue Wege suchen.

Der Umfang der Alkoholbegutachtung ergibt sich aus einigen Zahlen: Im Jahr 1963 wurden von den medizinischen Sachverständigen bei den Strafgerichten in Westberlin rund 6 800 Alkoholtermine wahrgenommen. Für die Termine standen nur 17 Sachverständige zur Verfügung. Es kommen somit auf einen Sachverständigen rund 400 Termine im Jahr oder rund 1,5 Termine täglich (wenn man Urlaub und Freizeit abrechnet); eine Belastung, die für den einzelnen Sachverständigen, der ja auch noch andere Aufgaben zu erfüllen hat, schwer tragbar ist.

Abhilfe ließe sich nur durch Vermehrung von beamteten Gerichtsarztstellen erreichen, wobei für die Ausbildung eine mindestens 2—4-jährige Tätigkeit an einem gerichtsärztlichen Institut anzustreben wäre. Damit wäre auch etwas für den nötigen wissenschaftlichen Nachwuchs an den Universitäts-Instituten getan. Indem man den Ausbildungszustand der medizinischen Sachverständigen hebt, wird man auch das

Interesse bei den Juristen fördern und die unbedingt nötige Zusammenarbeit verbessern.

In der praktischen Medizin sind durch die Einführung neuer Methoden und neuer Medikamente sowie in der Umstellung der Behandlung durch den einzelnen Arzt auf ganze Arbeitsteams neue Gefahren und Schädigungen aufgetaucht, die man früher nicht gekannt hat und meist auch nicht voraussehen konnte. So tragisch solche Zwischenfälle für den Einzelnen sein können, wäre es doch unvernünftig, die Errungenschaften der modernen Medizin zu verwerfen. Daß wir auf dem richtigen Weg sind, zeigt u. a. das Ansteigen der Lebenserwartung.

Für die Tätigkeit des medizinischen Sachverständigen sind wir zu analogen Schlüssen berechtigt, nur daß sich der Erfolg für die Öffentlichkeit nicht so überzeugend darlegen läßt.

Literatur:

P. Bockelmann, Einführung in das Recht. Sammlung Piper. München 1963.

H. Bremer, Der Sachverständige (Seine Rechtsstellung und seine Rechtsbeziehungen). „Recht und Wirtschaft" Heidelberg (1963).

K. Freudenberg, Grundriß der medizinischen Statistik. Friedrich-Karl Schattauer Verlag, Stuttgart (1962).

L. Graf, Die Funktion des medizinischen Gutachtens bei der Feststellung der Schuld im Strafprozeß. Beitrag in: Offene Fragen zwischen Ärzten und Juristen, H. 20, 146—166. Echter-Verlag, Würzburg (1963).

R. Graßberger, Psychologie des Strafverfahrens. Springer-Verlag, Wien (1950).

A. Hegler, Die Unterscheidung des Sachverständigen vom Zeugen. Beitrag in: Arch. f. d. Civilistische Praxis, Bd. 104 (1909), S. 151—291.

K. Jessnitzer, Der gerichtliche Sachverständige (Ein Handbuch für die Praxis). Carl Heymann's Verlag KG, Köln-Berlin (1963).

K. Meixner, Das ärztliche Zeugnis. Wien. klin. Wschr. (1925), 42 u. 43.

E. Mezger, Der psychiatrische Sachverständige im Prozeß. Arch. f. d. Civilistische Praxis, Beilageheft zu Bd. 117 (1918).

L. Reitberger, „... mangels Beweises ..." Kriminalistik (1963), 347 bis 349.

D. H. F. Teichmeyer, Anweisungen zur gerichtlichen Arzneigelahrtheit. Stein und Raspische Buchhandlung, Nürnberg (1752).

F. Weber, Bearbeitung von Kapitalverbrechen, insbesondere Todesermittlungssachen. Kriminalistik (1963), 501—506.

ZUM PROBLEM DER MEDIZINISCHEN AUFKLÄRUNG

Von Hans Frh. v. Kress

Das Problem der medizinischen Aufklärung, welches zu behandeln mir aufgetragen wurde, ist insofern besonders aktuell geworden, als sich die Frage ergab, ob im Zusammenhang mit einer Reform des Strafrechts eine Verpflichtung des Arztes zur Aufklärung des Patienten über etwaige Schädigungen, die aus ärztlichen Maßnahmen resultieren können, gesetzlich verankert werden soll. Der Gesetzgeber hat für die Tätigkeit des Arztes zu fixieren, was verboten ist, was also im Interesse des Mitmenschen nicht getan werden darf, und er kann Mindestforderungen an das Arzt-Patient-Verhältnis stellen. Dabei wird er darauf bedacht sein müssen, daß durch ein Gesetz nicht etwa das Optimum dessen, was getan werden kann und getan werden soll, eine Einengung erfährt. Der Jurist Max Imboden hat kürzlich wieder einmal unter Hinweis auf Rudolf Stammler hervorgehoben, daß das vom Menschen geschaffene Gesetz unter einem doppelten Maß steht: Es hat gerecht zu sein und es hat wirksam zu sein. Im ungerechten Gesetz hat der Gesetzgeber gefehlt, im unwirksamen Gesetz hat er seine Aufgabe nicht zu Ende gebracht. Für mich bietet es sich an, aus medizinischer Sicht Überlegungen darüber anzustellen, ob ein Gesetz, welches den Arzt zur Aufklärung über mögliche nachteilige Begleiterscheinungen ärztlicher Maßnahmen verpflichtet, allen Betroffenen Gerechtigkeit gewährt und ob es sich auch als wirksam erweisen wird.

Die juristische Argumentation geht aus vom Grundgesetz, welches jedem ein Recht auf Leben und körperliche Unversehrtheit zubilligt und die Freiheit der Person als unverletzlich erklärt. Damit ist auf jeden Fall gemeint, daß der Gesunde Anspruch hat, nicht versehrt zu werden. Bei dem durch Schicksal, d. h. durch Krankheit bereits versehrten Menschen stehen wir dem Sachverhalt gegenüber, daß er sich vielfach im Rahmen der Heilbehandlung einer zusätzlichen Versehrung unterziehen muß, um sein Recht auf Leben wieder hergestellt zu bekommen. Da die an das Heilverfahren gebundene zusätzliche Versehrung ein schicksalhaftes Risiko beinhalten kann, ist ärztliches Handeln nur zulässig, wenn der Kranke seine Einwilligung kundgegeben hat. Darüber sind sich Juristen und Ärzte einig, zumal die Ärzte sich nicht als Vorgesetzte, sondern als Berater und Helfer ihrer Kranken sehen. Wenn ärztliche Maßnahmen gegen den ausdrücklich erklärten Willen eines Kranken vorgenommen werden, dann liegt eine gegen die Freiheit der Person sich richtende eigenmächtige Heilbehandlung vor. Nun geht es aber darum, daß nach weit verbreiteter juristischer Meinung die rechtsgültige Wirksamkeit einer Einwilligung davon abhängt, daß der Kranke zumindest in groben Zügen darüber aufgeklärt worden ist, was an häufiger vorkommenden Risiken durch die im Einzelfall vorgesehene ärztliche Maßnahme induziert werden kann. Auf ärztlicher Seite ist dieser Auffassung Widerstand entgegengesetzt worden.

Aus der ärztlichen Erfahrung heraus werde ich folgende Thesen zu begründen versuchen:

1. Solche juristisch befriedigende Aufklärung führt oft zwangsläufig zu Schädigungen des Kranken, die sich in gravierender Weise nachteilig für ihn auswirken können,
2. solche juristisch befriedigende ärztliche Aufklärung ist in zahlreichen Fällen praktisch nicht durchführbar, auch nicht an Kranken, die sich bei Bewußtsein befinden,
3. Kranke bieten in einem hohen Prozentsatz in manchen Phasen ihrer Krankheit nicht die Kennzeichen einer Vernünftigkeit, die sie instand setzen könnte, die Mitverantwortung für eine geplante ärztliche Maßnahme zu tragen.

Der Gesunde, der keine Krankheitserfahrung zu sammeln Gelegenheit hatte, für dessen Ich im kranken Zustand, wie Goldscheider so treffend gesagt hat, es keine Empirie gibt, dieser Gesunde ist nur allzu leicht geneigt, sich vorzustellen, daß es doch zumutbar sein müßte, dem Erkrankten die Art seiner Krankheit und die sich aus der Feststellung dieser Krankheit ergebende Behandlung, einschließlich etwaiger ihr innewohnender Gefahren, wahrheitsgemäß darzulegen. Angesichts einer ernsthaften Krankheit müßte auch die mit ihr verbundene trübe Prognose hingenommen werden können.

Hierzu ist zunächst einmal zu sagen, daß jede Diagnose nur eine Vermutung darstellt, gewiß im einen Fall eine gut zu begründende mit einem sehr hohen Grad von Wahrscheinlichkeit, im anderen Fall jedoch behaftet mit Unsicherheitsfaktoren. Es darf hier eingeschaltet werden, daß sogar manche zur Diagnose führende Maßnahme eines Risikos nicht ganz bar ist, letzteres aber eben in Kauf genommen werden muß, wenn sich allein mit Hilfe dieses diagnostischen Verfahrens jene Unterlagen gewinnen lassen, die für die therapeutischen Konsequenzen ausschlaggebend sind. Hinzuweisen wäre etwa auf den Katheterismus der Herzhöhlen und der Gefäße, auf deren röntgenologische Darstellung und auch auf die Darstellung der Hirn- und Nierengefäße, weiterhin auf die Luftfüllung der Hirnkammern. Mit zunehmender Sammlung von Erfahrungen sind diese Maßnahmen gegenüber früher gefahrloser geworden, so daß die Opfer, die solche wichtigen Entwicklungen medizinischen Vermögens anfänglich gefordert haben, heute zahlenmäßig ungleich weniger ins Gewicht fallen. Immerhin ist es verständlich, daß auch gegenwärtig noch dem Laien vor solcher Manipulation an den lebenswichtigen Organen graut. Natürlich wird jeder Kranke bezüglich der Art der vorgesehenen diagnostischen Maßnahme orientiert und darüber informiert, daß sie nicht durch harmlosere Methoden zu ersetzen ist und Zwischenfälle passieren können, aber muß man denn durch die Schilderung von Einzelheiten unangenehmer Nachteile die Abneigung und Angst beim Patienten vergrößern, der dann hinterher gewöhnlich vor die Entscheidung über die Zulassung eines gefährlichen Eingriffs gestellt werden muß?

Was nun die Prognostik im Einzelfall anlangt, so ist unsere Aussagemöglichkeit oft äußerst unzulänglich, auch wenn wir uns auf Statistiken stützen, weil der Verlauf einer Krankheit beeinflußt wird von einer sehr großen Zahl von Faktoren, die in den schwer faßbaren konstitutionellen Gegebenheiten des Einzelindividuums wie in der so unterschiedlichen Reagibilität der Menschen auf äußere Einflüsse, damit auch auf diagnostische, therapeutische und prophylaktische Verfahren, bestehen. Wir erleben erstaunliche Überraschungen im Verlauf von Krankheiten, nicht nur nach dem Schlechten, sondern auch nach dem Guten hin. Es geht in der Medizin zumeist um Regelhaftigkeiten, nicht um Gesetzmäßigkeiten.

Im Hinblick auf unser Thema bedürfen der Betrachtung jene chronischen Krankheitszustände, die einen fortschreitenden Charakter aufweisen, um dann schließlich nach Jahren zum Tode zu führen. Aus dem Gebiet der inneren Medizin, und nur auf dieses Gebiet will ich mich mit Rücksicht auf das nachfolgende Referat beschränken, wären als wahllos herausgegriffene Beispiele zu erwähnen die Hämoblastosen und die Autoaggressionskrankheiten. Unter Hämoblastosen versteht man die übersteigerte Bildung etwas abartiger Zellen des Blutorgans, unter Autoaggressionskrankheiten solche Zustände, bei denen vom Organismus gebildete Stoffe sich gegen körpereigene Zellen richten und diese schädigen. Die neuzeitliche Forschung hat uns Mittel an die Hand gegeben, die der Vermehrung sich lebhaft teilender Zellen entgegenwirken. Diese als Cytostatica bezeichneten Chemikalien können unerwünschte Nebenwirkungen hervorrufen, etwa auf die Blutgerinnung verlangsamend einwirken, das Auftreten von Schleimhautdefekten im Magen-Darm-Kanal begünstigen, Schädigungen der Leber und Störungen der Keimzellbildung veranlassen. Wenn die genannten Erkrankungen der Blutorgane eine große Ausdehnung im Organismus erfahren haben und infolgedessen durch Röntgenstrahlenwirkung nicht mehr hinreichend beeinflußbar sind, dann wird man vernünftigerweise die

Vorteile dieser Mittel ausnützen. Die Kenntnis, daß viele der erwähnten Blutkrankheiten trotz der heute möglichen temporären Besserung schließlich doch tödlich endigen, ist in unserer medizinisch mehr oder weniger aufgeklärten Bevölkerung weit verbreitet, ebenso die Kenntnis darüber, daß diese Krankheiten die Domäne für die Anwendung der Cytostatica sind. Wenn wir nun einem Kranken den Wert und die Nachteile einer cytostatischen Therapie darlegen, dann veranlassen wir ihn zu vermuten oder gar zu wissen, daß er an einer jener gefürchteten Krankheiten leidet. Die Diagnose erfahren natürlich viele Kranke, aber manchen ist sie nicht zumutbar, weil die Eröffnung über das Wesen der Krankheit eine zu grobe Grausamkeit wäre. Man möge sich doch einmal hineinversetzen, was es für eine junge Mutter mit mehreren Kindern bedeutet, wenn sie den u. U. noch einige Jahre dauernden Rest ihres Lebens in der Gewißheit des ihr bevorstehenden Todes verbringen muß. Solch angsterfülltes, hoffnungsloses Weiterleben, sollte man es nicht aus Gründen der Schonung und aus Gründen des Schutzes vor einer zusätzlichen Belastung des bereits schwer Versehrten da und dort zu vermeiden trachten? Es erfahren die Kranken unter dieser Therapie manchmal ziemlich langdauernde Phasen, in denen sie sich beschwerdefrei fühlen und leistungsfähig sind, in denen sie hoffen, von der Krankheit genesen zu sein. Soll man ihnen diese Phasen der wiedergekehrten Lebensfreude von vorne herein dadurch verderben, daß sie um die zeitliche Begrenztheit ihres Wohlbefindens wissen? Es ist ja nicht nur die Krankheitssymptomatik, die der Arzt zu behandeln sich bemüht, der Arzt soll den Kranken auf seinem Leidensweg auch führen und mit Zuversicht erfüllen. An der Krankheitserscheinung leidet in der Regel ein am Leben hängender, oft ein das Leben noch vor sich habender Mensch, dem mitmenschliche Anteilnahme zu versagen vom Arzt nicht verlangt werden kann. Diese Anteilnahme ist es, die uns hindert, ihm die Gesundungshoffnung zu zerstören. Natürlich ist uns Ärzten klar, daß die Begriffe des verständnisvollen Mitleids und der Barmherzigkeit in einem Strafgesetzbuch nicht erscheinen können. Gewiß wird der Jurist dem Arzt sagen, du brauchst in diesen Fällen ja nicht die Diagnose, auch nicht den Namen des Mittels zu nennen, du sollst ja nur den Patienten darüber informieren, was durch die Behandlung an Nachteilen sich ereignen könnte. Wir Ärzte fragen, ob es in diesen letztlich aussichtslosen Fällen denn sinnvoll ist, eine unvollständige und dabei abschreckende Aufklärung zu verlangen.

Einige der genannten Autoaggressionskrankheiten sind derzeit allein wirksam beeinflußbar durch hohe Dosen bestimmter Hormone der Nebennierenrinde, die, wenn nicht ein sehr selten vorkommender spontaner Stillstand der Krankheit eintritt, dauernd gegeben werden müssen, um die Kranken wenigstens noch einige Zeit am Leben zu erhalten und zahlreiche Symptome dieser Krankheit zu mildern. Über längere Zeit hinweg in der erforderlichen hohen Dosis gegeben, führen die Hormone zu Nebenerscheinungen in einer Häufigkeit, daß man sie als typische Gefahren der Behandlung registrieren muß. Es ist dem Arzt manchmal aufgegeben, im Streben nach der Erhaltung des Lebens alles auf *eine* risikoreiche Karte zu setzen, dabei allerdings einen andersartigen Defekt in Kauf zu nehmen. Wahrheitsgemäße Aufklärung über die Diagnose käme wieder einem Todesurteil gleich, dessen Vollstreckung sich noch lange hinauszieht. In großer Zahl kennen wir die Kranken, die aus dem Wissen ihrer tödlichen Krankheit heraus resignieren und Linderung bringende Maßnahmen ablehnen, weil sie bei der Aussichtslosigkeit jede zusätzliche Belästigung scheuen. Verschweigt man die Diagnose und schildert man nur die Gefahren, die der einzig mögliche Behandlungsversuch mit sich bringt, dann ist der Kranke zu wenig überzeugt von der zwingenden Notwendigkeit der Behandlung, so daß sich mancher veranlaßt sehen wird, solche Behandlung zu seinem Nachteil zu verweigern. Aus dem oder jenem Behandlungszauderer würde ein Behandlungsverweigerer. Wir erleben es doch gar nicht selten bei unseren kranken Kollegen, daß sie aus der Kenntnis der Gefahren einer Behandlung heraus diese immer wieder hinauszuschieben geneigt sind, bis sie schließlich in die grauenhafte Situation des Zuspät geraten. Eberhard Schmidt, der sich als Jurist in ärztliche Belange so ungewöhnlich gut einzufühlen vermag, hat darauf hingewiesen, daß die Aufklärung darüber, was bei dem Unterlassen einer Behandlung droht, wohl in der Regel geschieht, daß es aber in vielen Fällen unpsychologisch und damit schädlich ist, wenn man dem Kranken sagt, was durch die Behandlung drohen könnte.

Wenn ich vorhin sagte, daß der Gesunde vielfach glaubt, gegebenenfalls den mitgeteilten Ernst einer Krankheit tolerieren zu können, so darf hierzu aus der Erfahrung heraus folgendes geäußert werden: Es gibt zahlreiche, auch sehr gefestigte, im religiösen Glauben sich geborgen fühlende Menschen, die nach der Eröffnung, daß ihr Leben bedroht ist, einer schwer depressiven Stimmung anheimfallen. Es ist einfach nicht richtig, wenn man glaubt, daß diejenigen Menschen, die solche Wahrheit gefaßt hinzunehmen in der Lage sind, die Regel und die anderen die Ausnahme seien. Das Umgekehrte ist der Fall. Gerade von den Menschen unserer Tage wird es zunehmend weniger ertragen und mit Haltung verarbeitet, wenn ihnen die Bedrohung ihres Lebens auch nur angedeutet wird. Immer wieder steht man bewundernd vor der Anpassungsfähigkeit der Mehrzahl der Menschen an ein Krüppeltum, aber wir Ärzte kennen ebensogut die fast durchgehend schlechte Anpassungsfähigkeit an die Hoffnungslosigkeit.

Wer diejenigen Kranken in hinreichender Zahl kennengelernt hat, die durch eine vorangegangene lange Leidenszeit in eine physische und psychische Erschöpfung gerieten, deren allgemeine Widerstandskraft beeinträchtigt ist, der weiß, daß sie ganz besonders empfindlich sind gegenüber Offenbarungen, die sich auf die trübe Prognose der Krankheit oder auf Behandlungsschäden beziehen. Tagtäglich begegnen wir diesen zermürbten Kranken, die von einer geradezu panischen Angst ergriffen werden, wenn man nur die Möglichkeit eines komplizierenden Geschehens im weiteren Krankheitsverlauf erwähnt. Der geschwächte Kranke fällt dann einer besonders schweren seelischen Erschütterung, einer Depression oder gar der Resignation anheim. Auf die Furcht vor komplizierenden Ereignissen konzentriert sich sein ganzes Denken. Das Wissen um eine gefährliche Krankheit mit der hinzukommenden Befürchtung eines langen, qualvollen Siechtums ist — das müssen wir Ärzte auf Grund vielfacher Erfahrung aussprechen — nicht selten der Anlaß zur Selbsttötung, zu einer Handlung, die im juristischen Schrifttum als sittenwidrig bezeichnet wird.

Die depressive Stimmungslage, das werden Ihnen alle Ärzte bestätigen, steht der Überwindung einer Krankheit oft im Wege, während die optimistische Stimmungslage, die Zuversicht, der Mut und der Wille zum Leben häufig die Heilung zu fördern vermögen, zumindest zur Überwindung einer belästigenden und dadurch an den Kranken hohe Anforderungen stellenden Krankheitsphase entscheidend beitragen. Der körperlich und seelisch bereits geschwächte Kranke muß also hinsichtlich seiner seelischen Tragfähigkeit äußerst behutsam behandelt werden, wenn wir ihm nicht einen Schaden zufügen wollen, der den Heilbestrebungen der Natur und des Arztes entgegensteht. Mit Recht sind alle Heilmaßnahmen verboten, die der Zweckmäßigkeit der Natur widersprechen. Ein wohltätiges Walten der Natur kann aber durch die psychische Belastung einer Aufklärung behindert werden, zumal wenn diese Aufklärung zu einem unzweckmäßigen Zeitpunkt erfolgt.

Die Verschlechterung der Stimmungslage, von der auf juristischer Seite einmal gesagt worden ist, daß sie eben im Interesse der Wahrung des Selbstbestimmungsrechts des Kranken als unvermeidbarer Nachteil in Kauf genommen werden müsse, zeitigt — darüber muß man sich klar sein — oft die ungünstigsten Folgen für den weiteren Ablauf der Krankheit. Franz Büchner hat den Sachverhalt wohl vollendet formuliert, indem er sagte: „Immer mehr hat die Medizin erkannt, daß im Ablauf von Erkrankungen und im Gelingen wie im Mißlingen des Heilplans der Kranke mit seiner gesamten Individualität entscheidend ins Spiel treten kann und mitzuwirken pflegt, fördernd mit seinen Hoffnungen und Wünschen, seiner Zuversicht und Heilungsgewißheit, heilungshemmend mit seinen Mutlosigkeiten und Enttäuschungen, seiner Verzweiflung und seiner Hoffnungslosigkeit." Das ist die Wirklichkeit des durch Krankheit gestörten Daseins. In dem Organismus, der von schwerer Krankheit befallen ist, lebt eine gegenüber gesunden Tagen anders gewordene Person.

Eine Änderung im Wesen und Verhalten finden wir bisweilen auch bei solchen, die das Erlebnis einer bedrohlich gewesenen Krankheit hinter sich gebracht haben. Die Wiederherstellung als Gesellschaftswesen desjenigen, der durch Krankheit einmal an der Schwelle des Todes sich befand, der einen Einblick in die Auflösung erfuhr, gestaltet sich manchmal nicht mehr optimal. Vorher gepflegte mitmenschliche Beziehungen können für ihn zur Last werden. Der durch das Erlebnis der Existenzbedrohung und der durch Krankheit angeschlagene Mensch kann sich von einem betont geselligen Wesen zu einem vereinsamten Wesen wandeln, das nicht mehr nach außen hört, sondern vorwiegend in sich, in seinen Körper hinein lauscht.

Die ärztliche Äußerung, das wurde schon oft gesagt, ist ein Sachverhalt, der dem Überstehen einer Krankheit ebenso dienlich wie schädlich sein kann. Gewiß gibt es alle Übergänge von einer ausgeprägten seelischen Robustheit bis hin zu den höchsten Graden seelischer Empfindlichkeit. Es gibt Menschen, die in klarer Erkenntnis mit ihrem Schicksal sich abzufinden bereit sind und nicht mehr fragen und solche, die ständig fragen und beglückt jeden ihnen angebotenen Strohalm einer Hoffnung aufnehmen, aber durch jeden nur angedeuteten Hinweis auf eine Gefährdung in Verzweiflung geraten. Viele Kranke mit sehr fortgeschrittenem Abbau ihrer Kräfte wollen Medizinisches gar nicht mehr hören, zwischen ihnen und dem Arzt besteht unausgesprochenes Einverständnis, daß nicht mehr viel geredet wird von der Art der Krankheit und ihren Aussichten. Manchmal bietet sich bei solchen Kranken diese oder jene zur Linderung beitragende Palliativmaßnahme an. Vertrauensvoll fügen sich diese Kranken dem vorgeschlagenen Verfahren und wir Ärzte erfühlen es, wie wenig es ihrem Wunsch entspricht, vorher darüber zu diskutieren. Von ihnen gilt, was Karl Jaspers so klar erkannt hat, daß ihnen nämlich die Autorität des Arztes ein erwünschter, fester Punkt ist, der sie eigenen Nachdenkens und eigener Verantwortung enthebt. Der Schwerkranke vollzieht eine Entgesellschaftung seiner Person und in den letzten Stadien zehrender Krankheiten zieht er sich immer mehr von seiner mitmenschlichen Umwelt, selbst von seinen nächsten Angehörigen, zurück.

Nun wird vom Arzt verlangt, daß er eben die seelische Reaktionsweise des einzelnen Kranken zu ermitteln und darauf in der Art und Weise der Aufklärung Rücksicht zu nehmen habe. Wir Ärzte können dies nur als Überforderung bezeichnen, denn wir können aus der Erfahrung heraus sagen, daß jedem von uns in dieser Hinsicht immer wieder falsche Annahmen passiert sind.

Dafür, daß die Eröffnung eines selbst ungefährlichen Befundes schon beim organisch Gesunden, noch gar nicht durch Krankheit Geschwächten, unerwünschte Folgen haben kann, darf ich Ihnen das folgende häufige Beispiel nennen. Da weist ein Elektrokardiogramm, das vielleicht anläßlich des Abschlusses einer Lebensversicherung angefertigt wurde, eine geringfügige, nicht ernst zu nehmende Abweichung von der Norm auf. Die Mitteilung des Ergebnisses an den Untersuchten ist der Beginn einer Beunruhigung. Er, der vorher niemals von seinem Herzen etwas gespürt hat, fängt jetzt an, subjektive und ihn in seine Besorgnis immer mehr hineinsteigernde Herzbeschwerden zu bekommen. Eine nur vermeintliche Bedrohung der Gesundheit gewinnt bei einer großen Zahl von Menschen Gewicht und zwar bei klar denkenden, vernünftigen Menschen, bei denen es dann oft sehr schwer ist, sie von der Harmlosigkeit des Befundes zu überzeugen und ihnen mit der Behebung der Furcht auch jene funktionellen Störungen wieder zu nehmen.

Bei den Vorschlägen zur gesetzlichen Regelung ist darauf hingewiesen worden, daß die ärztliche Aufklärung geboten sei gegenüber dem vernünftigen Patienten. Der bewußtlose und der geistig schwer gestörte Kranke sind selbstverständlich ausgenommen worden. Karl Jaspers hat einmal so richtig bemerkt, daß Anspruch auf Wahrheit nur der Kranke habe, der fähig ist, die Wahrheit zu ertragen und mit ihr vernünftig umzugehen. Wir haben davon gesprochen, daß zahlreiche Menschen die bittere Wahrheit über das ihnen drohende Ende nicht ertragen können und haben uns nun die Frage vorzulegen, ob denn für jeden Schwerkranken die Vorstellung zutrifft, die wir gemeinhin vom vernünftigen Menschen haben, ob der Kranke im Zustand eines schweren Leidens zu vernünftiger Entscheidung auch wirklich immer fähig ist. Ich darf vielleicht aus meinem engeren Fachgebiet auf ein fast alltägliches Vorkommnis hinweisen, nämlich auf den Kranken mit einem frischen Herzinfarkt. Das ist ein akut auftretendes Krankheitsbild, bei dem es die Mehrzahl der niedergelassenen Ärzte vorzieht, den Kranken zum Zweck der Behandlung, die eine laufende Überwachung erfordert, in ein Krankenhaus einzuweisen. Dieser Kranke kommt also in die Obhut eines Arztes oder einer Ärztegruppe, der er bisher noch nicht begegnet ist, die ihn hinsichtlich seiner seelischen Tragfähigkeit nicht zu beurteilen vermag. Er ist zwar bei Bewußtsein, aber er ist einem eingehenden Gespräch nicht zugänglich, auch zu solchem Gespräch nicht gewillt und kritischen Überlegens gar nicht fähig, denn er ist beherrscht von einer elementaren Todesangst, u. U. auch noch von qualvoller Atemnot. Der Herzinfarkt und zahlreiche seiner Komplikationen beruhen auf einer Blutgerinnung innerhalb der Gefäße. Die Medizin unserer Tage hat uns Stoffe zur Verfügung gestellt, mit deren Hilfe wir der Gerinnungsneigung des Blutes entgegenwirken können. Die Anwendung dieser gerinnungshemmenden Substanzen hat, wie auf Grund hunderttausendfacher Erfahrungen ausgesagt wird, die Prognose für den Herzinfarktkranken verbessert. Je frühzeiger diese Behandlung einsetzt, desto günstiger dürfte sie sich auswirken. Diese Behandlung, die für die überwiegende Mehrzahl der Kranken mit Herzinfarkt ein segensreicher Fortschritt zu sein scheint, kann natürlich bei einzelnen auch einmal nachteilige Nebenerscheinungen, etwa Blutungen zeitigen bei vorgegebener Disposition in einem Organ. Das, was wir uns im Interesse des Patienten zu tun verpflichtet fühlen, ist also ein nicht ganz risikofreies Verfahren, zu dem nach juristischer Ansicht der Kranke eine rechtsgültige Einwilligung nur geben könnte, wenn er auf die ihm drohenden Gefahren aufmerksam gemacht worden ist.

Nicht viel anders liegen im Bereich der konservativen Behandlungsverfahren die Verhältnisse bei dem Kranken, der an einer Infektionskrankheit, oft mit hohem Fieber, leidet, der etwa eine erregerbedingte Entzündung seiner Hirnhäute mit schwersten Kopfschmerzen, der eine infektiöse Schädigung seines Magen-Darm-Kanals mit grober Übelkeit und ständigem Erbrechen aufweist. Diese Kranken brauchen nicht delirant, nicht bewußtseinsgetrübt zu sein, sie sind häufig wach, man kann sich mit ihnen unterhalten, wird aber oft bemerken, daß sie einem längeren Gespräch doch nicht so recht folgen können, aus eigener Initiative zu diesem Gespräch nichts beizutragen vermögen und die Schwere ihrer Krankheit nicht empfinden. Die Krankheit, so hat Wladimir Lindenberg einmal gesagt, legt oft einen gnädigen Schleier über das Bewußtsein des Patienten und wir sollen uns nicht das Recht nehmen, diesen Schleier zu zerreißen. Ich füge hinzu, wir sollen nicht dazu verpflichtet werden. Wohltätiges Schweigen kann doch kein Unrecht, keine sittliche Schuld sein. Bei erregerbedingten Krankheiten ist vielfach eine Behandlung mit Stoffen angezeigt, die die Bakterien in ihrer Vitalität, ihrer Vermehrungsfähigkeit und ihrer Giftproduktion hemmen. Ein in unzähligen Fällen segensreicher, weil lebensrettender Stoff wie das Penicillin verursacht nicht selten lästige, aber ungefährliche Überempfindlichkeitsreaktionen in Form einer juckenden Nesselsucht der Haut, es hat aber auch in einigen Fällen die bedrohliche Komplikation eines Schocks hervorgerufen. Wenn man letzteres Vorkommnis in Relation setzt zur Zahl der Behandlungen, die anstandslos vertragen werden, so ist es an Häufigkeit verschwindend gering und solchen sehr seltenen Zwischenfall in die Aufklärungspflicht mit einzubeziehen, ist ja verständlicherweise nie verlangt worden. Aber es gibt Krankheitserreger, bei denen andere Antibiotica verwendet werden müssen, weil nur durch sie ein Heileffekt zu erwarten ist. Darunter finden sich Stoffe, die in größerer Häufigkeit Schädigungen des Hörnervs bedingen. Nach der Gabe eines solchen Antibioticums, das im Fall einer Patientin mit schwerer Infektion der Harnwege aus vitaler Indikation heraus angewandt werden mußte, weil die Erreger nur damit beeinflußbar waren, stellte sich solche Hörschädigung ein. Es war bei dieser Patientin bereits zur Harnvergiftung gekommen, wodurch ihre Gesprächsfähigkeit und ihre Kritikfähigkeit, wenn auch nicht aufgehoben, so doch beeinträchtigt gewesen sind. Trotzdem wurde in zwei gerichtlichen Instanzen die Unterlassung der Aufklärung als schuldhaftes Verhalten gebrandmarkt. Daß dann von der dritten Instanz darauf hingewiesen werden konnte, daß z. Zt. des Vorkommnisses aus der medizinischen Literatur noch nicht ersichtlich war, daß selbst bei der angewandten geringen Dosis Hörschädigungen auftreten können, ist ein spezieller Sachverhalt, der mit dem Grundsätzlichen nichts zu tun hat. Worauf es mir hier ankam, war, an Hand der Fälle von Okkupation des Kranken durch elementare Todesangst und Erstickungsgefühl, der Fälle hochfieberhafter Zustände, der Fälle überwältigender Übelkeit und der Fälle einer Vergiftung des Organismus zu exemplifizieren, daß eine rechtsgültige Aufklärung oft gar nicht durchführbar ist, weil der Kranke durch die bestehenden Krankheitssymptome in seinen Eigenschaften als Vernunftwesen eine Einengung erfährt.

Im Hinblick auf die Vernünftigkeit der Menschen bezüglich gesundheitlicher Belange ist es vielleicht auch erlaubt darauf hinzuweisen, daß die Vorstellungen und Einstellungen der medizinischen Laien oft absonderlich und vielfach von affektiven Gesichtspunkten geleitet sind. Operationen, Strahlen und Spritzen werden gewöhnlich gescheut, Tabletten werden bedenkenlos und in manchmal schädlichem Übermaß eingenommen. Nierenaffektionen bei langdauerndem Phenacetingebrauch scheinen sich zu häufen. Der ärztliche Außenseiter, der die wissenschaftliche Medizin angreift und mit Hilfe einer nicht begründbaren Behandlungsart Erfolge verspricht und unter Mitverwendung suggestiver Methoden manchmal auch Erfolge hat, erfreut sich nach wie vor eines großen Zulaufs. Man braucht sich auch nur einmal zu fragen, weshalb die Pockenschutzimpfung durch Gesetz geordnet werden mußte. Ihr Segen steht außer Zweifel und nachteilige Nebenerscheinungen treten beim Einhalten der gesetzlich vorgeschriebenen Impftermine extrem selten auf. Trotz einer sehr weitgehenden Aufklärung der Bevölkerung, welch zwingendes Gebot die Impfung darstellt, ist die Zahl der Impfgegner, die diese Maßnahme verweigern würden, wenn sie nicht gesetzlich vorgeschrieben wäre, eine sehr erhebliche, und die Argumente, die vorgebracht werden, zeugen davon, wie schwer es offenbar ist, affektive Regungen der Einsicht in eine medizinische Nützlichkeit unterzuordnen.

Den unverständigen Kranken, und es gibt solche aus den verschiedensten Gründen, kann nicht geholfen werden, wenn es nicht gelingt, sie von der Notwendigkeit einer ärztlichen Maßnahme zu überzeugen. Der Kranke muß in seinem Interesse oft überredet werden, damit er das ärztliche Vorgehen bewilligt und damit die Voraussetzung für das Handeln des Arztes schafft. Nach juristischer Meinung ist der Arzt zur Persuasion des unverständigen Kranken, dessen Wille seinem gesundheitlichen Wohl entgegensteht, verpflichtet. Die Persuasion, die als solche schon ein therapeutisches Moment enthält, welches durch Versachlichung u. U. abgeschwächt wird, kann massiv vor sich gehen, kann auch zurückhaltend und vorsichtig gehandhabt werden. Das ist eine Frage der im Einzelfall allerdings oft schwierigen Anpassung an die geistig-seelische Struktur des Kranken, an seine biologischen Vorstellungen, die oft erstaunliche Unrichtigkeiten erkennen lassen, und an die weit verbreiteten Voreingenommenheiten zahlreicher Menschen gegenüber manchem Heilverfahren. Zwischen mißtrauischer Ablehnung und kritikloser Überschätzung der medizinischen Möglichkeiten bewegen sich unsere Patienten. Die biologisch unberechenbaren Sachverhalte, die Irrtumsmöglichkeiten des Arztes und die Erschwernisse ärztlicher Wahrheitsfindung im Transpersonalen, so hat Helmut Selbach gesagt, stehen der Aufklärungspflicht entgegen. Bei jedem Menschen gibt es der Erkenntnis verschlossene Räume, und diese sind es ja schließlich, die die Individualität eines Menschen ausmachen. Angesichts der besonderen berufsspezifischen Situation des Arztes, der Vertrauen in seine Person und seine Behandlung einflößen, Mißtrauen vermeiden und die Zuversicht des Patienten stärken soll, ergeben sich Sachverhalte, die mit dem Trösten etwas zu tun haben, wobei das Aussichtsreiche, das Günstige stärker betont und das Nachteilige mehr oder weniger bagatellisiert wird. Es sind ja nicht nur die Patienten, sondern auch die Ärzte in ihrer Grundstimmung und ihrem Wagemut unterschiedlich. Es gibt solche, die aus schnellem Entschluß heraus aktiv zugreifen und andere, die nur zögernd und nach langer Überlegung ein diagnostisches oder therapeutisches Verfahren anwenden. So wird es auch bei der Aufklärung alle Schattierungen und Übergänge geben zwischen demjenigen Arzt, der selbst optimistisch auf Grund gemachter guter Erfahrungen die Vorteile betont und die Nachteile in den Hintergrund stellt, und demjenigen, dem ein gewisser Pessimismus eigen ist und der die Schattenseiten eines Heilverfahrens vielleicht über Gebühr hervorhebt. Wie soll, so fragen wir Ärzte, solchen in der Natur der Menschen liegenden Unterschiedlichkeiten in einem Gesetz Rechnung getragen werden können? In der ärztlichen Aufklärung, einem Bestandteil der Arzt-Patient-Beziehung, geht es um ein im Interesse des Patienten liegendes, an die Wirklichkeit des jeweiligen Kranken sich anzupassen habendes Vorgehen. Ärztliche Aufklärung mit ihren unendlichen Nuancen kann deshalb wohl kaum genormt werden. Die unterschiedliche Struktur der Kranken läßt in der Aufklärung keine Normdosen, sondern nur sehr individuelle Dosen zu.

Immer wieder machen wir die Erfahrung, daß der schwer krank Gewesene sich der Zeit seines anfänglichen Aufenthalts im Krankenhaus überhaupt nicht mehr entsinnt, daß er Erinnerungslücken aufweist, obwohl er immer bei Bewußtsein sich befand. Ist die Rechtsgültigkeit einer zu diesem Zeitpunkt erfolgten Aufklärung nicht fragwürdig? Es kommt hinzu, daß es hinterher, oft Jahre später, schwer sein wird, ein Gespräch, das in der Situation einer akuten Krankheit geführt wurde, sowohl von seiten des Patienten wie des Arztes hinsichtlich der Art und des Umfanges der vorgenommenen Aufklärung zu rekonstruieren. Wie schon angedeutet, ist in der Bedrängnis durch eine schwere Krankheit das Denken, Fühlen und Werten des Kranken vielfach ein anderes als vor der Krankheit und nach seiner Genesung. Wenn ein Kranker wegen eines ihm schicksalhaft widerfahrenen, vorher nicht eindeutig mitgeteilten Schadens klagt, dann ist hierfür das hauptsächliche Motiv, daß er aus dieser gesundheitlichen Beeinträchtigung wenigstens wirtschaftlichen Gewinn ziehen will. Mehrfach hat man schon die Beobachtung gemacht, daß dann, wenn eine Entschädigung nicht auf Grund eines nachweisbaren ärztlichen Kunstfehlers zugestanden werden konnte, der Kranke abhebt auf ein Versäumnis in der Aufklärungspflicht. Die in den Augen des Patienten mangelhaft gewesene Aufklärung ist, wie Janssen einmal hervorhob, die Brücke zum Anspruch, wenn dem Arzt sonst nichts vorgeworfen werden kann. Der Kranke, der von einem Nachteil vorher nichts gewußt hat, wird entschädigt, der Kranke mit demselben Schaden, der davon gewußt hat, geht leer aus und der Kranke, der eine lebenswichtige Behandlung aus Angst vor den mitgeteilten Risiken verweigert hat, stirbt. Ergibt sich hier nicht eine rechtlich unbehagliche Situation? Es ist damit zu rechnen, daß sich solche Möglichkeit, einen wirtschaftlichen Vorteil zu erlangen, immer mehr herumsprechen wird. Je häufiger aber derartige Prozesse zum Austrag kommen, desto genauer werden manche Ärzte es mit der Aufklärungspflicht nehmen und zwar unter Opferung eines Teils ihrer wohltätigen therapeutischen Einflußnahme. Andere Ärzte, die die Sorge um das Wohl des Kranken in den Vordergrund stellen, werden, wie Helmut Selbach richtig bemerkt hat, eine Aufklärung zwar nicht unterlassen, aber der juristischerseits gedachten Aufklärung irgendwie ausweichen. Die Nachprüfbarkeit dessen, was schädlich gewesen wäre, wenn der Arzt gründlicher aufgeklärt hätte, und die Feststellung einer Vorwerfbarkeit dessen, was er anders hätte tun sollen, wird dabei überaus schwer sein.

Es geht uns Ärzten nicht so sehr darum, ob die voluntas aegroti den Vorrang besitzt gegenüber dem Prinzip des salus aegroti oder umgekehrt, es geht uns vielmehr darum, daß die voluntas im Krankheitsfall nicht abhängig gemacht werden soll von dem speziellen Wissen um Risiken. Gibt es denn nicht auch in anderen Bereichen unseres Lebens Bindungen, ja selbst Verträge, in die ein Mensch aus freien Stücken einwilligt, ohne daß er über alle mit dieser Einwilligung verbundenen Nachteile und Gefahren informiert wird, Gefahren, die auf dem Umweg über Zurücksetzungen, Fehlschläge und Enttäuschungen sogar seine körperliche Integrität versehren können. Gemeint sind damit jene Zustände, die die Medizin unter den Begriff der psychosomatischen Krankheiten zu subsummieren geneigt ist. Es geht uns Ärzten darum, daß uns das Recht einer sehr individualisierenden Aufklärung unserer Patienten zusteht. Diese uns notwendig erscheinende, streng individualisierende Aufklärung, die zahlreiche Ausnahmen und Schattierungen zulassen muß, ist aber der Grund dafür, weshalb wir Ärzte aus unserem täglichen Erleben heraus Zweifel hegen, ob im Gesetz eine rechtlich genormte Pflicht überhaupt formulierbar ist. Ebenso wie Eberhard Schmidt kommt der Jurist Arthur Kaufmann, allerdings im Gegensatz zu vielen seiner Fachkollegen, nach einem sehr gründlichen Abwägen des Für und Wider der ärztlichen Aufklärungspflicht zu dem Schluß, daß es unmöglich ist, diese Frage gesetzlich zu regeln und stellt anheim, allenfalls im Gesetz eine Grundsatzproklamation aufzustellen. Auf jeden Fall, mit diesem Wort von Eberhard Schmidt möchte ich schließen, darf es nicht dazu kommen, daß Aufklärung eine Verletzung der ärztlichen Sorgfaltspflicht bedeutet.

RECHTSFRAGEN IN DER CHIRURGIE

Von K. H. Bauer

Chirurgen definieren nicht lange, was Chirurgie ist: sie betreiben sie. Wenn sie sie aber betreiben und operieren, dann ist das nach geltendem Recht — Körperverletzung! Dagegen lehnen sich die Chirurgen insgesamt auf — allesamt und alle operierenden Fächer überhaupt — immer schon innerlich, jetzt aber auch äußerlich — denken Sie an die Kongreßresolutionen! — und damit bin ich bereits bei unserem Anliegen: *Strafrechtsreform und Chirurgie.*

I.

Die *1. Frage* lautet: *Operation* tatbestandsmäßig *gleich Körperverletzung*, noch dazu *vorsätzliche?*

Nun sagen Sie aber bitte ja nicht, bei einer Operation fließt Blut nicht anders wie beim Messerstich eines Messerhelden*. Das tertium comparationis ist einzig und allein die Durchtrennung von Körpergeweben. Aber selbst dieses einzige Alleinige trifft nur beschränkt zu: Der Messerheld verletzt den Körper seines Opfers stets im Affekt, aus Eifersucht, in Wut, immer in Schadensabsicht, blitzschnell, nur roh gezielt, sein Messer versehrt den unversehrten Körper. Eine Operation dagegen erfolgt nie im Affekt, sondern planmäßig, minutiös präparativ, oft über viele Stunden sich erstreckend, immer unter Mitwirkung Dritter, stets vor Zeugen also, immer aus dem Motiv des Heilens und aus der moralischen und gesetzlichen Pflicht der Hilfeleistung. Letztlich aber ist entscheidend: wenn wir von Schönheitsoperationen absehen, so trifft das *Skalpell* des Chirurgen ja nie den unversehrten, sondern immer nur den durch irgend eine Krankheit oder Verletzung bereits versehrten Körper und *sucht* die *gegebene Versehrtheit* tunlichst wieder in eine *Unversehrtheit zurückzuverwandeln.*

Das zweite Gegenargument gegen die Gleichsetzung liefert die *rekonstruktive Chirurgie.* Der Messerheld beläßt die sich fortgesetzt noch verschlimmernden Körperverletzungsfolgen, der Operateur dagegen sorgt ipso actu für eine kontrollierte, kunstgerechte Wiedervereinigung der durchgetrennten Gewebe, sobald eben das Operationsziel, sagen wir die

---

*) Diese Gegenüberstellung stammt nicht etwa von einem Chirurgen, sondern von einem berühmten Strafrechtler: Eberhard Schmidt (Chirurgenkongreß 1952).

Herausnahme von Gallensteinen, erreicht ist. Also selbst die *Durchtrennung von Geweben* wird dank der planmäßigen Rekonstruktion dieser Gewebe *nur* ein *Durchgang zur Heilung.*

Was soll überhaupt der Begriff Operation = Körperverletzung, wenn der Körper selbst schon verletzt ist? Wenn der Chirurg z. B. bei einem Arbeitsunfall einen zu $^3/_4$ abgetrennten Arm Muskel zu Muskel, Gefäß zu Gefäß, Nerv für Nerv kunstvoll — Kunst kommt ja von Können — dem Verletzten wieder rekonstruiert?

Das dritte Gegenargument liefert die *plastische Chirurgie.* Sie schenkt ja dem Menschen etwas, was er überhaupt nicht mehr besitzt: Das Knochentransplantat bei Knochendefekt, den Gefäßersatz bei Gefäßverschluß, die Gelenkplastik bei Gelenkversteifung, ästhetische Gesichtszüge und damit neue Lebensfreude bei Gesichtsentstellung und Gesichtszerstörung.

Auch hier ein extremes *Beispiel:* die furchtbare Mißbildung *„siamesischer Zwillinge"* zugleich in ihrer schwersten Form mit zusammengewachsenen Köpfen und zusammengewachsenen Gehirnen. Wir beobachteten ein solches Paar: noch nicht einjährig ist der eine Zwilling schon des andern größter Feind. Wir haben erlebt, daß der eine in Wut den anderen zum Bett hinausfeuerte, aber selber natürlich mit hintendreinfolgend. Mein langjähriger Mitarbeiter Prof Klar hat in 14-stündiger Operation mit Erfolg die beiden Zwillinge operativ getrennt, alle Defekte plastisch versorgt und den Zwillingen überhaupt erst die Würde des Menschen wiedergegeben. Ist eine solche Operation „Körperverletzung"?

Sagen Sie nun bitte nicht, das ist ein extremer Ausnahmefall. Ich komme jetzt erst beim 4. Argument zum *Hauptargument,* nämlich dem sozialen. Operation = Körperverletzung ist ein Widerspruch in sich, wenn man die hohe soziale Bedeutung der Operationen z. B. bei Betriebs- und Verkehrsunfällen, besonders aber bei Krebserkrankungen — 35 % endgültige Heilung für alle Krebse und alle Stadien — betrachtet. Die Operation bedeutet Wiedergewinn von Arbeitsfähigkeit, Anteil am Sozialprodukt etc. Ist eine solche Leistung Körperverletzung?

Nun wird vielleicht einer sagen: natürlich tua res agitur! Die Chirugen sind schlicht und einfach „Partei". Das ist eben nicht oder nicht mehr der Fall, seit die Chirurgen Bundesgenossen, erfreulicherweise gerade bei den *Juristen,* gefunden haben. Wen es interessiert, der kann bei Niese in der Festschrift für Eberhard Schmidt 1961 nachlesen, daß gegen die Gleichsetzung Operation = Körperverletzung juristischerseits schon seit 1893 Sturm gelaufen wird. Kein Geringerer als Gustav Radbruch wollte 1929, damals Reichsjustizminister, im Strafgesetzbuch alle „Eingriffe und Behandlungsweisen, die der Übung eines gewissenhaften Arztes entsprechen" aus dem Begriff Körperverletzung ausgeklammert sehen. 1952 hat der Deutsche Chirurgen-Kongreß nach Referaten von Eberhard Schmidt und Engisch die gleiche Forderung wieder erhoben mit dem Hinzufügen eines zweiten Paragraphen, dem der Strafbarkeit des Eingriffs ohne Einwilligung.

Sie sehen, die Chirurgen haben wirklich Bundesgenossen unter den Juristen. Bockelmann ist es gewesen, der den entscheidenden Gesichtspunkt besonders scharf und klar formulierte „Kann denn überhaupt eine Operation, die den Patienten gesünder macht, als er war, tatbestandsmäßig Körperverletzung sein"?

Es handelt sich also nicht um einen Gegensatz zwischen Chirurgie und Jurisprudenz, sondern zwischen Chirurgie und Judikatur, nicht um einen Gegensatz zwischen Chirurgie und Rechtswissenschaft, sondern um einen Gegensatz zwischen Rechtswissenschaft und Rechtspraxis. Selbst heute weist der Bundesgerichtshof es noch weit von sich, die im rechtswissenschaftlichen Schrifttum gemachten Einwände gegen die Gleichsetzung von Operation = Körperverletzung auch nur zu erörtern.

So wirkte es auf die Chirurgen erlösend, daß es hochangesehenen Rechtswissenschaftlern wie Eberhard Schmidt, Engisch, Gallas, Bockelmann, Schwalm u. a. gelungen ist im letzten *„Entwurf eines Strafgesetzbuchs"* die „Ärztlichen Eingriffe aus Heilbehandlung" strafrechtlich völlig neu zu fundieren.

Der vorgeschlagene *§ 261* lautet:

„Eingriffe und andere Behandlungen, die nach den Erkenntnissen und Erfahrungen der Heilkunde und den Grundsätzen eines gewissenhaften Arztes zu dem Zwecke angezeigt sind, und vorgenommen werden, Krankheiten, Leiden, Körperschäden, körperliche Beschwerden oder seelische Störungen zu verhüten, zu erkennen, zu heilen oder zu lindern, sind nicht als Körperverletzung strafbar".

O, daß dieser Entwurf bald Gesetzeskraft erlangte! Dann wäre von der indizierten und lege artis ausgeführten Operation das Odium der Körperverletzung — oder, wie es der bayerische Justizminister Ehard einmal auf dem Deutschen Chirurgen-Kongreß ausdrückte, die „Paragraphenschlinge der Körperverletzung vom Halse des Chirurgen genommen".

Ein Skeptiker wird natürlich fragen: welches ist dann die neue Paragraphenschlinge, mit der man die Chirurgen aufhängen kann, wenn etwas passiert, was nicht passieren sollte?

II.

Nun, die neue Paragraphenschlinge — damit komme ich zum zweiten Teil meiner Ausführungen — heißt *„eigenmächtige Heilbehandlung"*. Der neue Paragraph lautet, abgekürzt und sinngemäß ins Medizinische übersetzt: „Wer als Arzt an einem Kranken ohne dessen Einwilligung einen Eingriff oder eine andere Behandlung vornimmt, wird mit Gefängnis bestraft".

Die einzige Rechtfertigung ist *„Gefahr in Verzug"*. Die Gefahr muß aber nicht nur tatsächlich bestehen, sie muß außerdem schwer und den Umständen nach durch Merkmale der mutmaßlichen Einwilligung gedeckt sein. In jedem anderen Falle, außer bei Gefahr in Verzug, muß der Eingriff und jede ärztliche Behandlung gerechtfertigt, d. h. eben gedeckt sein durch die rechtswirksame, nötigungs- und täuschungsfreie *Einwilligung* des Kranken.

Das hört sich aus ärztlicher Sicht sehr harmlos, ja eigentlich selbstverständlich an, denn welcher Arzt handelte ohne Einwilligung? Der Arzt vergewaltigt ja seinen Kranken nicht. Nun, der Pferdefuß des Einwilligungsparagraphen ist die *ärztliche Aufklärungspflicht* vor der zweifelsfreien Einwilligung. Haben die Götter vor die chirurgische Heilung die chirurgische Verwundung gesetzt, so haben die Juristen vor die Patienteneinwilligung die Patientenaufklärung gesetzt.

Auf solche Weise ist nun — und damit komme ich zum 3. Abschnitt — das *Problem der Aufklärungspflicht* zum Dreh- und Angelpunkt der medizinisch-juristischen Kontroverse geworden. Ein Jurist hat sogar vom kalten Krieg zwischen Jurisprudenz und Medizin gesprochen. Nun so heiß ist die Sache nun auch wieder nicht. Letztlich geht es ja nur um eine polar verschiedene Betrachtungsweise, aber polar ist nun einmal etwas, was nie voneinander weg kann, aber auch nie zusammenkommt, und doch letztlich innerlich zusammengehört. Überspitzt ausgedrückt könnte man sagen: der juristische Pol ist die summa lex *voluntas* aegroti, der medizinische Pol ist die summa lex *salus* aegroti. Das sind großartige Prinzipien und hohe Ideale, in praxi gibt es aber beim aegrotus immer um den konkreten Einzelfall. Und da wird man sich immer letztlich verständigen und arrangieren müssen.

Zunächst zwei *Vorbemerkungen*. Sicher fallen sie zu scharf aus, aber das fördert ja die Meinungsbildung. Als Mann aus dem vorigen Jahrhundert muß ich zunächst feststellen: diese ärztliche Aufklärungspflicht als komplizierte Rechtsfrage — ich übertreibe natürlich — ist eine „Erfindung" der Juristen, und sie rückte erst in die Praxis der Rechtsprechung vor, als die Chirurgen weniger wegen Kunstfehler belangt werden konnten.

Zum zweiten glaube ich, daß die Juristen die faktische *Größenordnung des Aufklärungs-Problems* überschätzen. Als Klinikchef habe ich durch 30 Jahre persönlich den vielleicht altfränkischen Standpunkt vertreten: Ein Klinikchef ist zwar nicht an allem schuld, was in seiner Klinik einmal passiert, er trägt aber für alles, was passiert, selber die letzte Verantwortung.

Nun kann ich natürlich über meine 10 Breslauer Jahre keine Zahlenangaben machen. In Heidelberg aber haben meine Mitarbeiter aus Anlaß eines nullenrundlichen Jubiläums für 1944—1958 die maßgebenden Zahlen zusammengerechnet. In dieser Zeit wurden 126 797 chirurgisch Kranke stationär behandelt — nebenbei sind dies so viel wie Heidelberg Einwohner hat — es wurden *135 595 Operationen* ausgeführt und 368 895 Kranke ambulant behandelt.

Bei dieser großen Zahl von Kranken und in dieser langen Zeit ist weder einer meiner Mitarbeiter, noch bin ich selber auch nur ein einziges Mal wegen Nicht-Aufklärung in Anspruch genommen, geschweige denn angeklagt worden. Größenordnungsmäßig spielt also die Verletzung der Aufklärungspflicht auf der ärztlichen Seite eine geringe Rolle.

Soweit die eigenen Erfahrungen als Kliniker. Sie gehen (über die eigene Klinik hinaus) dahin, daß in einer straff geleiteten Klinik — zur straffen Leitung verpflichtet eben das Direktorialprinzip! — die Wahrnehmung der ärztlichen Aufklärungspflicht keine große praktische Bedeutung besitzt. Und mag auch die Zahl der letztinstanzlich wegen Verletzung der Aufklärungspflicht verurteilten Ärzte gering sein, das rechtswissenschaftliche Schrifttum über die Aufklärungspflicht des Arztes hat einen großen Umfang angenommen. Tiefschürfend und wahrhaft erschöpfend ist Eberhard Schmidt's 178 Seiten langes *Gutachten für den Juristen-Tag 1962*. Neuartig, zugleich sehr arztfreundlich ist Gerd Geellen's Habilitationsschrift 1962. Sie ist 200 Seiten lang. Wir entdecken dort Fragen, von deren Existenz wir Ärzte selber bislang nichts wußten.

III.

Bevor ich auf den Entwurf des Strafgesetzbuches eingehe, zunächst ein paar *konkrete Fälle*. Zunächst 2 extreme Fälle, einen, über den die Ärzte, einen zweiten, über den die Juristen entsetzt sein werden.

Der Fall 1 betrifft das Düsseldorfer *Strahlenurteil*. Bei einer Frau mit Gebärmutterkrebs stand man vor der Frage, ob Operation oder Bestrahlung. Bei beiden Methoden steht die Heilchance mit 50 % gleich hoch. Man entschied sich für die Bestrahlung. Die Patientin wurde geheilt, die Heilung ist gesichert. Als Bestrahlungsfolge kam es jedoch zu einer Harnleiterverengerung, die Nachoperationen erforderlich machte. Jetzt wurde die Patientin, wenn auch unter mancherlei Nachbeschwerden, wieder geheilt. Zuerst kam es zu einer Schadensersatzklage wegen Kunstfehler. Die Klage wurde abgewiesen, da ein Kunstfehler auszuschließen war. Dann — nach Jahr und Tag — kam es zu einer Schadensersatzklage wegen Nicht-Aufklärung. Welcher Arzt kann aber nach Jahr und Tag noch sagen, wie weit er einen einzelnen Patienten aufgeklärt hat. Die Ärzte wurden schließlich verurteilt, da die strahlenbedingte Stenose eine Komplikationsdichte von 6 % hat. Dabei wurde nach meinem Dafürhalten nicht ausreichend berücksichtigt, daß die Harnleiterverengerung eine beiderseitige war. Letztere hat aber nur eine Häufigkeit von 1 %, was außerhalb der Aufklärungspflicht fällt. Weiterhin wurde nicht genügend berücksichtigt, daß eine solche Harnleiterverengerung statt strahlenbedingt auch krebsbedingt auftritt. Re vera wurden also die Ärzte bei einer 50—60 %igen Heilchance verurteilt, obwohl sie Lebensretter waren, dazu für eine Komplikation, die — wenn die Patientin nicht geheilt worden wäre, krebsbedingt in 50 % der Fälle auftritt und dann die Haupt-Todesursache darstellt.

Der zweite Fall betrifft einen eigenen Fall einer *Basedowpsychose.* Der Fall hat inzwischen schon eine gewisse „Berühmtheit" erlangt. Eine Basedowpsychose führt wegen des Tobens und der Unruhe solcher Kranken stets zum Tode. Die Patientin befand sich in der Psychiatrischen Klinik. In einem solchen Falle muß eine solche Kranke über die vorzunehmende Operation geradezu getäuscht werden. Wir haben sub firma „Blutentnahme" annarkotisiert, die Kranke in die Chirurg. Klinik transportiert, dort operiert. Die Kranke konnte dann noch vor 3 Wochen völlig gesund wieder in die Familie entlassen werden. Die eigenmächtige Operation ist in einem solchen Falle der einzige Weg der Heilung.

Juristisch, so wird uns gesagt, ist ein solches Vorgehen in jeder Hinsicht rechtswidrig. Es mag aber noch so anrüchig sein, ärztlich-ethisch ist in solchen sonst tödlichen Fällen das „nichts schaden und zugleich heilen" ärztlich gesehen oberstes Gebot. „Not bricht Eisen", Not sollte in solchen Fällen auch Paragraphen brechen.

Selbstverständlich ändern solche extremen Ausnahmefälle nichts an der *Regel: keine Operation ohne Einwilligung.* In der Praxis ist aber die Einholung der Einwilligung oft unnötig, oft ist sie undurchführbar, und gelegentlich ist sie sogar gefährlich. Das Einholen *einer Einwilligung* erscheint uns *unnötig,* wenn ein Kranker z. B. mit einem Leistenbruch oder mit Gallensteinen oder mit einer Schulterverrenkung kommt. In jedem solchen Falle kommt er ja schon mit der deklarierten Absicht, entsprechend behandelt zu werden.

Es gibt einen ganzen Katalog von Anlässen, bei denen die Einholung der Einwilligung schlechthin *undurchführbar* erscheint. Besonders häufig trifft dies zu bei bewußtlos Eingelieferten. Man weiß ja sehr oft nicht, wie lange die Bewußtlosigkeit dauert, und dauert sie nur z. B. 6—8 Stunden, dann ist bei offenen Wunden die Chance, durch Wundausschneidung eine Wundinfektion zu verhüten, schon vertan. Der Arzt würde gegen die anerkannten Regeln der Kunst verstoßen.

Besonders häufig trifft die Unmöglichkeit der Einwilligungseinholung zu bei Verletzten im Straßenverkehr, sofern sie stationärer Behandlung bedürfen. Diese Verletzten sind an die 50 % Schädelverletzte. Die Mehrzahl derselben kommt bewußtlos an, oft genug haben sie auch noch soundsoviele gleichzeitige Verletzungen. In ähnlicher Weise ist die Einholung der Einwilligung auch bei Schlafmittelvergiftungen, bei Schlaganfällen u. dgl. undurchführbar. Für den Arzt hat die Pflicht der Hilfeleistung immer unbedingten Vorrang vor der Aufklärung, wenn letztere schwer möglich ist oder gar schaden würde.

Es gibt sogar Fälle, bei denen die Einwilligung höchstens eine Formsache wäre oder sogar undurchführbar ist. Immer ist dies der Fall bei Situationen, bei denen der Arzt unter Zwang handelt, so z. B. bei Blutungen, bei der Gefahr lebensbedrohlicher Aspiration von Erbrochenem, bei großen verschmutzten Wunden, bei schwerem Schock, bei Bauchfellentzündung, Darmverschluß oder dgl.

Insbesondere kann man in solchen Fällen nicht auf das Recht der Selbstbestimmung abheben. Es handelt sich ja bei solchen Schwerkranken um Menschen in großer Not, um seelisch schwer Belastete, um Hilfsbedürftige, bei denen ja die freie Selbstbestimmung des Menschen bereits weitgehend ausgeschaltet ist. Hat ein Kranker erst eine eitrige Bauchfellentzüdung, eine schwere Pneumonie, einen Darmverschluß oder einen schweren Kollaps, dann ist sein Recht auf Selbstbestimmung — an sich selbstverständlich ein heiliges Recht — sehr problematisch. In seiner Angst und Not will der Kranke vom Arzt nur Hilfe, sofortige Hilfe, aber keine lange Aufklärung.

In wieder anderen Fällen sind die Ärzte durch den Zwang, die Einwilligung in dem Maße, wie es von uns juristisch gefordert wird, einzuholen, einfach *überfordert*. Müssen wir bei Kindern z. B. wirklich beide Eltern befragen? Wie ist es, wenn die Eltern geschieden sind? Wie beim unehelichen Kind? Solche Fragen werden schnell viel zu kompliziert, wenn es sich z. B. um eine akute Blinddarmentzündung, sagen wir am Samstag nachmittag handelt, Situationen, bei denen die Klärung der Lage mehr Zeit erfordert, als rein ärztlich mit dem Zuwarten mit der Operation verantwortet werden kann.

Schließlich kulminieren alle Aufklärungsprobleme beim *Krebs*. Beginnen wir mit konkreten, selbstbeobachteten Fällen.

Fall 1: Es war in Breslau. Ein in Schlesien weit bekannter Großgrundbesitzer kam eines Tages mit entschlossener Miene in die Sprechstunde mit der Eröffnung, er habe ein *Knochensarkom* am Oberschenkel und wolle noch heute „Schluß" machen. Er erwies sich über die Prognostik der Knochensarkome bestens informiert. Das mitgebrachte Röntgenbild zeigte in der Tat eine offenkundige „Knochengeschwulst". Auch der Palpationsbefund ergab im Zusammenhang mit dem Oberschenkelknochen einen knochenharten Tumor. Der Röntgenbefund schien pathognomonisch. Sicherheitshalber wird auch das andere, klinisch unverdächtige Bein geröntgt. Welch eine Überraschung und welch ein Glück! Es handelte sich auf der anderen Seite um zwar nicht so schwere, aber wesentverwandte Veränderungen. Diagnose: doppelseitige *Myositis ossificans,* d. h. eine Muskelverknöcherung in der Adduktorenmuskulatur bei einem Manne, der wie er selber sagte, sein halbes Leben auf dem Rücken der Pferde verbracht hatte. Die Eröffnung „typische Reiterknochen" brachte die Erlösung für Patienten und Arzt. Aber welch eine Situation, wenn sich die Diagnose wirklich bestätigt hätte! Der Fall lehrt, der Arzt soll und muß sich gerade in solchen Fällen immer die Möglichkeit einer Fehldeutung oder einer Fehldiagnose offenhalten. Sie verschafft Bedenkzeit und verhindert Kurzschlußreaktionen. Die reservatio mentalis ist erlaubt, ja geboten, denn hundertprozentig gesicherte Diagnosen gibt es nur selten.

Fall 2: In diesem Falle dreht es sich nicht um ein Berufsgeheimnis, da er durch alle Zeitungen ging: die Gattin eines hohen Diplomaten aus einem afrikanischen Staat kam mit einem kleinen, so gut wie „garantiert" heilbaren Hautkrebs in eine Klinik. Sie verlangte unausweichlich die Diagnose zu erfahren. Die Eröffnung der so gut wie sicheren Heilbarkeit hinderte die Patientin nicht daran, noch am gleichen Tage eine zweite Klinik aufzusuchen. Wiederum pochte sie darauf, die Diagnose zu erfahren. Beide Ärzte gaben eine praktisch identische Antwort. Noch am selben Abend verübte die Patientin, eingeschlossen in ihre Garage, Selbstmord. Aufklärung in allen Ehren, aber man sollte nicht an der Aufklärung sterben! Solche Fälle sind für den Arzt bitter empfundene Niederlagen, auch wenn er rechtlich exkulpiert scheint.

Zwei weitere Fälle sollen den Widersinn der „ganzen" Wahrheit dartun, wenn es um Sein oder Nicht-Sein geht.

Fall 3: Ein Industrieller bekommt ein *Weichteilsarkom.* Er wird operiert, bekommt aber ein 1., 2. und 3. Rezidiv. Er verlangt vom Operateur die „pupillenklare" histologische Diagnose. Der Arzt sieht sich einem Juristen gegenüber und gibt den histologischen Befund preis. Vom selben Augenblick an ist der bis dahin so nüchterne, geschäftstüchtige, hochintelligente und lebenskorrekte Mann mit einem Schlag ein anderer Mensch. Die Familie berichtet über die schlagartig veränderte Situation, nicht nur für den Kranken in seinem Beruf und in seinem Leben, sondern auch für die ganze nähere und weitere Familie. Der Mann gerät in den Zustand eines Verfolgten. Alles ist überschattet. Nur eines will er nicht: als krebskrank „abgestempelt" sein. Er unterwirft sich jeder therapeutischen Indikation, aber er verflucht die Stunde, die ihm alle Hoffnung — scheinbar für immer — nahm.

Fall 4: Ein eigener Verwandter bekam einen Nierenkrebs. Nach dem Aufwachen aus Narkose behauptet er steif und fest, gehört zu haben: „Wir haben auf und gleich wieder zugemacht." Der Kranke fragte kategorisch: „Habe ich richtig gehört?" Der Operateur bejaht. Der Kranke hat bis zu seinem letzten Lebenstag den Arzt, der ihm keine Hoffnung belassen hatte, verdammt.

Nun noch zwei Beispiele, welche dartun, daß selbst eine „pia fraus" Wunder zu wirken vermag.

Fall 5: Ein Chirurg aus dem Harz kommt zu meinem Lehrer Stich mit der selbst gestellten Diagnose eines Mastdarmkrebses. Die Diagnose bestätigt sich auch histologisch. Der Mann, ein Hüne von Gestalt, scheinbar strotzend von Selbstbeherrschung, verlangte kategorisch, das mikroskopische Präparat zu sehen. Er geht, kaum gehfähig, selbst ins Patholog. Institut und läßt sich das — vorsichtshalber untergeschobene — Präparat zeigen: „Actinomykose" (Strahlenpilzkrankheit des Mastdarms). Der Kranke inszeniert sofort ein Verfahren auf Anerkennung als Kriegsdienstbeschädigung. Der Kranke war bis an sein Lebensende, auch als Lebermetastasen kamen, von der Richtigkeit der „Ersatzdiagnose" überzeugt. Er starb völlig ahnungslos.

Fall 6: Ein weltbekannter Chirurg hatte schon seit langem ein *Magengeschwür*, mit dessen Symptomatologie er völlig vertraut war. Aus dem Magengeschwür entwickelte sich ein *Magenkrebs*, unerkennbar für den Kranken selbst. Wie immer in solchen Fällen: Spätoperation. Der Krebs ist inoperabel. Der Kranke verlangte, sein Operationspräparat zu sehen, es wurde ihm der Magen eines am gleichen Tage operierten anderen Kranken mit einem gutartigen Magengeschwür vorgezeigt. Man mag darüber denken, wie man will: man muß die Entscheidung des Operateurs hinnehmen, wie er sie gefällt hat. Auch dieser Kranke starb an Lebermetastasen, bis zu seinem Tode ahnungslos und immer voller Hoffnung auf Genesung.

Das ist eben der entscheidende Punkt: Man muß auch dem todgeweihten Menschen die *Hoffnung belassen*. Menschen, die die uneingeschränkte Wahrheit einer ausweglosen Situation ertragen, sind sehr, sehr selten. Der ja immer schon geschwächte Krebskranke zieht das Nichtwissen dem Wissen vor. Er will gar keine Gewißheit. Der Mensch weiß nichts von seiner Geburt, er will im allgemeinen auch nichts von seinem Sterben wissen. Krebskranke kommen mit der Furcht in den Augen, aber mit der Hoffnung im Herzen. Diese Hoffnung muß man ihnen belassen.

Das Wissen um diese Notwendigkeit des Hoffens geht bis in mythische Zeiten zurück. Nicht umsonst läßt Pandora — die Allesbringende — alle Tugenden und Laster aus ihrer Büchse heraus, die Hoffnung aber behält sie in ihrer „Pandora-Büchse" zurück.

Auch das lateinische Wortspiel dum spiro spero — solange ich atme, solange hoffe ich — weist in die gleiche Richtung.

Bei Schiller heißt es:

> „Und schließt er im Grabe den müden Lauf,
> noch am Grabe pflanzt er die Hoffnung auf."

Das alles sind gewissermaßen *letzte Fragen* zwischen dem Patienten und seinem Arzt. Der Richter sollte sich hier nicht einzuschalten versuchen. Jedenfalls haben die Fragen nichts zu tun mit dem „Vertrag auf Behandlung", den der Kranke mit dem Arzt, dem er sich anvertraut, abschließt. Sie haben auch nichts zu tun mit dem aus dem Grundgesetz abgeleiteten Recht auf Selbstbestimmung. Für uns Ärzte sind es Fragen ärztlicher Gewissenserforschung und ärztlicher Gewissensnot. Man bedenke: wie oft ist der Arzt des Kranken letzter Freund!

IV.

Nun wieder zurück zum Generalthema *Strafrechtsreform!* Soll man die ärztliche *Aufklärungpflicht gesetzlich regeln?* Um meine eigene Antwort vorwegzunehmen: Ja! Und wäre es nur aus dem einen, aber ausschlaggebenden Grunde, daß der Gesetzgeber den Richter, wenn auch in begrenztem Umfange daran erinnert, daß es klare Grenzen der ärztlichen Aufklärungspflicht gibt.

Welche Schranken schlägt nun der Reformentwurf für die Aufklärungspflicht selber vor? Die erste Schranke setzt die *seelische Belastungsklausel* bei mutmaßlicher Einwilligung. Der Entwurf der schon erwähnten Kommission lautet:

„Die Tat (gemeint ist Heilbehandlung) ist auch dann nicht strafbar, wenn eine solche Aufklärung den Betroffenen seelisch so schwer belasten würde, daß dadurch der Behandlungserfolg voraussichtlich erheblich beeinträchtigt würde, der Arzt jedoch den Betroffenen im übrigen nach den Grundsätzen eines gewissenhaften Arztes aufgeklärt hat, sowie die Umstände nicht zu der Annahme zwingen, daß der Betroffene bei voller Aufklärung die Einwilligung versagen würde."

Dieser Passus würde den Arzt gerade bei Krebskranken hinsichtlich der Aufklärungspflicht wesentlich entlasten.

Eine zweite Ausnahme bei der Einwilligung ist wenigstens insoweit vorgesehen, als der Arzt den Kranken „überhaupt in Behandlung nimmt" und im Falle einer Eingriffsnotwendigkeit „überhaupt einen Eingriff vornimmt". Solche Blankovollmachten sind häufig. Wie oft bekommt der Arzt gesagt: „Ich weiß, daß nur eine Operation hilft, was Sie dann machen, überlasse ich Ihnen".

Eine dritte Einschränkung der vollen Aufklärungspflicht ist gegeben, „um die *Gefahr des Todes* oder einer schweren *Schädigung am Körper und Gesundheit* abzuwehren".

Der Arzt horcht natürlich bewegten Herzens auf, wenn er aus dem Munde von Juristen von „schwerer Schädigung", „drohender seelischer Belastung" liest und hört. Aber in der kühlen und dünnen Stratosphärenluft der Juristerei sägen natürlich manche: „Wozu das alles?". Ich übertreibe, wenn ich einen Juristen zitiere: „Mit der Paragraphenschlinge Operation = Körperverletzung haben wir alles in der Hand. Klappts bei der Operation, so ist sie durch die Einwilligung gerechtfertigt, klappts nicht, so ist es eben Körperverletzung".

So geht es eben nicht, oder richtiger gesagt nicht mehr. Man verlangt heute vom Verkehrsrichter, daß er den Verkehr aus eigener Erfahrung kennt. Der Arztrichter kennt aber nicht den Arzt in Funktion, natürlich schon gar nicht den Chirurgen, inmitten seiner ungeheuer differenzierten heutigen Tätigkeit, seinem riesigen Aufgebot an Apparaturen, seinen Überwachungsgeräten, Maschinen und seinen Mitarbeitern usw. Wie gut wäre es, er würde sich im Operationsbetrieb selber informieren!

Dreierlei, glaube ich, sollten die Juristen immer bedenken:

1. Der Jurist sieht verständlicherweise immer nur den rechtlichen Konfliktsfall, dabei fast immer nur das Negative, und dieses Negative

in der notwendigerweise verzerrten *Größenordnung* der Fehlbehandlungen von vielleicht 1 : 10 000.

2. Der Jurist kann natürlich nur *ex post* werten. Der Arzt, insbesondere der medizinische Sachverständige, muß, wie uns E n g i s c h gelehrt hat, alles ex ante beurteilen, d. h. die Situation so rekonstruieren, wie sie im Augenblick war, als etwas geschah oder etwas unterblieb.

3. Der Jurist kennt nicht die *Psychologie des Kranken,* die ja so oft in dem Augenblick in eine völlig andere umschlägt, in dem sich der Kranke mit unmittelbar schwerer Sorge oder gar Lebensgefahr konfrontiert sieht.

Der Chirurg ist zwar kein Psychosomatiker, aber insofern ein guter Somatopsychiker, als er weiß, wie somatisches Leid auf die Psyche seiner Kranken rückwirkt.

Es ist eben eine völlig andere Ebene, auf denen sich für den Arzt die Dinge abspielen, und eine andere Ebene ist die des Rechtes. Rechtsfragen treffen eben sehr oft nicht den Kern der Sache. Der Kern der Sache liegt im *Funktionsbereich* des gewissenhaften Arztes, seiner *Ethik* und seiner *Moral.* Speziell in der Chirurgie versteht sich das Moralische eben nicht immer von selbst!

Es handelt sich um *Normen außerhalb des Rechtsbereiches,* um moralische Normen, welche mehr fordern, als das Recht verlangt, Normen in der Gewissenhaftigkeit einer erschöpfenden Diagnostik, Normen in der Sauberkeit der Indikationsstellung und Normen hellwacher subtiler Operationskunst. Irgend etwas muß dem Menschen heilig sein, beim Chirurgen ist es eben seine Indikationstellung. Ferner Normen hellwacher subtilster Operationskunst, „als wäre es der eigene Leib"! Auch Normen in der ärztlichen Wahrhaftigkeit und zugleich in der Kunst erzwungenen Verschweigens. Immer gilt die Norm: Alles, was der Arzt sagt, muß wahr sein, aber nicht alles, was wahr ist, muß auch gesagt werden.

Niemand hat den *Pflichtgehalt solcher Normen* treffender formuliert, als der Strafrechtler B o c k e l m a n n : „Die eigentliche moralische Leistung besteht in der gehorsamen Unterwerfung unter die von berufener Stelle aufgestellten Maximen, an die sich der Einzelne auch dann binden muß, wenn er ihre Richtigkeit nicht einzusehen vermag".

Wohl sind Judikatur und Medizin polar verschieden, andererseits aber ergänzen sie sich komplementär. Speziell für das neu sich abzeichnende Arztrecht scheint es nur eine rationelle Lösung zu geben: sich zusammenzusetzen!

Halten wir uns dabei an H e r a k l i t. Er lehrt: „Aus dem Kampf des Entgegengesetzten entsteht alles Werden". Auch im Leben resultiert alle Leistung aus dem Wettstreit der Antagonisten. Gleichviel, ob Beuger oder Strecker, ob Einatmen oder Ausatmen, ob Systole oder Diastole: das Entgegengesetzte setzt sich wechselseitig voraus, muß aber andererseits zusammenarbeiten, soll eine ganze Leistung gemeinsam vollbracht werden. Judikatur und Medizin sind Antagonisten, Antagonisten müssen sein, aber erst der *antagonistische Synergismus* verbürgt den vollen Erfolg.

Es ist ein großer Jurist (von Ihering) gewesen, der in seiner Arbeit „Der Kampf ums Recht" 1872 schrieb:

„Alles Recht in der Welt ist erstritten worden. Jeder richtige Rechtsatz hat denen, die sich ihm widersetzten, immer erst abgerungen werden müssen."

Literatur:

Bauer, K. H., Aktuelle Rechtsfragen in der Chirurgie. Referat Chirurgenkongreß 1961, Langenbeck's Arch. klin. Chir. *298*, 281 (1961).

Bauer, K. H., Zur ärztlichen Aufklärungspflicht aus den Erfahrungen eines Chirurgen. Studien und Berichte der kath. Akad. in Bayern, Heft 20, S. 47 (1963).

Bockelmann, P., Rechtliche Grundlagen und rechtliche Grenzen der ärztlichen Aufklärungspflicht. Langenbeck's Arch. klin. Chir. *298*, 852 (1961).
Einführung in das Recht. München 1963.

Engisch, K., Einführung in das juristische Denken. 2. Aufl. Urbanbücher, Bd. 20, 1959.

Engisch, K., Irrtümer und Fehler des Chirugen. Langenbeck's Arch. klin. Chir. 273, 428 (1952).

Entwurf eines Strafgesetzbuches (StGB) E 1962 — Bundesratsvorlage — Drucksache 200/62 § 161 und § 162.

Ihering, R. v., Der Kampf um Recht (1872). In „Deutscher Geist" 2. Bd. S. 493, Berlin 1940.

Niese, W., Ein Beitrag zur Lehre vom ärztlichen Heileingriff. In Festschrift f. Eb. Schmidt 1961, S. 364.

Schmidt, Eberhard, Rechtsfragen zur chirurgischen Operation. Langenbeck's Arch. klin. Chir. *273*, 410 (1952).

DAS PROBLEM DER ZULÄSSIGKEIT VON SCHWANGERSCHAFTSUNTERBRECHUNGEN

Von Paul Bockelmann

Das geltende Recht läßt die Schwangerschaftsunterbrechung in einem einzigen Fall zu, dann nämlich, wenn sie medizinisch indiziert, d. h. erforderlich ist, um die schwangere Frau aus einer ernsten Gefahr für ihr Leben oder ihre Gesundheit zu befreien. Die näheren Voraussetzungen, unter denen die ärztlich angezeigte Interruption vorgenommen werden darf, sind: daß der Eingriff mit Einwilligung der Frau durch einen Arzt nach den Regeln der ärztlichen Kunst und in einer Krankenanstalt ausgeführt wird und daß eine ärztliche Gutachterstelle ihn für erforderlich erklärt hat. Unter diesen Bedingungen ist auch die Tötung eines in der Geburt befindlichen Kindes rechtmäßig. Die gesetzliche Grundlage für die Rechtfertigung der Unterbrechung und der Perforation bei medizinischer Indikation ist § 14 des Gesetzes zur Verhütung erbkranken Nachwuchses vom 14. 7. 1933 in der Fassung des Gesetzes vom 26. 6. 1935 in Verbindung mit Art. 2—5 und 14 der 4. Ausführungsverordnung vom 18. 7. 1935 und des § 5 der Verordnung vom 31. 8. 1939. Diese Bestimmungen sind in den meisten Ländern, die das Geltungsgebiet des Reichsstrafgesetzbuchs heutiger Gestalt bilden, noch in Kraft[1]. In Bayern freilich sind sie durch ein Gesetz von 1945 formell aufgehoben und in Hessen durch ein Gesetz von 1946 bis auf weiteres für unanwendbar erklärt worden. Gleichwohl haben sie auch dort rechtliche Bedeutung behalten. Denn in diesen Ländern ist die Rechtmäßigkeit von Unterbrechungen nach den allgemeinen Grundsätzen des übergesetzlichen Notstandes zu beurteilen, und nach der Rechtsprechung des Bundesgerichtshofs bezeichnen die Vorschriften des Erbgesundheitsgesetzes und seiner Durchführungsverordnungen die „Mindestvoraussetzungen", unter denen ein rechtfertigender übergesetzlicher Notstand angenommen werden darf[2]. Demnach ist die rechtliche Regelung der medizinischen Indikation im Resultat einheitlich.

Sie ist gleichwohl in vielen Punkten unbefriedigend. Schon ihr Standort ist nicht gut gewählt: Sie gehört in das Strafgesetzbuch. Aber wichtiger sind ihre sachlichen Mängel. Das Gesetz und das ihm folgende Gewohnheitsrecht knüpfen die Zulässigkeit der Unterbrechung an ein ganzes Bündel von Voraussetzungen, die offensichtlich verschiedenes Gewicht haben, ohne daß aus dieser Verschiedenheit Konsequenzen gezogen würden. Den eigentlichen Rechtfertigungsgrund stellt die medizinische Indikation, der Umstand also, daß der Eingriff zur Rettung von Leben oder Gesundheit der Schwangeren unerläßlich ist. Das Erfordernis der Einwilligung der Schwangeren dagegen hat keine andere Funktion als die, dem Selbstbestimmungsrecht der Frau die Respektierung zu sichern[8]. Es ist ihr Körper, in den eingegriffen wird. Das darf grundsätzlich nicht ohne ihr Einverständnis geschehen. Auch muß es ihrer freien Entscheidung überlassen bleiben, ob sie wirklich von den Gefahren der Schwangerschaft befreit werden will oder ob sie sie auf sich nehmen will. Das Erfordernis kunstgerechter Ausführung des Eingriffs durch einen Arzt in einer Krankenanstalt soll verhüten, daß die Schwangere Schaden nimmt. Und das Erfordernis einer den Eingriff für nötig erklärenden Äußerung der ärztlichen Gutachterstelle hat Kontrollfunktionen: Es soll verhindern, daß die Notwendigkeit der Unterbrechung ohne zwingenden Anlaß bejaht oder daß sie nur vorgeschoben wird. Was hat zu gelten, wenn es an einer dieser Voraussetzungen fehlt?

Die Antwort ist nur für den Fall unproblematisch, daß es schon an der Indikation fehlt. Hier kann von einer Rechtfertigung des Eingriffs keine Rede sein. Wie aber, wenn der Arzt, der den Eingriff vornimmt, ihn für unerläßlich gehalten hat? Wie, wenn man zum wenigsten seine Einlassung, er habe ihn für unerläßlich gehalten, nicht widerlegen kann? Wie, wenn ein ausgeführter Eingriff zwar angezeigt war, die Schwangere aber nicht in ihn eingewilligt hatte? Wie, wenn der Eingriff nötig ist und die Schwangere ihn begehrt, aber ein Nicht-Arzt ihn vornimmt, weil ein Arzt nicht zur Verfügung steht, oder wenn zwar ein Arzt eingreift, jedoch nicht in einer Krankenanstalt, sondern etwa in seinen Praxisräumen oder in der Wohnung der Schwangeren selbst? Und wie endlich, wenn im übrigen alles in Ordnung ist, jedoch die Äußerung der Gutachterstelle fehlt?

Das positive geltende Recht gibt eine deutliche Antwort nur auf die letzte Frage: Fehlt es an der Erklärung der Gutachterstelle (ohne daß der Fall vorliegt, in dem auf sie verzichtet werden kann, nämlich der Fall akuter Gefahr für die Schwangere), so bleibt der Eingriff strafbar, doch ist er nicht nach § 218, sondern nur nach dem — milderen — Art. 14 der Ausführungsverordnung zum Erbgesundheitsgesetz strafbar. Im übrigen schweigt das Gesetz. Dies Schweigen ist unerträglich. Der Entwurf eines neuen Strafgesetzbuches will es denn auch brechen. Die von ihm vorgeschlagene Regelung stellt klar, daß die Unterbrechung nicht als Abtreibung strafbar ist, sofern nur tatsächlich die medizinische Indikation gegeben war. Die Fälle, in denen es lediglich an der Einwilligung der Frau oder an der Erklärung der Gutachterstelle fehlt, werden in besonderen Tatbeständen erfaßt, so daß der Arzt zwar nicht straffrei bleibt, immerhin aber nicht wegen Abtreibung strafbar wird. Schließlich sieht der Entwurf besondere Strafvorschriften für den Fall vor, daß der Arzt die Voraussetzungen für die Zulässigkeit der Unterbrechung irrtümlich als gegeben angesehen hat, ohne daß sein Irrtum entschuldbar ist. Dabei wird wiederum unterschieden, je nachdem, ob er die Erforderlichkeit des Eingriffs, die Einwilligung der Frau oder das Vorhandensein der von der Gutachterstelle abzugebenden Erklärung irrtümlich angenommen hat. Das Maß der angedrohten Strafe ist jedesmal ein anderes.

An diesen Vorschlägen des Entwurfs ist natürlich manche Kritik möglich. Man kann ihnen vorwerfen, daß sie kompliziert, daß sie perfektionistisch und daß sie zum Teil nur deshalb nötig geworden sind, weil die allgemeine Irrtumsregelung des Entwurfs mangelhaft ist und deshalb, wie an vielen anderen Stellen, so auch hier Sonderbestimmungen provoziert hat. Dennoch wird der sachlich Urteilende zugeben müssen, daß die vorgesehene Neuregelung im ganzen wenigstens auf eine wesentliche technische Verbesserung des Gesetzes hinausläuft. Jedenfalls beseitigt sie zahlreiche Unklarheiten, unter denen das geltende Recht leidet[4].

Aber darüber kann freilich ebensowenig ein Zweifel bestehen, daß der Entwurf die eigentliche Problematik der Schwangerschaftsunterbrechung nicht löst, ihre Lösung vielmehr voraussetzt. Diese Problematik steckt in der Doppelfrage, ob es denn überhaupt richtig ist, die medizinische Indikation als Rechtfertigungsgrund in das neue Recht zu übernehmen, ob es nicht angebracht ist, der Schwangeren die Austragung der Frucht für jeden Fall, auch für den der Leibes- oder Lebensgefahr, zur unbedingten und unabdingbaren Rechtspflicht zu machen — oder ob nicht umgekehrt außer der medizinischen Indikation noch andere Rechtfertigungsgründe für die Unterbrechung anzuerkennen sind. Als solche kommen die eugenische, die soziale und die ethische oder juristische Indikation in Betracht. Die soziale Indikation ist gegeben, wenn die Familie, der die Schwangere angehört, durch die Geburt des Kindes wegen der wirtschaftlichen Belastung, die sie bedeutet, oder auch deshalb, weil die Schwangere ohnehin mit Mutterpflichten überhäuft ist, in eine bedrohliche Lage versetzt werden würde. Eugenische Gründe sprechen für die Unterbrechung, wenn ein erbkrankes Kind zu erwarten ist. (Neuerdings muß auch der Fall in Betracht gezogen werden, daß das Kind zwar nicht erbkrank, vermutlich aber verstümmelt oder verkrüppelt zur Welt kommen wird, dank der verheerenden Wirkung von Medikamenten, welche die Frau während der Schwangerschaft eingenommen hat.) Unter ethischer oder juristischer Indikation schließlich versteht man den Fall, daß die Schwangerschaft aus einem Verbrechen herrührt, das der Frau angetan worden ist. Der Hauptfall — keineswegs der einzige praktisch bedeutsame Fall[5] — ist der, daß die Frau das Opfer einer Vergewaltigung geworden ist. Das geltende Recht anerkennt keine dieser weiteren Indikationen als Rechtfertigungsgründe[6]. Ist es deshalb vielleicht zu engherzig — oder läßt sich umgekehrt schon die Anerkennung der medizinischen Indikation nicht verantworten? *Diese* Fragen sind zu stellen, wenn das Problem der Schwangerschaftsunterbrechung vor den Hintergründen der gesellschaftlichen Wirklichkeit des 20. Jahrhunderts erörtert werden soll.

Man tut gut, der Erörterung den Hinweis voranzustellen, daß einer der wichtigsten Züge dieser Wirklichkeit jener Vorgang ist, den man die Bevölkerungsexplosion nennt. Die Bedeutung dieses Phänomens ist jedermann bekannt. Ich darf gleichwohl versuchen, sie zu unterstreichen, indem ich zitiere, was Carl Friedrich von Weizsäcker in seiner Friedensrede anläßlich der Verleihung des Friedenspreises des Deutschen Buchhandels dazu gesagt hat:

„Die wissenschaftliche Einsicht und die technischen Mittel der modernen Medizin und Hygiene haben ein vorerst unaufhaltsam scheinendes Wachstum der Bevölkerungszahlen in Gang gebracht. Wissenschaft und Technik scheinen uns wohl mit Recht nirgends so segensreich wie in der Medizin. Eben dieser Segen wird hier zur Quelle des vielleicht schwierigsten Lebensproblems unserer Zeit. Welche Abhilfen gibt es? Ich sehe nur zwei . . . Vermehrung der Lebensmittelproduktion und Beschränkung der Geburtenzahl . . . Die Geburtenzahl . . . wird nicht aus biologischen Gründen zum Stehen kommen; wenigstens bietet unsere Kenntnis der Gesetze des Lebens keinen Anlaß zu einer so bequemen Hoffnung. Ihre Beschränkung wird also entweder als eine sich durchsetzende Sitte oder aus Anordnung des Staates kommen. So tief wird der Mensch in der wissenschaftlich-technischen Welt genötigt sein, in seine Natur und die Ausübung seiner Freiheit einzugreifen."[7]

Ich will, indem ich dies zitiere, nicht etwa außer der medizinischen, der sozialen, der eugenischen und der ethischen Indikation nun als fünfte auch noch eine bevölkerungspolitische Indikation zur Debatte stellen. Von allen denkbaren Mitteln der Geburtenkontrolle ist die Schwangerschaftsunterbrechung sicherlich das fragwürdigste. Immerhin muß es zu denken geben, daß von den Völkern, deren Geburtenüberschuß besonders hoch ist, einige sich zur Freigabe der Abtreibung entschlossen haben[8]. Und soviel ist sicher, daß in der Diskussion um das Für und Wider der Zulassung von Schwangerschaftsunterbrechungen jenes mitunter und keineswegs nur im nationalsozialistischen Deutschland aufgetauchte Argument, der Staat (oder der Kaiser oder der Führer oder wer auch immer) brauche Menschen oder gar gleich Soldaten, auf die Dauer keine Rolle mehr wird spielen können. Dafür wird die völlige Umkehrung des bevölkerungspolitischen Interesses (nicht um mehr, sondern um weniger Menschen auf Erden muß uns zu tun sein)

Einfluß auf die Lösung der ethischen und rechtlichen Probleme gewinnen, welche die Schwangerschaftsunterbrechung aufwirft[9].

Natürlich ist dieser Feststellung gegenüber der empörte Einwurf zu erwarten, ob etwa die Meinung sei, daß die rasende Bevölkerungszunahme der Erde uns dazu berechtige, den Grundsatz der Heiligkeit und Unantastbarkeit des menschlichen Lebens aufzugeben. Aber darauf wäre zu erwidern, daß es die Menschheit mit diesem Grundsatz niemals ganz ernst genommen hat. Für Ausnahmefälle hat sie seine Durchbrechung stets zugelassen, und Streit besteht immer nur darüber, welche Ausnahmen anzuerkennen sind. Dabei verfahren die Streitenden nicht einmal immer folgerichtig. Diejenigen, welche unter Berufung auf die Heiligkeit des Lebens Schwangerschaftsunterbrechungen ohne jede Ausnahme für unzulässig halten, sind gewöhnlich überzeugt, daß der Staat die Todesstrafe gebrauchen dürfe oder gar müsse. Diejenigen umgekehrt, welche die Ablehnung der Todesstrafe mit der Heiligkeit des Lebens begründen, sind gewöhnlich für die Freigabe der Abtreibung. Ich will nun beileibe nicht behaupten, daß die verschiedenen Standpunkte, die uns in so merkwürdiger Verschränkung entgegentreten, wirklich unvereinbar seien. Aber soviel ist doch sicher, daß in den einzelnen Koppelungen der Ansichten nicht beide zugleich auf das Prinzip der Heiligkeit des Lebens gestützt werden können. Zwar hat man behauptet, bei Rückführung des Rechts zur Verhängung der Todesstrafe auf Gott werde der Grundsatz der Heiligkeit des Lebens keineswegs relativiert[10]. Aber in Wahrheit kann doch nicht gut die Relativierung des Grundsatzes geleugnet, es kann nur die Zulässigkeit der Relativierung behauptet werden. Nimmt man hinzu, daß eben diese Behauptung bei vielen ernsten Menschen heftigem Widerstand begegnet, so wird vollends deutlich, daß wir nicht hoffen dürfen, die Lösung unseres Problems vermittels einfacher Deduktionen aus dem Prinzip der Heiligkeit des Lebens gewinnen zu können. Näheres Zusehen zeigt denn auch, daß die maßgebenden Erwägungen im Streit der Meinungen viel differenzierter sind.

Das wird klar werden, wenn wir nun zu einer Schilderung der Gründe übergehen, die für und gegen die Rechtfertigung der Unterbrechung aus medizinischer Indikation vorgebracht werden. Daß wir mit der medizinischen Indikation beginnen, mag zunächst Verwunderung erregen. Die medizinische Indikation ist im geltenden Recht anerkannt und soll im kommenden Recht anerkannt bleiben. Sie scheint damit praktisch jeder Diskussion entrückt zu sein. Aber in Wahrheit ist auch sie, ja gerade sie, heftig angefochten. Ich darf als bekannt voraussetzen, daß die katholische Morallehre sie verwirft und die protestantische sie nicht stützt. Und diese Haltung der beiden großen Konfessionen hat offenbar, ganz ohne Rücksicht darauf, ob und wieweit sie mit dem Empfinden der Bevölkerung übereinstimmt, tiefen Einfluß auf die Rechtsprechung und auf die Meinungsbildung im rechtswissenschaftlichen Schrifttum.

Zwar wird, wenn ich recht sehe, nirgends mehr ausdrücklich gefordert, daß die Unterbrechung selbst bei medizinischer Indikation strafbar sein müsse. Wohl aber wird die Forderung erhoben, daß auch bei ärztlich angezeigter Unterbrechung der Eingriff nicht als rechtmäßig anerkannt werden dürfe, daß vielmehr die Rettung der Schwangeren aus Leibes- oder Lebensgefahr keinen Rechtfertigungsgrund, sondern lediglich einen Strafausschließungsgrund[11] darstellen dürfe, freilich nicht nur für die Schwangere selbst, sondern auch für den Arzt, der ihr hilft. Die Erfüllung dieser Forderung hätte zwei schwerwiegende praktische Konsequenzen. Die rechtswidrige Unterbrechung kann als rechtswidriger Angriff im Sinne des § 53 des Strafgesetzbuchs aufgefaßt werden, gegen den Notwehr erlaubt ist. Zwar setzt die Anwendung von § 53 voraus, daß der Angriff sich gegen einen „anderen", d. h. gegen eine andere Person richtet, der das angegriffene Rechtsgut zusteht. Diese Voraussetzung ist aber jedenfalls da erfüllt, wo der Eingriff in Form der Perforation, d. h. durch Tötung des bereits in der Geburt befindlichen Kindes, ausgeführt wird. Denn dies Kind ist bereits ein Mensch im Sinne der Tötungsstrafdrohungen des Strafgesetzbuchs, wie § 217 beweist, und es muß daher auch als Mensch im Sinne der Notwehrbestimmung des § 53 angesehen werden. Die Herabminderung der medizinischen Indikation zum bloßen Strafausschließungsgrund würde also bedeuten, daß dem Arzt, der sich, weil weder eine natürliche Beendigung des Geburtsvorgangs noch ein Kaiserschnitt möglich ist, zur Zerstückelung des Kindes anschickt, jedermann in den Arm fallen dürfte, ohne daß der Arzt (oder die Gebärende oder irgendein Dritter, der ihr helfen möchte, z. B. der Ehemann) das Recht hätte, ihn abzuwehren. Stellt man sich aber, wie das gelegentlich geschieht[12], auf den Standpunkt, daß selbst der nasciturus schon das ist, was § 53 unter einem „anderen" versteht, daß er also das Opfer eines rechtswidrigen Angriffs sein kann, so ergibt sich, daß, wer es wollte, auch die ärztlich angezeigte Abtötung der Leibesfrucht unter Berufung auf ein Notwehrrecht verhindern dürfte. Dies würde bedeuten, daß jeder, der Unterbrechungen aus sittlichen Gründen verwirft, die Befugnis hätte, seine moralischen Überzeugungen durch Brachialgewalt auf Kosten anderer durchzusetzen.

Aber die Degradierung der medizinischen Indikation zum Strafausschließungsgrund würde die weitere Konsequenz haben, daß ein Arzt unter keinen Umständen, also auch dann nicht, wenn niemand zur Verfügung steht, der an seine Stelle treten könnte, *verpflichtet* wäre, den rettenden Eingriff vorzunehmen. Denn eine rechtliche Verpflichtung zur Vornahme einer rechtswidrigen Handlung kann es offenbar nicht geben.

Demgegenüber mag man einwenden, daß jene Notwehrfälle vermutlich niemals vorkommen werden und daß es, wie die Erfahrung zeige, im Ernstfall an einem zur Ausführung der medizinisch angezeigten Unterbrechung bereiten Arzte niemals fehle. Aber dann bleibt immer noch übrig, daß bei Abwertung der ärztlichen Anzeigung zum bloßen Strafausschließungsgrund der helfende Arzt mit dem Makel belastet ist, schuldhafterweise etwas Verbotenes zu tun. Hieran vor allem wird deutlich, daß jene Forderung, die medizinische Indikation zum Strafausschließungsgrund zu erklären, im Grunde darauf hinausläuft, ihr die eigentliche Anerkennung überhaupt zu entziehen.

In demselben Sinne lassen sich jene zahlreichen Entscheidungen des Bundesgerichtshofs verstehen, die im Ergebnis auf eine Einschärfung des Abtreibungsverbots hinauslaufen. Es ist eine alte Streitfrage, ob die Tötung einer Schwangeren zugleich als Abtreibung strafbar ist. Natürlicher Betrachtungsweise entspricht, so scheint mir, die Annahme, daß der Tatbestand der Abtreibung nur dort verwirklicht ist, wo das Leben der Leibesfrucht von dem der Mutter getrennt wird, so zwar, daß die Frucht getötet, aber das Leben der Mutter erhalten wird[13]. Der Bundesgerichtshof dagegen nimmt an, daß bei der Tötung einer Schwangeren Tötungsdelikt und Abtreibung tateinheitlich zusammentreffen[14]. Dies führt dazu, daß eine Schwangere, die einen Selbstmordversuch unternimmt, wegen versuchter Abtreibung bestraft werden muß[15]. Was das heißt, wird klar, wenn man erfährt, daß Selbsttötungen und Selbstmordversuche von Schwangeren überaus häufig sind[16]. Jedenfalls heißt es, daß der Frau die Strafe aus § 218 selbst dann droht, wenn sie sich zu einer Verzweiflungstat hat hinreißen lassen, durch die sie nicht nur ihr Kind, sondern auch sich selbst umbringen wollte.

Eine Art von Ausgleich für diese strenge strafrechtliche Haftung liegt darin, daß die Suicidgefahr ein Fall der medizinischen Indikation ist. Kennzeichnenderweise aber zieht der BGH das neuerdings in Zweifel, jedenfalls für solche Fälle, in denen der Selbstmord von einer zurechnungsfähigen Person geplant ist: hier gebe es möglicherweise andere Rettungsmittel als die Unterbrechung[17]. Ob das richtig ist, muß der Psychiater entscheiden. Gewiß aber ist bei ernsthafter Selbstmordgefahr kein anderes Verhütungsmittel tauglich als das der Einsperrung und strengsten Beaufsichtigung der Schwangeren. Vermutlich hält der Bundesgerichtshof die Anwendung dieses Mittels für zulässig und geboten. Daß er damit die Unerbittlichkeit des Unterbrechungsverbotes nachdrücklich unterstreicht, liegt auf der Hand.

Solch eine Unterstreichung bedeutet auch jene, schon vom Reichsgericht eingeleitete und vom Bundesgerichtshof übernommene Judikatur, wonach trotz wirklich gegebener medizinischer Indikation eine Rechtfertigung des Eingriffs ausgeschlossen ist, wenn es der Täter vor Ausführung des Eingriffs versäumt hat, mit gehöriger Sorgfalt zu prüfen, ob seine Voraussetzungen auch wirklich gegeben sind. Es handelt sich, wohlgemerkt, nicht um den Fall, daß der Täter seines Sorgfaltsmangels wegen die medizinische Indikation für gegeben hielt, obwohl sie gar nicht gegeben war. Strafe nach § 218 soll den Arzt vielmehr auch dann treffen, wenn der Eingriff tatsächlich zur Rettung der Schwangeren aus Leibes- oder Lebensgefahr unerläßlich war, sofern nur der Arzt das Vorhandensein dieser Voraussetzungen schneller und leichtfertiger angenommen hat, als er es hätte tun dürfen[18].

In dieselbe Richtung weisen jene Urteile des Bundesgerichtshofs, wonach die Rechtfertigung aus dem Gesichtspunkt der medizinischen Indikation ausgeschlossen sein soll, wenn die Schwangere den — ärztlich angezeigten — Eingriff durch einen Nicht-Arzt vornehmen läßt[19], ja schon dann, wenn nur gegen die Vorschrift verstoßen worden ist, daß der Eingriff in einer Krankenanstalt ausgeführt werden muß[20]. Daß der Bundesgerichtshof erst recht nach § 218 strafen würde, wenn der Eingriff zwar ärztlich unzweifelhaft angezeigt war, jedoch ohne Einwilligung der Schwangeren ausgeführt worden ist, das ist sicher[21].

In all dem liegt so viel grundsätzliche Kritik an der Anerkennung der medizinischen Indikation, daß es sich rechtfertigt, zuerst die Frage aufzuwerfen, ob nicht in der Tat jene Anerkennung wirklich verfehlt ist. Die Auseinandersetzung mit dieser Frage wird übrigens von selbst dazu führen, daß die grundsätzliche Problematik der Unterbrechung ans Licht tritt.

Die gewichtigsten Gründe gegen die Zulassung der Unterbrechung aus medizinischer Indikation bringt die katholische Morallehre vor. Es wird darum richtig sein, sich zunächst diese Gründe vor Augen zu führen. Eine der Quellen, aus denen man sie entnehmen kann, ist die päpstliche Enzyklika vom 31. Dezember 1930 „Casti connubii". Hier wird jede Schwangerschaftsunterbrechung, auch die ärztlich angezeigte, für unvereinbar mit dem Prinzip der Heiligkeit und Unantastbarkeit des Lebens erklärt. Wir haben bereits darauf hingewiesen, daß es mit der Berufung auf dieses Prinzip allein nicht getan ist. Auch die katholische Morallehre stützt sich nicht nur auf jenen Grundsatz, wie gleich zu zeigen sein wird. Aber freilich bildet er die Basis aller weiteren Erwägungen, und das gewiß mit Recht. Er liefert die ratio legis für die Bestrafung der Schwangerschaftsunterbrechung. Eben weil auch schon die Leibesfrucht ein lebendes Wesen ist — und nicht, wie frühere Zeiten gelegentlich angenommen haben, bloß ein Organ oder nur ein Teil des mütterlichen Leibes —, eben deshalb sind auch die Abtötung der Leibesfrucht und die Tötung des in der Geburt befindlichen Kindes strafwürdig[22]. Aber so selbstverständlich das ist, so wenig läßt sich daraus ableiten, daß die Unterbrechung unbedingt und ausnahmslos verboten sein muß.

Jedenfalls versagt der Grundsatz doch in den Fällen, die so liegen, daß ohne Eingriff beide verloren sind, das Leben der Mutter sowohl wie das des Kindes. Inwiefern aus dem Prinzip der Heiligkeit des Lebens soll gefolgert werden können, daß der Arzt, welcher eines der beiden Leben retten könnte, die Hände in den Schoß legen und beide untergehen lassen muß, ist schlechthin nicht einzusehen.

Aber auch wenn bei schlichtem Gewährenlassen nicht beide Leben, sondern nur eines verloren ist, entweder das der Mutter oder das des Kindes, läßt sich doch aus dem Satz von der Heiligkeit des Lebens für sich allein nicht begründen, daß dies Gewährenlassen die richtige Maxime ist. Denn es läuft ganz genau so wie ein Eingriff darauf hinaus, daß eines der beiden Leben geopfert wird, wenn nicht das der Leibesfrucht, dann eben das der Mutter. Die päpstliche Begründung wäre also nur dann ganz einleuchtend, wenn man sie dahin verstehen dürfte, daß sie dem bei einfachem Geschehenlassen verfallenden Opfer den Charakter eines Opfers von Leben absprechen wolle. Aber das ist doch wohl ausgeschlossen. Nur den Fall löst die kirchliche Doktrin wenigstens logisch einwandfrei, daß auf seiten der Mutter nicht gerade das Leben, sondern nur eine schwere Gesundheitsschädigung auf dem Spiel steht. Diesen Fall kann man aus dem Prinzip der Unantastbarkeit des Lebens dahin entscheiden, daß die Mutter, um das Leben des Kindes zu sichern, die schwere Gesundheitsschädigung eben in Kauf nehmen müsse. Aber mit einer besonderen Behandlung dieses Falles wäre nichts gewonnen. Denn in praxi kann man die Gefahr des Todes und die Gefahr einer schweren Gesundheitsschädigung einfach nicht verschiedenen Regelungen unterstellen. Die Frage, ob der Eingriff medizinisch indiziert ist, muß ex ante beantwortet werden. Keine ärztliche Prognose aber kann jemals mit Zuverlässigkeit behaupten, daß nur die Gefahr einer Gesundheitsschädigung drohe, die Gefahr des Todes aber nicht.

So bleibt nichts anderes übrig, als den katholischen Standpunkt dahin zu deuten, daß er in Wahrheit nicht die gleichmäßige Unantastbarkeit allen Lebens behaupten will, sondern daß er die Preisgabe der Mutter geringer veranschlagt als die Preisgabe des lebenden Kindes. Wie läßt sich eine solche Differenzierung begründen?

Zunächst wird eine Begründung offenbar in der Erwägung gesucht, daß man das Leben der Mutter nur durch einen „Angriff“ auf das werdende Leben retten könne, und dieser „Angriff" ist eine in sich schlechte Handlung, die den Charakter einer unsittlichen Tat nicht dadurch verlieren kann, daß man sie in den Dienst eines berechtigten und sittlich anerkennenswerten Zweckes (Rettung der Mutter) stellt. Demgegenüber erscheint das bloße Geschehen lassen, das zum Tode der Mutter führt, entweder überhaupt nicht als Unrecht oder doch als Unrecht von geringerem Gewicht. Wer nur einfach den Dingen ihren Lauf läßt, der führt das Unheil nicht herbei. Er greift nicht an. Er nimmt nur hin, was die Natur ohnehin verhängt. Mag dann das Resultat, das sich ergibt, auch unerwünscht sein, mag es selbst in einer Verletzung des unantastbaren Lebens bestehen — man darf sich gleichwohl die Hände in Unschuld waschen, denn man hat ja nicht „angegriffen".

Rechtlich beurteilt, bedeutet diese Argumentation die grundsätzliche Leugnung der Gleichwertigkeit von Handlung und Unterlassung. Die Herbeiführung eines Erfolges durch ursächliches Tun, das ist offenbar die Meinung, ist etwas prinzipiell anderes als die Nichtabwendung des Erfolges, worin sich der moralische und auch der rechtliche Sinn des einfachen Untätigbleibens erschöpft.

Diese Betrachtungsweise ist weit verbreitet. Auch die evangelische Morallehre kennt sie. In der Pastoraltheologie von Trillhaas finden sich die Sätze: „Der mögliche Tod der Mutter stellt, menschlich gesprochen, ein tragisches Schicksal dar. Es wäre ein Unfug, wollte man angesichts solcher Fälle konstruieren, der Arzt, der die Schwangerschaft nicht unterbrochen hat, habe die Frau „getötet"[23]. Ähnliche Erwägungen haben die Entscheidungen des seinerzeitigen obersten Gerichtshofes für die Britische Zone in den sogenannten Euthanasieprozessen mitbestimmt. Damals hat es sich um Vorwürfe gegen Ärzte gehandelt, die sich an den von Hitler befohlenen Massentötungen von Geisteskranken durch Mitwirkung bei der Selektion der zu Tötenden beteiligt hatten, jedoch nur zu dem Zweck, möglichst viele Patienten zu retten, und, wenigstens in einem Fall, mit dem Ergebnis, daß die Zahl der Geretteten die Zahl der Geopferten um das Vielfache übertraf. Der oberste Gerichtshof hat damals schließlich anerkannt, daß den Ärzten ein persönlicher Strafausschließungsgrund zugute komme. Die Anerkennung eines Rechtfertigungs- oder Entschuldigungsgrundes aber hat er verweigert. Dies hat er ausdrücklich mit der Erwägung begründet, daß die aktive Mitwirkung an der Tötung unter allen Umständen ein Verbrechen sei, das Geschehenlassen der Tötung aber, als das die Verweigerung der Mitwirkung erscheint, kein Verbrechen dargestellt haben würde, denn die beteiligten Ärzte hätten keine erfüllbare Rechtspflicht zur Rettung der ihnen anvertrauten Kranken gehabt[24].

Nun ist einzuräumen, daß die Begehung durch Tun und die Begehung durch Unterlassen verschieden bewertet werden können und gegebenenfalls unterschiedlich bewertet werden müssen. Wer es versäumt, einen anderen vom Tode des Ertrinkens zu retten, obwohl er es vermöchte und sollte, weil er zu furchtsam ist, ins kalte Wasser zu springen, hat gewiß Strafe verdient, aber man wird sich sträuben, ihn ebenso streng zu bestrafen wie den, der den Ertrinkenden mit Tötungsvorsatz ins Wasser gestürzt hat. Es ist in der Tat regelmäßig etwas anderes, ob man einen verpönten Erfolg durch eigenes Handeln verursacht oder ob man unterlassen hat, den von einem anderen in Gang gesetzten Ursachenverlauf zu unterbrechen. Aber das bedeutet doch nicht mehr, als daß je nach Lage der Sache das Maß, mit dem die Begehung durch Unterlassen bestraft wird, geringer sein kann oder sein muß als das Maß der Strafe, welche die Begehung durch Handlung verdient. Hinsichtlich des Ob der Strafwürdigkeit besteht zwischen Begehung durch Tun und durch Unterlassen prinzipiell kein Unterschied. Und auch der Unterschied des Strafmaßes kann möglicherweise verschwinden. Wer wollte bezweifeln, daß der Bademeister, der die Rettung eines ertrinkenden Badegastes unterläßt, weil ihm der Tod des anderen willkommen ist, ganz ebenso strafwürdig ist wie der Bademeister, der den ihm lästigen Badegast ins tiefe Wasser stößt, damit er umkomme. So ist der Bergführer, der aus ähnlichen Motiven die ihm ohne weiteres mögliche Rettung seines abgestürzten Touristen unterläßt, ebenso strafwürdig wie der Bergführer, der den Touristen vom Felsen wirft. Und nun der Arzt — will man ernstlich bestreiten, daß ein Arzt, der bei hochgradiger Blinddarmentzündung nicht operierte, der die rettende Bluttransfusion nicht gäbe, der dem Zuckerkranken das Insulin versagte, bei gegebener Garantenstellung wegen Tötung, begangen durch Unterlassen, und zwar wegen vorsätzlicher Tötung, wegen Totschlags strafbar wäre, ganz ebenso wie der, der einen verhaßten Feind durch eine Giftinjektion tötet? (Dabei ist natürlich immer vorausgesetzt, daß der ärztliche Eingriff möglich war und zum Erfolg geführt haben würde). Auch die katholische Morallehre verneint hier die Strafbarkeit des Arztes sicherlich nicht. Sie erkennt vielmehr ausdrücklich an, daß „auch eine Unterlassung ... auf der sittlichen Tat einer inneren Entscheidung für Gut und Böse beruhen“ kann, daß auch die Unterlassung ein „sehr positives Handeln“ sein kann[25].

Sind aber somit Unterlassen und Tun grundsätzlich gleichbedeutend, so verliert jenes Argument an Gewicht, wonach beim Konflikt zwischen dem Leben der Mutter und dem des Kindes das Leben der Mutter deshalb geopfert werden müsse, weil es „ohne Angriff“ geopfert werden kann, während man die Mutter auf Kosten des werdenden Lebens nur so retten kann, daß man das Kind „angreift“. Stellt man nicht nur auf das äußere Bild des Geschehens, sondern auf seine sachliche Bedeutung ab, so muß man einräumen, daß jemand, der die ihm mögliche

Rettung des in Todesgefahr Geratenen versäumt, wiewohl er erkennt, daß der andere nun sterben muß, nicht weniger energisch „angreift" als der, welcher einen Schuß abgibt, obwohl er voraussieht, daß die Kugel einen anderen tödlich treffen wird. Es steht dem Laien nicht an, sich selbst an der Auslegung einer Bibelstelle zu versuchen. Aber die Frage wenigstens wird er stellen dürfen, ob nicht der Sinn des Gleichnisses vom barmherzigen Samariter auch darin liegt, aufzuzeigen, daß der Priester und der Levit, die achtlos vorbeigehen und dem Opfer des Räubers ihre Hilfe versagen, sich dem gleichstellen, der den Reisenden überfallen und niedergeschlagen hat.

Diese Zusammenhänge sind nach meiner Überzeugung so evident, daß sie die katholische Morallehre unmöglich übersehen kann. Damit stellt sich erneut die Frage, warum sie gleichwohl dem Leben des Kindes den Vorzug vor dem der Mutter gibt. Da nach katholischer Auffassung das Naturrecht aus den in der natürlichen Welt vorgefundenen „Ordnungen" ableitbar ist, liegt es nahe, die Antwort in folgender Erwägung zu suchen:

Die Lebensgefahr, in die eine Frau gegebenenfalls durch die Schwangerschaft gerät, ist die Folge eines natürlichen Prozesses. In diesen Prozeß darf nicht eingegriffen werden. Demgegenüber bedeutet die Gefahr, in die ein Mensch durch eines anderen Menschen Hand, vielleicht auch durch seine eigene Hand, gebracht wird, gerade eine Störung der natürlichen Ordnung, und erst das begründet das Recht, ja womöglich die Pflicht zum Eingreifen zwecks Abwendung des drohenden Schadens. Aber wenn das Argument zwingend wäre, daß der Mensch dem *natürlichen* Geschehen seinen Lauf lassen müsse, so müßte doch nicht nur die Folgerung aus ihm gezogen werden, daß in eine Schwangerschaft nicht eingegriffen werden darf, selbst dann nicht, wenn sie das Leben der Schwangeren bedroht, sondern es müßte ebenso folgen, daß Eingriffe zur Heilung von Krankheiten naturrechtswidrig und also verboten seien. Denn ist nicht auch die Krankheit ein natürliches Geschehen? Gilt das nicht wenigstens für eine ganze Reihe von Krankheiten, die sich aus natürlichen Anlagen des Körpers von selbst entwickeln, gilt es nicht wenigstens für alle diejenigen als krankhaft empfundenen Beschwerden des Menschen, die einfach mit dem Prozeß des Alterns zusammenhängen? Die katholische Morallehre verbietet doch aber die Heilung von Kranken nicht.

Vielleicht wird man einwenden, daß auch die organische Krankheit den Stempel des Naturwidrigen, den Stempel der Zerstörung der natürlichen Ordnung trage, denn an sich sei die natürliche Bestimmung des Menschen doch die, gesund zu sein. Damit ließe sich rechtfertigen, daß Krankheit geheilt werden darf und muß, wiewohl auch die Heilung einen Eingriff in natürliches Geschehen darstellt. Aber dann müßte die

Lebens- oder Gesundheitsgefährdung, die von einer Schwangerschaft ausgeht, gleichfalls als Störung der natürlichen Ordnung betrachtet werden. Denn wo die natürliche Ordnung ungehemmt und regelrecht ihren Lauf nimmt, tritt eine Gefährdung der Schwangeren ja nicht ein. Aber die katholische Lehre weigert sich mit Entschiedenheit, diese Konsequenz zu ziehen. Das ist umso merkwürdiger, als sie die medizinisch indizierte Unterbrechung doch für den einen Fall zulassen will, daß Krankheit und Schwangerschaft zusammentreffen. Ist nämlich eine Frau nicht nur schwanger, sondern auch krank, und ist zur Heilung der Krankheit ein Eingriff erforderlich, der zur Abtötung der Leibesfrucht führen muß, so entfällt die Pflicht der Frau, ihr Leben zu opfern. Vielmehr darf in solchem Fall der heilende Eingriff vorgenommen werden, auch um den Preis der Tötung der Leibesfrucht. Dies Resultat wird mit einer diffizilen Unterscheidung zwischen direkter und indirekter Tötung begründet. Darauf wird gleich noch einzugehen sein. An dieser Stelle ist nur festzustellen, daß die katholische Lehre auch nicht als Ableitung aus einer Maxime, nach der in natürliches Geschehen nicht eingegriffen werden darf, verstanden werden kann. Denn diese Maxime gilt jedenfalls nicht ausnahmslos, und also bedarf es einer Begründung für die Behauptung, daß die Gefährdung durch Schwangerschaft keine Ausnahme von ihr rechtfertigt.

Vielleicht soll diese Begründung eine andere These geben, die der Enzyklika von 1930 zu entnehmen ist (und die natürlich nicht nur hier, sondern auch an anderen Stellen vertreten wird): Die Tötung der Leibesfrucht ist deshalb unbedingt verwerflich, weil sie die Tötung *unschuldigen* Lebens ist, denn nur den schuldigen Menschen darf der Staat töten und töten lassen. Aber dieses Argument setzt die Annahme voraus, daß die Tötung der Mutter, als die sich der Verzicht auf die Unterbrechung darstellt, die Tötung einer Schuldigen ist. Was aber ist die Schuld, durch welche die Mutter ihr Leben verwirkt hat?

Sicherlich ist das nicht die Schuld, die jeder Mensch deshalb trägt, weil er erbsündig ist. Denn solche Schuld ruht auch auf dem Ungeborenen schon, so daß dieser nicht unschuldiger ist als die Mutter. Dieselbe Enzyklika „Casti connubii", welche das Argument vorbringt, daß kein unschuldiges Leben getötet werden dürfe, stellt fest, daß die „naturhafte Weckung neuen Lebens ... zum Todespfad geworden ist, auf dem die Erbschuld auf die Kinder übergeht" (I, 1a).

Es gibt nur eine Schuld, die man der Schwangeren auflasten kann: Sie besteht darin, daß sie eben schwanger geworden ist. Eine solche Behauptung muß natürlich mit Widerspruch rechnen. Von Verschulden kann doch jedenfalls immer dann, wenn es sich um eine aus ehelichem Verkehr entstandene Schwangerschaft handelt, keine Rede sein. Aber auch wenn die Schwangerschaft aus einem sogenannten Fehltritt herrüht, kann man der Frau doch unmöglich eine Verschuldung von solchem Gewicht vorwerfen, daß sich die Zumutung rechtfertigen ließe, ihr Leben zu opfern. Indessen ist hier nicht an diejenige Art von Schuld gedacht, die geradezu Strafe nach sich ziehen muß. Vielmehr wird der Begriff „Verschuldung" in dem Sinne gebraucht, in dem er meint, daß man für die Folgen seines Tun einstehen muß, sei es auch um das Opfer des eigenen Lebens. Hat eine Frau mitwirkend neues Leben in sich erzeugt, so ist sie schuldig geworden, sich in den Dienst dieses Lebens zu stellen — notfalls bis zum Tode. Dieser Gedanke wird jedenfalls all denjenigen keineswegs absurd erscheinen, welche die sittliche Überzeugung teilen, daß absolute geschlechtliche Enthaltsamkeit gewiß keine sittliche Forderung ist, die an jedermann gestellt werden dürfte, daß sie aber jedenfalls ein sittliches Verdienst bedeutet. Unüberhörbar ist die Verteilung der Akzente, welche die Enzyklika „Rerum novarum" vom 15. 5. 1891 vornimmt an einer Stelle, welche das Rundschreiben vom 31. 12. 1930 bezeichnenderweise zitiert (vor I): „Bei der Wahl des Lebensstandes ist es zweifellos dem freien Belieben der einzelnen anheimgestellt, welchem von beiden sie den Vorzug geben wollen: *dem Rat Christi folgend* jungfräulich zu leben oder sich durch Eingehen der Ehe zu binden." So vorbehaltlos dem einzelnen hier auch Entscheidungsfreiheit zugebilligt wird, so deutlich ist die Mahnung zu hören: besser handelt, wer „jungfräulich lebt" — denn er folgt dem Rat Christi.

Die Kehrseite dieser Lehre ist die Überzeugung, daß, wer nicht enthaltsam war, die Folgen seines Tuns tragen müsse. Natürlich spricht gegen diese Auffassung, daß sie nur für die Frau, nicht für den Mann die Belastung mit der Pflicht bedeuten kann, notfalls das eigene Leben zu opfern. Aber eben deshalb fügt sie sich gut ein in ein Gefüge von Vorstellungen, denen man einen gewissen misogynen Zug nicht wird absprechen können.

Aber auch bei solcher Rückführung auf eine Schuldidee löst sich das Geheimnis der katholischen Stellungnahme nicht ganz. Denn aus dieser Schuldidee müßte doch folgen, daß die Schwangerschaftsunterbrechung wenigstens dann erlaubt ist, wenn eine Frau ohne Verschuldung schwanger geworden, d. h. wenn sie vergewaltigt worden ist. Das würde also zur Anerkennung der sog. ethischen Indikation nötigen, mindestens für solche Fälle, in denen medizinische und ethische Indikation zusammentreffen, in denen also die aus der Schändung herrührende Schwangerschaft zu einer Lebensgefahr für die Frau führt. Aber gerade die ethische Indikation wird vom Katholizismus mit allergrößtem Nachdruck und ausnahmslos verworfen. Wenn aber auch die geschändete Frau verpflichtet ist, ihre Frucht bei Lebensgefahr auszutragen, wiewohl sie an der Entstehung der Schwangerschaft unschuldig ist, so kann die Opferpflicht der Frau, die ihr Kind in freier Hingabe empfangen hat, nicht mit der Erwägung begründet werden, daß sie nun einmal für die Folgen ihres Tuns einstehen müsse.

Weitere grundsätzliche Erwägungen zur Begründung des katholischen Standpunktes sind mir nicht bekannt geworden. Von denen, die ich berührt habe, muß ich gestehen, daß sie mir nicht überzeugend erscheinen.

Nicht überzeugend ist aber auch die schon eben erwähnte Unterscheidung von direkter und indirekter Tötung, mit der die katholische Morallehre die Unterbrechung immerhin für solche Fälle rechtfertigen will, in denen eine Krankheit der Schwangeren einen heilenden Eingriff nötig macht, der nur um den Preis der Opferung der Leibesfrucht vorgenommen werden kann. Diese Unterscheidung von direkter und indirekter Tötung wird, soviel ich sehe, mit folgenden Erwägungen begründet:

Eine gute oder wenigstens nicht in sich schlechte Handlung ist selbst dann, wenn sie nicht nur gute, sondern auch böse Folgen hat, erlaubt, falls sich die *Absicht* des Handelnden nur auf die gute Handlung richtet, falls ihre gute Wirkung wenigstens ebenso unmittelbar aus ihr folgt wie die böse und falls eine entsprechend schwere Ursache vorliegt, die Handlung vorzunehmen und damit die böse Wirkung zuzulassen[26]. Oder, etwas komplizierter ausgedrückt: „Das einsichtsvoll freie Handeln der Person ist... als sittliches gekennzeichnet durch das objektive Wertziel, die ihm zugeordnete, mit der persönlichen Gesinnung verbundene Absicht und die geschichtliche Situation der handelnden Individualität in der Welt"[27]. Aus diesen Prinzipien wird folgendes abgeleitet: Der heilende Eingriff — etwa eine tiefeingreifende Krebsoperation — ist an sich gut wegen seiner auf Heilung gerichteten Tendenz. Er verliert seinen Charakter als gute Handlung nicht dadurch, daß er zu einer Nebenwirkung, nämlich zur Tötung der Leibesfrucht führt, solange er nicht wegen dieser Tötung, sondern wegen des im Vordergrunde stehenden Heilzwecks vorgenommen wird. Wird er so vorgenommen, dann ist er erlaubt, selbst wenn die Tötung der Leibesfrucht als unvermeidliche Nebenfolge vorausgesehen und zugelassen wird. In solchem Fall ist die Tötung der Leibesfrucht nicht „direkt", sondern „indirekt" geschehen.

Der Jurist, der mit den Grundbegriffen des geltenden deutschen Strafrechts umzugehen gewohnt ist, sieht sich genötigt, diese Unterscheidung von direkter und indirekter Tötung in Parallele zu setzen zu der Unterscheidung zwischen absichtlichem Handeln und Handeln mit einfachem bestimmten Vorsatz, die der Bundesgerichtshof in mehreren Urteilen der Auslegung des Merkmals „Absicht" in einzelnen Tatbeständen des politischen Strafrecht zugrunde gelegt hat[28]. Danach ist ein Erfolg nur dann beabsichtigt, wenn es dem Täter darauf ankommt, eben diesen Erfolg zu erzielen. Dagegen handelt mit bloßem einfachen, bestimmten Vorsatz derjenige, der den Erfolg zwar als notwendige Folge oder als unvermeidliche Nebenwirkung seiner geplanten Handlung in seinen Willen aufnimmt, aber ohne daß es ihm auf die Herbeiführung gerade dieses Erfolges ankommt. Indessen diese Unterscheidung zwischen absichtlichem Handeln und Handeln mit einfachem direkten Vorsatz ist fragwürdig und jedenfalls nicht dazu geeignet, die Unterscheidung zwischen direkter und indirekter Tötung plausibel zu machen.

Denn sie kann nicht darüber hinweg täuschen, daß zwischen den beiden Formen bestimmt vorsätzlichen Handelns, die sie unterscheiden möchte, Differenzen in den für den Vorsatzbegriff wesentlichen intellektuellen und voluntativen Momenten gar nicht bestehen. Wenn der Täter zwei Erfolge als notwendige Wirkungen seines Tuns voraussieht, so ändert der Umstand, daß es ihm nur auf einen von ihnen ankommt, auf den anderen aber nicht, daran nichts, daß er sich beide zum Ziele setzt und zur *Verwirklichung beider* Ziele handelt. Dabei ist gleichgültig, ob die Erreichung des einen Zieles der des anderen vorgeschaltet ist (wie etwa dort, wo der Arzt, um Zugang zu dem erkrankten Organ zu gewinnen, das er operativ entfernen will, zunächst den Leib des Patienten öffnen muß) oder ob das Verhalten des Täters beide Ziele uno actu verwirklicht (wie z. B. dort, wo die Entfernung des vom Karzinom befallenen Uterus zugleich die Entfernung der Leibesfrucht bewirkt). In beiden Fällen hat der Täter beide Erfolge sich vorgesetzt und durch zielstrebiges Handeln verwirklicht.

Daraus folgt aber, daß ein Unterschied zwischen dem Erfolg, auf den es dem Täter ankommt und dem, auf den es ihm nicht ankommt, nur im Bereich des Emotionalen gesucht werden kann. Demnach ist derjenige Erfolg beabsichtigt, der dem Täter erwünscht ist, unbeabsichtigt aber derjenige, der ihm nicht erwünscht und vielleicht gar unerwünscht ist.

Es fällt auf, daß der Bundesgerichtshof emotionale Merkmale in eben dem Augenblick zu den Merkmalen der Unterscheidung zwischen absichtlichem und nicht absichtlichem Handeln erhebt, in dem es fraglich geworden ist, ob ein emotionales Kriterium zur Unterscheidung von bedingtem Vorsatz und bewußter Fahrlässigkeit ausreicht[29]. Doch mag das hier auf sich beruhen. Ebenso mag dahingestellt bleiben, ob nicht wirklich eine emotional verstandene Absicht das geeignete Kennzeichen zur Unterscheidung der legalen Opposition vom strafwürdigen Staatsverbrechen ist. Aber daß für die Anwendung der dem Schutze des Lebens dienenden Straftatbestände die Emotionen des mit bestimmtem Vorsatz handelnden Täters nicht maßgeblich sein dürfen, liegt auf der Hand. Hat der Täter den Tod eines anderen oder die Abtötung der Leibesfrucht zum Ziele seines Handelns gemacht und dieses Ziel zwecktätig verwirklicht, so mag sein Handeln unter diesem oder jenem Gesichtspunkt gerechtfertigt oder entschuldigt sein — daß es den Tatbestand der gesetzlichen Strafdrohungen gegen vorsätzliche Tötung oder Abtreibung jedesmal erfüllt, gleichviel ob dem Täter der Tod des Opfers erwünscht oder unerwünscht ist, ob er ihn begrüßt oder ob er ihn bedauert, das kann nicht zweifelhaft sein. Daher ist es nicht möglich, die Unterscheidung von direkter oder indirekter Tötung mit der von absichtlicher und unabsichtlicher Tötung gleichzusetzen und von da aus zu schließen, daß die Unterbrechung der Schwangerschaft nur dort zulässig sein dürfe, wo sie die „unbeabsichtigte" Nebenfolge eines nicht auf Beseitigung der Schwangerschaft, sondern auf Heilung von einer Krankheit abzielenden Eingriffs ist. Wenn zur Heilung von Krankheit ein Eingriff nötig ist, der den Tod der Leibesfrucht herbeiführen muß, so ist dieser Tod ganz ebenso das Ziel des Eingriffs wie die Heilung der Krankheit, ist die Tötung der Frucht ganz ebenso „direkt" wie in dem Fall, daß diese Tötung als solche und für sich allein das Mittel zur Rettung der Mutter ist. Die medizinisch indizierte Unterbrechung kann nur allgemein, d. h. in jedem Falle, oder sie darf in keinem Falle rechtmäßig sein. Ob die Schwangerschaft als solche oder ob Krankheit Leibes- und Lebensgefahr hervorruft, darauf kann es nicht ankommen.

Das Ergebnis all dieser Betrachtungen ist, daß ein Jurist, den nicht die Pflicht zum Gehorsam gegenüber der katholischen Kirche bindet, sich durch die Morallehre der Kirche zum Problem der Schwangerschaftsunterbrechung nicht überzeugt fühlen kann.

Daß auch die evangelische Moraltheologie keine verbindliche Lösung für das Problem der ärztlich angezeigten Schwangerschaftsunterbrechung geben kann, liegt im Wesen evangelischen Denkens.

Immerhin ist hervorzuheben, daß es auf evangelischer Seite auch Stimmen gibt, welche die Ausweglosigkeit des Pflichtenkonflikts anerkennen, vor dem wir bei medizinisch indizierter Schwangerschafstunterbrechung stehen. Mindestens gilt das für alle Fälle, in denen bei Verweigerung des Eingriffs sowohl die Mutter wie auch das werdende Leben vom Tode bedroht sind. Wenn eine Äußerung von Gerhard Stratenwerth, die ich dem evangelischen Soziallexikon entnommen habe, als repräsentativ gelten darf, so räumt die evangelische Lehre ein, daß der Arzt in solchen Fällen in der Gefahr steht, durch Unterlassen genau so einer Tötung schuldig zu werden wie durch Handeln. In Wahrheit ist die Situation ganz dieselbe, wenn bei bloßem Gewährenlassen nicht beide Leben auf dem Spiele stehen, sondern nur eines, dies eine aber durch Eingreifen auf Kosten des anderen gerettet werden kann, und umgekehrt. Es versteht sich, welche Haltung die evangelische Moraltheologie einnimmt: Die Entscheidung, vor die der Arzt gestellt ist, so lehrt evangelisches Denken, vermag ihm niemand abzunehmen, *er* muß sie vor Gott verantworten. Daß der evangelische Christ mit dieser Antwort zufrieden sein wird, jedenfalls solange er nicht selbst der Arzt ist, der sich entscheiden muß, versteht sich ebenso, wie es sich versteht, daß der Gesetzgeber aus einer solchen Äußerung der Kirche keine Richtlinie für das von ihm zu schaffende Gesetz entnehmen kann.

Muß die Jurisprudenz somit auf eine Anleihe bei der Theologie verzichten, so fragt sich, ob sie ihrerseits imstande ist, für die Kollision des Lebens der Mutter mit dem Leben des Kindes eine Lösung zu finden. Versteht man diese Frage so, als ob sie eine Antwort begehrte, die auch vor dem Forum der absoluten Gerechtigkeit als richtig erscheinen kann, so muß sie verneint werden. Eine solche Antwort zu liefern, ist bloße Jurisprudenz natürlich ebenso wenig imstande wie die Theologie.

Zwar hat das Reichsgericht sich in seiner berühmten Notstandsentscheidung Band 61, Seite 242 eine solche Antwort zugetraut. Unbekümmert hat es erklärt, das Leben des fertigen Menschen sei für die Rechtsordnung mehr wert als das des werdenden. Die Rettung der Mutter auf Kosten des Lebens der Frucht sei deshalb rechtmäßig, weil die Güterabwägung ergebe, daß das Leben der Mutter für die Rechtsordnung höheren Wert habe als das Leben des Kindes.

Es ist sehr begreiflich, daß ein Rechtsdenken, welches dazu neigt, das Wesen des Deliktes in der Rechtsgutsverletzung und den Sinn der Strafe im Rechtsgüterschutz zu sehen — und dieses Rechtsdenken beherrschte die Epoche der rechtswissenschaftlichen Entwicklung, in die jene Entscheidung des Reichsgerichts fällt — daß solch ein Denken dazu neigen muß, Rechtsgüterkonflikte nach den Prinzipien der Güterabwägung zu lösen. Übrigens wird das Prinzip der Güterabwägung auch von der katholischen Morallehre verwendet. Die Unterscheidung von direkter und indirekter Tötung hat natürlich nicht den Sinn, daß die indirekte Tötung unter allen Umständen erlaubt ist. Durch eine gute Handlung eine ungute Nebenfolge herbeizuführen, ist vielmehr nur dann gestattet, wenn der ungünstige Erfolg durch den günstigen nach einer verständigen Schätzung in der sittlichen Ordnung aufgewogen wird[30]. Er ist nur dort aufgewogen, wo die direkte Folge der doppelwirksamen Handlung ein überwiegendes Gut gewahrt hat. Aber mag die Wahrung des überwiegenden Interesses auch im allgemeinen ein ausreichender Rechtfertigungsgrund sein, für sich allein oder doch dann, wenn sie zugleich als Anwendung eines angemessenen Mittels zur Erreichung eines berechtigten Zwecks erscheint, — der Fall der Kollision des Lebens der Mutter mit dem des werdenden Kindes läßt sich schwerlich nach Gesichtspunkten der Güterabwägung lösen.

Daß die Güterabwägung völlig versagt, wo zur Rettung des Lebens der Mutter die Tötung des bereits in der Geburt befindlichen Kindes nötig ist, liegt am Tage. Ein solches Kind ist Mensch im Sinne der Tötungsvorschriften des Strafgesetzbuchs, und damit fehlt jeder Ansatzpunkt für eine Wertung, die das Leben der Mutter als höheren Wert erweisen könnte.

Aber auch dann, wenn es sich um die Kollision zwischen dem Leben der Mutter und dem Leben der noch nicht in den Geburtsvorgang eingetretenen Leibesfrucht handelt, ist eine differenzierende Betrachtung, die dem Leben der Mutter den höheren Wert zusprechen könnte, nicht wohl möglich. Vor dem Auge der Gottheit haben beide Leben gleichen Wert, — das ist unsere Überzeugung, die sich vielleicht nicht beweisen, jedenfalls aber nicht widerlegen läßt. Und was den Staat, die Gesellschaft, die Rechtsgemeinschaft angeht, so dürfen sie den Standpunkt, daß jedes Leben unendlichen und also alle Leben gleichen Wert haben, gar nicht aufgeben, wenn sie sich nicht selbst aufgeben wollen. Dabei ist ganz gleichgültig, ob die Lebensgarantie des Art. 2 des Grundgesetzes nach dem Willen des Verfassungsgebers auch dem keimenden Leben oder nur dem Leben des fertigen Menschen gelten sollte. Woher in aller Welt wollte man auch Maßstäbe nehmen, mit denen sich eine unterschiedliche Wertung bewerkstelligen ließe? Das Reichsgericht hat seinerzeit auf die Höhe der gesetzlichen Strafdrohungen Bezug genommen und aus ihnen abgeleitet, daß dem Gesetzgeber das Leben des fertigen Menschen mehr gelte als das der Leibesfrucht. Aber diese Erwägung mußte daran scheitern, daß für den Umfang der gesetzlichen Strafmaßnahmen nicht nur der Wert des jeweils zu schützenden Rechtsgutes, sondern noch viele andere Umstände maßgebend sind. Den Beweis dafür, wenn es eines Beweises überhaupt bedarf, liefert die Strafdrohung gegen fahrlässige Tötung. Sie ging zu der Zeit, da das Reichsgericht seine Notstandsentscheidung fällte, für den einfachen Fall der fahrlässigen Tötung auf Gefängnis bis zu drei Jahren, während die Eigenabtreibung damals mit Gefängnis schlechthin, also mit Gefängnis bis zu fünf Jahren, bedroht war. Nach der Strafrahmenmathematik des Reichsgerichts hätte hieraus geschlossen werden können, daß dem Gesetz das Leben der Leibesfrucht mehr gelte als das Leben des fertigen Menschen. Denn es ist doch der fertige Mensch das Angriffsobjekt der fahrlässigen Tötung. So muß die Rechtfertigung des medizinisch gebotenen Eingriffs auf ganz andere Gründe gestützt werden als auf den Scheingrund, daß das mütterliche Leben höheren *Wert* habe als das kindliche.

Aber was für Gründe sind das? Hierauf kann man keine andere

Antwort geben als die, daß das Rechtsbewußtsein der Gegenwart die Tötung der Frucht und selbst die Tötung des in der Geburt befindlichen lichen Kindes nun einmal als erlaubt ansieht, soweit sie zur Rettung der Mutter erforderlich sind. Das Rechtsbewußtsein, nicht das moralische Bewußtsein! Beide sind durchaus nicht identisch. Mindestens an dieser Stelle treten sie deutlich und auch für jeden Laien erkennbar auseinander. Was seine moralischen Anschauungen und seine religiösen Überzeugungen ihm zu tun oder zu lassen gebieten, muß jeder einzelne mit sich ausmachen, oder er mag sich insoweit den Geboten seiner Kirche fügen. Von der Frage, ob ihre ethischen und religiösen Überzeugungen eine Frau verpflichten, ihre Frucht selbst bei Lebensgefahr auszutragen, ist streng die ganz andere zu unterscheiden, ob es richtig ist, der Schwangeren eine solche Verpflichtung durch Rechtsvorschriften aufzuerlegen, die mit Strafdrohungen bewehrt sind. Sie wird von den Rechtsüberzeugungen der Gegenwart mit Sicherheit verneint. Die Zeitgenossen würden es als einen Akt von Barbarei betrachten, wenn der Gesetzgeber die Unterbrechung auch für den Fall als rechtswidrige Abtreibung behandeln wollte, daß eine Frau ihr Leben gerettet oder daß ein Arzt es ihr gerettet hat. Dabei ist die Meinung sicherlich nicht, daß man der Frau die Austragung der Frucht nicht zumuten könne — von einer solchen Erwägung aus ließe sich allenfalls ein Entschuldigungsgrund für die Frau (und nur für sie) begründen (er besteht übrigens in § 54 des geltenden Strafgesetzbuchs ohnehin). Sondern die allgemeine Überzeugung ist, daß eine Frau sich von einer lebensgefährlichen Schwangerschaft befreien *darf*, daß sie ein *Recht* dazu hat, ein Recht, das auch dann nicht entfällt, wenn sie die Schwangerschaft verschuldet, also durch Leichtsinn, ja selbst durch verwerfliches Verhalten sich zugezogen hat.

Daß dies so ist, beweist einfach die Tatsache, daß es allmählich so geworden ist. Die Notstandsentscheidung aus dem Jahre 1927 hat ja nicht etwa eine neue Entwicklung des Rechtsdenkens eingeleitet. Sie hat vielmehr einfach die Konsequenzen daraus gezogen, daß die allgemeine Rechtsanschauung seit Jahrzehnten die ärztlich angezeigte Unterbrechung als rechtmäßig betrachtete. Das Bestehen dieser Anschauung ist überhaupt die Erklärung dafür, daß das Urteil des Reichsgerichts, trotz seiner offensichtlich unhaltbaren Begründung, tatsächlich allgemeine Anerkennung gefunden hat. Dies läßt sich hier nicht im einzelnen belegen. Es genügt, daran zu erinnern, daß längst vor jener Notstandsentscheidung des Reichsgerichts die medizinisch indizierte Schwangerschaftsunterbrechung tatsächlich nicht mehr verfolgt worden ist. Ja, es wäre vermutlich zu jenem reichsgerichtlichen Urteil gar nicht gekommen, wenn der praktische Fall, den es betraf, nicht so besonders gelegen hätte. Bekanntlich war das ein Fall, in dem die Lebensgefahr für die Schwangere nicht aus einer physischen, sondern aus einer psychischen Störung folgte, die im Verlauf der Schwangerschaft aufgetreten war: Es bestand Selbstmordgefahr.

Nun kann man natürlich fragen, ob die Rechtsanschauungen der Allgemeinheit, die hier in Bezug genommen werden, nicht in Wahrheit auf Wertdifferenzierungen zwischen mütterlichem und kindlichem Leben beruhen. Fußt die Rechtsansicht, daß die Schwangere nicht die Rechtspflicht habe, die Frucht noch bei Lebensgefahr auszutragen, nicht eben auf der Überzeugung, daß der fertige Mensch der Rechtsordnung mehr *wert* sei als der werdende? Aber ich glaube das nicht. Wertunterscheidungen setzen notwendigerweise einen Wert*vergleich* voraus, und vergleichen läßt sich nur Gleichartiges. Bei der Kollision von mütterlichem und kindlichem Leben aber handelt es sich gerade um einen Konflikt unvergleichbarer Werte. Nicht daß die Leibesfrucht ein Minus ist im Vergleich zur Mutter, sondern daß sie ein schlechthin anderes ist, das erst stützt jene Anschauungen, nach denen die Mutter das Recht hat, sich auf Kosten des Kindes zu retten. Mit der Behauptung einer bestehenden Andersartigkeit wird nicht etwa geleugnet, daß auch das werdende Leben schon Leben ist. Das ist unbestreitbar. Das Leben der Frucht ist vielmehr deshalb nicht dasselbe wie das Leben der Mutter — weil der *Tod* der Frucht nicht dasselbe ist wie der *Tod* der Mutter! Der Tod der Mutter bedeutet für die Überlebenden den Abschied von einem Menschen, der Tod der Frucht bedeutet, daß wir auf die Bewillkommnung eines Menschen verzichten müssen. Dieser Verzicht mag so schmerzlich wie möglich sein — daß er nicht so tief schmerzt wie der Tod der Mutter, ist jedenfalls für unsere Gegenwart und für die überwältigende Mehrzahl der Fälle sicher. Mir scheint, daß es letztlich diese Differenz des Leides ist, welche dem allgemeinen Rechtsbewußtsein die Vorstellung unerträglich macht, die Mutter könne von Rechts wegen zum Opfertod für das Kind verpflichtet werden. Man darf vielleicht auch sagen, daß die Mutter eben schon *Person* ist, das werdende Kind aber — und das gilt auch noch für das in der Geburt befindliche Kind — eben noch nicht Person ist. Es liegt eine tiefe Weisheit in der Redeweise, die das Geborenwerden dem Auf-die-Welt-kommen gleichsetzt. Wer noch nicht geboren ist, der ist noch nicht auf der Welt, und *deshalb* entscheidet unser Gefühl im Konfliktsfall gegen ihn und für die Mutter, die ihn auf die Welt bringen soll[31].

Mit alldem ist noch nicht bewiesen, daß der Gesetzgeber jenem Gefühl folgen darf. Er dürfte es nicht, wenn die Anerkennung der medizinischen Indikation als Rechtfertigungsgrund zur Folge hätte, daß jene Menschen, welche die Rechtfertigung aus medizinischer Indikation ablehnen, in unzumutbare Gewissenskonflikte gestürzt würden. Aber davon kann praktisch keine Rede sein.

Daß der Schwangeren selbst solche Konflikte nicht drohen, bedarf keiner Hervorhebung. Die Zulassung der Unterbrechung aus ärztlicher Anzeigung bedeutet, daß die Frau das Recht, bedeutet aber nicht, daß sie die Pflicht hat, sich auf Kosten ihrer Leibesfrucht zu retten. Es kann sich also nur noch fragen, ob etwa die Ärzte unerträglichen Gewissenskonflikten ausgesetzt würden.

Dazu ist zunächst zu sagen, daß die Anerkennung der medizinischen Indikation nichts weniger bedeutet, als daß die Ärzte *verpflichtet* würden, den medizinischen Eingriff auf Verlangen vorzunehmen. Was für ärztliche Heilbehandlungen gilt, das gilt auch für Schwangerschaftsunterbrechungen: Es steht im freien Belieben des Arztes, ob er die Behandlung eines Patienten übernehmen will oder nicht, und erst recht steht es in seinem Belieben, ob er der Bitte um Vornahme des Eingriffs stattgeben will oder nicht. Gewiß sind Situationen denkbar, in denen der Eingriff zur Lebensrettung der Mutter unerläßlich, Aufschub nicht möglich und der angegangene Arzt Inhaber einer Garantenstellung ist, kraft deren es gerade seine Sache ist, Todes- oder Siechtumsgefahr von der Schwangeren abzuwenden. Solch ein Fall mag eintreten, wenn etwa die Lebensgefahr für die Schwangere während einer Schiffsreise eintritt und eine andere Person als der Schiffsarzt, dem sich die Schwangere wie die übrigen Passagiere für die Dauer der Reise anvertraut hat, nicht zur Verfügung steht. Hier freilich wird die Rechtsordnung dem Arzt zumuten müssen, den Konflikt auszuhalten, also entweder seine Gewissensbedenken zu überwinden und der Schwangeren zu helfen oder aber seinem Gewissen zu folgen und dann womöglich eine Bestrafung wegen Tötung der Schwangeren, begangen durch Unterlassen, auf sich zu nehmen. Aber es ist unmöglich, den Ärzten solche Zumutungen gänzlich zu ersparen. Man nehme den Fall, daß ein Arzt zu den Zeugen Jehovas gehört und sich deshalb aus Gewissensgründen weigert, die zur Lebensrettung unerläßliche Bluttransfusion bei einem Kind vorzunehmen, dessen Vater sein Glaubensgenosse ist und deshalb ebenso wie er selbst die Bluttransfusion ablehnt. Kann man bezweifeln, daß der Arzt gegebenenfalls wegen Tötung des Kindes, begangen durch Unterlassen, bestraft werden muß — ungeachtet seines Gewissenskonflikts? Das Problem, das sich in solchen Fällen stellt, ist das allgemeine des Überzeugungstäters, nicht ein besonderes der Tötungsdelikte und der Rechtfertigung von Tötungsdelikten.

Wir beenden damit die Erörterung der medizinischen Indikation. Wir haben uns vorwiegend mit ihr befaßt. Das war gerechtfertigt. Denn was zu den anderen Indikationen zu sagen ist, läßt sich mit wenigen Worten erklären.

Zunächst haben wir festzustellen, daß diejenigen Erwägungen, welche zur Rechtfertigung der medizinischen Indikation führen, für jene anderen Indikationen keine Bedeutung haben. Denn bei ihnen geht es nicht um eine Kollision des Lebens der Mutter mit dem des werdenden Kindes, sondern um die Frage, ob das Leben der Frucht auch noch aus anderen Gründen als dem geopfert werden darf, daß dies Opfer zur Rettung des Lebens der Mutter unerläßlich ist. Für die Entscheidung dieser Frage ist aus dem Grundsatz, daß wir im Konfliktsfall dem Leben der Mutter den Vorzug vor dem des keimenden Lebens geben, nichts zu entnehmen.

Über die eugenische Indikation ist nichts zu bemerken. Es versteht sich von selbst, daß sie nur im Zusammenhang mit der Frage erörtert werden kann, ob sich die Gesellschaft überhaupt wieder dazu entschließen soll, Eugenik zu betreiben, d. h.: der Entstehung erbkranken Nachwuchses vorzubeugen. Das eigentliche Mittel der Eugenik ist nicht die Schwangerschaftsunterbrechung, sondern die (Zwangs-)Sterilisation. Meine Auffassung ist, daß, wie man auch über das Sterilisationsproblem im übrigen denken mag, die Frage der Wiederaufnahme solcher Sterilisationen aus eugenischen Gründen bei uns noch auf lange Zeit hinaus nicht diskutabel ist. Dazu sind die Mißbräuche, die bei der Anwendung des Erbgesundheitsgesetzes vorgekommen sind, zu schrecklich gewesen. Solange aber Sterilisationen aus eugenischen Gründen ausgeschlossen sind, sind Schwangerschaftsunterbrechungen aus denselben Gründen erst recht ausgeschlossen.

Auch die Anerkennung der sozialen Indikation steht, so scheint mir, nicht ernsthaft zur Debatte. Der Forderung nach Zulassung der sozialen Indikation hat man früher mit Recht den Satz entgegengehalten, daß man die soziale Frage nicht durch Abtreibung lösen darf. Heutzutage läßt sich sagen, daß man sie nicht mehr durch Abtreibung zu lösen *braucht*. Ja, auf Grund der Erfahrungen, die im Ausland mit dem Versuch gemacht worden sind, sie auf solche Weise zu lösen, darf man sagen, daß man sie so gar nicht lösen *kann*. Es hat sich nämlich herausgestellt, daß die Freigabe der Schwangerschaftsunterbrechung nicht einmal das soziale Problem löst, das die Abtreibung als solche stellt. Diese Freigabe, zu der sich z. B. manche skandinavische Länder entschlossen haben, verfolgte u. a. und sogar in erster Linie das Ziel, der kriminellen, der heimlichen Abtreibung den Boden zu entziehen. Dies Ziel ist vollkommen verfehlt worden. Gewiß hat die Bevölkerung von den Möglichkeiten der legalen Unterbrechung eifrig Gebrauch gemacht. Aber die illegalen, nämlich die außerhalb des gesetzlich geregelten Verfahrens, außerhalb der öffentlichen Krankenanstalten usw. vorgenommenen Unterbrechungen haben nicht etwa abgenommen, sondern in beängstigendem Maße zugenommen. Die Eröffnung gesetzlicher Möglichkeiten zur Unterbrechung der Schwangerschaft auch jenseits der medizinischen Indikation hat also nicht die erwartete Wirkung gehabt, die Unterbrechungspraxis der Bevölkerung übersehbar, lenkbar zu machen und in angemessenen Grenzen zu halten — sie hat vielmehr wie die Aufhebung eines Tabus gewirkt und deshalb bewirkt, daß die Hemmungen gegen die heimlichen und von Unkundigen oder Halbkundigen ausgeführten Unterbrechungen schwanden, die Zahl solcher Unterbrechungen also beträchtlich zunahm. Eigentlich darf freilich diese Entwicklung der Dinge niemanden überraschen. Sie bestätigt nur die alte Einsicht, daß die Welt eben nicht so ist, wie naive Fortschrittsgläubigkeit sie sich vorstellt. Die Inanspruchnahme der staatlichen oder staatlich zugelassenen Einrichtungen zur Vornahme legaler Unterbrechungen setzt nun einmal voraus, daß man die Tatsache der Schwangerschaft der Behörde offenbart, und alle Geheimhaltungsvorschriften und alle Zusicherungen von Diskretion schützen nicht vor der Gefahr, daß die Schwangerschaft bekannt wird und daß dies einen gesellschaftlichen Makel für die Schwangere bedeutet. So ermutigen die Auswirkungen, welche die großzügige Freigabe der Unterbrechung gehabt hat, nicht zur Nachahmung dieses Experiments.

Es bleibt das schwerwiegende Problem der ethischen Indikation[32]. Schwerwiegend ist es aus vielen Gründen. Nach den Erfahrungen, die gerade die Deutschen am Ende des zweiten Weltkrieges haben machen müssen, aber auch angesichts der unheimlichen Zunahme der Notzuchtsverbrechen, die wir beobachten, läßt sich nicht mehr behaupten, daß die wirkliche ethische Indikation kaum vorkomme. Noch weniger aber läßt sich behaupten, daß mit der Häufung ihres Vorkommens die Lösung des moralischen Konflikts leichter geworden sei, vor den die Frage nach ihrer Zulassung denjenigen stellt, der sie beantworten soll. Von einer Kollision zwischen Leben und Gesundheit der Mutter auf der einen Seite und dem Leben des werdenden Kindes auf der anderen Seite kann hier keine Rede sein — die Fälle nicht eingerechnet, in denen die Frau unter dem Eindruck des entsetzlichen Verbrechens, das ihr angetan ist, selbstmordgefährdet ist. Besteht aber keine Leibes- und Lebensgefahr für die Schwangere, so gewinnt das Argument, daß unschuldiges Leben, auch unschuldiges werdendes Leben, nicht getötet werden dürfe, an Bedeutung. Demgegenüber steht freilich die Erwägung, daß eine Frau, der die Schwangerschaft durch Verbrechen aufgenötigt worden ist, unter keinen Umständen etwa mit der Begründung zur Austragung der Frucht verpflichtet werden kann, daß sie für die Folgen ihres Tuns selber einzustehen habe. Dazu kommt, daß das seelische Leid, welches die aufgezwungene Schwangerschaft für die Frau bedeuten kann, wahrhaft fürchterlich ist, und man muß sich, namentlich als Mann, wohl davor hüten, dies Leid pharisäerhaft zu bagatellisieren, indem man leichthin von Prüfungen spricht, die nun einmal ausgehalten werden müssen. Als während der Kongo-Unruhen zahlreiche Ordensfrauen zu Opfern von Notzuchtsverbrechen wurden, sind Zeitungsberichte erschienen, aus denen man entnehmen konnte, daß die Kirche sich vor vorschnellen moralischen Stellungnahmen wohl zu hüten wußte. Andererseits aber ist zu bedenken, daß die Zulassung der ethischen Indikation leicht zu Mißbräuchen Anlaß geben kann. Die Vergewaltigung braucht keine Spuren am Körper der Frau zu hinterlassen, aus denen mit Sicherheit darauf geschlossen werden kann, daß ihre Behauptung, Opfer eines Verbrechens geworden zu sein, richtig und nicht nur vorgeschützt ist. In jedem Falle bedürfte es einer behördlichen, möglichst wohl einer gerichtlichen Überprüfung ihrer Angaben. Diese, wenn sie sorgfältig ist, wird vermutlich so viel Zeit brauchen, daß die Schwangerschaft bis zum Erlaß des gerichtlichen Entscheides viel zu weit fortgeschritten ist, als daß die Unterbrechung noch ohne Gefährdung der Frau ausgeführt werden könnte. Wird die Entscheidung des Gerichts aber aus Gründen gebotener Beschleunigung schnell gefaßt, so besteht die Gefahr, daß die Beweisaufnahme nicht gründlich genug ist. Immerhin wird man in Rechnung stellen dürfen, daß es ja nun gerade nicht jedermanns, oder richtiger gesagt nicht jeder Frau Sache ist, mit der unwahren Behauptung aufzutreten, sie sei vergewaltigt worden. Für gewöhnlich werden schon Persönlichkeit, bisherige Lebensführung, Familie, Umgang und Haltung der Frau sehr deutliche Anhaltspunkte für ein Urteil darüber liefern, ob ihre Behauptungen richtig sind oder falsch.

Ich muß es bei dieser Schilderung des Für und Wider bewenden lassen. Der Gesetzgeber wird zu bedenken haben, daß jede Ausnahme vom Abtreibungsverbot, die er zuläßt, den Schutz des keimenden Lebens beeinträchtigt, weit über den einzelnen Fall hinaus, in dem der von ihm geschaffene Rechtfertigungsgrund in Anspruch genommen wird. Das beweisen die Erfahrungen, die man im Ausland mit der allgemeinen Zulassung der Unterbrechung gemacht hat. Die Gefahr, die dem Leben von Mord und Totschlag droht, ist, aufs Ganze gesehen, gering und hält z. B. gar keinen Vergleich aus mit der Gefahr, in die der moderne Straßenverkehr das Leben bringt. Die Gefahr aber, die dem Leben von der Abtreibung droht, ist riesengroß. Darüber besteht kein Zweifel. Das wird der Gesetzgeber zu berücksichtigen haben.

Aber er wird freilich auch in Rechnung stellen müssen, daß jene rasende Vermehrung der Bevölkerung, von der wir zu Beginn gesprochen haben, den Wert des Lebens relativiert, ob wir das wahrhaben wollen oder nicht. Daß hieraus ein weiterer Grund für die Zulassung der *medizinischen* Indikation zu entnehmen ist, glaube ich wohl behaupten zu dürfen. Wenn der Gesetzgeber sich auch zur Zulassung der *ethischen* Indikation entschließen sollte, so werde ich mich für meine Person nicht dazu berufen fühlen, ihm zu widersprechen.

Anmerkungen:

1 Das ist allgemeine Überzeugung. Vergl. Kienzle, Schwangerschaftsunterbrechung, Sterilisation und Kastration nach geltendem Recht. GA 1957, S. 65 ff., BGH St. 1, S. 331.

2 Vergl. BGH. St. 2, S. 111 ff. (114). — Was mit dem, sowohl im Leitsatz als auch im Text der Entscheidung gebrauchten Ausdruck „*Mindest*voraussetzungen" eigentlich gemeint ist, bleibt unklar. Soweit ersichtlich, hat die Rechtsprechung bisher noch niemals angenommen, daß gegebenenfalls noch weitere Voraussetzungen erfüllt sein müssen.

3 Ein die Rechtmäßigkeit des Eingriffs begründender oder wenigstens mitbegründender Umstand ist die Einwilligung der Schwangeren nicht. Denn wenn es an der medizinischen Indikation fehlt, ist der Eingriff trotz Einwilligung immer rechtswidrig, umgekehrt aber ist er, sofern er nur ärztlich angezeigt ist, unter Umständen trotz fehlender Einwilligung rechtmäßig, dann nämlich, wenn die Einwilligung wegen akuter Gefahr für die Mutter nicht eingeholt werden kann, Art. 4 Ausf. VO.

4 Sie gilt nur für solche Unterbrechungen, die ein *Arzt* ausführt. Dies soll aber nach der Absicht des Entwurfs nicht bedeuten, daß der von einem Nicht-Arzt vorgenommene Eingriff niemals rechtmäßig ist. Er kann nach der allgemeinen Notstandsvorschrift des § 39 E 1962 gerechtfertigt sein (s. Begründung 294). Über die Schwierigkeiten, zu denen diese Regelung führen kann, s. u. Anm. 31.

5 Nicht selten geschieht es, daß ein Mädchen bei einer Tanzerei oder einer Festlichkeit vollkommen betrunken gemacht und dann mißbraucht wird. E 1960 gedachte auch noch der Möglichkeit einer gegen den Willen der Frau ausgeführten künstlichen heterologen Insemination. Es ist nicht sicher, daß das Rechtsgefühl auf die Frage, ob der Frau die Austragung der aufgenötigten Schwangerschaft zuzumuten ist, in jedem der verschiedenen Fälle die gleiche Antwort gibt.

6 Vergl. BGH St. 2, S. 383. — Unterbrechungen aus eugenischen Gründen sind nicht mehr möglich, weil das Erbgesundheitsgesetz ihre Zulässigkeit davon abhängig macht, daß eine Entscheidung des Erbgesundheitsgerichts sie anordnet. Die Erbgesundheitsgerichte amtieren aber nicht mehr.

7 C. F. von Weizsäcker, Bedingungen des Friedens. Mit der Laudatio von Georg Picht anläßlich der Verleihung des Friedenspreises des deutschen Buchhandels 1963 an C. F. von Weizsäcker. Göttingen 1963, S. 10 f.

8 Über „Abtreibung und Schwangerschaftsunterbrechung in den osteuropäischen Ländern", vergl. Band 14 der Studien des Instituts für Ostrecht/München, Herrenalb/Schwarzwald, 1962; einige Angaben über ostasiatische Länder bei E. v. Schubert in: Kuhns, Recht der Heilberufe, I, 774. Vergl. ferner Marianne Schmidt, Die Regelung der Abtreibung und zulässigen Schwangerschaftsunterbrechung in und außerhalb der deutschen Bundesrepublik, (ungedr.) Diss., Göttingen 1954; Fleisch, Die Regelung des Abtreibungsproblems in den Strafgesetzen der Gegenwart, Österr. JZ 55, S. 584 u. S. 605.

9 Um jedem Mißverständnis vorzubeugen, soll wiederholt werden, daß damit *nicht* die Empfehlung ausgesprochen wird, eine „bevölkerungspolitische Indikation" als Rechtfertigungsgrund anzuerkennen. Wohin man gelangt, wenn man das Abtreibungsverbot unter populationistischen Gesichtspunkten betrachtet, lehrt das Beispiel, welches die VO des Ministerrats für die Reichsverteidigung v. 9. 3. 1942 gegeben hat: § 8 der VO ermächtigte den Reichsminister der Justiz, „im Erlaßwege" zu bestimmen, daß die Strafvorschrif-

ten gegen Abtreibung (und andere) auf Straftaten gegen Personen, die nicht deutsche Staatsangehörige deutscher Volkszugehörigkeit sind, keine Anwendung finden!

10 Reifferscheidt, F. C., Ist Gott tot? Hochland, 39. Jg. 1947, S. 282.

11 Dazu Carl Peters, in: Arzt und Christ, 1957, S. 25 ff.

12 Vgl. Waider, Die „Rechtswidrigkeit" des artifiziellen Abortes und der Perforation in medizinisch indizierten Fällen, zugleich ein Beitrag zur Methodologie des Naturrechts, (ungedr.) Diss., Köln 1950, S. 249. Vergl. auch Jagusch, Lpz. Kom., 8. Aufl., 2c zu § 53; R. Schmidt, Der Schutz der Leibesfrucht gegen unerlaubte Handlung, JZ 1952, S. 167 (dieser ohne spezielle Erörterung des Notwehrproblems).

13 Näher dazu ZStW, Bd. 65, S. 572; ebenso Welzel, Das deutsche Strafrecht, 8. Aufl. 1963, S. 263; Jescheck, Anm. zu BGH 2 StR./ = 330/57 BGH St. 11, S. 15 in JZ 1958, S. 748 f.; ähnlich Mezger, Studienbuch, Bes. Teil, 6. Aufl. 1958, S. 31 f.

14 BGH St. 1, S. 278 und S. 280; 11, S. 15. Gesetzeseinheit soll dagegen zwischen Abtreibung und Körperverletzung bestehen, „wenn die Körperverletzung dem alleinigen Zweck der Abtötung der Leibesfrucht dient": BGH St. 10, S. 315. 15, S. 345.

15 Vergl. Jescheck a.a.O.; OHG BrZ, NJW 1950, S. 195 (S. 196), freilich mit anderer Begründung.

16 Vergl. dazu die Angaben, die Jescheck a.a.O. macht.

17 BGH St. 3, S. 9, 10.

18 RG St. 62, S. 137 (dazu die Kritik von Eb. Schmidt in ZStW 49, S. 350 ff. und Mitteilungen der JKV, Neue Folge, 5. Bd., S. 131 ff.); BGH St. 2, S. 111 f.; 3, S. 11; BGH JR 52, S. 482. — Dazu Welzel, NJW 1952, S. 564 ff. und JZ 1955, S. 142 ff. sowie Strafrecht a.a.O., S. 83 und S. 262, andererseits R. Lange, JZ 1953, S. 9 ff.

19 BGH St. 2, S. 242.

20 BGH St. 14, S. 1; s. schon Bd. 1, S. 329; die beiden Urteile werden von Eb. Schmidt, NJW 1960, S. 361 ff., mit Grund scharf kritisiert. Vergl. auch bei Ponsold, Lehrbuch der gerichtlichen Medizin, 2. Aufl. 1957, S. 18 f. (zitiert nach dem Sonderdruck). S. ferner: Schmidt-Leichner, NJW 1959, S. 196 ff., andererseits Gustav W. Schäfer, NJW 1960, S. 87. S. ferner Barnikel, NJW 1960, S. 1382.

21 Dagegen Eb. Schmidt, Der Arzt im Strafrecht, 1939, S. 134 f.

22 Andere Begründungen für das Abtreibungsverbot, wie sie frühere Rechte gekannt haben (z. B. die den Römern geläufige Vorstellung, daß die Abtreibung das Recht und die Erwartung des Mannes auf Nachkommenschaft verletze, vgl. dazu Binding, Lehrbuch, 1. Bd., 2. Aufl. 1902, S. 36), spielen heute keine Rolle mehr.

23 Der Dienst der Kirche am Menschen, München 1950, S. 202.

24 OGH St. 1, S. 321 ff., 2, S. 117 ff. — Angesichts der Ähnlichkeit des Dilemmas, in dem die Ärzte damals standen, mit dem, das sich bei jeder medizinischen Indikation einer Schwangerschaftsunterbrechung ergibt, darf an die juristische Diskussion erinnert werden, welche die Euthanasieentscheidungen ausgelöst haben. Sie hat jedenfalls gezeigt, daß es nicht angeht, das Vorhandensein eines Pflichtwiderstreits einfach zu leugnen mit der Begründung, Rettungspflichten habe der zur Handlung und Entscheidung Aufgerufene nur nach einer Richtung. Vergl. Welzel, MDR 1949, S. 373 ff., Eb. Schmidt, SJZ 1949, Sp. 559 ff., Welzel, Zum Notstandsproblem, ZStW 63, S. 47 ff. S. auch Gallas, Pflichtenkollision als Schuldausschließungsgrund, Mezger-Festschrift 1954, S. 311 ff., Bockelmann, ZStW 63, S. 44 ff.

[25] S t e i n b ü c h l, Die philosophische Grundlegung der katholischen Sittenlehre, Bd. I, 2. Hlbbd. 1938, S. 99 und S. 102.

[26] C o n r a d A l g e r m i s s e n, Das werdende Menschenleben im Schutze der christlichen Ethik, Hildesheim 1947, Verlagsbuchhandlung Josef Giesel.

[27] S t e i n b ü c h l a.a.O., S. 104.

[28] BGH St. 18, S. 151, S. 249. — Solche Paralellen zieht auch das katholische Schrifttum, vergl. W a i d e r a.a.O., S. 275, H ü r t h, in: Stimmen der Zeit, 116. Bd., S. 44.

[29] BGH St. 7, S. 363.

[30] W a i d e r a.a.O., S. 269.

[31] Die hier vorgetragene Auffassung ist mit dem jetzt geltenden Recht und mit den Vorschlägen des Entwurfs vereinbar, weil nach beiden Regelungen eine Güterabwägung gar nicht mehr nötig ist: Sie schreiben kraft eigener Machtvollkommenheit eine verbindliche Lösung der Güterkollision vor. Das gilt auch für diejenigen Bundesländer, in denen das Erbgesundheitsgesetz und die dazu erlassenen Verordnungen aufgehoben sind. Zwar meint die Rechtsprechung, in diesen Ländern (Hessen und Bayern) richte sich die Rechtfertigung der medizinisch indizierten Unterbrechung wie früher nach den Grundsätzen des übergesetzlichen Notstands, und danach bedurfte es allerdings einer Güterabwägung. Aber die Rechtsprechung hat zugleich entschieden, daß eben die vom Erbgesundheitsgesetz gegebenen Vorschriften die Voraussetzungen bezeichneten, unter denen eine Rechtfertigung nach dem Gesichtspunkt des übergesetzlichen Notstands allein möglich ist, s. o. Dies heißt praktisch nichts anderes, als daß die Anerkennung der medizinischen Indikation nach Maßgabe der Bestimmungen des Erbgesundheitsrechts kraft Gewohnheitsrechts weitergilt. So kann auch dort, wo Art. 14 ErbGG nicht mehr in Kraft ist, entschieden werden, ohne daß man noch eine Güterabwägung vorzunehmen braucht.

Freilich berechtigt die gesetzliche und gewohnheitsrechtliche Regelung nur den *Arzt* zum helfenden Eingriff. Kommt ein Nicht-Arzt in die Lage, die Unterbrechung vornehmen zu müssen, wenn die Schwangere gerettet werden soll — und daß solch eine Lage einmal entstehen kann, wenn kein Arzt erreichbar ist, läßt sich nicht leugnen —, so bleibt keine andere Möglichkeit der Rechtfertigung als die durch übergesetzlichen (künftig: gesetzlichen) Notstand. Dann kommt es also doch wieder auf die Güterabwägung an, wenn auch nicht allein. Indessen muß für die Abwägung die generelle Entscheidung der für die ärztliche Interruption getroffenen gesetzlichen Regelung maßgebend sein: daß dem Leben der *Mutter* der Vorzug zu geben ist. Es ist ausgeschlossen, daß diese Entscheidung in Frage gestellt und gleichsam erneut aus der Güterabwägungslehre begründet werden müßte, sobald ein Nicht-Arzt eingreift.

Die Güterabwägung ist das — fragwürdige — dogmatische Mittel zur Durchsetzung der Einsicht gewesen, daß im Notfall das mütterliche Leben auf Kosten des Lebens der Frucht gerettet werden darf. Seitdem *dies* Prinzip von der Rechtsordnung anerkannt ist, bedarf es nicht mehr des Rückgriffs auf die Idee der Rechtmäßigkeit der Wahrung des überwiegenden Interesses, um seine Anwendbarkeit im einzelnen Fall zu begründen.

Greift ein Nicht-Arzt bei gegebener medizinischer Indikation ein, so ist die Notstandsfrage also nicht dahin zu stellen, ob überhaupt das Leben der Frucht zur Rettung des Lebens der Mutter geopfert werden darf, sondern — ähnlich wie beim Staatsnotstand — dahin, ob die Lage so ist, daß ein einzelner Bürger Funktionen übernehmen darf, welche das Gesetz sonst anderen Personen vorbehält (hier den Ärzten).

[32] Vergl. dazu die mit reichhaltigen literarischen Nachweisungen versehene Erörterung des Themas bei Lang-Hinrichsen, JZ 1963, S. 721 ff.

Literatur:

Baumann, Noch einmal zur ethischen (kriminologischen) Indikation, FamRZ63, S. 225.

Baumeister-Smets, Das Lebensrecht der Ungeborenen, 1955.

Ehrhardt und Villinger, in: Psychiatrie der Gegenwart, Bd. III, S. 237 ff.

Engelhardt, Mensch — Staat — Gewissen — Das Lebensrecht des Nasciturus und das Verbot der Schwangerschaftsunterbrechung, FamRZ 1959, S. 133.

Engelhardt, Ethische Indikation und Grundgesetz, FamRZ 1963, S. 1.

Gesenius, Frauenärztliche Gedanken zum Entwurf des § 140 StGB (bisherigen § 218), Geburtshilfe und Frauenheilkunde 1961, S. 772 ff.

Grotjahn / Radbruch, Die Abtreibung der Leibesfrucht, 1921.

Hafter, Mutterschutz und Strafrecht, Bern 1910.

Albert Hartmann, Die ethische Indikation, Stimmen der Zeit 1962/63, S. 116 ff.

Hauer (Hrsg.), § 218. Eine sachliche Aussprache, Leipzig 1932.

Karl Janssen, Die Unterbrechung der aufgezwungenen Schwangerschaft als theologisches und rechtliches Problem, Evangelische Ethik 1960, S. 65 ff.

Hans-Jörg Koch, Beschränkte Aufhebung des § 218 StGB? NJW 1959, S. 2294 ff.

Eduard von Liszt, Die kriminelle Fruchtabtreibung, 1. Bd. 1910, 2. Bd. 1911.

Lönne, Das Problem der Fruchtabtreibung vom medizinischen, juristischen und nationalökonomischen Standpunkt, Berlin 1924.

Martin, Tötung der Leibesfrucht und Strafgesetz, FamRZ 1959, S. 351.

Martin, Nochmals: Die Revisionsbedürftigkeit des § 218 aus bevölkerungspolitischer Sicht, NJW 1959, S. 468.

C. Müller und D. Stucki, Richtlinien zur medizinischen Indikation der Schwangerschaftsunterbrechung, Berlin-Göttingen-Heidelberg 1964.

Naton, Die Schwangerschaftsunterbrechung nach Sittlichkeitsverbrechen (ungedr.) Diss., München 1952.

Schickele, Strafrecht und Frauenheilkunde, Wiesbaden 1909.

Eberhard Schmidt, Über § 218, Deutsche medizinische Wochenschrift 1946, S. 206 ff.

Zillmer, Die Revisionsbedürftigkeit des § 218 StGB aus bevölkerungspolitischer Sicht, NJW, S. 209 f.

Universitätstage 1961. Marxismus — Leninismus. Geschichte und Gestalt. Veröffentlichung der Freien Universität Berlin. Oktav. 232 Seiten. 1961. DM 2,—

Universitätstage 1962. Wissenschaft und Verantwortung. Veröffentlichung der Freien Universität Berlin. Oktav. 204 Seiten. 1962. DM 3,—

Universitätstage 1963. Universität und Universalität. Veröffentlichung der Freien Universität Berlin. Oktav. 194 Seiten. 1963. DM 3,—

Der Zwiespalt im Denken Fichtes. Rede zum 200. Geburtstag Johann Gottlieb Fichtes gehalten am 19. Mai 1962 an der FU Berlin. Von Wilhelm Weischedel. Oktav. 28 Seiten. 1962. DM 1,50

Dialektischer Materialismus und Humanismus. Festrede, gehalten am 22. November 1961 vor den neuimmatrikulierten Studenten der TU Berlin. Von Kurt Hübner. Oktav. 19 Seiten, 1962. DM 2,—

Metaphysik und Geschichte. Von K. H. Volkmann-Schluck. Oktav. 16 Seiten. 1963. DM 2,80

Gedenkrede auf Werner Jaeger (1888-1961). Mit einem Verzeichnis der Schriften. Von Wolfgang Schadewaldt. Oktav. 39 Seiten. 1963. DM 3,80

Paideia. Die Formung des griechischen Menschen. Von Werner Jaeger. 3 Bände. Groß-Oktav. 1959. Ganzleinen DM 50,—

Das frühe Christentum und die griechische Bildung. Von Werner Jaeger. Übers. von Walther Eltester. Groß-Oktav. VIII, 127 Seiten. 1963. Ganzleinen DM 20,—

Geschichte der Gedankenfreiheit. Von J. B. Bury. Aus dem Englischen übersetzt von C. Thesing. Oktav. 172 Seiten. 1949. DM 6,80

Luthers Werke in Auswahl. Unter Mitwirkung von A. Leitzmann herausgegeben von O. Clemen. 8 Bände. Oktav. Ganzleinen DM 88,—

Geschichte der alten Kirche. Von Hans Lietzmann. 4 Bände. Groß-Oktav. 1961. Ganzleinen DM 42,—

Wege zur Klarheit. Aufsätze. Von Johannes Erich Heyde. Groß-Oktav. VIII, 456 Seiten. 1960. Ganzleinen DM 28,—

Existenzphilosophie. Von Karl Jaspers. 3. Auflage. Oktav. VI, 90 Seiten. 1964. Ganzleinen DM 12, —

Die geistige Situation der Zeit (1931). Von Karl Jaspers. 5., unveränderter Abdruck der im Sommer 1932 bearbeiteten 5. Auflage. 211 Seiten. 1960. DM 3,60 (Sammlung Göschen Bd. 1000)

WALTER DE GRUYTER & CO., BERLIN 30

FSC
www.fsc.org
MIX
Papier | Fördert
gute Waldnutzung
FSC® C083411

Kolibri 360 GmbH
Ferdinand-Jühlke-Straße 7
99095 Erfurt, Deutschland
produktsicherheit@kolibri360.de